产教融合系列教材

轮机工程技术实训教程

Marine Engineering Practical Training Manual

主　编　刘金华　周宏基

副主编　潘志翔　颜　权　胡冬华　张继耘

参　编　陈丙甲　刘　联　杨　宁　李　聪

肖俊安　张爱宝　孙浩澜　蔡玉琴

柯昱照　颜泽锌

武汉理工大学出版社

·武　汉·

内 容 提 要

本书根据交通运输部《中华人民共和国海船船员适任考试和发证规则》《中华人民共和国船员培训管理规则》《海船船员培训大纲(2021 版)》等相关文件,针对 750 kW 及以上船舶二/三管轮适任培训教学和考试要求所编写。

本书内容包括轮机常用工具和量具的使用、动力设备拆装、船舶电气及自动化、动力设备操作、金工工艺、机舱资源管理实训。

本书主要用于轮机实训教学,也可作为高等航海院校轮机工程技术专业学生的教学参考书,亦可作为海船轮机人员和航运公司机务管理人员的技术参考书。

图书在版编目(CIP)数据

轮机工程技术实训教程 / 刘金华,周宏基主编. -- 武汉 :武汉理工大学出版社,2025. 7. -- ISBN 978-7-5629-7469-7

Ⅰ. U676.4

中国国家版本馆 CIP 数据核字第 20258T9U07 号

项目负责人:陈军东　彭佳佳　　　责 任 编 辑:杨祎晨

责 任 校 对:张　晨　　　排　　　版:芳华时代

出 版 发 行:武汉理工大学出版社

社　　　址:武汉市洪山区珞狮路 122 号

邮　　　编:430070

网　　　址:http://www.wutp.com.cn

经　　　销:各地新华书店

印　　　刷:武汉兴和彩色印务有限公司

开　　　本:787×1092　1/16

印　　　张:18.5

字　　　数:475 千字

版　　　次:2025 年 7 月第 1 版

印　　　次:2025 年 7 月第 1 次印刷

定　　　价:62.00 元

前　言

根据中华人民共和国交通运输部发布的《中华人民共和国海船船员适任考试和发证规则》，海船三副、三管轮适任证书的取得，不仅需要通过理论考试，还须通过交通运输部海事局组织的实操评估考试。这一规定旨在强化船员的理论应用能力与实际操作能力，确保其具备胜任岗位的核心素养。

依据上述规则，申请海船三副、三管轮适任证书的船员需分别参加对应岗位的实操评估。其中，三副评估涵盖电子海图显示与信息系统操作、航线设计、雷达应用、船舶操纵、避碰与驾驶台资源管理、货物积载与系固、航海仪器使用及航海英语听力与会话项目；三管轮评估则涉及动力设备操作、动力设备拆装、电气与自动控制、船舶电工工艺和电气设备、金工工艺、机舱资源管理及轮机英语听力会话项目。随着评估标准的持续更新，为结合航海实践需求，编者以《海船船员考试大纲(2022 版)》和《中华人民共和国海船船员适任评估规范(2024 版)》为核心依据，编写了本套适用于三副、三管轮实操评估的教材，供航海类院校学生学习与实训使用。

本书严格遵循考试大纲要求，以两类岗位的评估项目为结构主线，聚焦学员实际应用能力与动手能力的提升，章节划分清晰，重点突出。编写团队成员均具备丰富的航海实践经验与教学经验，持有船长、驾驶员或轮机长、轮机员等专业证书，确保教材内容兼具实践性与针对性。

本书由九江科技职业大学刘金华、周宏基主编；九江科技职业大学潘志翔、张继耘，中远海运船员管理有限公司颜权，九江海事局胡冬华任副主编。本书的编写历经多轮研讨与修订，力求在内容上体现实践性、实用性与针对性。在此，衷心感谢长江海事局、九江海事局、江西省港口集团有限公司、上海首航船务有限公司、武汉富洋航海服务有限公司、武汉怡东船舶管理有限公司及相关航海院校的领导与专家在编写过程中给予的指导与支持。

由于编者水平有限，且本书涉及内容广泛，虽经多次审核校正，仍难免存在疏漏之处，恳请广大读者批评指正，以便进一步完善。

编　者

2025 年 3 月

前　言

根据中华人民共和国交通运输部发布的《中华人民共和国海船船员适任考试和发证规则》,海船三副(三管轮)适任证书的取得,不仅需要通过理论考试,还须通过交通运输部海事局组织的实操评估考试。这一规定旨在强化船员的理论应用能力与实际操作能力,确保其具备胜任岗位的核心素养。

[illegible]

编　者

2025年3月

目　　录

第一章　工具和量具的使用 ………… 1
第一节　拆装工具及其使用 ………… 1
第二节　测量工具及使用 ………… 5
第二章　动力设备拆装 ………… 8
第一节　柴油机进气阀、排气阀的拆卸与装配 ………… 8
第二节　柴油机气阀研磨及密封性检验 ………… 10
第三节　活塞环搭口间隙、天地间隙测量 ………… 14
第四节　活塞环弹性定性检验 ………… 16
第五节　活塞环与气缸套密封性检验 ………… 17
第六节　柴油机活塞销的拆装与测量 ………… 19
第七节　喷油泵的拆装与检修 ………… 29
第八节　柴油机供油定时的检查与调整 ………… 35
第九节　喷油器的拆装与检修 ………… 39
第十节　曲轴拐挡差的测量与轴线状态分析 ………… 45
第十一节　空气分配器、气缸起动阀的拆装与检修 ………… 50
第十二节　气阀间隙检查和调整 ………… 55
第十三节　柴油机气缸套拆装与测量 ………… 58
第十四节　筒状活塞柴油机活塞组件拆装 ………… 70
第十五节　活塞环的拆装、检修 ………… 80
第十六节　离心泵的拆装与检查 ………… 82
第十七节　齿轮泵的拆装与检查 ………… 87
第十八节　往复泵的拆装 ………… 91
第十九节　空气压缩机的拆装 ………… 94
第二十节　分油机的拆装 ………… 100
第二十一节　辅锅炉部件拆装 ………… 104
第三章　船舶电气及自动化 ………… 109
第一节　万用表的使用 ………… 109
第二节　钳形表、兆欧表的使用 ………… 116
第三节　日光灯的故障查找 ………… 121
第四节　电流表和电压表的使用、水密灯具及电气元件和线路的维护保养 ………… 128
第五节　电线电缆的选择以及电缆切割及端头处理 ………… 130
第六节　电动机的拆装、使用与维护 ………… 133
第七节　电气控制箱 ………… 143
第八节　电磁制动器间隙的测量与调整 ………… 146

第九节　船舶电站的操作及故障处理…… 149
第十节　自动化仪表…… 165
第十一节　曲轴箱油雾浓度监视报警…… 169
第十二节　燃油黏温控制系统操作和参数整定及故障排除…… 174
第十三节　柴油机水温控制系统和参数整定…… 176
第十四节　辅锅炉燃烧顺序控制…… 179
第十五节　主机遥控系统实验(一)…… 180
第十六节　主机遥控系统实验(二)…… 181
第十七节　主机遥控系统实验(三)…… 184
第十八节　机舱集中监视与报警(一)…… 185
第十九节　机舱集中监视与报警(二)…… 188
第二十节　电站自动化实验…… 191
第四章　动力设备操作…… 194
第一节　柴油机的操作与管理…… 194
第二节　发电柴油机的操作与管理…… 197
第三节　空气压缩机的操作与管理…… 198
第四节　分油机的操作与管理…… 201
第五节　船舶辅锅炉冷炉操作与运行管理…… 203
第六节　压载水系统的操作…… 208
第七节　液压甲板机械的操作与管理…… 210
第八节　空调装置的操作和管理…… 212
第五章　金工工艺…… 216
第一节　焊接工艺…… 216
第二节　车工工艺…… 235
第三节　钳工工艺…… 261
第四节　车、钳、焊综合工艺…… 284
第六章　机舱资源管理实训…… 290

第一章　工具和量具的使用

为了能顺利拆卸机器，应尽量做好拆卸前的各项工作，准备各种检修工具及拆卸工具，包括通用工具和专用工具、通用量具和专用量具、各种随机辅助设备等。

第一节　拆装工具及其使用

一、通用工具

1.扳手

扳手是用来拆装各种螺纹连接件的常用工具。按结构形式和作用，可将其分为通用扳手、专用扳手和特种扳手三大类。

1)通用扳手

通用扳手又称为活络扳手，如图1-1所示。其特点是开口尺寸能在一定范围内调节，所以在开口尺寸允许范围内可用一把活络扳手扳动多种规格的螺栓和螺母，使用方便。

使用活络扳手时应注意以下几点：

(1)活络扳手使用时不允许在其手柄上套一根长管作为加长手柄。

(2)应使扳手开口的固定部分承受主要作用力，使扳手开口的活动部分位于受压方向。

(3)扳手上紧力不能超出螺栓或螺母所能承受的限度。

(4)扳手的开口尺寸应调整到与被扳紧部位尺寸一致，待将其紧紧卡牢后再用力扳动。

2)专用扳手

专用扳手只能用于扳动固定规格的螺栓和螺母，按结构特点可分为以下几种：

(1)开口扳手

开口扳手又称为呆扳手，分为单头和双头两种。它的尺寸规格以开口宽度(mm)确定。开口扳手一般用在螺母空间比较开阔的地方，使用时应注意扳手开口的受力部位。

(2)整体扳手

整体扳手有正方形、六角形、十二角形等几种形式。其中，十二角形扳手就是梅花扳手。梅花扳手只需转动30°就可改变扳手方向，所以扳动空间狭窄部位的螺栓和螺母时，使用这种扳手较为方便。其规格是以六角螺母的对边距离为扳手的公称尺寸。

(3)套筒扳手

套筒扳手由一套尺寸不等的活络套筒头子和弓形手柄等组成，如图1-2所示，一般配套成盒，分为9件、13件、17件、28件、32件等多种组合。其规格尺寸与梅花扳手基本相同，适用于多种特殊位置和空间狭小处的维修，且效率较高。

(4)钩形扳手

钩形扳手是主要用来拆装各种圆螺母的专用扳手。

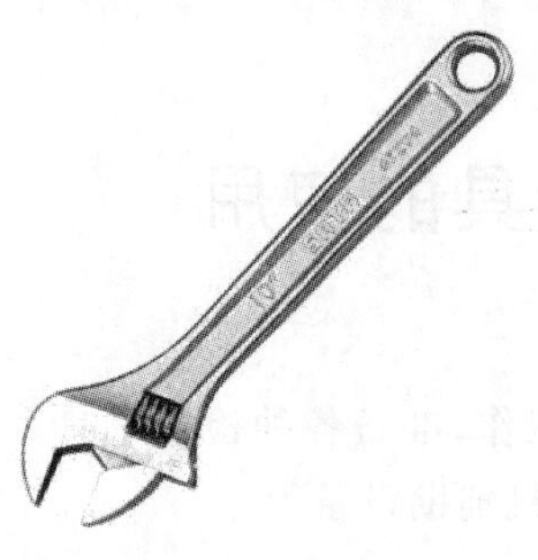
图 1-1　通用扳手

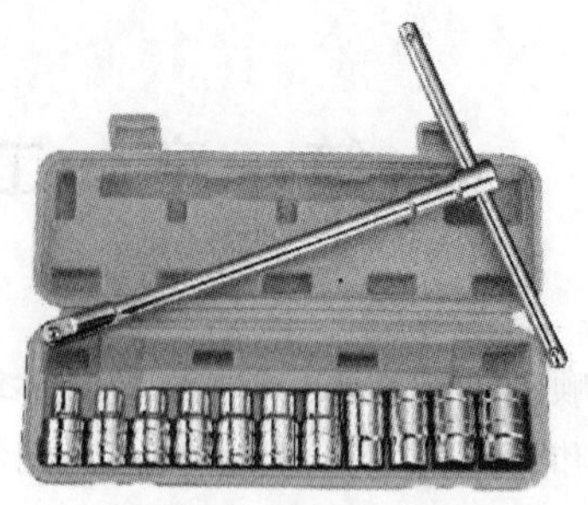
图 1-2　套筒扳手

(5)内六角扳手

内六角扳手是专门用来扳动内六角螺栓和螺母的，如图 1-3 所示。使用时，要把内六角扳手的头塞到内六角凹底；扳动时，应将右手拇指按在扳手的转弯处，其余四指的用力要适当。

(6)管扳手

管扳手可以用于拆装各种管子和管路附件的连接，也可以用于扳动圆柱形工件或零件，如图 1-4 所示。

图 1-3　内六角扳手

图 1-4　管扳手

3)特种扳手

特种扳手一般是为拆装某一类专用螺母而设计的，在结构和功能上有别于前述的通用扳手与专用扳手。常用的特种扳手有以下两种：

(1)扭力扳手

扭力扳手又称为公斤扳手，如图 1-5 所示。其手柄上带有刻度和指针，使用时可根据扳动时的指针刻度来测定螺栓、螺母的拧紧力矩值。凡是对螺栓、螺母的上紧扭矩有明确规定的装配工件(如某些中小型柴油机的连杆、缸盖螺母，空气压缩机的缸盖螺栓等)，上紧时都要使用这种扳手。

(2)风动冲击扳手

风动冲击扳手如图 1-6 所示，其以压缩空气为动力，用来拆卸和上紧一些较大的螺母，如大型柴油机的气缸盖螺母等。

2. 手锤

轮机拆装用的手锤一般分为刚性手锤和弹性手锤两类。由碳素钢淬硬制造的手锤属于刚性手锤。根据锤头的质量划分，常用的规格有 0.25 kg、0.5 kg、1 kg 等，常与錾子、冲头等配合使用，不宜直接敲击零件表面。由铜、硬橡胶、木头等做成的手锤属于弹性手锤，常用于拆装传动轴及其轴端装置，如齿轮、键、轴承等，可直接敲击零件表面。

图 1-5　扭力扳手

图 1-6　风动冲击扳手

3. 钳子

1）钢丝钳

钢丝钳如图 1-7 所示，可分为铁柄和绝缘柄两种。铁柄钢丝钳用来夹持和剪断金属薄板及金属丝。绝缘柄钢丝钳可用于夹持或剪断各种电线，适合用于有电场所，工作电压为 500 V。其规格按柄身长度可分为 150 mm、175 mm、200 mm 三种。

2）尖嘴钳

尖嘴钳如图 1-8 所示，能在狭小的地方使用，在检修中常用来装拔销钉、弹簧等零件，带刃口的尖嘴钳还能剪断细小的工件或线材。它有 130 mm、160 mm、180 mm、200 mm 四种规格。

图 1-7　钢丝钳

图 1-8　尖嘴钳

3）挡圈钳

挡圈钳又称为卡簧钳，专用于拆装弹性挡圈。按挡圈的安装部位不同，可分为弯嘴式孔用挡圈钳、直嘴式孔用挡圈钳，以及直嘴式轴用挡圈钳、弯嘴式轴用挡圈钳。

4）扁嘴钳

扁嘴钳的形状类似于尖嘴钳，但扁嘴钳的“嘴”是扁的，用于弯曲金属薄板片及金属细丝。

4. 其他钳工工具

其他钳工工具包括钢锯、锉刀、刮刀、螺丝刀、丝锥、板牙、冲子和拉马等，在轮机的拆检作业中也经常使用。

二、专用工具

专用工具一般是为某主机、辅机拆装而专门设计制造的，通常由生产厂家随机配备。机型不同，专用工具也有所不同。常见的拆装专用工具如下：

图 1-9　液压拉伸工具

1. 液压拉伸工具

该工具是大型柴油机中的常用装置(图 1-9),主要用于拆装大型柴油机气缸盖等的螺母,也可用于拆装主机的其他紧固螺母,如活塞杆下部的螺母、十字头轴承螺母、连杆大端轴承螺母和主轴承螺母等。其主要工作原理是利用螺栓材料本身的弹性变形,借助液压的力量把螺栓拉伸至一定长度,使螺母与其压紧的平面处于松弛的状态,以便用扳手达到上紧或旋松螺栓的目的。使用时要根据说明书中规定的缸头螺母旋紧力的大小,用手动高压液压泵给出相应的标准压力来进行螺母的拆装,同时要按照说明书的规定正确地安装和操作。

2. 气缸套拆装专用工具

该工具用于拆装柴油机气缸套。使用时应按照说明书的要求正确安装,吊装缸套时应使天车吊钩与吊装工具吊点在同一垂直直线上。拆装时要注意缸体与缸套的定位记号,避免安装时错位。

3. 活塞环拆装专用工具

该工具用于拆装活塞环,适用于拆装缸径较大的活塞环。使用时要注意不能用力过猛,以免折断活塞环。

4. 活塞装入气缸套的专用工具

该工具在活塞安装时使用。使用时应将其平稳放置在气缸体上平面,注意定位销的位置。将带环的活塞涂上润滑油并保证环的搭口互相错位后放入气缸套内,依靠专用工具的锥形喇叭口将活塞环逐渐收拢,再压入气缸套中。

5. 主轴瓦拆装专用工具

这种工具适用于拆装主轴瓦下瓦,使用时吊板应用螺栓上紧。拆卸时要注意主轴承盖、上瓦的定位销,以保证主轴承安装位置的精度。拆去主轴承盖、上瓦和垫片后,在不抬起曲轴的情况下,用插在油孔中的专用销子或用固定在曲柄臂上的专用工具将下瓦自主轴承座中盘出或装入。有的柴油机应用液压千斤顶抬起曲轴,用钩形工具转出轴瓦。

三、起重工具和设备

图 1-10　环链式手拉葫芦

拆卸机器上质量较大的部件时常采用各种起重工具和设备。

1. 环链式手拉葫芦

如图 1-10 所示,这是一种悬挂式手动提升重物的工具,一般在没有固定起重设备的场合使用。这种设备能较灵活地起落重物,但使用时必须注意被吊部件的质量应与环链式手拉葫芦的起重吨位相匹配。

2. 起重行车

起重行车又称为天车,是用于吊装大型零部件的专用起重设备,如主机吊缸、吊缸头、活塞。根据起重行车动力源的不同,起重行车可分为手动式和电动式两种。

此外，吊装工作中还常使用一些其他的工具、索具，如液压千斤顶、卸扣、吊环、钢丝绳及钢丝绳轧头、滑车等。采用机舱起吊设备进行吊运时，起吊前应根据部件的质量选用相应规格的吊索和吊钩等，确定受吊处的位置，并检查起吊控制开关操纵的灵活性。

第二节　测量工具及使用

一、通用量具

1. 钢尺(钢板尺、钢卷尺)

钢尺用于测量工件长度尺寸。

2. 塞尺(又称为厚薄规)

塞尺(图 1-11)用于测量两机件间微小间隙的尺寸，如气阀间隙、活塞环搭口间隙及天地间隙等。使用前应将塞尺擦干净，否则会影响测量精度；使用时应根据机件之间配合间隙的大小选出一片或数片，重叠在一起塞进间隙内，使钢片在间隙内既能推动又能拉动，且有明显阻力的感觉；如果钢片在间隙内很松动或无法推动，则应更换一片较厚或较薄的钢片重新测量。

3. 卡尺

1)游标卡尺

游标卡尺(图 1-12)用于测量工件的内、外径尺寸，高度、厚度和深度等。

2)深度游标卡尺

深度游标卡尺用于测量工件的深度、台阶高度等。

3)高度游标卡尺

高度游标卡尺用于测量工件的高度，以及用于精密划线。

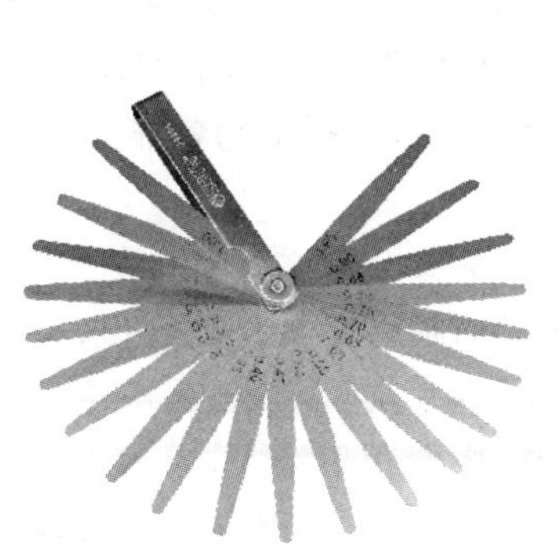

图 1-11　塞尺

图 1-12　游标卡尺

4)千分尺(又称为百分尺或分厘卡)

千分尺有外径千分尺(图 1-13)和内径千分尺之分(图 1-14)。

5)螺纹规(又称为螺纹样板)

螺纹规用于检查普通螺纹的螺距或每英寸的牙数，如图 1-15 所示。

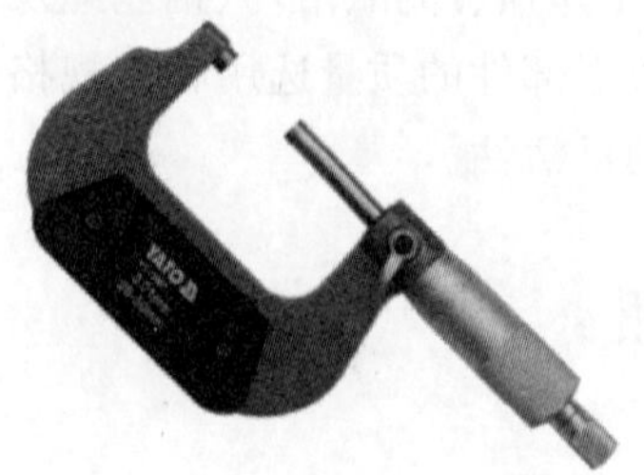
图 1-13　外径千分尺

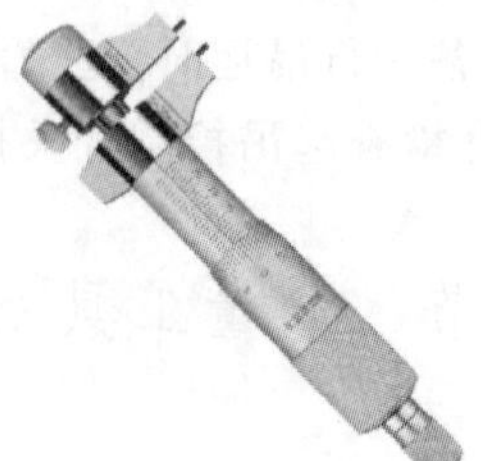
图 1-14　内径千分尺

图 1-15　螺纹规

二、专用量具

在设备检修中，有些设备用普通量具测量较困难。为此常使用随机配备或购置的专用量具，如测量气缸内径的量缸表、测量曲轴臂距差的臂距差表、测量主轴承磨损量的桥规等。

1. 内径千分表

内径千分表在船机上主要用于测量缸套的内径。它由千分表、连接杆、固定量杆和活动量杆组成。其中连接杆的一端与千分表相连，另一端与由固定量杆和活动量杆组成的可调测量棒相连。

内径千分表在使用时需要用一个外径千分尺按零件尺寸先对其进行校正，使内径千分表的指针指向零位，并把可调测量棒上的紧固螺母拧紧后进行实际测量。出于不同尺寸缸径的需要，有一组不同尺寸的固定量杆可供选择，同时调整垫片也有一组不同尺寸可供选配。

在测量气缸内径时，根据气缸内径的大小配上适当的测量棒，把一个外径千分尺调到与标准缸径相同，再将内径千分表的测量棒放到外径千分尺里进行调校(一般测量棒调校后的长度比缸径稍大，视缸内径千分表套磨损情况而定)，最后将内径千分表放到气缸内进行测量。

2. 量缸表

量缸表是一种用于测量气缸内径的专用内径千分表或百分表。为方便缸套测量，大型船舶柴油机一般随机配有专用量缸表，其由千分表、连杆、活动测量杆、固定测量杆、锁紧螺母等组成。其原理与普通内径千分表基本相同。待量缸表使用后，将拆下的各部分零件进行清洁，涂油脂后放入表盒中保存。

3. 臂距表

臂距表也称为拐挡表，如图 1-16 所示。它用于测量曲柄臂距变化的数值，是一种特殊的百分表，测量精度为 0.01 mm。一般船用柴油机随机配备专用臂距表，其由臂距表、重锤、测量杆等组成。应用臂距表测量臂距差时，若曲柄臂张开，则臂距值增大，表的指针指向正(＋)值或读数增大方向；若曲柄臂缩合，则臂距值减小，表的指针指向负(－)值或读数减小方向。这样，表上指针指向的正负或读数的增减与臂距的增减一致。使用臂距表时，应注意以下几点：

1)应根据曲柄臂距值的设计尺寸确定表的测量杆长度。

2)装表前要确认曲柄臂内侧的冲眼位置，然后将表的两端牢固地顶在曲柄臂上的冲眼内，以防测量过程中表脱落摔坏。装表时预压缩量不应过大或过小。

3)待表装好后，要在第一个测量位置上对表进行调零。

4)对于有些不带重锤的臂距表，在测量的过程中应使用反光镜查看表上数值，不要用手转动表盘查看读数，以免影响测量的准确性。

4.桥规

桥规是用于测量曲轴的桥规值和主轴颈下沉量的，如图 1-17 所示。柴油机主轴颈的下沉主要是主轴承下瓦磨损和主轴颈磨损导致的。但在实际工作中，主轴颈的正常磨损量一般很小，所以测量出的桥规值主要反映了主轴水下瓦的磨损量。桥规是随机专用量具，其结构随机型不同而异。柴油机的桥规铭牌上一般标记着柴油机台架试验时测量的各道主轴承的桥规值，以便后续使用中测量比较，前后两次测量桥规值之差即为主轴承下瓦相应时间阶段的磨损量。

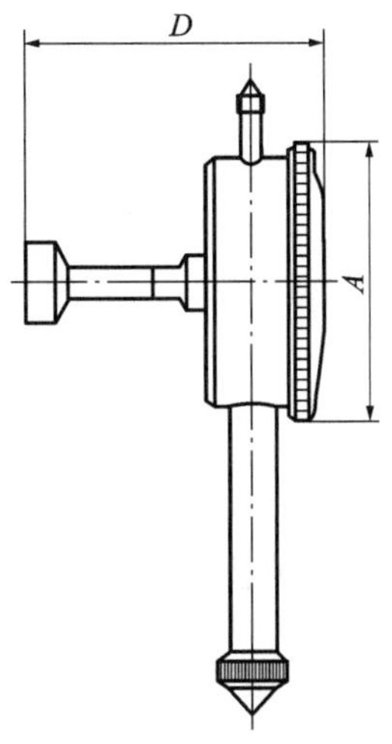

图 1-16　臂距表

图 1-17　桥规

第二章　动力设备拆装

第一节　柴油机进气阀、排气阀的拆卸与装配

一、评估要点

1)正确地选取与使用工具；

2)按正确的程序拆卸、装配；

3)拆装工艺方法正确,符合技术规范；

4)拆装后工具整理放好。

二、简介

1.柴油机的配气机构

柴油机的配气机构按配气正时关系的要求控制着柴油机的换气过程,排除废气,充入新气,以保证工作循环的不断进行。

2.配气形式

配气形式包括气阀式、气口式、气阀-气口式。四冲程柴油机都采用气阀式配气机构。二冲程柴油机一般采用气口式和气阀-气口式配气机构。在气阀-气口式配气机构中,进气口代替了进气阀,因而只有排气阀机构;而气口式配气机构,进、排气口都在气缸上开孔,通过活塞来控制其开闭,所以就不需单独的配气机构了。

3.气阀式配气机构

气阀式配气机构如图 2-1 所示。它用于四冲程柴油机的进排气,也适用于气阀-气口直流扫气式二冲程柴油机的排气。它由四部分组成:气阀装置,气阀传动机构,凸轮和凸轮轴,凸轮轴传动机构。

4.气阀组件的结构

气阀组件安装在气缸盖上,它由气阀、气阀座、气阀导管、气阀弹簧和连接件等组成。

5.气阀组件的基本动作原理

曲轴转动时,通过凸轮轴传动机构使凸轮轴转动。而凸轮轴上的凸轮就按一定的节奏顶动气阀传动轴机构,从而驱动气阀组件,使气阀按配气正时关系的要求启闭,如图 2-2 所示。

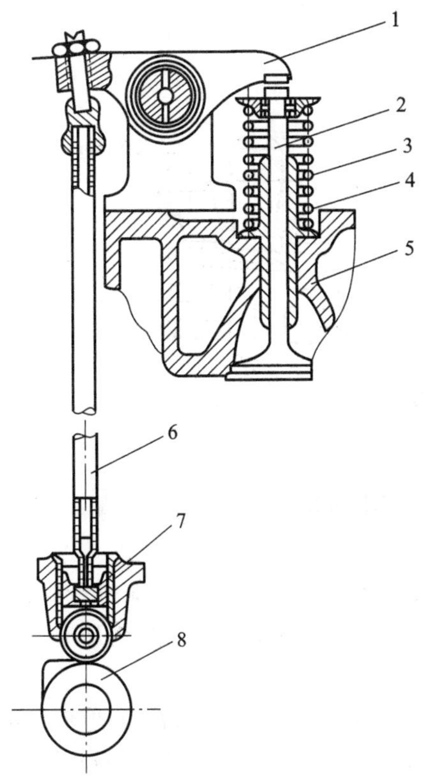

1—摇臂;2—气阀;3—气阀弹簧;4—气阀导管;
5—气缸盖;6—推杆;7—顶头;8—凸轮

图 2-1　气阀式配气机构

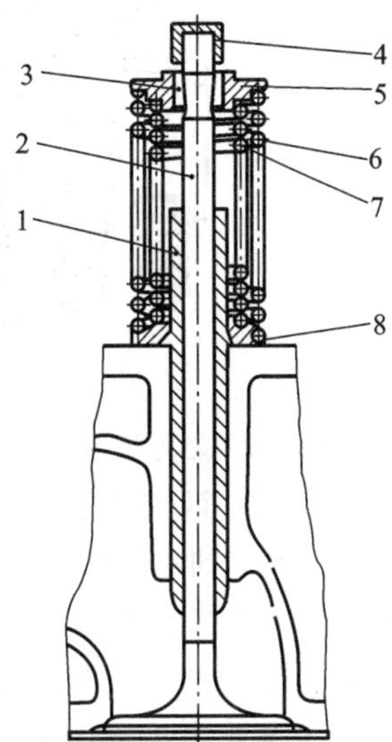

1—气门导管;2—气门;3—气门锁夹;4—气门顶帽;
5—上弹簧盘;6—外弹簧;7—内弹簧;8—下弹簧盘

图 2-2　气阀

三、气阀的拆卸步骤

1. 拆装应注意事项

1)预先准备好拆卸工具和专用工具。

2)对零件在拆卸前应做好记号,以备装复时定位。

3)应将拆卸的零件妥善安放,以防失落。

4)注意各接合面和易损伤的地方,应采取必要的防护措施。

2. 拆卸步骤

1)拆下摇臂座。

2)用拆装气阀组件的专用工具进行拆装,如图 2-3 所示。转动专用工具的螺杆手柄压下气阀弹簧,直至能顺利取出气阀两半锁夹为宜。

3)取出两半锁夹,取出弹簧上承座、弹簧及弹簧下承座。用同样方式、方法拆装其他气阀。

4)将气缸盖侧置或倒置,如果气阀很紧,用硬木块或铜棒轻轻敲击阀杆使之松动,并取出气阀。

拆卸完毕后,应先将气阀放在轻柴油和煤油里浸泡一段时间,然后再清洗干净,并按原配顺序将各缸各阀对应放置,以备检查和研磨。

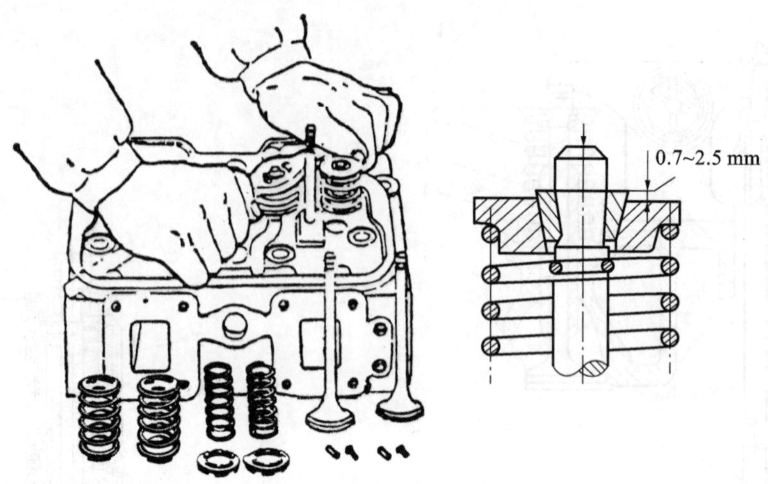

图 2-3　进气阀、排气阀的拆卸

3. 气阀与气阀座的检查

若气阀密封锥面严重烧蚀或磨损，可以在气阀研磨机上，也可以用车床进行阀面光车，消除缺陷后与气阀座研磨，以恢复正常配合。一般情况下工作 2000 h 后应进行研磨。

4. 气阀组件的安装要求

1)清洗并用压缩空气吹扫气阀座与气道。特别是气阀导管，一定要注意清洁干净。

2)安装气阀时，要保证各部位准确到位，如果进、排气阀不能互换，千万不可装错。

3)安装气阀时，对气阀导管应加注适量润滑油进行润滑。

4)安装气阀时，要检查气阀导管与阀杆之间有无卡滞及松动的情况，并查明其原因。阀杆与导管应能上下活动自如。

5)安装气阀时，要防止阀杆上的锥形锁块错位，气阀装上后要试压一下弹簧及气阀的回位情况。

四、思考题

1)简述拆卸和安装气阀的步骤之间的差别。

2)如何识别柴油机的进、排气阀?

3)进、排气阀的功用分别是什么？它们的工作环境有何差异?

4)卡簧在气阀组件中起什么作用?

第二节　柴油机气阀研磨及密封性检验

一、评估要点

1)正确地选用工具及研磨砂；

2)研磨操作程序与工艺正确；

3)密封性检验工艺正确；

4)工具整理放好。

二、主要内容

1.简介

柴油机工作时，进、排气阀在高温、冷却和润滑条件极恶劣的情况下工作，同时还受到气体压力、气阀弹簧以及传动组件的惯性力作用，不断地与阀座相撞击。特别是排气阀与阀座的高温燃气接触，受到高速、炽热且具有化学侵蚀性气体的冲刷，其温度高达600～900 ℃。即使考虑进气冷却的作用，进气阀温度也为300～400 ℃。因此，为保持燃烧室的气密性，所有气阀与气阀座必须研磨接触良好，研磨周期取决于柴油机的工作情况。

2.气阀与气阀座的检修

气阀与气阀座在检修过程中可能会发现因正常磨损而产生的以下轻微缺陷：

1)气阀与阀座密封锥面上产生凹陷，局部剥落、灼伤、斑点和积炭；

2)气阀座烧蚀磨损较重，密封带过宽；

3)气阀杆磨损和变形，气阀杆与气阀导管间隙过大，已超出使用极限；

4)气阀弹簧折断、扭曲变形，弹力消失。

5)如果气阀与阀座磨损、腐蚀得比较严重，该缸气阀与阀座圈(如果有这种装置)必须更换新件。

3.气阀与气阀座的研磨

1)研磨应注意事项

(1)准备好研磨台架、研磨工具。

(2)将气缸盖底面朝上放置在研磨台架上，并确认已放稳妥。

(3)将气缸盖清洗干净，并将气道、气阀导管、阀座处积炭刮洗干净。

(4)气阀要做好标记，特别是当进气阀、排气阀阀盘直径相当时，以免相互弄错而造成事故。

2)研磨操作

(1)研磨时，先在气阀密封锥面上涂一层薄薄的经机油稀释的研磨膏(又称凡尔砂)，用带木柄的橡胶皮碗将气阀阀面吸住，如图2-4(a)所示。大中型柴油机由于气阀较大，在气阀阀盘下部加上专门研磨气阀的弹簧，才有研磨力度和阀回弹的升程，同时应通过安装在阀盘上的操作手柄施加压力，如图2-4(b)所示。应以拍打与转动相结合的动作进行研磨，直至气阀密封锥面出现一条十分整齐的灰暗色环带为止。

(2)研磨气阀时，最好先用200目的凡尔砂进行粗研。在研磨开始阶段，研磨剂的磨粒锋利，微切削作用强，零件研磨表面的几何形状误差和粗糙度得以较快纠正，气阀与气阀座的缺陷能较快被磨掉。

(3)擦净阀面上阀座面的残余粗砂，再用600目的凡尔砂进行精研。精研用时大约30 min。抽出气阀，擦净阀面与气阀座面和导管里的研磨剂。最后在气阀密封锥面涂上一层机油，继续研磨数分钟，直至在气阀密封锥面和气阀座面上出现一条完整的密封环带为止，使之与两面之间能更好地配合。

(4)在研磨过程中，应注意不要用力过大，以免使气阀与气阀座由于速度撞击而使密封锥面宽度磨宽或磨成凹形。研磨后，进气阀密封带宽度应在1.5～2 mm内，排气阀密封带宽度应在2～3 mm内。过宽则密封性不好；过窄则工作寿命不长。

研磨时还应注意不要将凡尔砂弄进阀杆和导管之间，以免造成阀杆和导管拉毛和正常的

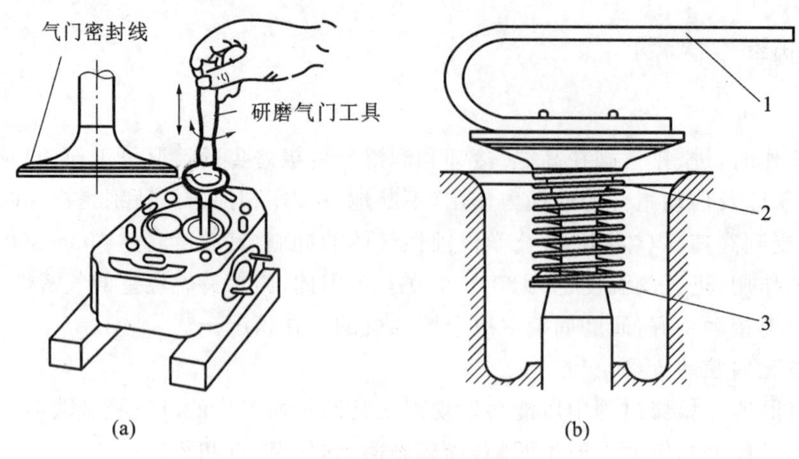

1—压把；2—阀杆；3—弹簧

图 2-4　气阀的研磨

间隙被破坏。研磨工序操作完毕后，应将气阀、气阀座、气阀导管及进气道、排气道用轻柴油仔细清洗干净，绝不允许有任何残留。

3)气阀密封性的检查

气阀研磨好后，应检查气阀的密封性，其检查方法如下：

(1)在气阀密封锥面上沿圆周方向用铅笔每隔 3～5 mm 画一条线，如图 2-5 所示。然后将气阀装入气阀座，轻轻拍打几次并将其转动 1/4 圈。取出气阀，观察其阀锥面上的铅笔线，若环带部分全部中断，则表明气阀密封性良好，研磨质量高。

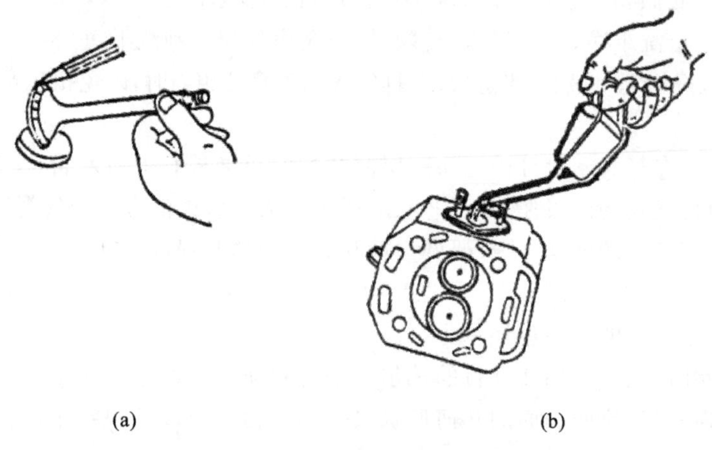

图 2-5　气阀密封性检查

(a)气阀密封面画线；(b)注入煤油

(2)将气阀装入气阀座，在阀座坑内阀盘底面上倒入煤油，历时 5 min 后擦净煤油并迅速提起气阀，观察配合面上有无渗入的煤油。若没有煤油渗漏，则表明密封性良好。

(3)将气阀和气阀弹簧装复，然后在进气道和排气道孔注入煤油，如图 2-5(b)所示。若历时 3～5 min 无渗漏现象，则表明密封性良好。

4. 排气阀导管的拆装

1)结构概述

一般都把导管制成单体的，如图 2-6 所示。导管外表面有凸缘，能使导管得到可靠的固定和准确的定位。导管通常用灰铸铁、球墨铸铁或铁基粉末冶金制成，因为铸铁耐磨性好，对钢质的阀杆摩擦系数也小。

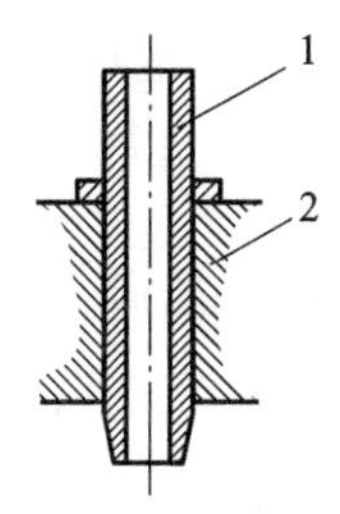

1—导管；2—气缸盖

图 2-6　气阀导管

2)气阀导管的作用

气阀导管的功用主要是保证气阀作往复直线运动，使气阀与气阀座正确闭合。此外，它还具有导热的作用。

3)拆卸步骤

(1)首先把气缸盖放在木板上并放稳妥，不能有摇晃的感觉。

(2)旧气阀导管用导管拉出器或拉马拉出。

(3)在没有导管拉出器等专用工具的情况下，可以用手锤垫着铜棒缓慢轻敲打出。但铜棒的外圆直径一定要比所拆卸气阀导管的外圆略小，不然将损伤气缸盖本体。但也不能直接放入导管孔内，否则会打裂导管，也会伤及气缸盖和导管孔。

4)新气阀导管的装配

(1)清洗气缸盖上导管孔内的积炭，并用压缩空气吹扫干净。

(2)洗掉新导管的腊(黄油)封后，用千分尺测量其导管的直径。用卡尺(或游标尺)测量导管孔的内径，做出相应判断后方可进行装配。

(3)对清洁后的导管与管孔分别涂抹洁净润滑油，以便装入时顺滑。

(4)应用专门的导管压力机按说明规定压入导管，并随时注意其垂直度，防止压偏斜使导管变形。

如果没有压力机可用的拆装气阀导管的专用打头[图 2-7(b)、图 2-7(c)]，将气阀导管放正后小心打入管孔。

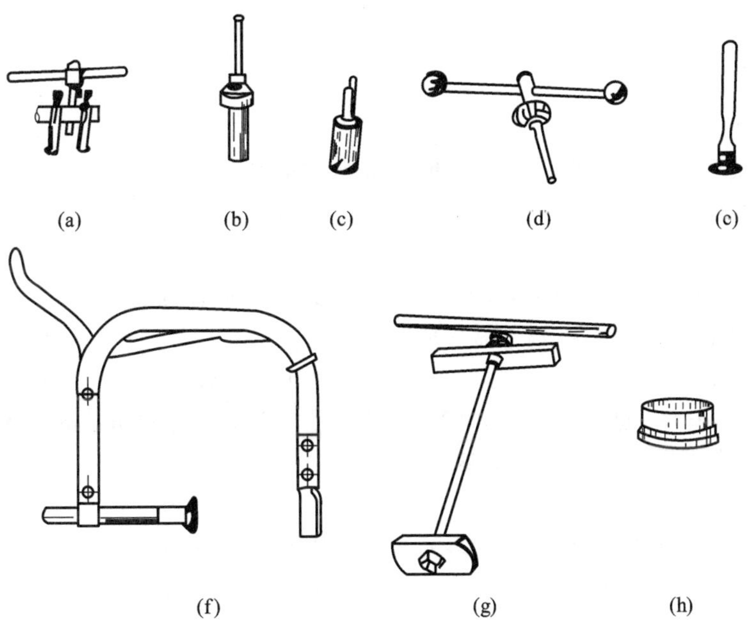

图 2-7　柴油机拆装专用工具

(a)拆气阀座圈工具；(b)装气阀座圈工具；(c)拆装气阀导管冲头；(d)气阀座锥面铰刀；(e)研磨气阀密封锥面皮碗；(f)拆装气阀工具；(g)拆气缸套工具；(h)装活塞锥形导套

(5)新导管装入后,应用缸气阀检试气阀阀杆在导管中有无卡阻现象。若有,应根据具体情节用铰刀进行铰削。铰削时要注意力度,防止铰过(铰削后内孔径超过规定尺寸与阀杆的配合间隙)。

(6)用精研磨膏对导管进行研磨,磨去铰削的残余刀痕,清洗干净后涂以机油旋转研磨直至光滑,并且无任何轻微凸台或沟槽,以保证上下滑动自如。

三、思考题

1)气阀研磨前有哪些必要的检查工作?

2)简述气阀研磨的方法及应注意的问题。

3)如何进行气阀密封性检查?检查方法有哪几种?

第三节 活塞环搭口间隙、天地间隙测量

一、评估要点

1)正确地选用测量工具、量具;

2)活塞环放置位置正确;

3)活塞环搭口间隙测量;

4)活塞环天地间隙测量;

5)测量工艺符合技术规范;

6)测量数据记录正确。

二、主要内容

1.简述

活塞环分为气环和油环两种,它们是活塞的重要组成部分之一。

2.活塞环的工作原理

1)气环

气环截面的形式有很多,如矩形环,内、外切正扭曲环,桶面环等。气环的两大作用是密封和导热。其中密封是主要的作用,通常靠气环本身的弹性以及在气缸内气体压力的作用下紧贴于气缸壁和环槽平面,形成第一次密封。当气体经过活塞头部和缸套间隙活塞环侧隙、背隙而向下泄漏时,由于压力不断下降,在轴向不平衡力、径向不平衡力的作用下将环的工作表面压向气缸壁,形成第二次密封。因此,主要密封作用靠上两道气环。

2)油环

柴油机在运转中需保证气缸润滑,过多的润滑油如不刮除,则会使气环产生“泵油作用”。因此,在筒状活塞上都需要装配油环,将气缸壁上多余的润滑油刮掉。刮油环分为单刀刮油环、双刃刮油环等种类。工作时刮油环在上下运行过程中将油刮下,经环上的泄油孔和环槽上的泄油孔排回曲轴箱。装配时注意锥状表面别装反了,不然会使气环起泵油作用。但必须说明,油环的刮油作用是刮下气缸壁上多余的润滑油,油环还应在气缸工作表面布上一层有一定厚度的油膜,以保证环在高温高压下沿气缸壁正常滑动而不是产生干摩擦。十字头式柴油机

中，由于有气缸注油泵向气缸缸壁注油，这时它主要起布油作用。

3)活塞环的磨损量测量

活塞环随活塞在气缸内作往复运动。活塞环在环槽内的运动使其上、下端面磨损，轴向高度减小，使环与环槽的间隙增大。这主要是通过搭口间隙测量检查环的外表面磨损，通过天地间隙测量检查环的端面磨损来判断的。

3. 活塞环搭口间隙测量

1)清除气缸套内表面上的积炭、油污，必要时用刮刀修刮缸口，并用细油石打磨光滑，然后清擦干净。

2)用手握住活塞环开口的对边，将活塞环放入气缸缸径磨损最小的部位(一般是在气缸下部 1/3 处)，并且要放平齐。

3)如图 2-8 所示，用塞尺插入环的开口间，松紧合适的塞尺厚度就是环的搭口间隙，并依次进行下道环的测量。

4)如果搭口间隙大于规定最大允许间隙值时，该环不能再继续使用，必须更换。如表 2-1 所示，当搭口间隙小于规定最小装配间隙值时，应该进行修锉。

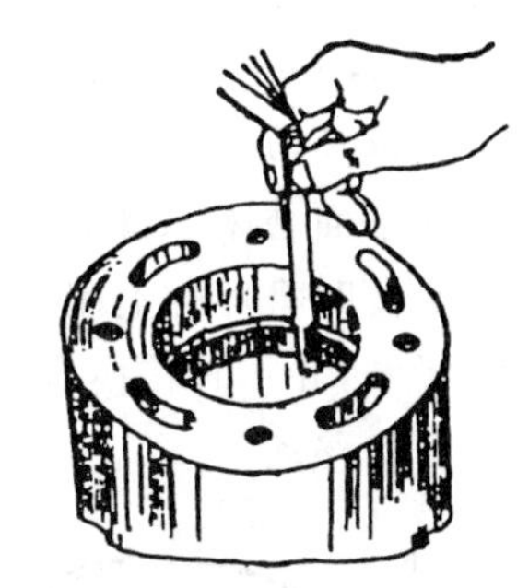

图 2-8　活塞环搭口间隙测量

表 2-1　活塞环间隙磨损极限(mm)

气缸直径范围		密封环								刮油环			
		四冲程								四冲程			
		天地间隙				搭口间隙				天地间隙		搭口间隙	
		顶部二根		其余		顶部二根		其余					
		最小	极限	最小	极限	最小	极限	最小	极限	最小	极限	最小	极限
筒形活塞式柴油机	(0,150]	0.100	0.200	0.080	0.200	0.005	0.0015	0.004	0.015	0.035	0.200	0.003	0.015
	(150,224]	0.150	0.300	0.120	0.300	0.005	0.015	0.004	0.015	0.050	0.300	0.003	0.015
	(224,300]	0.200	0.350	0.160	0.350	0.005	0.015	0.004	0.015	0.065	0.350	0.003	0.015
	(300,+∞)	0.250	0.450	0.200	0.450	0.005	0.015	0.004	0.015	0.075	0.450	0.003	0.015

4. 活塞环天地间隙的测量

1)测量活塞环天地间隙的方法如图 2-9 所示。活塞环和环槽经过充分清洗后，将环依次装入各道环槽中(注意，不可将上、下端面颠倒)。如活塞环尺寸较小、重量较轻，可一手持环，使环下端面紧贴槽下端面上。用塞尺沿圆周上多个点或整个圆周测量与环槽的间隙，并取其平均值。

活塞环的天地间隙磨损极限值可根据表 2-1 来参考确定。

2)活塞环与环槽天地间隙如过大，会引起环对环槽的冲击，加速磨损并且泵油严重，此时应更换新环。

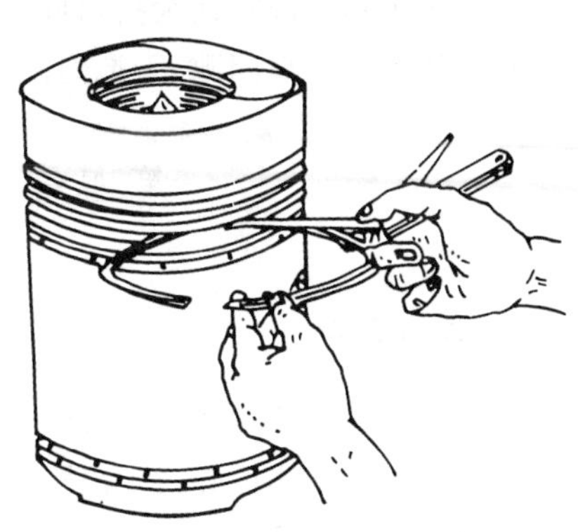

图 2-9　活塞环天地间隙测量

如果环与环槽天地间隙过小，会使环卡死在环槽中而失效，应在车床上适当车削，以扩宽活塞环槽。

5. 活塞环背隙的测量

车削中必须注意在活塞环槽的底部(两边底的面)留有过渡圆角。测量环背隙(活塞环深入环槽深度)时，将环外圆面插入环槽中，呈两圆面相切之状。此时环的内圆面应明显地低于环槽外圆面，其数值即为环的背隙，环装入环槽后的测量方法如图 2-10 所示。一般背隙不小于 0.2 mm，不然将使环在环槽中无法正常落位。

6. 活塞环的研磨

可在平面磨床上将活塞环的高度磨低，也可以用手工磨具磨削或如图 2-11 所示进行徒手研磨。研磨时将环的上端面放在铺有 0 号细金刚砂纸的平板上，用手按住环面，使之在上面来回均匀研磨，并不时转换研磨部位。应及时检验，不可磨多，直至合格为止。注意，环的另一端工作面切勿移动。

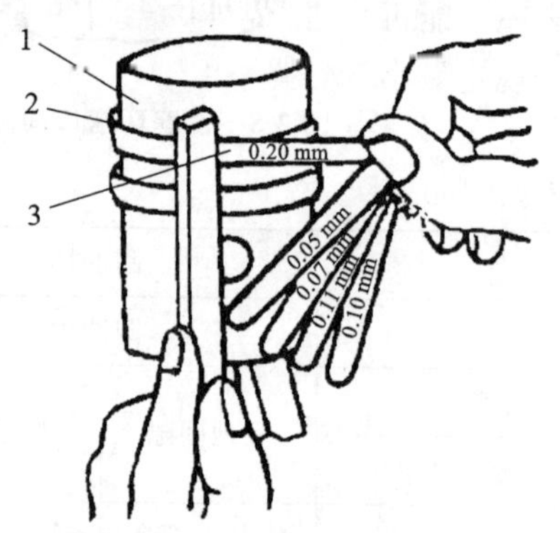

1—活塞；2—活塞环；3—塞尺

图 2-10 活塞环背隙的测量

图 2-11 活塞环的研磨

三、思考题

1)测量活塞环间隙的作用是什么？

2)活塞环天地间隙、搭口间隙的大小对于活塞的工作有何影响？如何应对这些影响？

3)何为天地间隙？何为搭口间隙？

4)简述测量搭口间隙、天地间隙的步骤。

第四节 活塞环弹性定性检验

一、评估要点

1)做好检验前的准备工作(清洁、除毛刺)；

2)检验工艺方法正确，符合技术规范；

3)分析、结论正确。

二、实操步骤

1. 概述

把活塞环装入未经磨损的气缸内，环靠弹力压在气缸壁上，由此产生的径向压力分布为正圆形，亦即活塞环实际弹性的分布状态。但是，活塞环经过长期使用会产生不均匀磨损，或因过热、黏着和疲劳等使其弹力部分或全部损失，也就是径向压力降低或消失，从而造成活塞的密封作用降低或消失。这就需要检验活塞环弹性性能。

2. 活塞环弹性的检查

检查活塞环弹性的方法主要有如下几种。

1)测量活塞环自由开口法。活塞环自由开口是活塞环在自由状态下的开口距离。吊缸时将活塞环自活塞上取下清洁后，再测量自由状态下的开口大小。在弹性范围内开口越小，弹性也越小；反之，弹性越大。一般新环在自由状态下开口尺寸为(0.10～0.13)D，D 为气缸直径。若所测自由开口小于新环自由开口值，表明环的弹性下降或明显减小，或环的弹性将丧失。

2)永久变形量法。吊缸时将活塞环自活塞上取下清洁后再进行，把活塞环搭口人为合拢、放开。这样反复几次，测量其变形后的自由开口值。若永不变形量大于自由开口值的10%，表明活塞环的弹性过小。

3)对比法。用新旧活塞环进行对比。如图2-12所示，将旧活塞环直立在新活塞环上，从上施加一压力于活塞环。如果旧活塞环开口已闭合，而新活塞还有一定间隙，用塞尺测量新旧活塞环的搭口间隙。如旧环搭口间隙小于新环搭口间隙，则表明旧环弹性不足。上述都应根据具体情况加以修理或更换。

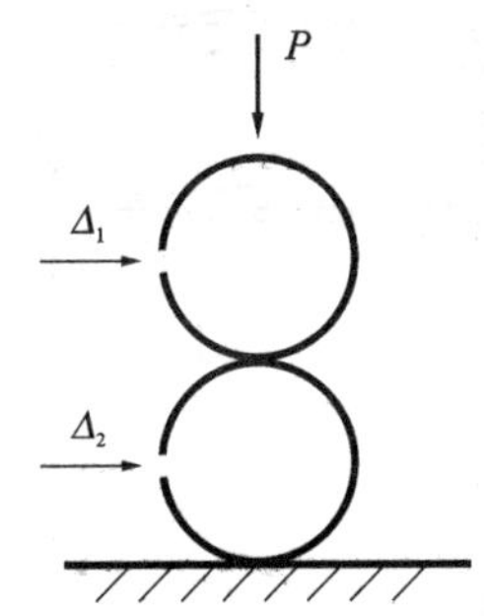

Δ_1—旧环搭口间隙；
Δ_2—新环搭口间隙；P—外力

图 2-12　新旧活塞环弹力对比

三、思考题

1)为何要对活塞环进行弹力检查？活塞环检查前应做哪些准备工作？

2)活塞环弹力检查的方法有哪些？试简述操作方法。在实践中常使用哪种方法？

第五节　活塞环与气缸套密封性检验

一、评估要点

1)检验前的准备与清洁；

2)环的放置正确；

3)检验工艺方法正确，符合技术规范；

4)分析、结论正确。

二、实操步骤

1. 概述

在柴油机正常运转工况下气缸套正常磨损的特征是最大磨损部位在气缸套上部，活塞位于上止点时第一、二道环对应的缸套处，左右舷方向磨损大于艏艉的磨损，向下缸壁磨损量逐渐减小，气缸内孔呈喇叭状。

铸铁缸套的正常磨损率为 0.01～0.03 mm/kh，活塞环的磨损率为 0.1～0.5 mm/kh。如果大大超过正常磨损率，将视为异常磨损。气缸工作表面清洁光滑，无明显的划痕、擦伤、撕裂，无咬缸和拉缸等磨损痕迹与现象为正常；反之则为异常。

2. 活塞环与缸套密封性检验

检验活塞环与缸套密封性的方法主要有如下几种。

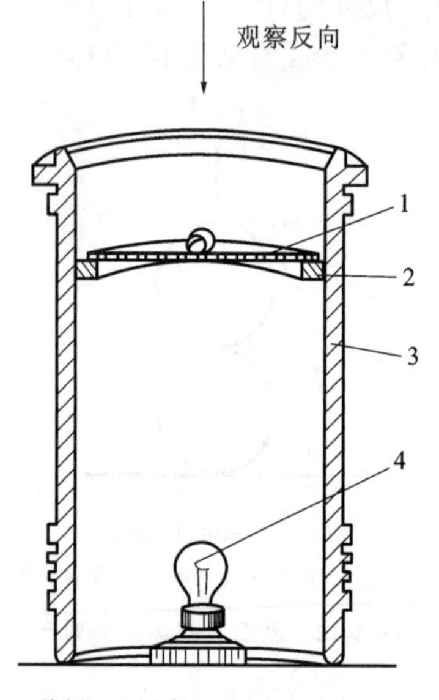

1—盖板；2—活塞环；3—气缸套；4—光源

图 2-13　活塞环漏光检查

1)漏光度的检验

将活塞环放入气缸中未磨损部位(或圆筒形量规)，用活塞将环推平。在气缸中活塞环的下面放置一光源(要有一定亮度)，环的上面用比气缸套内径小 3～4 mm、能盖住环而不妨碍检查的盖板盖住，检验环与缸壁的漏光情况，如图 2-13 所示。

合格要求：每处漏光弧度不得超过 30°，一根活塞环的漏光弧度总和不得超过 90°，且活塞环搭口附近 30°范围内不允许漏光，并且漏光径向间隙用 0.02～0.03mm 塞尺不得通过。

2)环平面挠曲度的检验

环挠曲会影响环在环槽中的正常运动，容易使环在环槽中卡住，影响环的密封性。检验方法是把环放在平板上，观察环端面与平板面的接触情况。

合格要求：环平面与平板面完全接触，无明显的间隙，但允许有局部间隙(缸径不大于 200 mm 者，局部间隙不大于 0.05 mm；缸径大于 200 mm 但不大于 500 mm 者，局部间隙不大于 0.08 mm；缸径大于 500 mm 者，局部间隙不大于 0.1 mm)。否则上述为不合格环。

3. 新活塞环修配

活塞环属于易损件，损坏后一般采用换新处理，所以轮机员配换活塞环是经常性的检修工作之一。

1)新活塞环的检查及注意事项

外观检查。清洁新环表面的油脂和锈痕，随后仔细观察活塞环表面有无裂纹、变形、砂眼和碰伤等明显缺陷。

一般新环上有“直径×高×宽”的尺寸标记和上、下端面标记，镀铬端面应为下端面，如无标记应测量确定。

弹力检查。采用自由开口法或永久变形法。

必要的测量。进行搭口间隙或天地间隙测试，采用透光法检验密封性能。

2)新活塞环的修配及注意事项

(1)搭口间隙过小时,应修锉环的开口,具体方法如图 2-14 所示。

先将活塞环夹在用紫铜垫垫好的台虎钳上,使一头搭口端面高出钳口平面 3～5 mm,注意不可太高和歪斜。用细平锉对搭口端面细心修锉、测量,切不可锉得太多,并随时测量,直至合格,还要修锉尖角毛刺并端面倒角。

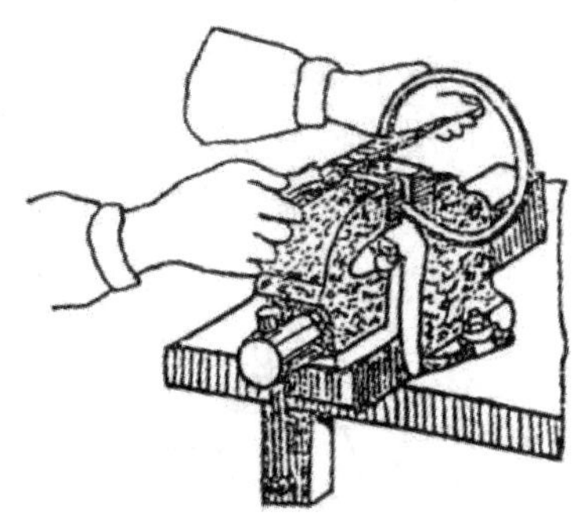

图 2-14　活塞环搭口间隙的修正

(2)对活塞环的搭口间隙要逐缸逐根进行检测或修锉,注意不可弄乱层次。第一道气环由于温度高,受热膨胀厉害,其搭口间隙应大些,其他几道环的搭口间隙应逐次均匀减小。

高速柴油机搭口间隙值计算方式如下(也可参考表 2-1)。搭口间隙为(0.003～0.005)D,其中 D 为缸径(mm)。天地间隙为(0.01～0.05)h,其中 h 为活塞高度(mm)。

(3)天地间隙过小时,应修锉环的上端面,切不可修锉下端面,并防止修锉时损伤环表面而产生变形。

(4)检测环的径向厚度和环槽深度时,要求环的径向厚度比环槽深度小 0.5～1.0 mm,否则要修锉环的内圆表面,使之符合要求。

为防止开口过分扩大而变形,装配活塞时须使用专用工具。各道环的搭口要错开,全部换新环后要有一定的磨合期。

三、思考题

1)活塞环与气缸套密封性检验的主要目的是什么?

2)密封性检验的方法有哪些? 检验必备的条件是什么?

3)检验的基本要求有哪些? 如何进行操作? 如何修正处理?

第六节　柴油机活塞销的拆装与测量

一、评估要点

1)能正确使用量具;

2)测量位置符合要求;

3)测量工艺方法符合技术规范;

4)测量数据记录正确;

5)测量数据分析结论正确。

二、实操步骤

活塞销是活塞和连杆的连接件。目前,中高速柴油机几乎均采用浮动式活塞销,它的两端用弹性卡簧定位。

1. 活塞销的检查

1)活塞销常见的缺陷有磨损、变形、裂纹、腐蚀麻点等。

2)活塞销工作表面容易产生疲劳裂纹,一般肉眼不易发现,可以采用磁力探伤方法检查。

3)若发现用肉眼能看见的明显裂纹,不论其裂纹的长度和裂纹的条数,均应报废,并更换新件。

2. 活塞销的测量

1)用外径千分尺测量活塞销。活塞销的磨损可用圆柱度和圆度来表示。

2)测量活塞销直径的方法如图 2-15(a)所示,测量部位如图 2-15(b)所示。

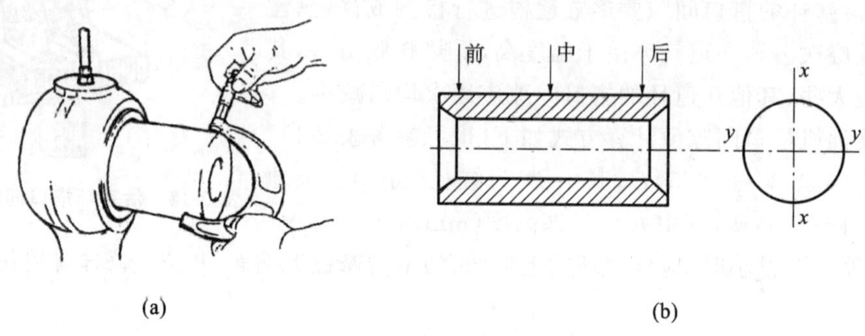

图 2-15 活塞销直径的测量

(a)外径千分尺测量直径;(b)测量部位选取

3)全浮式活塞销测量部位可取活塞销的两端和中间位置,在每个位置的水平和垂直两个方向上用外径千分尺测取其直径,然后求出圆度和圆柱度值,并记入表 2-2 中。活塞销直径的磨损极限值应不超过表 2-3 所列数据。

4)活塞销孔与活塞销的配合要求极严。对全浮式活塞销,一般过盈量为 0.005～0.030 mm,在实际工作中不易检查。

表 2-2 活塞销测量记录表

单位:mm

活塞销编号	测量方向	直径			最大圆度值	最大圆柱度值	销与销孔间隙	使用时间/h		更换原因
		测量位置								
		前	中	后				工作	累计	
1	垂直									
	水平									
2	垂直									
	水平									

表 2-3 活塞销磨损极限

单位:mm

活塞销直径范围	圆度	圆柱度
(0,50]	0.060	0.060
(50,75]	0.075	0.075
(75,100]	0.090	0.090
(100,125]	0.100	0.100
(125,150]	0.110	0.110

根据经验，在常温下将活塞销一端插入活塞销孔后，能以用手掌拍击推入销孔全深度的1/3～1/2处即为合乎要求；而在活塞被加热至100～200 ℃时能以拇指将活塞销推入销孔内即为合乎要求。

3. 活塞销孔的测量

1)活塞销孔的直径应在离孔端约10 mm以内的位置用内径千分尺或内卡钳进行测量，如图2-16所示。

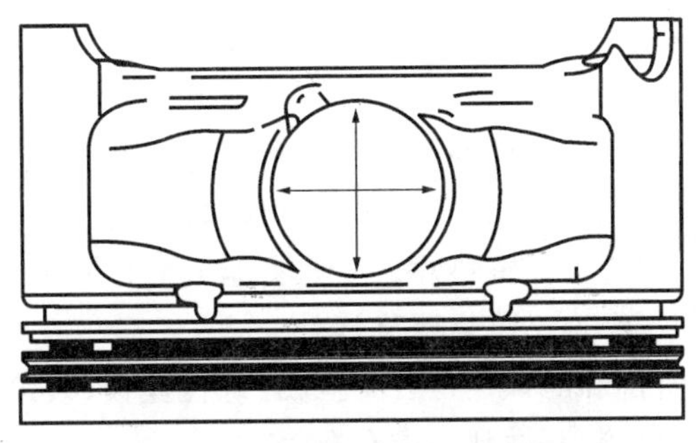

图2-16　活塞销孔直径的测量位置

2)每个位置应测量互相垂直的两个方向的数值，即一个是平行于气缸中心线的方向，另一个是与此垂直的方向。

3)活塞销孔的一般磨损规律是在上下方向的直径值增大，并且销孔中心线也会随之发生变化，检测时应注意。

4)计算出圆度和圆柱度后，记入表2-4中。活塞销孔圆度值与圆柱度值规定如下：

销孔直径不大于100 mm时，不大于0.015 mm；

销孔直径大于100 mm时，不大于0.02 mm。

表2-4　活塞销测量记录表

机器名称＿＿＿＿＿＿　　活塞销公称直径＿＿＿＿＿＿＿＿

测量日期＿＿＿＿＿＿　　最大允许磨耗量＿＿＿＿＿＿＿＿　　单位：mm

活塞销编号	测量方向	直径			最大圆度值	最大圆柱度值	销与销孔间隙	使用时间/h		更换原因
		测量位置								
		前	中	后				工作	累计	
1	垂直									
	水平									
2	垂直									
	水平									

4. 连杆大端轴承盖拆卸

1)准备好一些常用工具、专用工具，如连杆螺栓拆装专用液压拉伸工具等。

2)卸掉曲柄箱道门的压紧螺栓，取下两侧道门盖并收拾好。

3)盘车使曲轴转动，使准备拆卸的该缸活塞处于上止点位置。

4)由曲柄箱道门处认准连杆大端轴承上盖、下盖之间的记号，以备装复时核对。

5)用钢丝钳拔掉保险开口销或其他类保险装置。

6)严格按说明书规定加油、检查、安装液压拉伸器专用螺栓拆装工具,并试压拆卸。

7)如没有配备液压拉伸器,应用扭矩专用扳手从曲柄箱道门两边伸入,见图 2-17 所示的方法,拧松连杆螺栓并注意对称松卸。

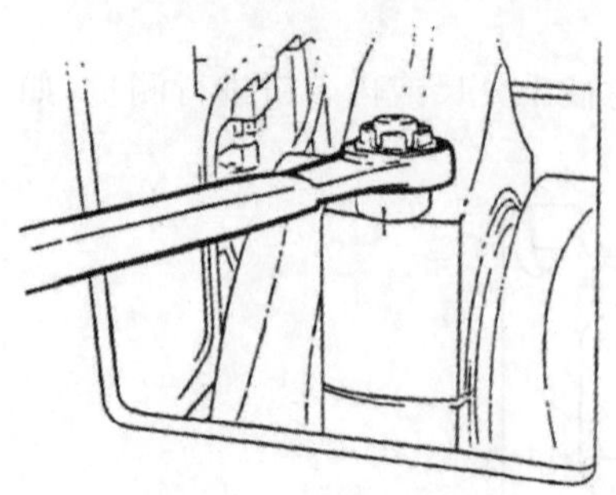

图 2-17　拆卸连杆螺栓

8)为避免连杆螺母及其他工具不慎落入曲柄箱底损伤其他零件,应在曲柄箱底与连杆大端(曲轴下面)之间垫上木板或其他衬物,然后均匀松下螺栓,使大端轴承盖平稳落下,由道门内取出。

9)连杆大端轴承盖取出后,应及时按该缸连杆活塞组件的原配位置和方向装上,检测时按需要再逐件分解。

10)如是薄壁轴瓦,要注意上下瓦结合面之间是否调整垫片。应如实地记录其垫片(单片)片数和厚度值,以备装复调节核对。

应用目测法粗略检查所拆卸的螺栓是否有拉伤、螺栓丝损、裂纹等异常情况,并检查轴瓦合金的表面有无拉刮、烧蚀痕迹等,做到心中有数。

5. 连杆大端轴承盖装配

1)概述

连杆大端轴承盖的装配是柴油机上的总装配工序之一,应在连杆活塞组件检测合格后进行。

连杆大端轴承的装配间隙对于柴油机工作可靠性影响非常之大,间隙过小会导致轴承发热、合金熔化甚至咬死;间隙过大则易产生冲击负荷,使合金层产生裂纹和碎裂。为此,按照说明书的要求保证连杆大端轴承的装配间隙是十分必要的。

2)连杆大端轴承盖的安装

(1)准备好工具、量具、油料等物品。

(2)在正确装配好活塞组件的前提下,按该缸连杆组件拆卸时记录的数据和与之配对的记号装配轴承盖。

(3)有垫片调节记录的注意其厚度值及垫片数目不要对应错误。

(4)在安装时轴承瓦面与曲柄销两摩擦配合面上涂上适量的干净润滑油。

(5)盖上连杆大端轴承盖,装上螺栓后旋上螺母,同时注意螺栓的定位销或边位。根据螺栓数目装配并调试好液压拉伸器的工作油压及力矩值,按说明书规定的步骤确认其工作状态正常后严格按操作程序进行螺栓的逐次紧固。

(6)盘车数转,检查连杆大端轴承盖螺栓上紧后的转动是否灵活。

(7)如合乎要求,装上保险开口销或其他类似的保险装置。

(8)经检查一切都完好后,清理曲柄箱内部,然后装上曲柄箱道门。

6. 连杆大端轴承装配间隙的检测

1)塞尺法测量

将塞尺自轴承端面直接插入轴颈与轴瓦之间测量。值得注意的是,测量时,连杆大端轴承盖螺栓必须正确地紧固到要求的扭力值,这时不必装配活塞环。因为塞尺平直而大端轴承瓦与曲柄销间呈弧形,测量值会小于实际值,所以测得的轴承径向间隙应加上 0.05 mm 的修正值。

塞尺法虽简单但不一定准确,它适用于端面便于插进塞尺的轴承。图 2-18 所示为专用长塞尺测量轴承间隙。

2)压铅法测量

具体方法是选择合适的软铅丝,其直径一般为被测规定间隙的 1.5 倍。截取三段能包住轴颈 150°弧度的软铅丝,如图 2-19 所示。用机械凡士林将软铅丝沿轴向等距贴于连杆大端轴承盖中,再把轴承盖装好,螺栓拧紧到规定的扭矩。然后拆下轴承盖,取下软铅片并清洁,在每道软铅片上选取 3 个测量点用外径千分尺测量铅丝片厚度,做好记录。最后根据测量值得出平均值,即为连杆大端轴承的间隙。

7. 连杆螺栓检验

1)简介

连杆螺栓拉断是柴油机工作时发生的最严重的事故。在通常情况下,连杆螺栓不是易损伤件,但若某些因素长期存在而未能被及时发现,则会引起材料疲劳,使其易损。

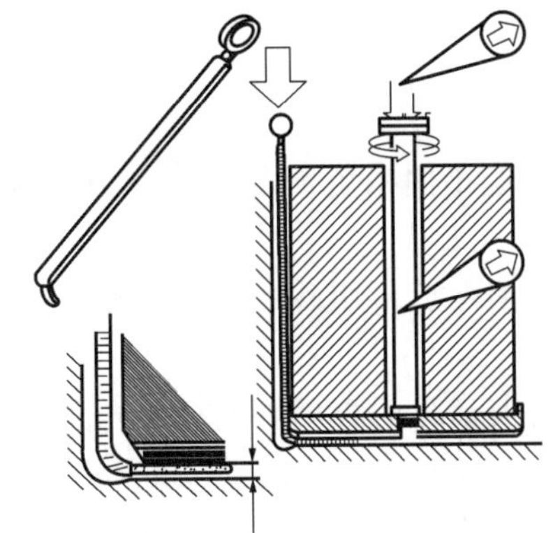

图 2-18　MAN-B&W 型柴油机专用长塞尺测量轴承间隙

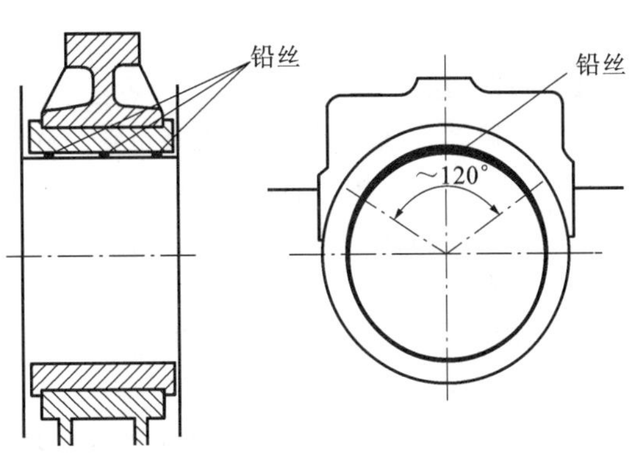

图 2-19　压铅法测量主轴承间隙

2)螺栓的检验及注意事项

(1)拆下的连杆螺栓应认真清洗,要仔细地检查螺纹和螺栓圆角处有无裂纹、损伤。

检查螺栓有无残余变形,检查方法是将测得的螺纹的长度与标准螺栓长度相比较,其长度不得超过原长度的 0.3%。

(2)选用螺栓时,以用手把螺母旋上时觉得既吃力但又能旋进去为好。如果旧螺栓需换新,螺栓、螺母应成套更换。

(3)螺栓头、螺母与连杆上的支撑面应贴合紧密,否则螺栓会承受超过原有应力好几倍的压力。禁止在螺栓头和螺母支撑面之间旋卷垫片来增加紧度或使接触面变为平整的做法。

(4)连杆螺栓放进螺栓孔内应当紧密配合,但不能猛敲进去,否则说明螺杆已弯曲变形。

(5)拧紧连杆螺栓、螺母时,应按制造厂说明书规定的扭力均匀拧紧,避免螺栓紧度不一。锁紧螺栓的铁丝或开口销应仔细检查、正确拴好,不可有松动的状况。

3)连杆螺栓的检查及处理

(1)有裂纹的螺栓应予换新。检查时可用五倍放大镜观察,还可用渗透法检验,不然则进行磁粉探伤。

(2)通过伸长量检验后超过长度规定值的应更换,经过用螺距规检查或螺母拧在螺栓上松动的应更换。

(3)螺纹不允许有损伤、杆身不允许有碰、刮、拉伤等情形,轻微细小伤痕应打磨修光,稍重者应换新件。

(4)螺栓头和螺母不能歪斜地贴紧在连杆支承面上,支承面间的间隙不得大于 0.04 mm,否则应更换。

(5)配合接触不良时可用色油检查,并可刮研螺栓孔的支承面,但不可修锉螺栓或螺母的支承面。否则也应更换。

8. 曲柄销表面拉毛检修

1)简介

曲柄销(包含曲轴轴颈)表面的划痕、拉毛和擦伤等主要是润滑油不纯净、含有机械杂质或金属磨损产物引起的。曲柄销表面的腐蚀凹坑、烧伤等是因润滑油中含水、酸过多从而产生电化学腐蚀和静电腐蚀。

当表面擦伤或腐蚀较轻,而曲柄销尺寸和几何精度尚未受到影响时,一般可用人工就地打磨的方法消除。

2)修理方法

(1)轻微擦伤面,采用麻绳或厚布敷细砂纸(0 号或 00 号)缠于曲柄销颈表面,人工往复拉动绳布磨去伤痕,如图 2-20(c)所示。

(2)销颈表面伤痕较浅时,可采用油石打磨。待伤痕基本消除后再用砂纸打磨光滑,如图 2-20(a)所示。

(3)销颈表面伤痕较深时,可先用油光锉轻轻修锉。待伤痕消除后再用砂纸打磨光滑,如图 2-20(b)所示。

修理前,应用黄油将曲柄销颈上的油孔堵塞住,以免落入脏物。修理中因磨削量极小,不会影响曲柄销配合间隙。

当曲柄销(曲轴颈)损伤很小时,小型曲柄销可采用图 2-21(a)所示专用磨削夹具,图 2-21(b)、图 2-21(c)可适用于大中型柴油机曲轴颈和曲柄销。

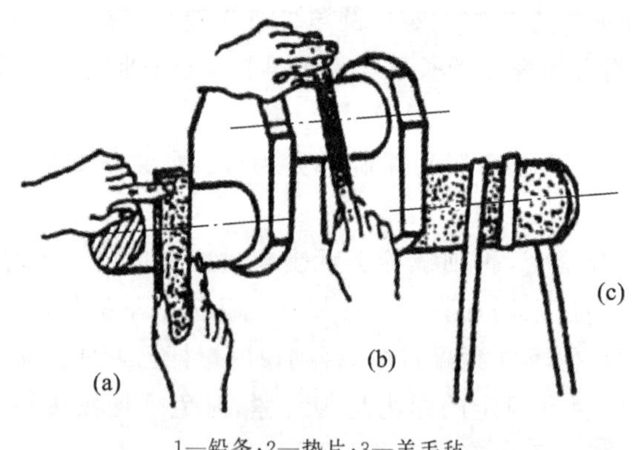

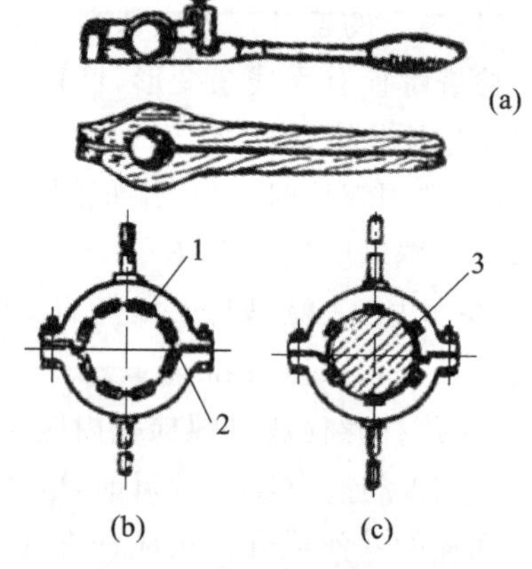

1—铅条;2—垫片;3—羊毛毡

图 2-20　轴颈表面缺陷修复方法

(a)油石磨削;(b)油光挫挫削;(c)砂布磨削

图 2-21　轴颈专用磨削夹具

9. 曲柄销、连杆大端轴承磨损测量及圆度、圆柱度计算

1)概述

曲柄销由若干个单位曲柄组成,与连杆大端轴承相配合。曲柄臂是主轴颈和曲柄销两者

的连接件，它们延长连接就形成了曲轴。柴油机长期运转中曲轴主轴颈和曲柄销产生不均匀磨损，磨损造成主轴颈和曲柄销尺寸减小，表面拉毛、几何形状发生变化，产生圆度和圆柱度误差等。

2)曲柄销的磨损测量

(1)测量部位。曲柄销应在两个部位、两个方向进行，即测量每段销颈长度中间至两端各1/4处截面上两个相互垂直方向的外径(与曲柄臂中线平行的方向为纵向，与其垂直的方向为横向)，如图2-22所示。

(2)量具的使用。测量前要把销颈表面擦干净，测量时，外径千分尺的测量中心线应与曲柄销中心线相垂直，不能歪斜，如图2-23所示，否则误差很大。

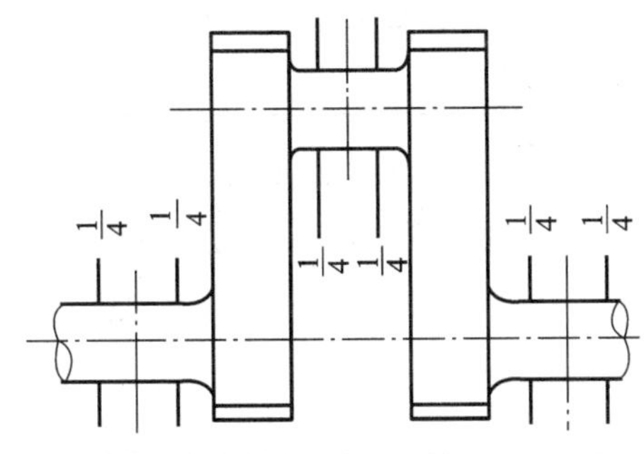

图2-22　主轴颈与曲柄销颈测量部位

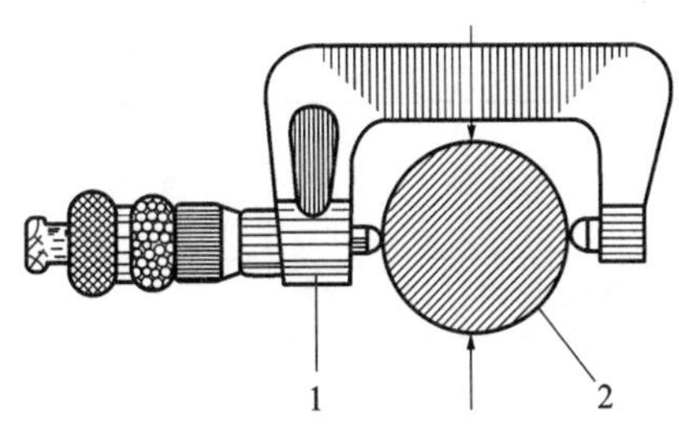

1—外径千分尺；2—轴径

图2-23　测量轴颈圆度与圆柱度

(3)曲柄销的圆度和圆柱度的计算。测出每个测量部位截面上纵向尺寸与横向尺寸后就可计算出圆度和圆柱度。

曲轴主轴颈与曲柄销的磨损极限可从表2-5中获取。如果超过其圆度和圆柱度磨损极限数值时应予修理；如运行不正常，应尽量找出原因并排除。

表2-5　曲轴主轴颈与曲柄销轴颈的磨损极限　单位：mm

轴颈直径范围	>500 r/min 筒形活塞式柴油机				<500 r/min 筒形活塞式柴油机				十字头式柴油机			
	主轴颈		曲柄销颈		主轴颈		曲柄销颈		主轴颈		曲柄销颈	
	圆度	圆柱度	圆度	圆柱度	圆度	圆柱度	圆度	圆柱度	圆度	圆柱度	圆度	圆柱度
(75,100]	0.035	0.035	0.035	0.040								
(100,125]	0.035	0.035	0.035	0.040								
(125,150]	0.040	0.040	0.040	0.040								
(150,175]	0.050	0.050	0.050	0.050	0.050	0.050	0.050	0.050				
(175,200]	0.060	0.060	0.050	0.060	0.060	0.070	0.060	0.070				
(200,225]	0.070	0.070	0.060	0.070	0.070	0.080	0.070	0.080	0.080	0.080	0.090	0.090
(225,250]	0.070	0.080	0.070	0.080	0.080	0.090	0.080	0.090	0.090	0.090	0.100	0.100
(250,275]	0.080	0.080	0.080	0.080	0.080	0.090	0.090	0.100	0.100	0.100	0.110	0.110
(275,300]	0.080	0.090	0.090	0.090	0.090	0.100	0.090	0.100	0.100	0.100	0.110	0.110
(300,325]	0.090	0.090	0.090	0.100	0.090	0.100	0.100	0.110	0.110	0.110	0.120	0.120
(325,350]	0.090	0.100	0.100	0.110	0.100	0.110	0.110	0.120	0.120	0.120	0.130	0.130
(350,375]					0.110	0.120	0.120	0.130	0.120	0.120	0.130	0.130
(375,400]					0.120	0.130	0.130	0.140	0.130	0.130	0.140	0.140
(400,425]					0.130	0.140	0.140	0.150	0.140	0.140	0.150	0.150

3)连杆大端轴承的检测

连杆大端轴承常见的轴瓦有两种形式。一种为壁厚 20～50 mm 的轴瓦,瓦壳上浇铸有合金层,一般为 5～20 mm 厚。在上下轴瓦之间的结合处有调节垫片,用以调整轴承径向间隙。目前,广泛使用铸钢瓦壳,瓦衬主要采用锡基或铅基巴氏合金。另一种为壁厚 0.8～6 mm,其上有 0.25～1.50 mm 厚的耐磨合金的薄壁轴瓦。其上轴、下轴的瓦结合面之间没有调节垫片,合金层也不允许拂刮,轴瓦磨损和损坏后只能换新。

连杆大端轴承的损坏形式主要有磨损、裂纹、烧熔和腐蚀等。

连杆大端、小端的轴承的测量是在大端轴承盖装在连杆上拧紧至规定扭矩后进行的,按轴承内孔径直径的大小用内径千分尺测量(其校表方法见缸套内径测量)。应在曲轴中心线方向(X—X)和垂直于曲轴中心线方向(Y—Y)测取两次并做好记录,如表 2-6 所示。

表 2-6 连杆轴承圆度测量记录

测量部位	缸号					
	1 缸	2 缸	3 缸	4 缸	5 缸	6 缸
连杆大端轴承内径(X—X)						
连杆大端轴承内径(Y—Y)						
连杆大端圆度						

10.重要螺栓的安装方法及要求

对螺栓进行全面检验合乎要求后,连杆活塞组件已装置于缸内,连杆大端轴承盖已经盖上,这时可进行连杆螺栓的安装。按装配顺序应该穿上连杆螺栓并旋上螺母,按拆卸反向进行预拧紧。

1)预先准备好常用工具、专用工具、测量和记录器具。

2)液压拉伸专用工具在此时应装配完毕,并已完成相应的前期调试、调压、加油等工作,其操作符合说明书的要求。

3)拧紧连杆螺栓和螺母至轴承盖相接触为止。测量螺栓的外露部分长度 L 并记录,再用液压拉伸器分两次拧紧。

4)第一次上紧时,预紧力应按照说明规定,上紧螺栓,测量各螺栓外露部分长度 L_1,则连杆螺栓受力后的伸长量 ΔL_1 为

$$\Delta L_1 = L_1 - L$$

式中,ΔL_1 为该连杆螺栓说明规定分次上紧量(mm)。

5)第二次上紧时,预紧力按规定量应比前次增大,上紧螺栓,测量各螺栓外露部分长度 L_2,则连杆螺栓伸长量 ΔL_2 为

$$\Delta L_2 = L_2 - L$$

式中,ΔL_2 为该连杆螺栓说明规定分次上紧量(mm)。

11.轴承的拆装与测量

1)筒状活塞柴油机主轴承拆卸(或装配)

主轴承是柴油机的主要部件之一,它的好坏直接影响柴油机的运转性能。它的作用是支承曲轴,保证轴线正确,使曲轴能在其中平稳地转动。

(1)拆卸主轴承的前后,均应检测曲轴的轴向间隙并做记录。

(2)应把各道主轴承锁紧螺母、轴承盖、垫片、轴瓦等按顺序、方位做好记号。整个检测、校配、装复过程均应对号进行。

(3)均匀对称松卸主轴承盖螺栓,按顺序放置稳妥。

(4)可用专用工具(图 2-24)拆卸,拆卸时把工具支架端正地放在曲柄箱的隔板上,调整好中央的螺杆,使两个钩上的爪对准轴承盖两边的凹坑,然后旋出螺杆,钩就会自动向内收拢,紧紧地抓住轴承盖,将轴承盖从轴承座中拉出。

(5)盘出下轴瓦。下瓦可通过转动曲轴盘出。一般中小型柴油机利用在曲轴主轴颈上的润滑油孔中插入销钉,即可盘车取出下瓦。薄型轴瓦一侧有定位唇,此时应向有定位唇一侧盘出,以免损坏轴瓦。

(6)主轴承螺栓的检查。螺栓一端拧紧在轴承座的螺孔中,长期使用后会产生松动(特别是小型高速柴油机),需要检查是否拧紧。螺栓与螺母的螺纹不能有肉眼可见的倒牙和毛刺。

螺栓与螺母旋合后,不能有明显的松动和时紧时松的感觉。有明显倒牙现象或达不到规定扭紧力矩的螺栓、螺母,应予以更换。

(7)主轴承盖与机体定位两端面过盈量的检查。主轴承盖与机体(座)定位端面如图 2-25 所示,其定位检查工作非常重要。正常情况下,轴承盖定位端面没有磨损,其过盈量为 0.03～0.05 mm。此面与机体(座)定位,使各道轴承盖中心线保持在同一直线上。

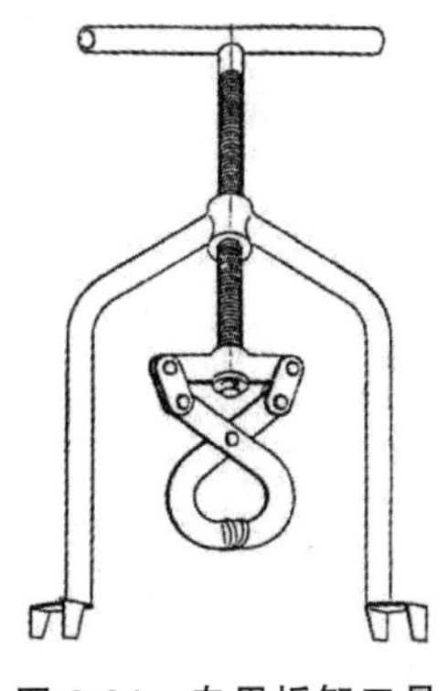

图 2-24　专用拆卸工具

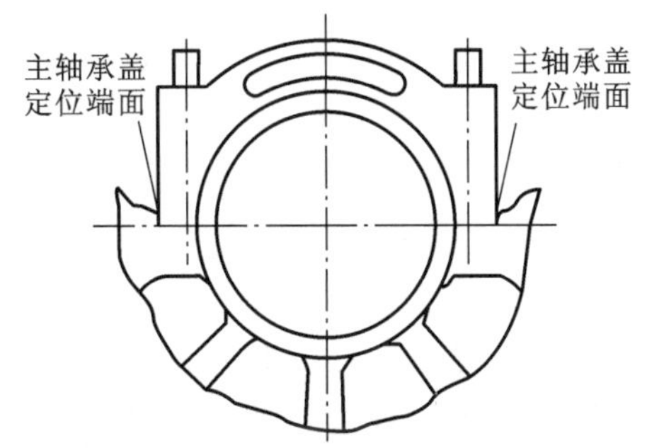

图 2-25　定位端面过盈配合

主轴承拆卸后应进行清洁工作,以备检查和测量。

2)主轴承的安装

(1)前期检查与测量工作完毕后方可进行主轴承装复。

(2)应将轴承盖、轴承座、轴瓦、螺栓等全部清洗干净。

(3)安装轴瓦。主轴瓦装入主轴承盖(座)前,应进行厚度检测,并做记录。将下瓦按盘出时的相反方向盘入主轴承座中。为保证轴瓦背面与轴承座良好接触,要使轴瓦两端面对轴承盖(座)分开面有一定的凸出高度,一般凸出高度为 0.03～0.10 mm,如图 2-26 所示。也可按下式计算:

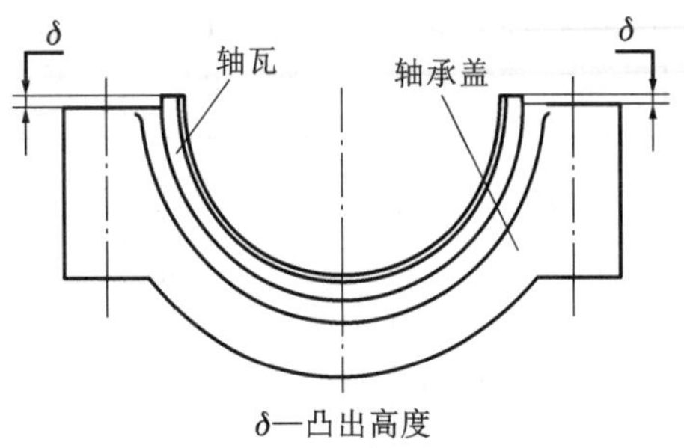

图 2-26　分开面的凸出高度

$$凸出高度=\frac{0.006\pi D}{4}$$

式中　D——轴颈直径。

(4)安装主轴承盖。装主轴承盖时,应在和轴承座配合的定位凸肩平面上涂布润滑油,这样轴承盖和轴承座不容易“咬”起来。

(5)使用扭力扳手按规定的扭矩拧紧主轴承螺母。无扭力扳手时,可用臂长 120mm 的扳手把两个螺母扳到止动点,以后分三次相互交替地扳紧,每次扳 50°～60°,共扳 150°～180°,使主轴承盖螺母上的铳眼和主轴承螺栓上的铳眼对准,即两者的开口销孔对准。安装结束后应装上开口销,防止螺母松动。

3)主轴承与主轴颈配合间隙检测(压铅法)

主轴承和主轴颈之间的径向间隙称为主轴承间隙。配合间隙对柴油机能否安全可靠地运转关系甚大,它是形成润滑油膜、实现液体动压润滑的重要条件。间隙过小,会导致轴承发热、合金熔化甚至咬死;间隙过大,则容易产生冲击负荷,使合金层裂纹和碎裂。它们之间的间隙及极限都有明确的规定,如表 2-7 所示。

表 2-7　主轴承与主轴颈径向装配间隙及极限间隙　　单位:mm

轴颈直径范围	十字头式柴油机		<500 r/min 筒形活塞式柴油机		>500 r/min 筒形活塞式柴油机			
	装配间隙	极限间隙	装配间隙	极限间隙	白合金		铜铅合金	
					装配间隙	极限间隙	装配间隙	极限间隙
[75,100]					0.60～0.80	0.20	0.80～0.10	0.20
(100,125]					0.80～0.11	0.25	0.10～0.12	0.25
(125,150]					0.11～0.15	0.30	0.13～0.16	0.75
(150,200]			0.14～0.18	0.30	0.16～0.20	0.40	0.17～0.23	0.30
(200,250]	0.13～0.17	0.30	0.18～0.22	0.40	0.20～0.24	0.50	0.24～0.28	0.40
(250,300]	0.17～0.21	0.40	0.22～0.26	0.50	0.24～0.28	0.60		0.50
(300,350]	0.21～0.25	0.50	0.26～0.30	0.60				
(350,400]	0.25～0.30	0.60	0.30～0.34	0.70				
(400,450]	0.30～0.35	0.70	0.34～0.38	0.80				
(450,500]	0.35～0.40	0.80						
(500,550]	0.40～0.45	0.90						
(550,600]	0.45～0.50	1.00						
(600,650]	0.50～0.55	1.10						
(650,700]	0.55～0.60	1.20						

4)配合间隙的测量

压铅法是依据铅丝在主轴承螺栓拧紧后被压扁的厚度来确定轴承间隙实际大小的测量方法;精度虽高,但操作麻烦。其测量步骤如下。

(1)拆去主轴承上盖和上瓦(注意连杆大端轴承为下盖和下瓦)。

(2)选用直径为(1.5～2.0)δ(δ 为轴承装配间隙)、长度为 120°～150°轴颈弧长的铅丝 2～3 条,沿轴颈首、中、尾位置用黄油黏住铅丝放置在轴颈上,如图 2-27(a)所示。

由于铅丝的塑性和直径对测量精度影响很大，所以铅丝直径若小于轴承间隙则不能被压扁，间隙无法测出；若铅丝直径过大，其抗变形能力强，上紧螺栓后铅丝可能被压入铝合金层内，亦不能准确测量。若主轴承装配间隙为 0.20～0.25 mm 时，可选用直径为 0.3～0.5 mm 的铅丝。

(3)装上轴承上瓦及上盖，按规定扭矩上紧螺栓，此时切勿盘车。

(4)卸下轴承盖，取出铅丝进行测量和记录。并注意铅丝片对应的测量位置，切勿弄混。

(5)用千分尺测量铅丝的两端及中间位置的厚度(注意测量前用麻布小心地清洁铅丝片上的油脂)。中间厚度为轴承径向间隙，两端厚度为轴承两侧间隙，通常应小于径向间隙。两侧向间隙之差不超过 0.05 mm。记录并用上次检测数据比较分析。

压铅法适用于厚壁轴瓦的轴承间隙检测。还可用塞尺法进行测量，如图 2-27(b)所示。

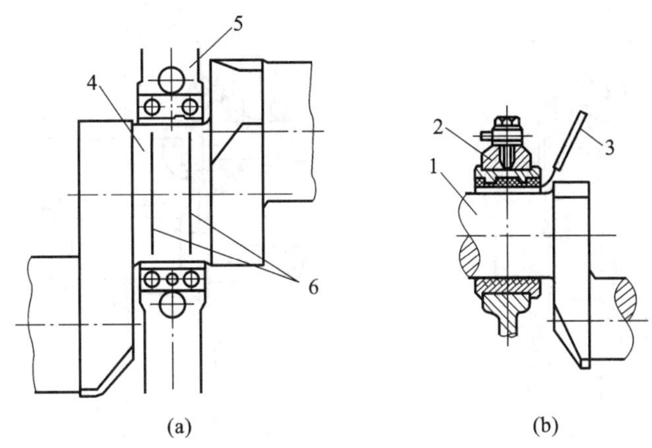

1,4—主轴颈；2—轴承上盖；3—塞尺；5—主轴承座；6—铅丝

图 2-27　测量主轴承间隙

(a)压铅法；(b)塞尺法

三、思考题

1)活塞销测量前要做哪些具体的准备工作？如何正确确定测量方位？

2)外径千分尺的测量精度是多少？其误差是多少？圆度、圆柱度测量允许误差极限是多少？

3)对测量数据应进行哪些计算？如何对测量值进行正确的误差分析？

第七节　喷油泵的拆装与检修

一、评估要点

1)工具的选取与使用正确得当；

2)分解、组装程序正确；

3)工艺方法得当，符合技术规范；

4)工具整理放妥。

二、实操步骤

1. 波许式喷油泵分解

1)简介

柴油机燃油系统设备中,喷油泵是必不可少的、重要的精密部件。由于使燃油获得雾化所需的压力是由喷油泵产生的,所以它又叫高压喷油泵。喷油泵由泵体、出油阀总成、控制套筒与齿条、弹簧与承座、导程筒与卡环、柱塞套筒偶件副、进油口接头、出油口接头等组成。如图2-28 所示。

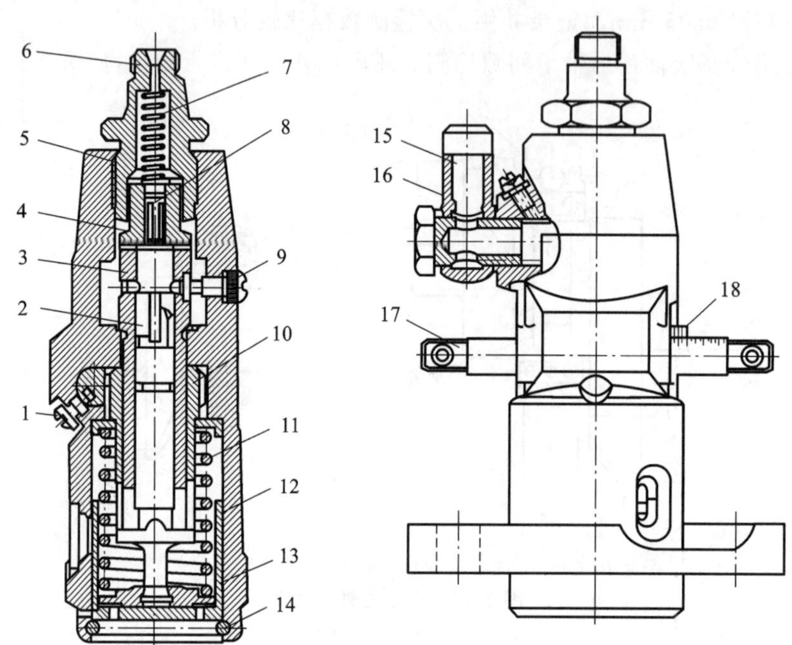

1—销钉;2—柱塞;3—套筒;4—出油阀座;5—导向套筒;6—出油管接头;7—出油阀弹簧;8—出油阀;9—定位钉;10—调节齿套;11—弹簧;12—导筒;13—弹簧下座;14—卡簧;15—放气螺钉;16—进油管接头;17—调节齿条;18—指示片

图 2-28　喷油泵

2)拆装

由于喷油泵是精密部件,平时不允许随意拆卸,只有在工作时间已达到预防检修周期或确认此喷油泵有故障时,方才进行拆卸检修。喷油泵的功用原理是,在柴油机工作时,在供油凸轮轴的控制下按发火顺序和负荷大小,以一定的燃油压力、一定数量的燃油和供油规律泵出燃油。燃油经过喷油器的雾化而进入气缸的燃烧室。

(1)喷油泵的拆装准备

①预先准备好拆卸工具、专用工具、木垫等物品。

②拆卸时不得碰坏精密件,更不允许互相调换。尤其是柱塞套筒偶件,应成对地放置于清洁的煤油或轻柴油中。

③需要在虎钳上拆卸时,除粗糙件外,有配合面或装配面的零件应在台虎钳夹口上准备好紫铜皮衬垫。

④喷油泵分解中遇到部件很难拆卸时,应放在油中浸泡,严禁敲锤,以免破坏原有的配合

间隙,造成零件损坏。

⑤拆卸前注意喷油泵各部分原来的技术状态及与其他零件的连接方法,并检查其运动是否灵活,检查有无损伤、缺陷。注意主要零件的装配记号或自作记号,以便装复。

(2)分解

现以 6300 型柴油机喷油泵为例,如图 2-30 所示。

①将泵体外部清洁干净后下部夹紧在台虎钳上(注意不可夹得太紧),旋出出油阀紧座 8,取出弹簧,并用专用工具取出出油阀总成 2,如图 2-29 所示。

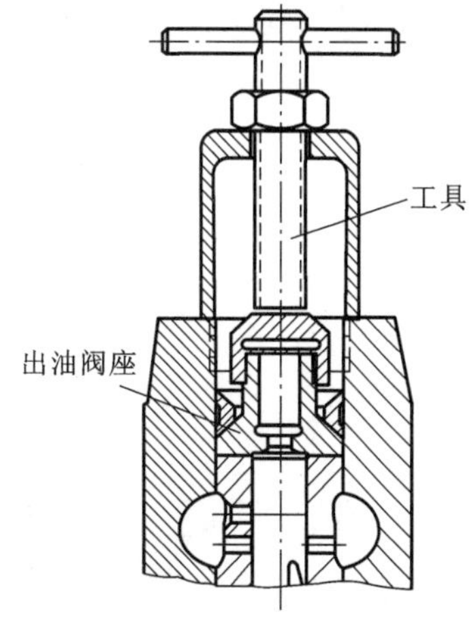

图 2-29　出油阀拆卸工具

②松开虎钳,将泵体倒立在平台上(视操作情况,亦可用台虎钳夹住),用力把导程筒 7 压下去,再用内卡簧钳将卡簧 18 取出(注意不要让它弹出伤人)。然后,再缓慢松手,使导程筒上升以免导程筒弹出丢失零件,至无弹力后,取出导程筒、下部弹簧座 6 及弹簧,如图 2-30 所示。

③然后依次抽出柱塞套筒偶件 12、控制套筒 4、上部弹簧座 5。

④将泵体正置,拧出齿条限位螺钉,取出齿条拉杆,旋出柱塞套筒定位螺丝 9 后,用手指或铜棒将柱塞套筒由下往上顶出。至此喷油泵零件已全部分解完毕。之后是清洁、检查和修复。

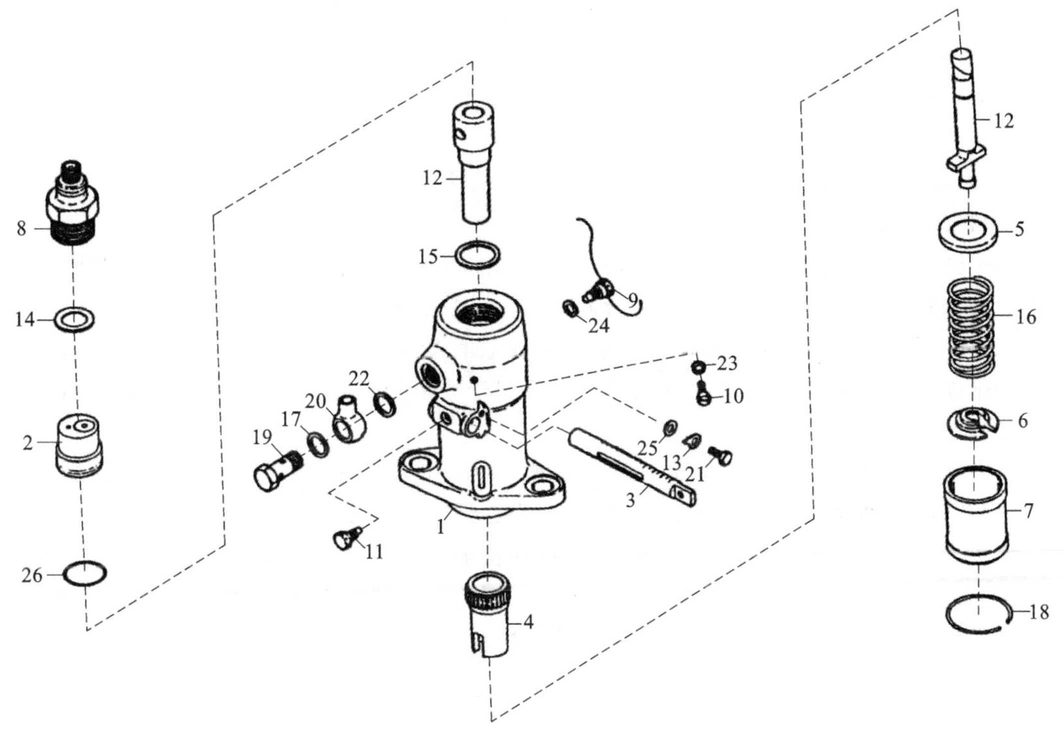

1—泵体;2—出油阀总成;3—齿条拉杆;4—控制套筒;5—上部弹簧座;6—下部弹簧座;7—导程筒;8—出油阀紧座;9—柱塞套筒定位螺丝;10—放气螺丝;11—齿条导向螺丝;12—柱塞套筒偶件;13—齿条刻度指针;16—柱塞弹簧;18—卡簧;19—油管接头空心螺丝;20—油管接头;21—齿条刻度指针固定螺丝;14,15,17,22,23,24,25—垫圈;26—“O”形橡胶圈

图 2-30　喷油泵的解体

3)出油阀偶件检验及修理研磨

(1)简介

出油阀和阀座是高压油泵中的另一对精密偶件，在高压油泵中起着蓄压、止回和减压作用。等容卸载式出油阀偶件的构造形式如图 2-31 所示。

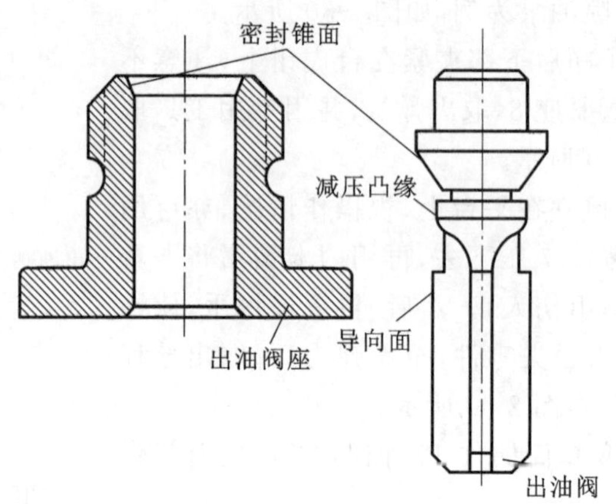

图 2-31 出油阀偶件

(2)出油阀偶件的检查及注意事项

①偶件清洁应用干净的轻柴油或煤油清洗，最好是用软毛刷或软布进行擦洗。严禁用棉纱头或破布，以防纱尘、毛头黏附其偶件的工作表面。

②偶件擦净后可借助放大镜对出油阀的工作表面进行观察，检查有无明显的磨损、腐蚀、裂纹等缺陷。

③握紧出油阀座，通过上下抽动出油阀来检查有无卡堵现象。

(3)检修步骤

①出油阀导向面。可借助放大镜对其进行有无变形、拉毛的检验，如不严重可以研磨使之恢复。若阀座内孔磨损较严重，会使配合间隙增大。泵油增多时应更换。

②出油阀减压凸缘。由于导向表面磨损使间隙增大，使出油阀落座时产生倾斜，从而破坏了密封锥面，并使减压凸缘产生单边磨损。或者整个环带的圆柱表面因磨损而呈锥体，使得密封面变宽。

③出油阀密封锥面。锥面磨损主要是高速、高压、冲击和带有机械杂质的油液冲刷造成的，磨损严重时会使减压凸缘密封面过宽，同时在圆周方向出现环状沟。

④出油阀座底平面。它与柱塞套筒顶平面相接触，因长期使用燃油会发生电化学腐蚀，从而使两端接触表面产生油渍、伤痕，密封性下降。可选用很细的研磨粉，粒度约 300 目，散于平板上，对其阀座平面和柱塞套筒顶平面同时进行精研细磨，严重的应该更换新总成。

(4)检修后的一般密封检测

①滑动性试验。拉出出油阀一半(按其长度、出油阀全长的一半)，放手后靠自重缓慢降落，直到落位为止。如果降落得太快，则说明间隙过大不能继续使用。如果降落至某一点卡住，应查明原因，否则也要更换。正常时应自由缓慢下落，在阀座孔内的任一长度与角度位不应感到局部有阻力或卡阻等现象。

②密封性试验。用大拇指和中指拿住出油阀座，食指按压住出油阀本体，用嘴吸出油阀座

底平面的孔。若能用嘴吸住,说明密封性良好。

③综合密封性试验。整套装复喷油泵在高压油管接头处安装上压力表,之后手动泵油,直至油泵说明的规定压力则停止泵油,并松开泵油手柄。由于泵油手柄松动,柱塞自然下行,这时若压力表读数基本保持不变,则认为出油阀密封性良好。否则要对出油阀与阀座锥面进行研磨。研磨后的密封带宽度应该在 0.3～0.5 mm 之间。

4)柱塞偶件检验及研磨修理

(1)简介

柱塞套筒偶件是喷油泵中的又一套精密偶件。由于柱塞与套筒的配合间隙只有 0.002～0.003 mm,即使是偶件工作表面的微小损坏,也会严重影响燃油系统和柴油机的正常工作。

(2)柱塞套筒偶件的检修步骤

①圆柱体配合面的过度磨损

在柱塞和套筒的工作面产生的磨损之中,通常是回油孔式喷油泵的柱塞螺旋槽附近的工作表面磨损得最为严重。它使配合面间隙增大,泵油压力降低,从而使油泵的喷油压力降低,出现供油不均匀度增加、柴油机工作粗暴、功率降低等不良情况。

②柱塞表面的穴蚀

柱塞螺旋槽附近的工作表面上穴蚀的产生原因如下:套筒内压力骤降,燃油的蒸发压力使之汽化并形成气泡,随后的高压燃油或其压力波使气泡溃灭,强大的冲击波作用使该处金属剥蚀,继而产生穴蚀。

③柱塞套筒研磨修理

如果检查柱塞套筒局部有卡阻现象,则清洗干净后,用洁净的润滑油加于套筒内进行上下旋转磨合。如不能消除卡滞现象,而套筒表面并无伤痕,则柱塞必已弯曲,应成套更换新件。

在套筒的上孔、下孔周围,柱塞的边缘,尤其是上螺旋形槽、下螺旋形槽的岸部边缘,若发现磨损或摩擦痕迹,应仔细检查有无缺损。如果有,将影响供油量,均不能继续使用,必须同时更换柱塞与套筒。

不论柱塞或套筒,发现伤痕后,不得用具有研磨性的材料磨合后继续使用。套筒密封平面,均应认真检查,不允许有轻微的毛刺、油斑、伤痕及裂痕。如有轻微的油斑、伤痕,可用少量很细的研磨粉,粒度约 300 目,散于平板上进行研磨,最后用 3～5 μm 的氧化铬研磨膏精研,但必须注意防止偏磨和研磨过度。

柱塞套筒工件表面还会有纵向拉痕、磨损、卡住甚至咬死的情况,主要是燃油净化不良、机械杂质较多、配合间隙过小和零件材料工艺处理不当所引起的。出现上述情况时,应将柱塞套筒成套更换新件。

(3)柱塞套筒偶件密封性检验

①滑动性检验

将柱塞与柱塞筒清洁干净,使柱塞从垂直倒放的套筒中拉出 40～50 mm(约柱塞全长的一半),放手后靠柱塞自重缓慢降落,直到柱塞全部进入套筒为止。降速太快说明间隙太大。如果在降落过程中至某一位置卡住,要查找原因。正常的情形是缓慢降落毫无阻碍。在套筒内旋转柱塞至任何长度与角度位置时应无阻力、无塞卡现象。

②密封性检验

用手将套筒顶面上的孔以及进油孔、回油孔紧密封闭,然后将柱塞向外拉,拉出约柱塞全长的一半后松手。如果其配合间隙正常,则应缩回到原来的起点。如果间隙较大,则拉动时不感费力,并有空气渗入,回弹的真空作用力不强,它又不能回到原起点,这样可判断磨损或变形情况。

③综合密封性检验

它属于压力检验之列,应将整个喷油泵组装完毕后再进行。在喷油泵出油管接头上安装压力表,之后手动泵油,直到泵油压力达到说明书规定时停止泵油,并按住泵油手柄不动,观察压力表指针。此时表压读数应能在规定时间内(一般不少于 30 s)保持不下降,则认为密封性良好。否则,应分别检查密封不良的原因在何处。

取出出油阀作出油阀的系列检验。若压力下降得很快,则说明柱塞偶件漏油或进(回)油阀漏油(如果该油泵为回油阀式)。鉴别方法是研磨阀与阀密封锥面并取得满意的效果后再做此项检查。若密封性明显改善,则属进(回)油阀的问题。否则,说明柱塞套筒有磨损。

柱塞套筒偶件磨损较严重时应换新。密封不良的出油阀,如果问题不是很严重,应使偶件互研,一般可以恢复密封。

出油阀偶件和柱塞套筒偶件之间的平面密封面可分别在水平的玻璃板或光洁的平台上研磨,使其密封性得到恢复。

如果套筒与泵体之间的密封性不良,此处漏油可在泵体下部查出。

2.波许式喷油泵组装

1)组装过程中应注意的事项

(1)组装时,必须注意零件的清洁、衬垫物的清洁。偶件工作面禁止用棉纱头或布去擦拭,防止纤维残留在配合间隙内引起卡滞。

(2)喷油泵高压油管接头不要拧得过紧或过松,最好用扭力扳手拧到规定值。太松易使阀座与套筒接触端面漏油;太紧会使阀座和套筒变形。组装时应及时左右拉动齿条拉杆,检查柱塞在套筒内的运动情况,若有卡阻或卡滞的现象,应及时处理。

(3)确保套筒、柱塞、油量调节筒、齿圈、齿条的安装位置关系正确,调节机构运动灵活。

(4)注意有孔和实体螺钉各自的位置,不要弄错。垫圈应按规定垫上,防止漏油。

2)组装程序

(1)将柱塞套筒从泵体上部装入泵本体的套筒孔内,装入时应注意柱塞套筒上的长方形定位槽,应对准泵体上的定位螺钉孔[柱塞套筒的定位槽一般都在进(回)油孔的对面]。将定位螺钉套上密封铜垫后拧入定位螺钉孔中,螺钉应对正柱塞套筒定位槽,不得顶住套筒外圆体,也不得顶住柱塞使之卡住。可用手转动和顶推柱塞套筒下端,看能否使柱塞套筒上下移动 1~2 mm 并能左右微动。如能,则安装正确。

(2)将出油阀总成装入泵体内,其底面与柱塞套筒顶面直接接触(有的泵靠橡皮圈密封),将出油阀弹簧装上后旋上出油阀紧座并拧紧。拧入时要回松几次,最后按规定力矩拧紧。过紧会使柱塞变形,柱塞运动发生阻滞。之后可将柱塞装入柱塞套筒内拉动几次。检查柱塞装入套筒后运动是否自如,若有发滞现象,应及时处理,直至合乎要求。

(3)将泵体倒夹在台虎钳上,把供油齿条插入齿条孔内。齿条上打有记号的齿应位于泵体的孔中央(有的车削一点圆弧),然后将控制套筒慢慢套入泵体的孔中央柱塞套筒上。放入时应注意控制套筒齿圈上有记号的齿要对准齿条上有记号的齿谷。拉动齿条,检验其是否在全行程中灵活,按住控制套筒,齿条的游动间隙应在 0.1~0.2 mm 之间。

(4)将柱塞弹簧上座与柱塞弹簧依次装入泵体中，再将柱塞弹簧下座套在柱塞尾端上，然后小心地插入柱塞套筒内。插入时必须使柱塞凸耳上的记号对准控制套筒直槽上的记号并装入。

(5)确认柱塞、柱塞套筒、控制套筒齿圈、齿条相互装配记号的位置正确后，将柱塞导程筒装入泵体中，用力压下导程筒(也可以用专用工具压下)，之后将卡簧装入泵体的环槽中。

(6)将套有密封紫铜垫的放气螺钉拧紧到油泵本体上。

(7)将喷油泵装在机体上，手动泵油，检验油泵工作是否正常。

3. 波许式喷油泵总成密封性检验

1)检验准备及注意事项

(1)喷油泵必须正确装配完整。

(2)检验所需的工具、仪表，必须清洁干净，油料需用轻柴油等。

(3)安装固定好所检验喷油泵。

(4)注意拉动油量控制齿条拉杆，检查其是否灵活自如，用螺丝刀或扳手拧松放气螺钉排放泵内空气，并拧紧。

(5)接上油管及装上压力表后，泵油检查所有连接处及螺钉位有否滴油、渗漏油现象并及时排除。

2)密封性检验

手动泵油，慢慢加压手动泵油手柄，直至达到说明书规定的泵油压力时停止泵油，并按住泵油手柄不动，观察压力表指针的动向，此时压力读数若能在说明书规定的时间内保持不下降(一般保持时间不小于 30 s)，则认为密封性良好。否则，应分别检查密封不良的原因在何处，并予以处理。

三、思考题

1)波许式喷油泵的结构特点是什么？由哪些主要零件组成？

2)简述波许式喷油泵的工作原理。

3)波许式喷油泵拆装时应注意哪些问题和做哪些检查？

4)喷油泵分解过程中有何具体要求？

第八节　柴油机供油定时的检查与调整

一、评估要点

1)检查前的准备；

2)检查齿条的位置；

3)定时检查、校验，符合技术规范；

4)读数准确；

5)定时调整、操作符合技术规范。

二、操作步骤

1.概述

燃油喷入气缸的点与上止点之间的曲柄转角称为“喷油提前角”,而喷油泵开始供油点与上止点之间的曲柄转角称为“供油提前角”。喷油提前角主要由供油提前角决定,而供油提前角则是由喷油泵凸轮的安装位置来决定(凸轮的凸缘所处的方位)。在标定工况下的供油提前角是由工厂试验确定的。但是在实际工作中,由于燃油品质变换、运行中磨损量的增加、检修之后原角度位置(凸轮与供油齿轮的配合关系)的改变等因素,都必须对供油提前角重新调整。调节供油定时大多是通过改变凸轮在凸轮轴上的安装位置来实现的。

2.供油定时检查与调整前的准备

1)供油定时检查调整之前,应先检查飞轮壳上的上止点指针位置的准确性。

2)对燃油系统油料进行检查,并使系统内充满燃油。

3)用手动泵泵油排除燃油系统中的空气。其方法是拧松泵体上的放气螺钉,利用手动输油泵泵油,直到放出的油中不含气泡为止,并拧紧螺钉。

4)将喷油泵齿条置于供油位置,并拆下第一缸高压油管。

3.供油定时(提前角)的检查

1)用“冒油法”检查(以四冲程组合油泵为例)

(1)按曲轴工作转向转动飞轮,使第一缸活塞位于压缩冲程上止点附近。此时若略转动飞轮,第一缸进气阀、排气阀均应不动作。对于四冲程柴油机,如同时观察与第一缸曲拐在同一平面的另一个气缸的进气阀、排气阀,应处于气阀重叠角位置。即进气阀、排气阀均开启。这时,上止点指针应对准飞轮上的“0”刻度。当拆下喷油泵前盖板观察时,第一缸柱塞弹簧应处于压缩状态,但不是全压缩状态。

(2)反向转动飞轮 30°～50°,用螺丝刀撬动第一缸柱塞,若有气泡可用棉纱吸去,直至不再有气泡为止,使平静油面保持与出油阀紧座油孔平齐或倒锥下部一点。也可在第一缸分泵上拧上如图 2-32 所示的带玻璃管的接头来观察供油始点。预先向玻璃管内压油,当管内出现油柱时便停止撬动柱塞。

(3)按曲轴工作转向缓慢而均匀地转动飞轮,同时密切注意出油阀紧座孔中(或玻璃管中)油面状况。在油面刚一发生波动的瞬间立刻停止盘车,此时即表示第一缸开始供油。根据上止点指针所指飞轮刻角便可得到供油提前角,如图 2-33 所示。此角度应该是在该型柴油机规定的供油提前角的规定范围以内。

同时,对组合式喷油泵,油泵端盖上的刻度线应与喷油泵凸轮轴联轴接合器上的定时刻度线对齐,如图 2-34 所示。对单体式喷油泵,该缸喷油泵本体上的定时刻度线应与导程筒上的定时刻度线对齐,如图 2-35 所示。

2)用“标记法”检查

对有些大中型柴油机单体式喷油泵,它的导程筒上刻有一条定时标记线,泵体上的检视孔上有一条定时标记线。当检查时,盘车注意其位移。当两线重合时,停止盘车。飞轮上的指针读数即为供油定时时刻。

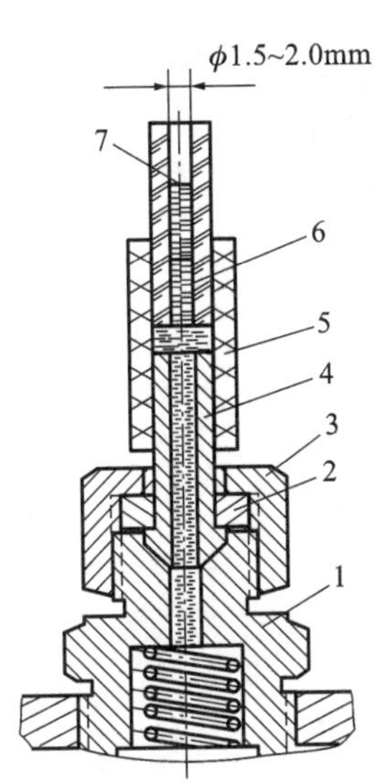

1—喷油泵；2—垫圈；3—螺母；4—钢管；5—橡胶管；6—玻璃管；7—油面

图 2-32　用玻璃管观察供油始点

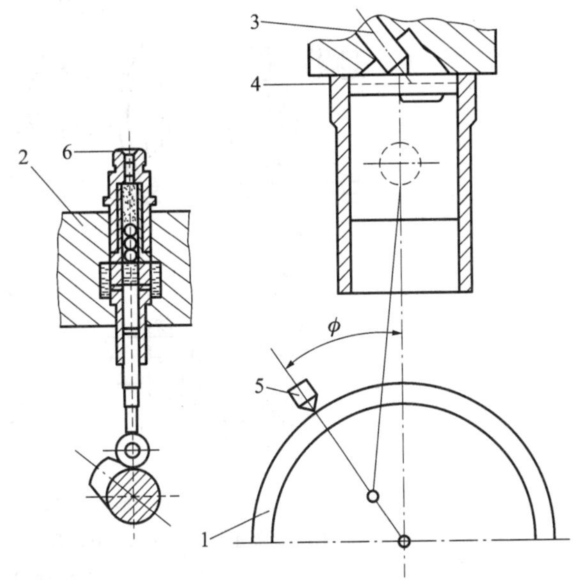

1—飞轮；2—喷油泵；3—喷油器；4—上止点；5—指针；6—出油阀；ϕ—供油提前角；α—油面

图 2-33　供油提前角检验示意图

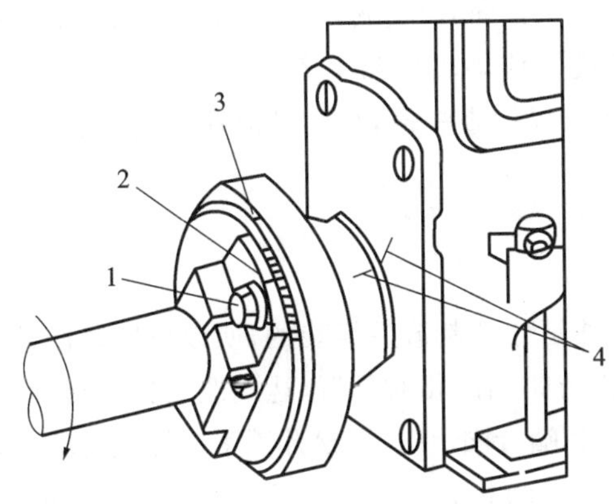

1—锁紧螺钉；2—基准线；3—分度线(每格为 3°)；4—定时刻度线

图 2-34　组合式喷油泵定时刻度线

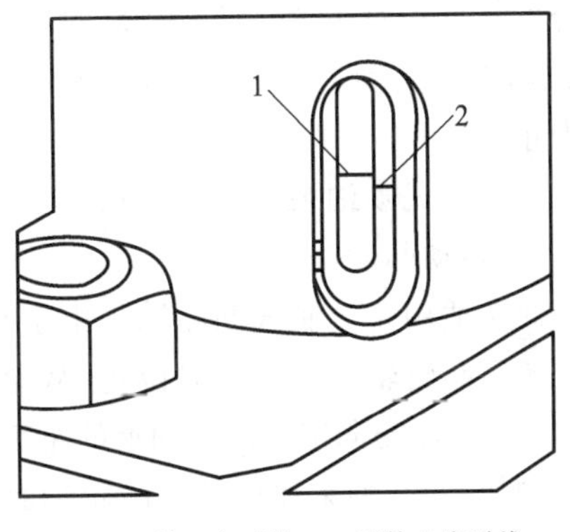

1—导程筒上定时线；2—泵体上定时线

图 2-35　单体式高压油泵定时记号

4. 供油定时(提前角)的调整

1)组合式喷油泵的调整方法

(1)结构

组合式喷油泵接合器如图 2-36 所示，主要由两个凸缘组成，装在驱动齿轮轴 6 上的驱动凸缘盘 4 和装在喷油泵凸轮轴 2 一端的从动凸缘盘 1，两凸缘盘间用螺钉连接。驱动凸缘盘安装螺钉的孔是弧形的长孔。松开螺钉，就可以变更两凸缘盘间的相对角位置，从而变更了整个喷油泵的供油提前角。图中 a、b、c 对应部件 a、部件 b、部件 c，起到定位的作用，它们分别隶属于从动凸缘盘 1、中间凸缘盘 3 和驱动凸缘盘 4。

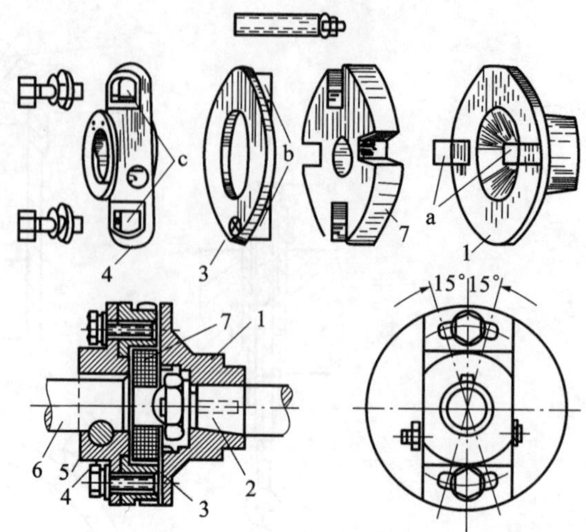

1—从动凸缘盘；2—喷油泵凸轮轴；3—中间凸缘盘；
4—驱动凸缘盘；5—销钉；6—驱动齿轮轴；7—夹布胶木垫盘

图 2-36　喷油泵接合器

(2)调整方法

对组合式喷油泵，松开联轴器接盘上的两个螺钉，用手抓住(或用管子钳卡住)油泵侧的接合器接盘。

当需要提前(或滞后)时，则反工作转向(或顺工作转向)缓慢转动飞轮，使油泵传动轴侧的接合器接盘相对于油泵凸轮轴转过一个所需的角度。传动轴接盘上刻有分度线，每格相当于3°曲柄转角。然后将两个螺栓拧紧，再按上述方法重复检查一遍，直到供油提前角符合规定范围为止。

2)单体式喷油泵的调整方法

(1)转动凸轮法

此法适用于分制式凸轮轴。由于凸轮与凸轮轴是分开制造后组装的，所以可转动凸轮，改变凸轮与凸轮轴之间的相对位置，从而改变了凸轮与曲轴的相对位置，达到改变供油提前角的目的。当凸轮与固定在凸轮轴上的座套用端面细齿相啮合固定时，可松开锁紧螺母来转动凸轮。

例如 8300 型柴油机油泵凸轮端面为 180 个齿，则凸轮相对座套转动一个齿，供油提前角改变 4°。因为正车、倒车共用一个喷油凸轮，若正车供油提前，则倒车供油就落后，如图 2-37 所示。

当喷油凸轮采用无键液压安装在凸轮轴上时，则需将 160～180 MPa(1600～1800 kgf/cm^2)的高压油压入凸轮环形槽 A，胀开凸轮内孔，在配合表面形成油膜，凸轮便在轴上浮动。转动凸轮，改变凸轮与轴的相对位置，从而达到调整供油提前角的目的。图 2-38 所示为 6300 型凸轮液压调整。

(2)升降法

它是通过旋转油泵传动装置中顶头上的调节螺钉，改变柱塞与喷油凸轮的相对位置，从而改变供油提前角的。松开锁紧螺母，将螺钉往上旋，则柱塞向上移动，供油提前角增大；反之则减小。如 6300 型柴油机的喷油泵传动装置中，当调整螺栓每转一个棱面，即六分之一转时，提前角相应改变 2°～3°曲柄转角。

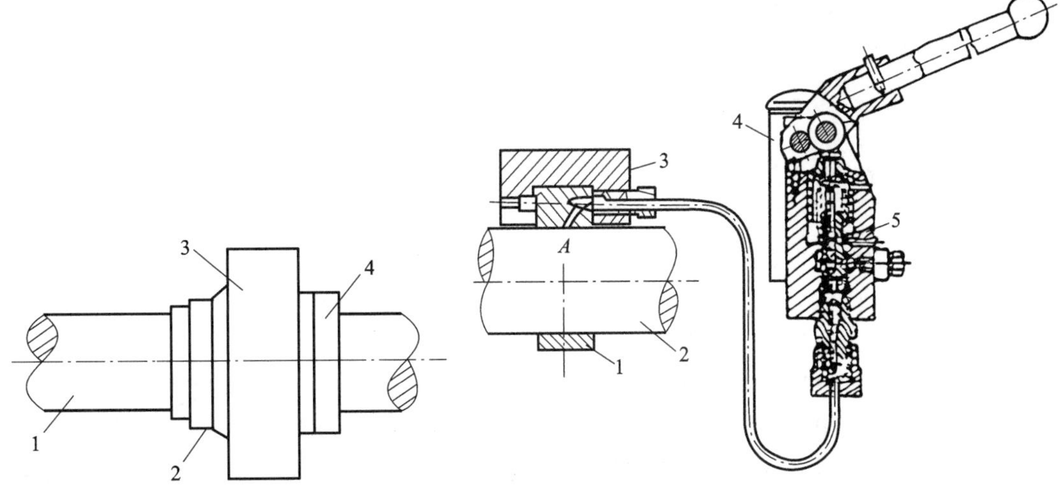

1—凸轮轴；2—啮合细齿；3—喷油凸轮；4—锁紧螺母

图 2-37　8300 **型柴油机的喷油凸轮**

1—凸轮内圈；2—凸轮轴；3—凸轮；4—油罐；5—液压泵

图 2-38　6300 **型凸轮液压调整机构**

5.喷油泵进油孔(上孔)开启量的检查

当柱塞位于喷油泵最大供油量工作时，即油量的齿条控制拉杆顶住了油量限制器时(喷油泵齿条控制拉杆拉出 16～17 刻度)，从柱塞螺旋槽端面测得进油孔的开启量在 3.5～4.5 mm 范围之内，就得到了较好的效果。

检查方法：

1)撬动飞轮，使喷油泵顶杆滚轮处在凸轮的基圆上，也就是顶杆处在最低位置，然后测量垫圈与顶杆座两端面间的距离。

2)继续撬动飞轮，使喷油泵处于喷油始点，再度量垫圈与顶杆之间的距离。

喷油泵顶杆从凸轮的基圆上，升高到喷油泵开始喷油所升高的行程，就是喷油泵进油孔的开启量。

三、思考题

1)柴油机为什么要求有供油定时？简述供油提前角和喷油提前角的概念。

2)供油提前角的检查方法有哪些？其检验程序如何？

3)供油定时提前或滞后分别对柴油机会产生什么影响？

第九节　喷油器的拆装与检修

一、评估要点

1)工具的选取与使用正确得当；

2)分解程序正确；

3)启阀压力检验操作正确；

4)启阀压力调整操作正确；

5)雾化质量的观察与判断正确；

6)工艺方法得当,符合技术规范;

7)工具整理放妥当。

二、主要内容

1. 多孔闭式喷油器分解

1)简介

喷油器是燃油系统中重要的部件之一。喷油器的功用是将喷油泵所供给的高压燃油雾化,并以一定的速度、压力和方向喷入气缸,与空气混合,形成可燃混合气。

2)结构

现以6300型柴油机多孔闭式喷油器为例予以介绍。如图2-39所示,喷油孔由调压弹簧12作用下的针阀2直接封闭。当喷油泵将高压燃油送至喷油器针阀体3内时,油压作用在针阀的锥体上,当此力克服了弹簧的张力时,针阀被抬起,于是燃油经喷油咀1的喷孔而喷入燃烧室。

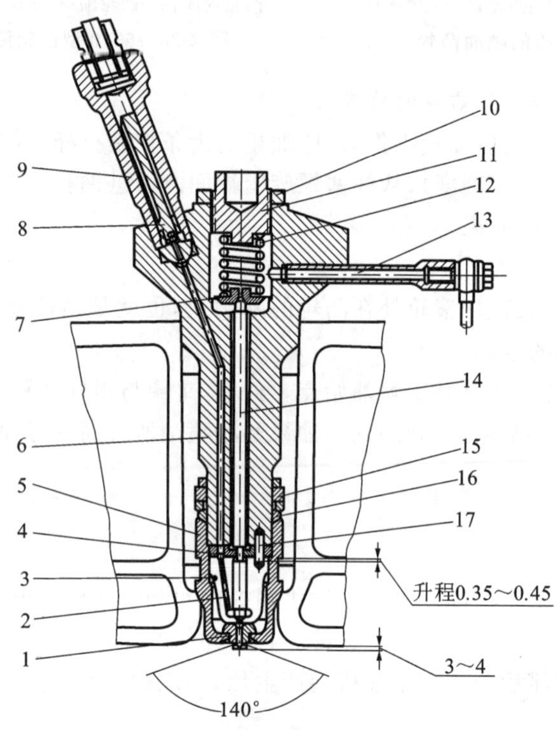

1—喷油咀;2—针阀;3—针阀体;4—限制盘;5—喷咀螺母;6—喷油器体;7—弹簧盘;8—缝式滤器芯子;9—缝式滤器体;10—螺母;11—调节螺钉;12—调压弹簧;13—回油管接;14—顶杆;15—压环螺母;16—密封胶圈;17—定位销

图2-39　喷油器

从喷油器内沿针阀及各接合面渗至回油腔内的回油管接13引入回油总管排出。从接合面渗出的燃油,是经喷油器体6端面的槽流入回油腔的。

为使油孔对准,在喷油器体6、限制盘4及针阀体3配有定位销17。喷油压力可用调节螺钉11来调整调压弹簧12的压缩张力来达到。

喷油器垂直装于气缸盖中心,将喷咀螺母5外端面加工成球体,以此与气缸盖上相应的锥面配合密封,以防止燃气泄漏。

密封胶圈16以压环螺母15压紧，使回油腔内的燃油不致从喷咀螺母5的丝纹上渗出。

针阀2与针阀体3是研磨配对后形成的偶件，严禁调换其中任何一个部件。

3)分解的准备

(1)将喷油器从柴油机上拆下之前，先将各管头擦拭干净，然后拆下与其相连接的管接头，如高压油管、回油管、油头冷却管等。

(2)拆除固定螺栓或螺母，将喷油器用力地从缸盖喷油器座孔中撬出，如图2-40所示。

(3)将喷油器拆卸出缸盖后，应将各管口接头用干净麻布包堵起来，以免脏物浸入。

(4)分解前，应先在试验台上检查喷油器的压力和雾化情况，如发现喷油压力未达到规定的喷射压力或雾化不良，喷射不立即切断，出现多次喷射孔、喷油孔堵塞或部分堵塞、喷射呈油束流出或喷出的油出现分枝状态、喷射角度不对或滴油等现象，说明喷油器的工作状态不佳，必须要进行分解清洗、检查和修理。

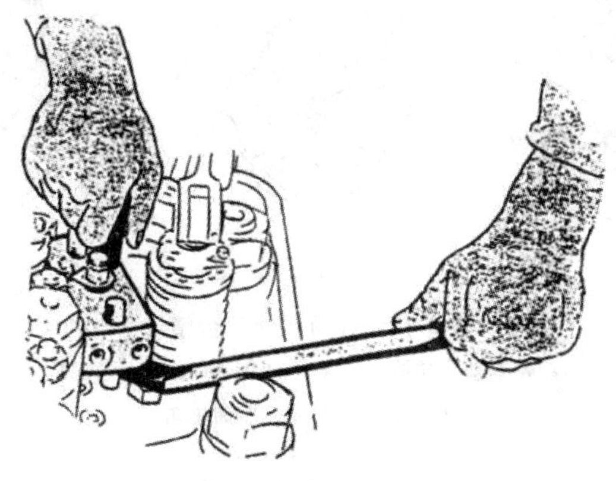

图2-40 喷油器拆出

4)分解时应注意事项

(1)喷油器外表面须在柴油中认真清洗并注意保护好喷油咀。

(2)在分解过程中应特别注意零件不要沾上任何不洁物，尤其是喷油咀偶件。不允许零件表面有压伤或擦伤痕迹。

(3)针阀体表面任何时候都不允许用虎钳夹，以免针阀体导向工作面损伤和变形。

5)分解步骤

(1)将喷油器本体夹在有保护垫的台虎钳上，拆下喷油器尾部调压螺钉，锁紧螺母及螺钉，之后取出调压弹簧和弹簧承座以及顶杆等其他零件，将拆下的零件放在清洁的轻柴油中浸泡以备清洗。

(2)将喷油器本体倒夹于钳台，用扳手拧下喷油咀紧固螺帽，取下喷油咀，并使偶件成对放入轻柴油中(应单独用盆)浸泡以备清洗，拆卸方法如图2-41所示。

2. 针阀偶件检修

针阀偶件主要损坏形式是磨损。磨损主要发生在针阀锥面和针阀体座面、针阀偶件圆柱配合面上；其次是针阀体端面腐蚀和喷孔的孔径扩大和失圆。

1)针阀偶件锥面和针阀体座面磨损

(1)针阀偶件的锥部配合面之间实际上为狭窄的环形密封带(或称阀绕)接触，密封带宽度 h 一般为0.3～0.5 mm，正确位置如图2-42所示。

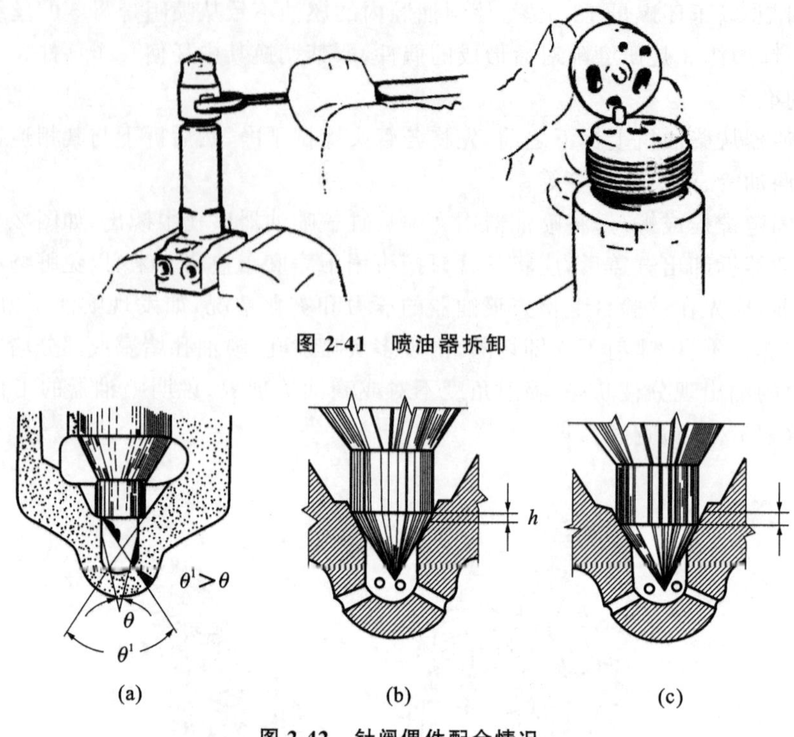

图 2-41　喷油器拆卸

图 2-42　针阀偶件配合情况

(a)锥面配合角度;(b)正确配合;(c)磨损后的配合

θ^1—针阀锥角;θ—座面锥角

(2)密封带磨损,是喷油弹簧的冲击与燃油中杂质的冲刷所致。磨损后使锥面密封带加宽、锥面变形或锥面产生凹坑(即金属疲劳剥落的斑点)和冲刷形成的纵向条纹。

(3)针阀偶件密封面磨损后,密封性能变坏,高压油泵送来的高压燃油到达喷油咀头部时因漏油使压力室中的压力不能升高。这样必然会产生雾化不良和滴油等现象,使喷孔及头部积炭。

(4)一般当密封带的宽度大于 1mm 时,喷油咀将不能很好地保证燃油雾化,因为密封带变宽后使接触压力变小,密封性变差。

2)针阀偶件圆柱配合面的磨损

(1)针阀偶件圆柱配合面的磨损是由燃油带入杂质所致。磨损大部分发生在导向部分的下端,使针阀导向部分表面呈细微的轴向划痕。

如果磨损严重,会使回油量增多,喷油量减小,压力下降,使喷油雾化不良和滴油现象严重,并造成喷嘴部分严重积炭。

(2)针阀偶件的配合精度可通过密封性试验来检查,最简单的方法是滑动性试验,如图 2-43 所示。

将清洁的针阀垂直放置,针阀自针阀体中拉出 1/3 长度后,在重力作用下缓慢落入阀座,不得有阻滞,也不可下滑得太快。否则,说明有卡阻或者配合间隙太大。

3)喷油咀喷孔的磨损

(1)喷孔的直径一般为 0.12～0.8 mm,喷孔数目为 1～12 个,具体的喷孔直径、数目和分布随机型而异。喷孔直径变大是由于高压燃油夹带的杂质长期冲刷。

(2)喷孔磨损后孔壁上出现细密的轴向沟痕。喷孔加大和失圆,使雾化质量变坏。喷孔周围磨损严重时会产生积炭,不仅影响燃油雾化,也会使针阀体过热烧损而损坏。喷孔积炭可用铜丝和专用工具清除,如图 2-44 所示。

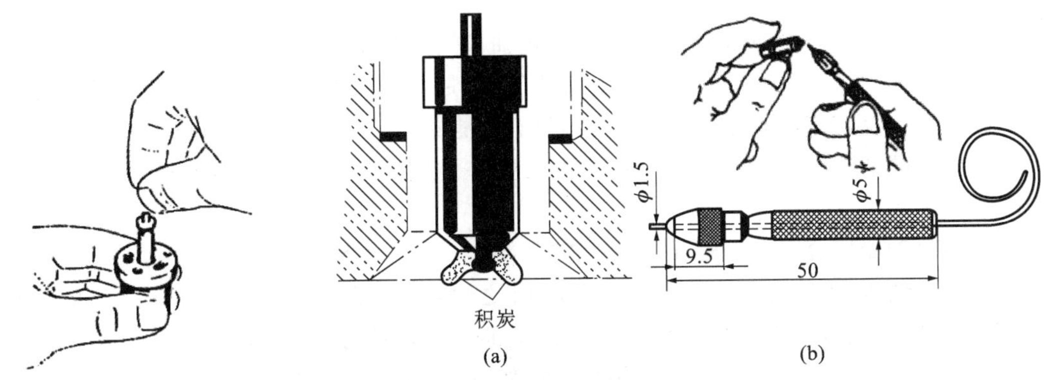

图 2-43　针阀偶件密封性检查

图 2-44　针阀体喷孔积炭和通孔工具

(a)针阀体喷孔积炭;(b)通孔工具

4)针阀偶件的修复

如缺陷不严重,遇下列情况可以进行修复。

(1)针阀圆柱形导向配合不够光滑,滑动性试验时不符合要求。可在针阀导向面上涂上清洁的凡士林或机油,将针阀柄夹在有紫铜作衬的钳口的虎钳上,套上针阀体,用手左右旋转研磨。注意研磨时不要拍击,时间也不可太长,防止过度磨损。彻底清洁之后,再做滑动性试验,检验合格与否。

(2)针阀与针阀体密封常有轻微损伤,用放大镜观察针阀上的密封带宽度未变时,只是轻微伤痕,这时可用凡士林或机油涂在针阀密封带上。用上述方法对针阀体进行研磨,直至没有伤痕,密封呈比较均匀的暗灰色,宽度也在合适范围之内。彻底清洗后,装复检验密封性。如损伤稍重,则可在针阀密封带处涂上少量的氧化铬研磨膏(磨粒为 0.001～0.003 mm)进行研磨。

必须注意,研磨膏不得进入针阀与针阀体导向表面上,否则会造成针阀偶件报废。一般情况下,喷油咀偶件有缺陷时应成对换新。

5)针阀体平面研磨修理

针阀体端面长期使用会因燃油、冷却水使其发生微观电化学腐蚀,从而使它与喷油器本体或喷油咀结合面处的密封性下降,产生燃油漏泄和油压降低、雾化不良等现象。

如果伤痕轻微,可在洁净的平板(或玻璃平面)上面撒上少量很细的研磨粉,粒度约 300 目,把针阀体平面放在上面轻轻拖一下,擦拭干净后看有无修复的可能,如能修复,擦净平板上的研磨粉,再用 3～5 μm 的氧化铬研磨膏进行精研。如果研磨量较大,还需要先用氧化铬研磨膏进行粗研再精研。研磨时按 8 字形轨迹在平面上滑动,接近修复时只需加润滑油而不必加研磨膏。注意防止偏磨,直至合格为止。

3. 多孔闭式喷油器组装

1)喷油器组装准备及注意事项

(1)预先准备好工具,并清理台虎钳使其周围洁净。

(2)喷油器各零件经外观检验无损伤缺陷。

(3)喷油器针阀偶件的检验已符合规定要求,所需配件已准备好。

(4)要保证组装时,尤其是针阀与针阀体的结合面清洁必须干净。

(5)喷油器各零件的配合关系尤为重要,装配的顺序切勿弄错。

2)组装程序

(1)用台虎钳夹住喷油器本体(倒置),在进油口接头处装好垫圈。

(2)将过滤器(型式各异)放入进油管接头管中,最好用压缩空气吹净,然后将接头拧紧在喷油器本体上(有的喷油器进油口接头管内没有过滤器)。

(3)先将喷油咀偶件部分装在喷油器本体上(注意定位销),拧紧油咀的外套螺帽,并注意力度。

(4)将喷油器从台虎钳上松开,调头(正置)夹紧。装入顶杆及调压弹簧。

(5)旋入调压螺钉,直到接触调压弹簧为止,之后旋上锁紧螺母。

(6)组装完成后,应检查调试其密封情况、喷油压力和雾化质量等指标。

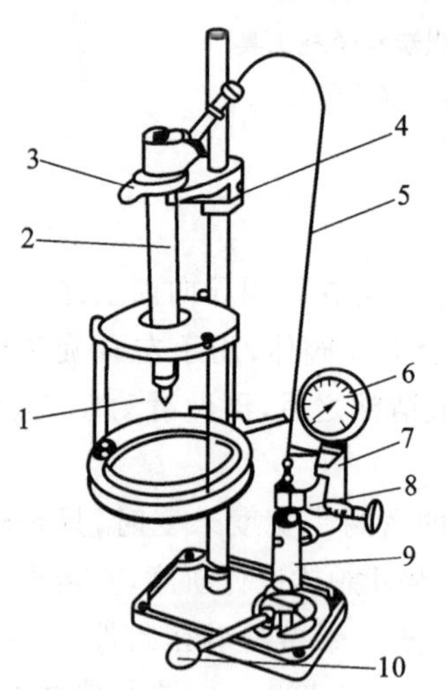

1—玻璃罩;2—喷油器;3—支承环;4—支架;5—高压油管;6—压力表;7—盛油容器;8—截止阀;9—手动泵;10—手柄

图 2-45　喷油器试验装置

3)多孔闭式喷油器总成密封检验

喷油器密封检验是利用喷油器试验装置来完成的,如图 2-45 所示。它包括针阀与针阀体圆柱面、针阀与阀座锥面的两处密封性检验,以及外部接头部位的密封检查。

(1)喷油器装上试验台后缓慢手动泵油,使燃油压力升至比规定的喷油压力稍低,观察其油压(表针指示)降落速度,反复进行几次。如降落速度过快则说明针阀与针阀体之间间隙偏大,密封不良,产生漏油。

(2)按 10 次/min 的速度泵油,使油压缓慢上升,直至油压略低于启阀压力时,查看油咀附近是否有漏油现象。在 10 s 内针阀喷孔周围允许它稍微有些潮湿,如喷嘴滴油,可能是针阀与阀座锥面密封不良所致,无法消除的应更换新件。

4. 喷油器启阀压力检调

启阀压力保证了喷油器开始喷射时的最低喷射压力,它对雾化质量影响很大。每种型号的柴油机在说明书中都规定了喷油器的启阀压力,一般为 20～35 MPa,这个压力可在试验台压力表上获得。

1)用快喷频率泵油,让喷油器喷油,并观察压力表指针的摆动幅度。

2)用缓慢的速度压油泵泵油手柄,注意压力表指针向高压方向移动的情况。在喷油压力开始下降的那一瞬间记录压力表上的最高读数。

3)重复上述动作,检查压力表读数与规定的喷油压力的差值。若太低,则顺时针旋紧调压螺钉;若太高,则逆时针旋松调压螺钉,直到满意为止,最后紧固调压螺母。

5. 喷油器雾化试验

喷油器雾化试验是对其偶件密封性的综合性检验,也可与上述各检验同时进行。喷油器无论是快喷(120 次/min),还是慢喷(20 次/min),均应有良好的雾化质量,声音清脆,无滴油现象,方为合格。

1)手动泵油时细心观察喷出的燃油的形状、数目，以及喷雾的细度和均匀度。

2)喷出的燃油应呈雾状，无肉眼可见的飞溅油粒、连续油柱和局部浓度不均匀的现象。

3)喷油开始和终了时声音清脆，雾炬的长度和扩散锥角良好，喷油始喷和停喷敏捷、利落。

4)喷油开始和终了时不得有渗漏，允许喷孔周围有湿润现象，但不得有滴渗现象。

5)当针阀直径大于 10 mm 时，允许喷孔周围有油液聚集现象，但不得有滴渗或漏泄现象。

试验的雾化状况如图 2-46 所示，(a)为喷油孔堵塞，因喷孔部分堵塞产生滴油，导致雾化不良现象；(b)为针阀动作不良产生喷雾方向偏斜，油粒粗大；(c)为针阀锥面磨损，密封性差，在喷雾同时有滴油现象；(d)为正常喷射，雾化良好，雾花均匀分布，喷孔周围无滴、泄油现象。喷油器的雾化试验是十分重要的，可根据其状况来检验喷油器的质量和分析故障所在。它直接关系到燃烧质量和柴油机的功率发挥。

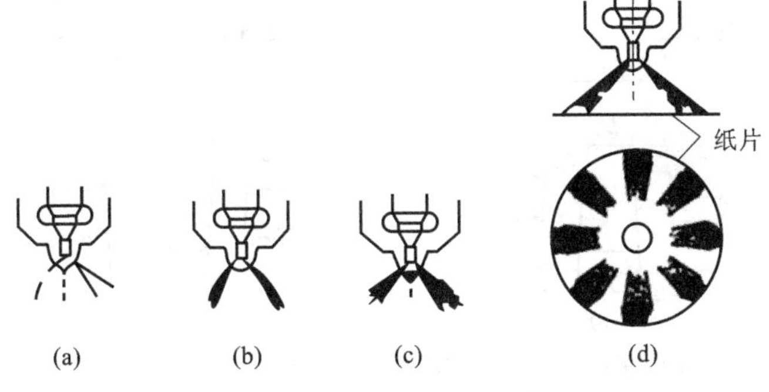

图 2-46　喷油器几种喷雾情况

(a)喷油孔堵塞；(b)针阀动作不良；(c)滴油；(d)正常喷射

三、思考题

1)喷油器由哪些零部件组成？其各自的作用是什么？

2)喷油器拆装时有哪些技术要求？其偶件的拆卸应注意什么？

3)什么叫启阀压力？怎样在试验台上调整启阀压力？

4)在试验台上要对喷油器进行哪些调试试验？

5)喷油器的启阀压力同雾化压力的区别是什么？应如何调整？

6)喷油器在柴油机上的主要功用是什么？

7)喷油器为何要进行雾化质量检查？具体要求有哪些？

第十节　曲轴拐挡差的测量与轴线状态分析

一、评估要点

1)量具的选用与使用正确得当；

2)盘车方向与装表位置确定正确；

3)拐挡表调校安装正确；

4)拐挡值测量与读取记录方法正确；

5)测量数据分析，结论正确。

二、主要内容

1. 曲轴臂距差测量(一个缸)及轴线状态分析

1)概述

在大中型柴油机检修中,经常用测量拐挡差的办法来检查曲轴轴线的状态和主轴承的磨损情况。当曲柄的两主轴承低于相邻主轴承时,该曲柄的主轴轴线弯曲呈塌腰形。如果将曲柄销转至上止点位置,两曲柄臂向外张开,间距增大;将曲柄销转至下止点位置,两曲柄臂向内收拢,其曲柄臂间距减小,如图 2-47(a)所示。

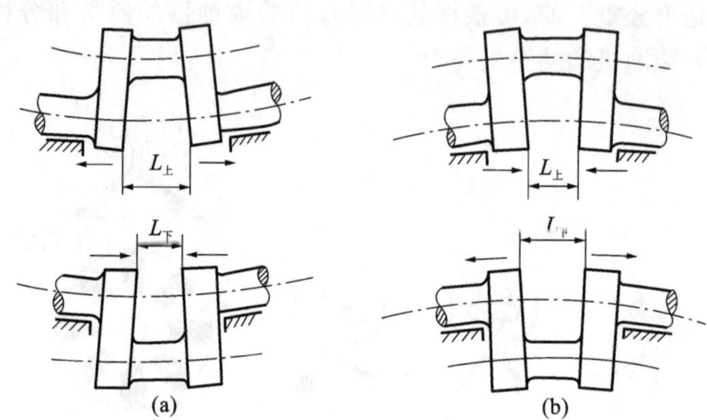

$L_{上}$—曲柄销在上止点时的臂距值;$L_{下}$—曲柄销在下止点时的臂距值

图 2-47 主轴承高低对曲柄轴线和臂距的影响

(a)轴承低时轴线呈塌腰形;(b)轴承高时轴线呈拱腰形

当曲柄的两主轴承高于相邻主轴承时,该曲柄的主轴轴线弯曲呈拱腰形。若上止点、下止点位置改变,其变化如图 2-47(b)所示。同样,将曲柄销分别转至左水平位置和右水平位置,两臂间距亦会发生同样变化,它们的位置关系如表 2-8 所示。

表 2-8 臂距值与主轴承相对位置的关系

图形	臂距值	轴承相对位置
$L_{上}$ $L_{下}$	+	低 +
$L_{下}$ $L_{上}$	−	高 −

2)拐挡表的使用方法

(1)检查拐挡表(曲轴量表)的灵敏度,用手指按动拐挡表一端的顶头,看表上的指针摆动是否灵活,放松后指针能否回到原来的位置。检验无误后,根据臂距的大小选择并调整好拐挡表测量杆的长度，使之比臂距大 1～2 mm。

(2)对配重式拐挡表，将表两端的顶尖压装入两曲柄臂的冲孔中之后，应将整个表用手慢慢来回摆动 2～3 次，检查是否装置稳固。观察表盘指针有无摆动动作，若有摆动也许是孔不正或两端的表杆不直而引起的，要修正冲孔或校检表杆，消除之后再测量。确认安装好后，转动表盘，将表的指针调到“0”位。

(3)读取拐挡数值。结构不同，测量臂距增减时拐挡表表指针转动的方向不尽相同，因而在使用前注意观察识别。当将拐挡表的触头向表内压入时，表面上的读数应减小，在做记录时，可直接读作“负”值，以“－”号表示；当拐挡表的触头外伸时，表面上的读数应增大，在做记录时，可直接读作“正”值，以“＋”号表示。

测量时一定要弄清楚表指针的转动方向，以免读错正负值造成错误。

3)拐挡差测量步骤

(1)打开曲柄箱道门盖，检查并清理该曲柄的冲孔位置。

(2)盘车使该曲柄销转到下止点，如图 2-48(a)所示。如果曲柄销上已装上活塞连杆组件，应把曲柄销转到下止点后 15°左右的位置。在此位置上装拐挡表最为方便，也便于查看，故以此作为起始测量位置，如图 2-48(b)所示。图 2-48(b)中，数字 1 至 5 代表使用销位法测量时曲柄梢所在的 5 个位置，需记录此 5 个位置的表的读数。

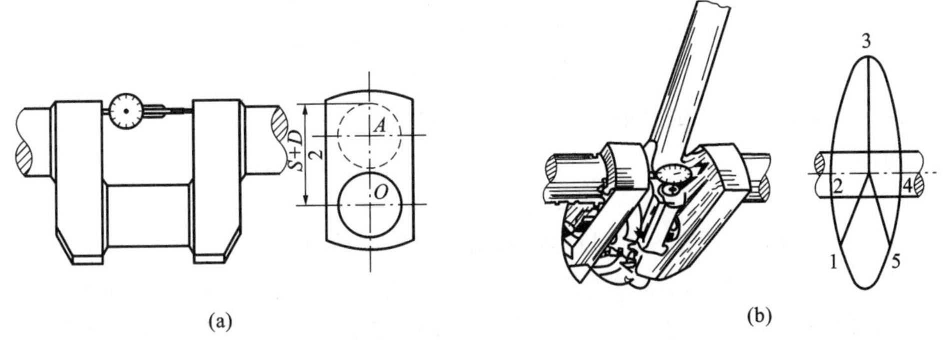

图 2-48　测量臂距差的部位

(a)测量点位置；(b)曲柄销位置示意图

(3)寻找到两曲柄臂上的冲孔，冲孔位应在距曲柄销轴线$(S+D)/2$处。其中 S 为活塞冲程，D 为曲轴直径。清除孔中油污，以免引起误差，如图 2-49 所示。

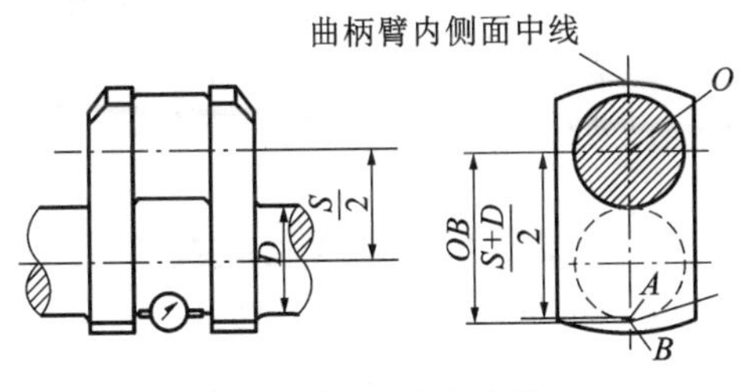

图 2-49　拐挡表安装

(4)正确安装拐挡表，特别要注意连杆和连杆螺栓是否会碰到拐挡表。防止因未装置牢固和擦碰表面使其落至曲柄箱底面而损坏。

(5)装上拐挡表预紧 1～2 mm,用手拨转拐挡表 2～3 转后,将拐挡表表盘调至零位。

(6)确定盘车方向和起始测量(下止点 15°)后,可根据销位法依顺序测取五个或四个位置的拐挡差值,并记录。

(7)取下拐挡表,进行下一气缸曲柄拐挡的测量。

(8)在测量未装连杆活塞组件的拐挡时,应分别测量曲柄销处于上止点、下止点、左平行线、右平行线(即曲柄销转到 0°、90°、180°、270°)四个位置的拐挡值并记录。

(9)对已装连杆活塞组件的曲轴,当曲柄销到下止点位置时,恰好连杆居中,使拐挡表无法安装测量。因此,将曲柄销位于下止点后 15°左右作起始位置,然后在下止点前 15°左右(以拐挡表不碰连杆为准)的位置,即曲柄销自 195°位置开始,经 270°、0°、90°及 165°四个位置,对每个位置测量并记录。

曲柄销在上止点和下止点的前、后各 15°的位置,即 165°和 195°拐挡值的平均数值来代替曲柄销在下止点(180°)位置的拐挡值。

4)拐挡差记录方法

先把各曲柄所测的臂距值按曲柄销(或拐挡表)的所在位置记录在图上。未装连杆活塞组件的记录方式如图 2-50(a)所示。已装连杆活塞组件的记录方式如图 2-50(b)所示。

图 2-50 及图 2-51 中,a、b、c、d、e 分别表示曲柄销(拐挡表)所在位置,箭头则表示曲轴转动方向。两种记录位置虽相反,但结果是一样的,通常按前一种方法记录。

由测量记录的数据,可计算出拐挡差,即上下拐挡差 $\Delta_{上下}$ 为

$$\Delta_{上下}=L_{上}-L_{下}$$

式中,$L_{上}$、$L_{下}$ 分别为曲柄销在上止点、下止点位置的臂距值。

左右拐挡差 $\Delta_{左右}$ 为

$$\Delta_{左右}=L_{左}-L_{右}$$

式中,$L_{左}$、$L_{右}$ 分别为曲柄销在左水平位置、右水平位置的臂距值。

如果按拐挡表所在位置记录臂距值,在计算拐挡差时,应将记录图中下面的数值减去上面的数值,可得曲轴的上下臂距差(即 $\Delta_{上下}$);将记录图中右边的数值减去左边的数值,可得左右臂距差(即 $\Delta_{左右}$)。如按曲柄销所在位置记录时,计算拐挡差的方法与上述相反。

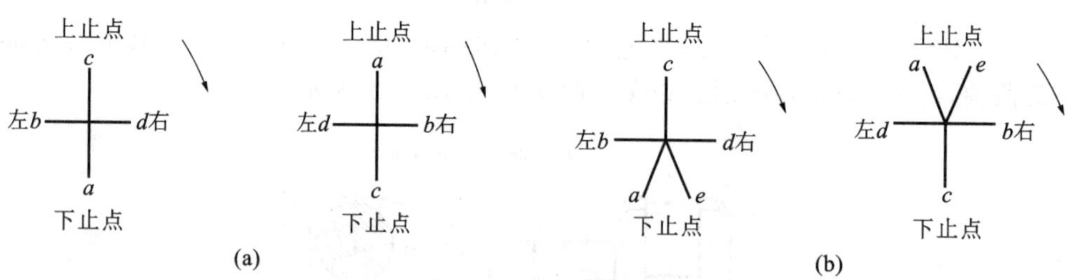

图 2-50　拐挡差记录图

(a)按曲柄销所在位置记录拐挡表——未装连杆活塞组件;(b)按曲轴量表所在位置记录拐挡表——已装连杆活塞组件

轮机人员在工作中可查表,如工作现场不便查表,也可按经验公式计算。新造和大修后的柴油机拐挡差应不大于 0.0001S,航行中许可的拐挡差应不大于 0.0002S,其中 S 为活塞行程。其极限值见表 2-9。

表 2-9　柴油机曲轴臂距差的规定

测量状态	每米活塞冲程的臂距差(mm)	
经过试车后	≤0.125	
营运中允许运转范围	0.125～0.25	＞0.25,应限期修理
最大极限	＜0.30	＞0.30,应立即停航修理

注:对活塞冲程小于 400 mm 者,修理试车后可适当放松为每米活塞冲程 0.15 mm,但不超过 0.175 mm。

5)简单作图

用简单作图法绘制曲轴轴线状态图,如图 2-51 所示。

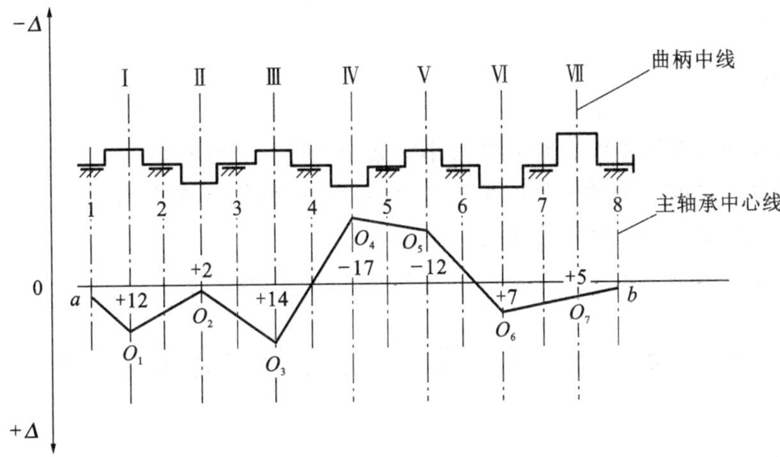

1,2,3,4,5,6,7,8—各主轴承位置;Ⅰ,Ⅱ,Ⅲ,Ⅳ,Ⅴ,Ⅵ,Ⅶ—各曲柄位置;

O_1,O_2,O_3,O_4,O_5,O_6,O_7—各处拐挡差值;a,b—首位桥规值

图 2-51　曲轴轴线状态图

(1)按气缸中心距成比例地点出各缸曲柄都向上的曲轴示意图,进而判断各主轴承位置的高度。

(2)在曲轴示意图下方作横坐标与曲轴轴线平行,各曲柄和主轴承位置用对应点的横坐标来表示。作纵坐标垂直于曲轴轴线。拐挡差为正值则主轴承偏低;拐挡差为负值则主轴承偏高。把正拐挡差值取在横轴之下,负拐挡差值取在横轴之上。

(3)把各曲柄拐挡差值确定的点连接起来,折线即为曲轴轴线状态图。折线上对应于各主轴承位置点的纵坐标就表示各主轴承的相对高度。

6)拐挡差的分析与调整

柴油机曲轴拐挡差测出后,需判断分析的因素很多,情况也各不相同,但了解和掌握这些因素,对于减小和防止曲轴疲劳破坏、分析曲轴损坏原因、进行调整都有很大的意义。主要有如下影响因素。

(1)主轴承下瓦的不均匀磨损。机座上各道主轴承下瓦磨损程度不同,使下瓦的高度不等,坐落其上的曲轴轴线发生变形,拐挡差发生变化。

(2)机座变形和下沉。机座变形和下沉都会使曲轴轴线弯曲变形、拐挡差无规律地变化,是由于船体变形、机座地脚螺栓和贯穿螺栓松动或重新预紧时力矩不均等。

(3)船舶载荷的影响。船体如弹性梁,受力不均产生变形,若船体刚性差和建造工艺差,则变形就更加严重。

(4)运动部件和爆发压力的影响。柴油机各缸功率、轴承负荷及轴承间隙,通过连杆活塞运动作用于曲轴上的气缸爆发压力,活塞活动件的自重使轴线朝塌腰形变化。

(5)飞轮、轴系连接的影响。飞轮使曲轴尾端的尾部轴线朝拱腰形变化,轴系法兰刚性连接的安装误差直接影响曲轴尾端轴线状态和拐挡差的变化。

拐挡差不可能在任何条件下全部接近零值。即使在某种条件下调整接近零值的拐挡差,条件一旦改变,拐挡差值也随着变化,甚至超过允许极限。在安装、修理和调整时,要根据各种因素的主次及其影响规律来确定应该取正值还是负值。

根据各种因素分析,确认需要用修刮来校正曲轴中心线时,一般只能凭经验边拂刮边测量拐挡差,逐步校正。

三、思考题

1)为什么要测量臂距差?臂距差的人小对柴油机运行有哪些影响?

2)测量臂距差之前应做哪些具体工作?对测量点有哪些具体要求?

3)对拐挡表应做何种检查?装配有何要求?

4)试按记录表上格式记录并计算臂距差值,进行误差分析。

第十一节　空气分配器、气缸起动阀的拆装与检修

一、评估要点

1)工具的选取与使用正确得当;

2)拆装(或装配)程序正确;

3)工艺方法得当,符合技术规范;

4)工具整理放妥。

二、主要内容

1.概述

起动空气分配器的主要作用是按柴油机的起动定时,将起动空气(直接控制式)或控制空气(间接控制式)依发火顺序,分别送至各缸气缸起动阀,使之起闭。空气分配器长期使用后会因磨损和脏污而影响起动定时,造成起动困难。应在大修和中修时,或检修间隔时间定期检修空气分配器。

2.单体(单气路)式空气分配器的拆装(一个缸)

单体式空气分配器的结构如图 2-52 所示。

1)拆卸及注意事项

(1)拆装前应先准备好拆卸工具和用具。

(2)关闭起动的控制空气阀,将管路内的压缩空气泄放至大气。

(3)注意其方位位置及配合记号,以备装复。

(4)在弹簧 6 的作用下,将顶杆 2 连同滑阀 7 一起抬起,顶杆 2 与凸轮脱离接触。

(5)拆除进气管、出气管,旋出螺母 4。

(6)下旋螺纹调节块 5 使调节杆 3 与滑阀 7 松脱。

(7)用随机工具中的 T 形钩头螺栓将柱塞滑阀从壳体中拉出。注意各个空气分配器滑阀不得相互交换作用。

(8)拆去壳体 1 上的两只固紧螺栓,取下壳体(滑套)。

(9)取出顶杆 2、调节杆 3 和弹簧 6。

2)清洁与检查

(1)用清洁轻柴油清洗拆下的零件,并用压缩空气吹净。

(2)检查滑阀与分配器体(滑套)工作表面不得有任何划痕、麻点、锈蚀等缺陷。

(3)检查滑阀在滑套中的滑动性。滑阀必须动作灵活,而且轻轻一拨就能动。若发现活动性差,应仔细清除污垢及可能积存的滑油结焦。若过于松动则为不气密。磨损过度则应换新。

(4)锈蚀、有缺陷的弹簧必须更换。

3)装配

(1)装上顶杆 2、弹簧 6、螺纹调节块 5 和调节杆 3。

(2)安装壳体 1,上紧两只固紧螺栓。

(3)滑阀与滑套工作表面应涂一层薄油脂,以便润滑。其他工作面也应涂抹机油或油脂。

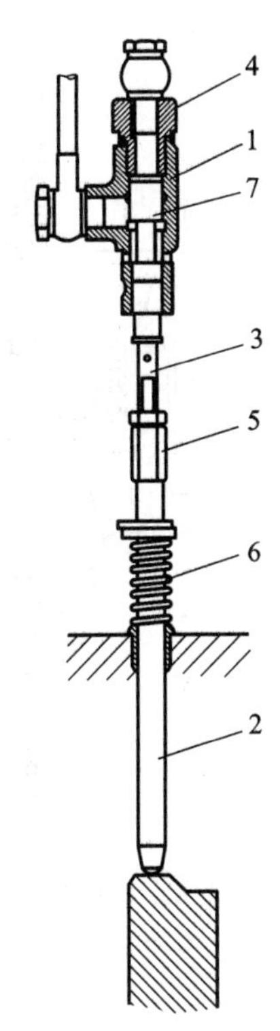

1—壳体;2—顶杆;3—调节杆;4—螺母;
5—螺纹调节块;6—弹簧;7—滑阀

图 2-52　起动分配器剖面图

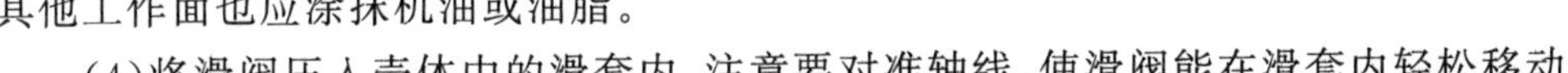

(4)将滑阀压入壳体中的滑套内,注意要对准轴线,使滑阀能在滑套内轻松移动。

(5)安装螺母 4、进气管和出气管。

(6)调节调节杆 3 的长度,此时顶杆 2 应停在凸轮的基圆上。转动螺纹调节块 5,使柱塞滑阀上的沟槽记号与壳体上检查孔的标记相吻合。

(7)用塞尺检查调节杆 3 与滑阀 7 之间的间隙值。

安装空气分配器时,需先将柴油机第一缸活塞盘车至该缸工作冲程的起始装置,即活塞处于该冲程的上止点 5°的位置上进行。安装后还应进一步检查起动定时和开启角度。

3. 圆盘组合式(双气路)空气分配器拆装

大型柴油机的空气分配器多用圆盘组合式,如图 2-53 所示,所有滑阀、滑套都组合在一个圆盘之中。拆装时不一定要将每个部件都拆下来,重点拆检的部件应为滑阀、滑套(导套)。

拆装检修的方法与单体相同。在此仅讲述一些有关拆装的要点。

1)拆装前通往空气分配器的控制空气必须切断,示功器传动轴须抬起并离开阀壳。法兰 13 必须拆卸,各个整体滑阀可用专用工具 T 形钩头拉出,如图 2-54 所示。

2)拔去销 14,将弹簧 12 和滑阀从导套 11 中拉出。滑阀在导套中应能滑动自如,滚轮应能转动自如。

3)锈蚀、有缺陷的弹簧应换新件。

4)在清洗所有零件后,应将属于每个阀的零件涂油后装复。

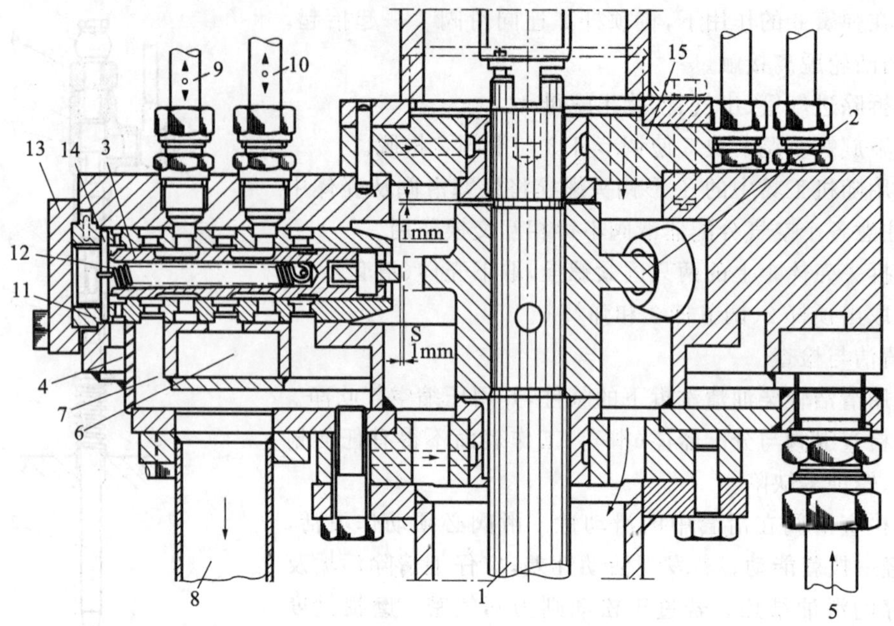

1—直立传动轴；2—起动凸轮；3—起动控制阀；4—引导空气进入阀；5—控制空气进气管；6—配气室；7—放气管；8—通大气管；9—开阀管；10—关阀管；11—导套；12—弹簧；13—法兰；14—销；15—上轴承

图 2-53　圆盘组合式空气分配器

5)正确装合的控制滑阀，滚轮和起动凸轮 2 顶圆之间的间隙应符合规定值 1 mm。当示功器传动轴拆掉时，就可以检查该处间隙了。

6)控制阀的安装须按阀的调整数值进行装配。

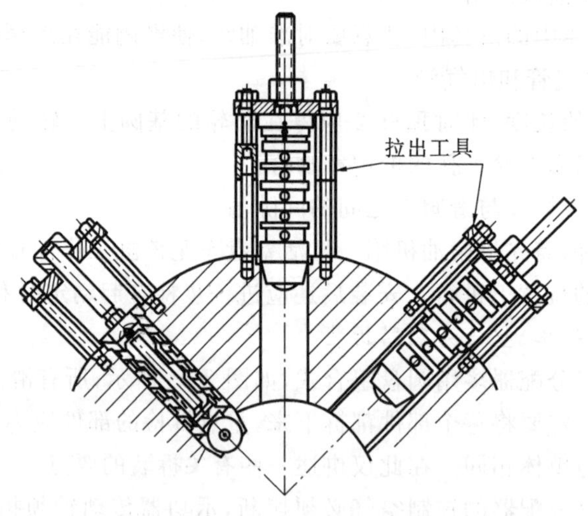

图 2-54　T 形钩头拉出滑阀

4. 气缸起动阀拆卸(或装配)

1)简介

气缸起动阀安装在柴油机气缸盖相应的阀孔中。它的作用是直接控制压缩空气进入气缸的通道。

气缸起动阀的开阀动作受空气分配器的控制。气缸起动阀应能满足速开、速闭、不漏气等技术要求。

气缸起动阀如图 2-55 所示，通常可分为直接控制式和间接控制式两种形式。

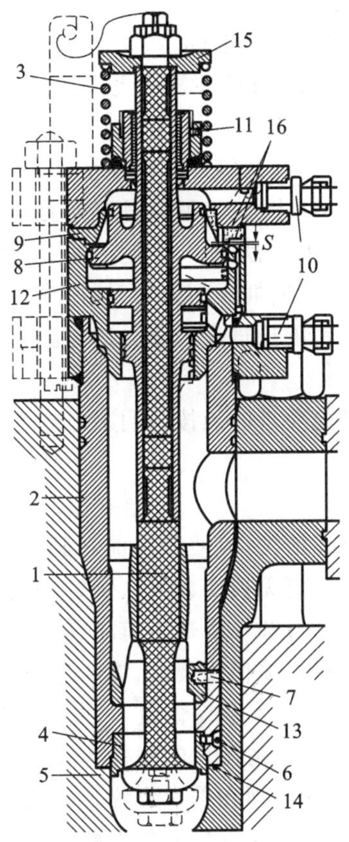

1—阀杆；2—阀壳；3—弹簧；4—阀座；5—气缸盖阀体；6—锁钉；7—定位销；8—控制活塞；9—中央间距环；10—控制空气管；11—锁钉；12—导缸；13—阀杆导座；14　紫铜密封垫圈；15—弹簧盘；16—纸垫圈；S—装复后的配合间隙

图 2-55　气缸起动阀

2)结构

气缸起动阀由起动阀活塞及衬套、导向活塞及衬套、起动阀和弹簧等组成。单气路(直接控制式)主要由阀、阀体、弹簧及承盘、锁紧螺母等组成。

3)拆卸

(1)首先要准备好拆卸的工具。

(2)拆卸气缸起动阀时，控制空气管 10 和固定螺栓必须先拆掉。如要起吊设备的，可利用行车吊钩，装上吊环螺钉将阀吊出。

(3)紫铜密封垫圈 14 也应拆卸检查。如果是完好无损的，可以退火后继续使用。

(4)拆卸出气缸起动阀后的阀孔应全面清洁，注意勿使异物落入气缸。

(5)阀孔座面必须仔细清除积炭，检查应无损伤。

(6)将阀放在工作台上解体，从阀杆螺母处开始。拆螺母要用专用工具弹簧压紧器，将弹簧和弹簧承盘压下后，如螺母可以旋松下来，再慢慢地松出弹簧压紧器，从而松开弹簧而拆下。

(7)从阀的密封套上旋下锁钉 11 之后,用拆卸工具可将控制活塞和其导缸 12 向上拉出。将阀分解成单个零件后逐个清洗检查。注意阀杆导套只能拔下定位销之后方才可以拉出。

(8)拆卸时必须使用专用工具。严禁敲、打、锤,特别要注意阀座和气缸盖之间的密封面。

4)装复

(1)装复是在检修工作完成之后方可进行。

(2)密封紫铜密封垫圈 14,退火处理后装复或更换新件。

(3)阀座螺纹应涂抹保护润滑油脂。

(4)装复前,橡皮密封圈换新圈,阀的零件须彻底清洗,并用压缩空气吹扫干净。

(5)因起动阀阀杆螺母是承受冲击力的,所以拧紧时必须要有足够的预紧力。正确的拧紧预紧力的办法是先把螺母拧上,使弹簧盘 15 与控制活塞 8 贴紧后,再拧紧螺母约 20°。

(6)注意绝对不允许为使开口销的插入而退转(拧松)螺母,如果在这个位置上开口销不能插进,螺母必须再拧紧,直至开口销能插进去为止。这是因为如果退松必将减小加于阀杆的预紧力。

(7)装配时,有配合间隙或其他要求时须按说明书之规定或要求调整。

5. 气缸起动阀检修

1)检查

检查前应对气缸起动阀做整体清洗,以便分解前对其外部检查有无损伤。分解后对各零件进行单件刷洗并擦干。检查阀座有无损伤、裂纹、烧蚀和腐蚀等情况,活塞和活塞导向部磨损情况,与本体的配合状态,阀杆杆身圆柱面是否有拉伤痕迹,表面有无裂纹等伤痕。如不严重应进行研磨修复。应检验弹簧有无损伤或裂纹,弹性是否良好。若状态不好,应予更换。

2)研磨修复

清洗后的阀杆和阀座应涂上研磨膏进行研磨。研磨时,阀必须在垂直位置。研磨清洗检查阀线宽度应达到 0.5～1.0 mm(根据各机型和说明书的要求)且连续无中断现象。

6. 气缸安全阀的拆装与检修

为了保护气缸不承受超过规定爆发的最大压力,每只气缸都装有一只安全阀,气缸安全阀的结构如图 2-56 所示。

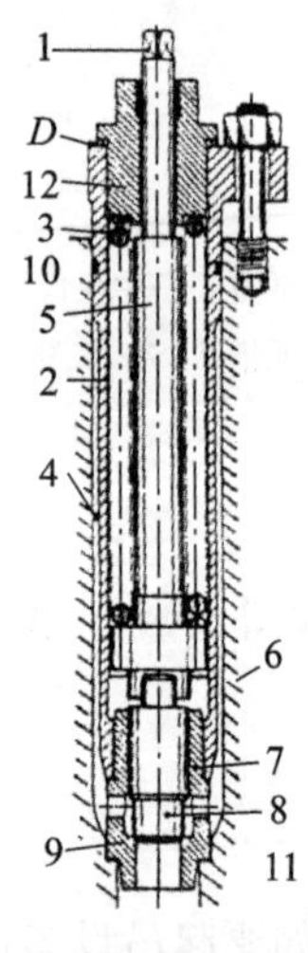

1—阀杆方头端;2—阀壳体;3—阀弹簧;4—通气道;5—阀杆;6—气缸盖中央阀体;7—阀导套;8—阀盘;9—阀座;10—橡皮密封圈;11—紫铜密封垫圈;12—阀杆导套;D—间距环

图 2-56 气缸安全阀

1)拆卸时,先取下两只固定螺母,并用两只顶出螺钉使阀离座而起出。用一把扳手反固定阀杆上的方头,将阀杆导套旋出取下。在导套退到最后几圈时弹簧已松弛掉张力,所以不会有将导套弹出的危险。

2)将阀杆和弹簧取出清洗。紫铜密封垫圈 11 应拆下检查,如果是好的,可以退火继续再用,否则应更换。

气缸盖内面应予以清洁,特别要注意阀座及其周围务必要清洗干净。如有必要可旋出阀座,以便将阀盘与它轻轻进行研磨,以便获得良好的配合。为此,阀盘和阀座的接触面必须良好,细狭处最大宽度为 0.5 mm,且必须位于阀座下缘处。

3)装复安全阀按拆卸程序反向进行,所有零件要涂上一层二硫化钼滑脂。要特别注意弹簧端部须平滑，充分涂上二硫化钼滑脂。

起动阀压力借间距环 D 调整，如有几只阀同时拆卸时，则各阀的间距环切不可互换，这十分重要。拆卸时最好单独进行，以免弄错。

4)注意，当阀杆装在阀内并处于弹簧张力之下时，绝对不可以转动。这对阀装上气缸盖时和在被检修时也适用。除非用扳手套在阀杆方头上扳住，否则阀杆导套也不得转动。

此外，须注意不能让任何微小金属颗粒(片)通过其孔口而误入气缸燃烧室。

三、思考题

1)空气分配器的型式有哪些？它的主要功用是什么？

2)拆卸或装配空气分配器时应注意哪些问题？

3)什么是气缸起动阀？它的功用是什么？由哪些零部件组成？

4)拆卸装复时应注意哪些问题？

5)为何要对气缸起动阀进行研磨和检查其间隙？

第十二节　气阀间隙检查和调整

一、评估要点

1)气阀所处的位置正确；

2)测量的方法得当，符合技术规范；

3)调整方法得当，符合技术规范；

4)工具整理放妥。

二、主要内容

1. 概述

柴油机安装后或配气机构检修后，都要检查和调整气阀间隙。柴油机在工作过程中，配气机构各零件磨损、膨胀伸长、松动都会引起气阀间隙的变化，应作定期检查和调整。

通常排气阀间隙比进气阀间隙大些，每种机型还相应标明了冷车和热车间隙。

2. 气阀间隙的测量与调整原则

1)一般情况下气阀间隙的测量应在柴油机冷态下进行。

2)应了解和熟悉柴油机气阀传动机构的配合关系及动作原理。

3)大多数柴油机的进气阀和排气阀的间隙值是在使该气阀处于关闭可调位置时，通过测量气阀杆端与摇臂间的间隙得到的。

3. 测量、调整的工具

撬杠、螺丝刀、梅花扳手、叉口扳手、塞尺各一把。

4. 测量调整的操作程序

以四冲程六缸发火顺序为 1—5—3—6—2—4 的柴油机为例说明。

1)逐缸调节法

(1)按曲轴工作转向转动飞轮，注意观察靠近飞轮端的第 6 缸进排气阀推杆。若发现其推

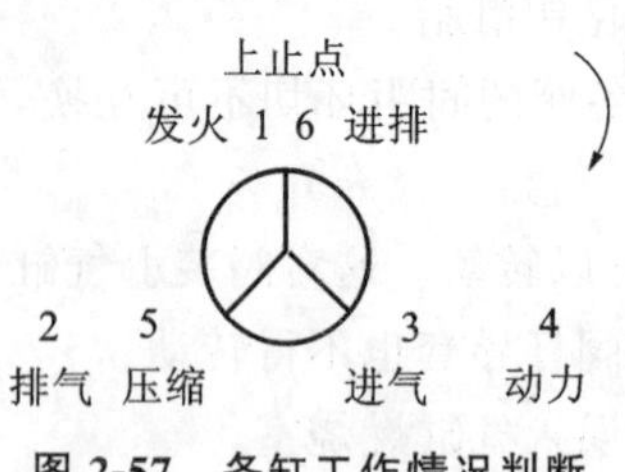

图 2-57 各缸工作情况判断

杆同时上下移动，就表示第 6 缸处于进气阀、排气阀工作冲程的气阀重叠状态，停止转车。此时应该是第 1 缸活塞处于压缩冲程上止点，进气阀、排气阀都关闭，如图 2-57 所示。

(2)根据说明书规定的气阀间隙值，用塞尺检查第 1 缸的进排气阀间隙，必要时进行调整。见图 2-58。

(3)按曲轴工作转向转动飞轮，每经过一个发火间隔角(本例为 120°曲柄转角)，按发火顺序检查下 1 缸的进气阀和排气阀的间隙。在本例中即可再检查第 5 缸的进气阀和排气阀的间隙。然后，检查第 3 缸的气阀间隙、第 6 缸的气阀间隙、第 2 缸的气阀间隙、第 4 缸的气阀间隙。在飞轮转动两圈内按其顺序完成对 6 个气缸的进气阀和排气阀的间隙的检查与调整。

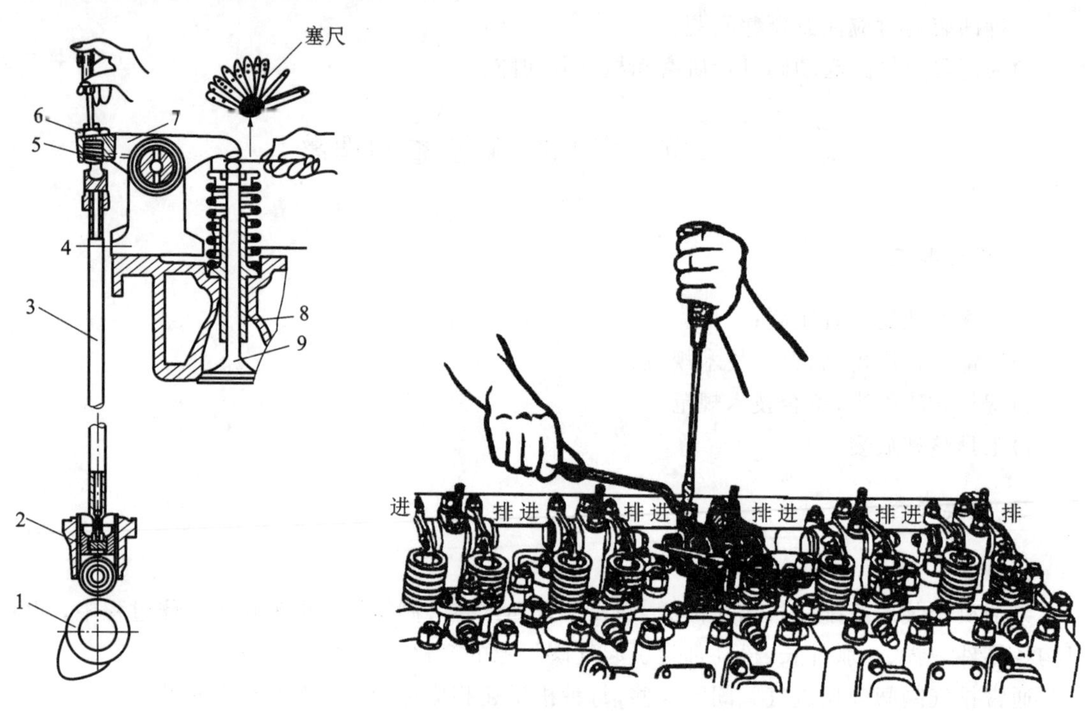

1—凸轮；2—顶头；3—顶杆；4—摇臂支座；
5—调节螺钉；6—锁紧螺帽；7—摇臂；8—气阀导管；9—气阀
图 2-58 气阀间隙检查与调整

5. 测量调整的方法(两次调节法)

1)按曲轴工作方向转动飞轮，使第一缸活塞处于压缩冲程上止点附近。其判断的方法是当稍微转动飞转时，观察第 6 缸的进气阀和排气阀的推杆是否都处于上下移动状态。对组合式喷油泵也可卸掉喷油泵侧盖板，通过观察第一缸喷油泵柱塞弹簧是否处于压缩状态来确定相应气缸是否正好处于压缩过程结束状态。对单体式喷油泵，可打开机体上道门，观察该缸喷油泵凸轮的升起段是否与滚轮接触。若接触，则表示相应气缸正好处于压缩过程结束状态。

2)此时，可同时检查调整各缸的气阀间隙。当第一缸处于压缩冲程上止点时，可调整进气阀和排气阀的间隙，如表 2-10 所示。

表 2-10　可调间隙的气缸(一)

缸序	1	2	3	4	5	6
可调整的气缸	进气阀、排气阀	进气阀	排气阀	进气阀	排气阀	

3)待检查调整上列各缸气阀间隙后,转动飞轮(360°),当第六缸处于压缩冲程上止点时可调整进气阀和排气阀的间隙,各缸可调间隙如表 2-11 所示。

表 2-11　可调间隙的气缸(二)

缸序	1	2	3	4	5	6
可调整的气缸		排气阀	进气阀	排气阀	进气阀	进气阀、排气阀

4)对一般多缸柴油机,可按照“先进后排”的格式完成检查调整操作。具体方法是:按发火顺序,先于发火缸发火的缸号可以调整进气阀间隙;后于发火的缸号可以调整排气阀间隙;正在发火的气缸,进气阀、排气阀均可调整;进气阀、排气阀重叠的气缸,进气阀、排气阀均不可调。

5)对四冲程十二缸 V 形柴油机气阀间隙调整的缸号,当发火次序为 1—12—5—8—3—10—6—7—2—11—4—9 时,如果第 1 缸处于发火缸,则第 12 缸、第 1 缸、第 9 缸均可调进气阀、排气阀;第 10 缸、第 6 缸、第 7 缸均不可调进气阀、排气阀;第 2 缸、第 11 缸、第 4 缸为先于发火缸发火的缸号,可调进气阀;第 5 缸、第 8 缸、第 3 缸为后于发火缸发火的缸号,可调排气阀。当曲轴转动 360°,使第 6 缸处于发火缸时,则第 10 缸、第 6 缸、第 7 缸可调进气阀、排气阀;第 5 缸、第 8 缸、第 3 缸则可调进气阀,第 2 缸、第 11 缸、第 4 缸可调排气阀。

“先进后排”的方法只适用于某些柴油机,如本节举例四冲程六缸发火顺序为 1—5—3—6—2—4 的柴油机就不适用,此处只就其方式、方法加以说明,但不能推广到所有柴油机。尤其是增压的、多缸的柴油机,它们受到曲柄夹角、进气或排气提前角或落后角、配气凸轮缓冲段夹角、防止视差而引进的可靠角的影响和限制而不适用。

6. 气阀定时的检查与调整

气阀定时的检查与调整应在气阀间隙检查符合规定值的基础上才能进行。

因柴油机长期运转带来的定时齿轮磨损、凸轮轴磨损、凸轮轴弯曲等原因,各缸的气阀定时会发生偏差,柴油机检修拆装后定时齿轮安装记号的不正确也会使定时产生偏差。

1)检查方法

(1)千分表测定法

把磁性表座稳固地放置在气缸盖上的适当平面上,并使千分表触头与所测气阀(通常为第一缸进气阀、排气阀)的弹簧上座面上相接触,千分表指针应有读数。并且此时该气阀处于完全关闭状态。

按曲轴转向缓慢盘车,并随时注意千分表指针。当表指针刚一偏转立即停止盘车,此时飞轮上的指示刻度即为气阀开启角度。

如果继续盘车,当千分表指针由转动至停止的那一瞬间,即千分表指针又回到原有读数时,停止盘车,此时飞轮上的指示刻度即为气阀关闭角度。

(2)手摸推杆法

以第 1 缸或其他缸开始,盘车转动曲轴,用手摸气阀推杆上部位置,轻轻不停摇动旋转推杆。在觉得有阻力的瞬间,立即停止盘车。此刻表示该气阀开始开启,飞轮上的指示刻度即该气阀开启角度。

如果继续盘车缓慢转动曲轴,由上述动作即得到该气阀关闭角度。

如此用以上两种方法的任一种逐缸检验气阀,并记录各缸气阀的开启角度、关闭角度,与说明规定值进行比较,进行校正调整。

2)调整

当气阀开启角度、关闭角度与说明书规定值范围相差不大时(如小于 10°),可借助调整气阀间隙来进行微量补偿,减小气阀间隙可使气阀提前开启和滞后关闭,增大气阀间隙则相反。但调整后气阀间隙须在规定值范围之内。

当气阀开启角度、关闭角度与说明书规定值范围相差较大时(如超过 20°),则要改变凸轮轴定时齿轮与曲轴定时齿轮的相啮合位置,根据提前或滞后角度值与它们的齿数关系,朝前或后拨动相应齿数。再重新使之啮合,进行检查,直到合格为止。

三、思考题

1)柴油机气阀间隙的检查与调整原则是什么?如何进行正确的检查和调整?

2)柴油机为什么要有配气定时(正时)?如何进行检查和调整?

第十三节　柴油机气缸套拆装与测量

一、评估要点

1)工具、量具选取与正确使用;

2)测量位置符合要求;

3)拆装与测量工艺得当,符合技术规范;

4)测量数据分析结论正确。

二、主要内容

1. 气缸套的拆卸

1)简介

柴油机的气缸由气缸体和气缸套组成。气缸套呈圆筒形,它的顶部被气缸盖压紧和封闭,里面装有活塞。气缸套、活塞顶和气缸盖底面共同组成的封闭空间就形成了燃料燃烧的工作室(燃烧室)。

2)气缸套的构造

如图 2-59 所示,气缸套 3 由合金铸铁制成圆筒形。其上部凸肩坐落在机体的上顶面,垫有紫铜垫圈 5,下部用三道“O”形封水橡胶圈 2 作密封。在气缸套上部有四个半圈凹槽,用以避开气门。凸肩的外圆上有四个等分分布的半圆定位孔,用一个定位销限定在机体上,气缸套可以转移四个位置使用。缸套的上端面有环形凹槽,以嵌入气缸盖的凸肩作缸盖定位,凹槽装有垫圈 4,用来与气缸盖密封和调整压缩比之用。

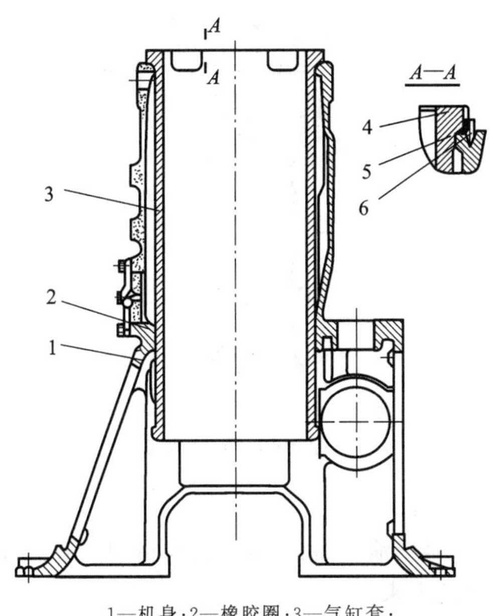

1—机身；2—橡胶圈；3—气缸套；
4—垫圈；5—紫铜垫圈；6—定位销

图 2-59　气缸套

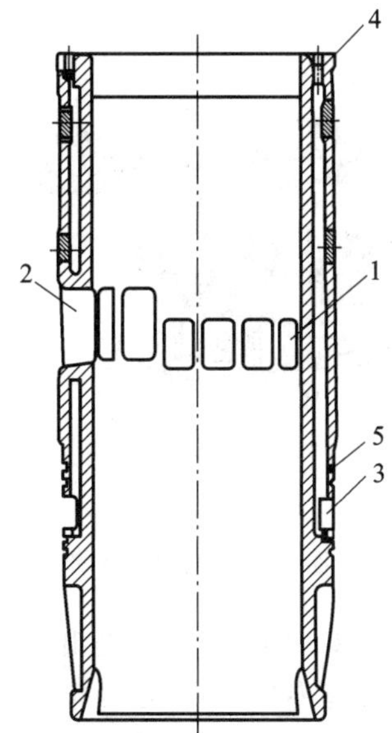

1—扫气口；2—排气口；3—进水口；
4—出水口；5—水密环槽

图 2-60　二冲程柴油机气缸套

3)气缸套的主要功用和必须满足的工作条件

(1)应具有足够的强度和刚度，能承受热负荷和机械负荷的作用，与活塞、气缸盖构成气体压缩、燃烧和膨胀的工作空间。

(2)工作表面应具有较高的精度、光洁度，要有良好的耐磨性和抗腐蚀性能。引导活塞作往复直线运动，并承受活塞的侧推力作用。

(3)通过缸壁将部分热量传给冷却水，并应保证对气缸工作容积及冷却水空间具有可靠的气密封和水密封，以保证活塞组件和气缸套本体在高温、高压情况下能正常工作。

(4)在二冲程柴油机中，气缸套中部尚开有进气口、排气口，它与活塞配合，共同控制扫气过程，如图 2-60 所示。

4)拆卸应注意事项

(1)预先准备好拆卸工具、专用工具。

(2)大型缸套、中型缸套所需用的液压千斤顶，起吊设备正常，吊索具长度适宜。

(3)存放地点安全稳妥，并不影响其他工作的正常开展，有利于缸套本身的清洗检查。气缸套的拆卸只有当有必要时或船舶检验机构要求时才进行。

5)气缸套拆卸步骤

(1)中型柴油机、小型柴油机气缸套的拆卸

①关于中型柴油机、小型柴油机气缸套拆卸的方法可参用图 2-61 所示进行操作。

②为了清除曲轴箱内的泥沙和水垢，在更换水封圈(挡水圈)和更换气缸套时，都要使用图 2-62 所示的工具将缸套拉出来。

③把曲轴箱架空，从气缸下口向上套住宝塔形压板 4 和螺栓杆 3，放上拉马架 5 和垫圈 2。

④用扳手扳紧六角螺帽 1，至缸套外圆上下两个配合凸肩与曲轴箱上的上下气缸孔脱开。

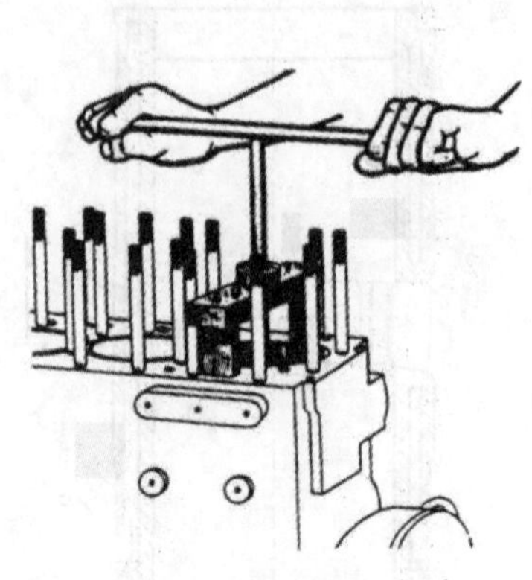

图 2-61　气缸套拆卸

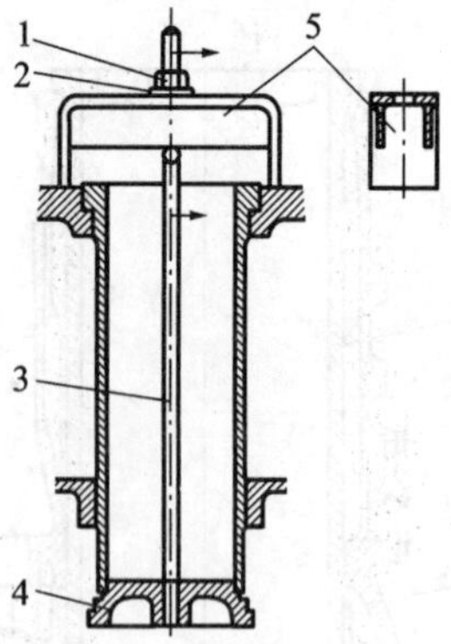

1—六角螺帽；2—垫圈；3—螺栓杆；4—压板；5—拉马架

图 2-62　拆缸套工具

⑤拆去专用工具，用于提出或套上绳索吊出缸套。

如果没有专用工具，相对于中型柴油机、小型柴油机而言，可把曲轴箱倒立架空，在缸套下端平面上放一块木块，用铁棍通过木块将缸套震下来。

(2)大型柴油机、中型柴油机气缸套的拆卸

可利用液压千斤顶和吊索具等专用工具进行拆卸，其程序如图 2-63 所示。

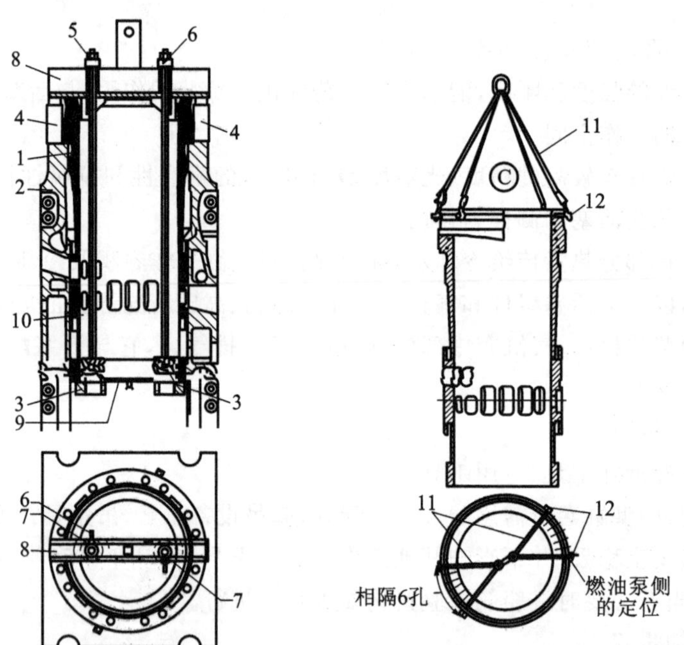

1—缸套；2—气缸体；3—提吊钩块；4—液压千斤顶；5—螺母；6—手柄；7—定位螺栓；8—缸套悬吊梁；9—托底梁；10—带螺母和提吊钩块的吊棒；11—吊索；12—吊钉

图 2-63　大、中型缸套拆卸

①放掉所拆柴油机冷却系统的冷却水，旋出 8 根滑油导管。

②把两台千斤顶安装在两只对向缸体上的缸盖螺栓之间。如图 2-63 所示，用提吊钩块 3 对准中心，然后将装配工具放入缸套，直至悬吊梁落在气缸套上。

③旋转在提吊杆顶端的两只手柄6,这样使提吊钩块3钩着气缸套底边。当手柄旋到底点时用定位螺栓7将手柄固定。拧紧两只螺母5,再用扳手去旋转带活块的提吊杆。

④用高压软管将两台千斤顶与油泵连接起来,操纵油泵从而使缸套被顶出缸体。一旦缸套松脱,即可卸除拆吊工具。在此之前导水套已用四只拉架拆除。

⑤随后把四只吊钉插入特定的孔眼中,务必使钉子完全插到孔眼底部。现在就可借助机舱吊车用吊索把缸套吊出缸体。当然,也可以用拆吊工具将缸套吊出,但这使得缸套的放置和各个拆吊工具的卸除将大为困难。

⑥为避免脏物从气缸体上落入活塞杆填料箱,填料箱及其周围应以帆布或其他适当物料遮盖起来。

⑦气缸套拆卸完毕后,应收拾好各专用工具。清除缸套外锈垢,用轻柴油将内部清洁干净,以备检查和测量。

2. 缸套磨损检修

根据中国船级社对营运船舶保持船级的特别检验要求,对船舶主柴油机、副柴油机气缸套进行打开检验;柴油机说明书维修保养大纲要求8000 h对气缸套进行检验一次,此外每当吊缸时均应检测气缸套的磨损情况。

新造气缸套内孔具有一定的尺寸精度、几何形状精度和粗糙等级。一般几何形状的加工误差,如圆度误差和圆柱度误差应在0.015～0.045 μm,粗糙度 Ra 在0.4～1.6 μm。柴油机运转时,活塞运动部件运动使缸套内圆表面产生不均匀磨损,壁厚减薄、圆度误差和圆柱度误差大大增加。通常当缸套磨损量超过(0.4%～0.8%)d(d 为缸径)时,燃烧室就失去了密封性。所以,缸套过度磨损使气缸套的工作性能变坏,柴油机功率下降和导致其他零件的磨损和损坏。

大型低速柴油机铸铁气缸套的正常磨损率小于0.1 mm/kh,镀铬气缸套正常磨损率在0.01～0.03 mm/kh的范围之内。《船用柴油机气缸套修理技术要求》(CB/T 3502—1992)规定气缸套磨损极限,如表2-12所示。

表2-12　气缸套内孔磨损极限　　单位:mm

气缸套内径范围	内径增量	圆度、圆柱度
[85,200]	0.60	0.10
(200,300]	1.00	0.15
(300,400]	1.50	0.23
(400,500]	2.00	0.28
(500,600]	3.00	0.35
(600,700]	4.00	0.45
(700,800]	5.00	0.60
(800,900]	5.70	0.65
(900,1000]	6.40	0.70
(1000,1100]	6.80	0.75

轮机员在定期检修工作中，检测缸套是为了便于了解磨损情况，掌握磨损规律，对缸套的技术状态做到心中有数，从而便于管理。

3. 对中型柴油机、小型柴油机测量前的准备及方法

1)采用内径千分尺或内径百分表测量缸套内径。

2)在缸套内圆确定的截面上，沿船舶艏艉方向(即机器自由端至飞轮端的方向，记为 $y—y$ 方向)和左右舷方向(记为 $x—x$ 方向)进行缸径方位测量，如图 2-64 所示。

3)缸套内圆面的清洁尤为重要，一定要用麻布擦抹干净，以免引起附加误差。

4)握表、尺的方法一定要正确，读数、记录要同步，因为要与上一次测量进行比较和计算。

4. 测量操作

通常，中小型柴油机的测量如图 2-64 所示，如无明确规定，可参照以下四个部位进行缸径测量。

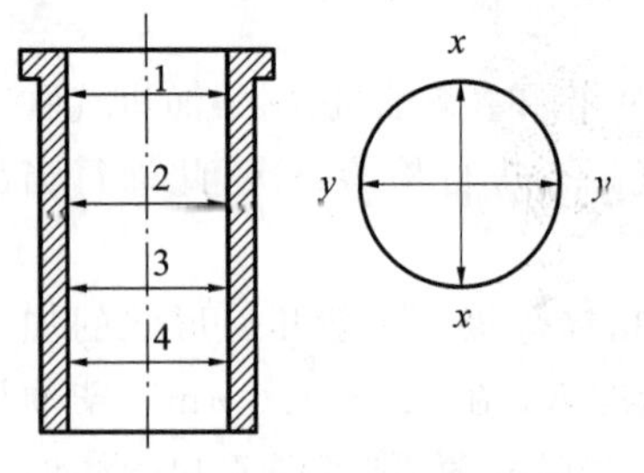

图 2-64　气缸套测量部位

1)当活塞位于上止点时，第一道活塞环相对应的气缸套缸壁位置；

2)当活塞位丁行程中点时，第一道活塞环相对应的气缸套缸壁位置；

3)最后一道刮油环，在活塞行程中点时相对应的气缸套缸壁位置；

4)当活塞位于下止点时，最后一道刮油环相对应的气缸套缸壁位置。

对于大型低速二冲程柴油机气缸套，也可依据上述四点按缸套的长短和气缸套的布置形式，根据说明书中的明确规定和随机测量定位样板，按图 2-65 所示的气缸套实际测量位置进行测量。表 2-13 所示为图中实际测量位置的说明。图 2-65 中 1 至 10 代表测量位置，与表 2-13 中的 1 至 10 位置对应。

表 2-13　B&W 型柴油机气缸套磨损测量位置

位置	型号	
	K84EF、K74EF、K62EF 84-VT2BF-180、74-VT2BF-160 62-VT2BF-140、50-VT2BF-110	K98EF
1	活塞在上止点第一环的中央	活塞在上止点第一环的中央
2	活塞在上止点第三环的中央	活塞在上止点第三环、第四环的中间
3	活塞在上止点第五环的中央	
4		在上止点后 45°曲柄转角处，第一环中央附近
5	在上止点以下 1/3 行程处，第一环中央附近	在上止点以下 1/3 行程处，第一环中央附近
6		注油孔附近
7	扫气口上部附近	扫气口上部附近
8	扫气口中央	

续表2-13

位置	型号	
	K84EF、K74EF、K62EF 84-VT2BF-180、74-VT2BF-160 62-VT2BF-140、50-VT2BF-110	K98EF
9	扫气口下部附近	
10	活塞在下止点第六环下部附近(用于确定气缸直径)	

5. 量缸表的使用

1)测量前的准备

测量前,需先进行内径量表的装配和调校。内径量表的结构如图 2-66 所示。调校的方法如下:

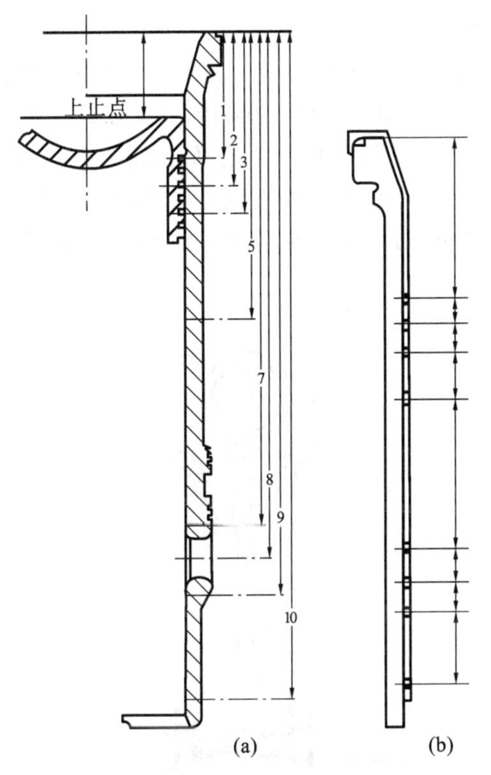

图 2-65　气缸套实际测量位置

(a)气缸套;(b)气缸套测量样板卡

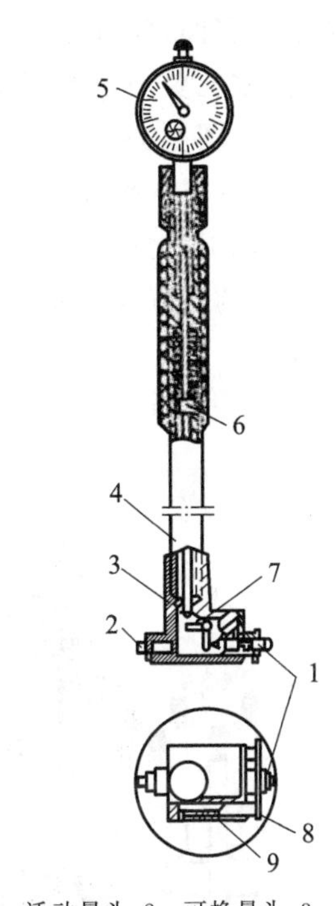

1—活动量头;2—可换量头;3—三通管;4—管;5—百分表;6—活动杆;7—传动杠杆;8—定心架;9—弹簧

图 2-66　内径量表

(1)按所要测量的缸径选用合适的可换量头,选择可换量头的方法是使要测量的缸径值在活动量头与可换量头两端距离的量程内。将可换量头外螺纹端装入滚花螺母后拧入三通管的螺孔中,旋动可换量头,调节到量头间距比缸径公称尺寸值大 1～2 mm 为宜。拧紧滚花螺母,紧固可换量头上的锁紧螺片。

(2)将百分表装到表杆顶孔中,使百分表的指针有 0.5 mm 左右的读数,固定百分表触头,表顶杆外的紧固螺栓适当拧紧。

(3)调整好外径千分尺。擦净外径千分尺的两测量面。使用随尺提供的校准棒检验外径千分尺微分筒上“0”刻度线是否与固定套筒上的水平线重合,同时微分筒边缘应与固定套筒上的“0”刻度线的右边缘恰好相切。如果“0”位校准不准确,要重新调整。调整方法是,先松开固定套筒上的顶丝,用随外径千分尺带来的专用小扳手插入固定套筒“0”线背面的小孔,扳动固定套筒,使固定套筒水平线和微分筒上的“0”位刻线对到合乎要求后,再紧固顶丝。

将外径千分尺两测量面距离调至缸径的公称尺寸,锁住微分筒,保持此距离。

(4)用内径量表测量调好缸径值的外径千分尺,转动百分表面,使大指针对准“0”位,记下百分表上小指针的读数(再复查一下可换量头是否紧固)。

(5)调整好的内径量表的活动量头和校“0”位的百分表表盘面绝不允许有任何的轻微转动,否则将直接影响测量值的真实性。

2)测量的步骤

(1)用右手握住内径量表表杆(握住表杆上的胶木部位),如图 2-67 所示。左手两指使表的定心架压在缸套壁面,使可换量头进入气缸套内。

(2)将定心架放在要测量的部位,右手握住表杆前后稍作摆动。这样,可换量头沿缸套母线略作上下移动,如图 2-68 所示。观察表杆摆动时表面大指针的偏转,应使表杆向表针转动的减值(测量值减小)方向摆动。到表针刚要反转时,表杆立即停止摆动,这时百分表的读数为内径的相应尺寸,记下百分表上的读数,与气缸套直径的规定数值或上次测量数值进行比较,可得到该测量部位的实际尺寸或相对磨损量。根据同一缸套不同部位的测量结果,可计算缸套的圆柱度和圆度。

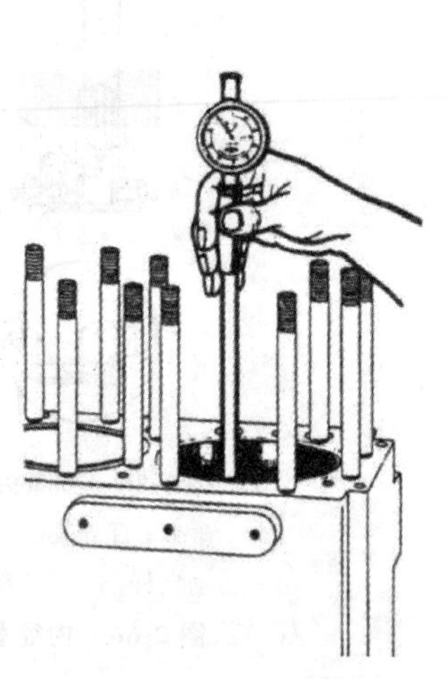

图 2-67　气缸套内径测量

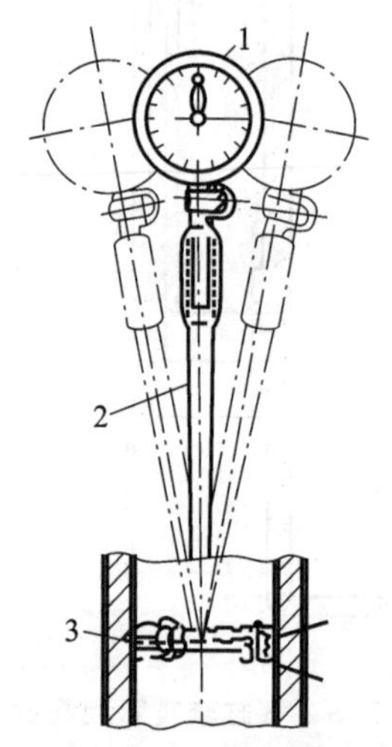

1—表盘;2—表杆;3—测量脚

图 2-68　内径量表读数法

6. 缸套内径圆度和圆柱度的计算

当气缸套磨损量不大,未超过说明书上的要求或标准规范,只是内圆表面有轻微拉伤痕迹或擦伤痕迹时,可在船上由轮机管理人员自行修理,步骤如下。

气缸套内孔磨损极限如表 2-14 所示。

表 2-14　气缸套内孔磨损极限

单位：mm

气缸直径范围	>750 r/min 筒形活塞式柴油机		500～750 r/min 筒形活塞式柴油机		150～500 r/min 筒形活塞式柴油机		十字头柴油机	
	圆度	气缸直径最大增量	圆度	气缸直径最大增量	圆度	气缸直径最大增量	圆度	气缸直径最大增量
(0,100]	0.050	0.200	0.075	0.250				
(100,150]	0.075	0.250	0.100	0.300				
(150,200]	0.100	0.300	0.125	0.350				
(200,250]	0.125	0.350	0.150	0.400				
(250,300]	0.150	0.400	0.175	0.450	0.200	0.600		
(300,350]			0.200	0.500	0.225	0.800		
(350,400]			0.225	0.550	0.250	0.900	0.275	1.600
(400,450]			0.250	0.600	0.275	1.000	0.300	1.800
(450,500]					0.300	1.100	0.350	2.000
(500,550]					0.325	1.250	0.400	2.200
(550,600]					0.350	1.400	0.450	2.300
(600,650]							0.475	2.400
(650,700]							0.500	2.500
(700,750]							0.550	2.600
(750,800]							0.600	2.700

1)轻微拉痕用细粒度金刚砂磨石或砂纸打磨(与水平成 20°～30°交叉打磨)形成交叉痕迹，拉痕也可不必完全除去。

2)较大擦划伤痕和缸套上部的磨台可以用镗缸来消除。当擦划伤痕较轻时(深度小于 0.5 mm)可用油石、锉刀、风砂轮等手工磨具小心磨削，使之消除。

如果气缸套过度磨损超过说明书之要求或标准规范时，可采用以下方法修复。

(1)镗缸。在保证缸套壁厚强度的前提下，采用镗缸来消除内圆表面几何形状误差和表面拉痕、擦伤、磨台等，然后依据镗缸后的缸径配换新的活塞组件，恢复气缸套和活塞之间的配合间隙。

(2)镀铬。用镗缸的办法消除几何形状误差和表面磨台等损伤，根据缸套要求增加的厚度值选用镀铬、镀铁或镀铬-镀铁的方法恢复缸套原尺寸。也可以采用喷涂工艺，恢复气缸套原有缸径和气缸套与活塞之间的配合间隙。镀铬层厚度一般在 0.5 mm 以下，铁层厚度一般可达 2～3 mm。

7. 气缸套裂纹的检修

柴油机气缸套裂纹损坏虽然比磨损损坏的数量少，但其仍是大缸径、强载的中速柴油机及低速柴油机的气缸套中最常见的一种损坏形式。疲劳裂纹的产生与结构、材料、毛坯缺陷及管理诸方面有关。一般来说，缸套裂纹总是发生在结构设计不合理、强度较差和有应力相对集中的部位。气缸套裂纹的常见部位有如下几个。

1)气缸套冷却侧裂纹

在气缸套外表面上部支承凹缘的根部多发生周向裂纹，严重时可能扩展伸入缸套内表面即裂穿。若圆周上裂纹连通,严重时支承凸缘以下部分会产生脱落缸套事故。大型低速柴油机气缸套上部易产生纵向裂纹,如图 2-69(a)所示。这是由于铸造缸套内铸冷却水管与缸套熔合不良或冷却水压力波动、流速过高、局部过冷等冷却水处理不佳而发生了腐蚀。

2)气缸套内表面裂纹

大型低速柴油机气缸套内表面纵向裂纹或龟裂严重时也会扩展到冷却侧。那是因为冷却水侧结垢较厚或有死水区域时,局部产生过大交变热应力而发生裂纹。气缸套排气口附近裂纹是由于排气温度过高,排气口附近金属过热。拉缸将使气缸套内表面产生纵向裂纹,气口处产生裂纹,如图 2-69(b)、图 2-69(c)所示。

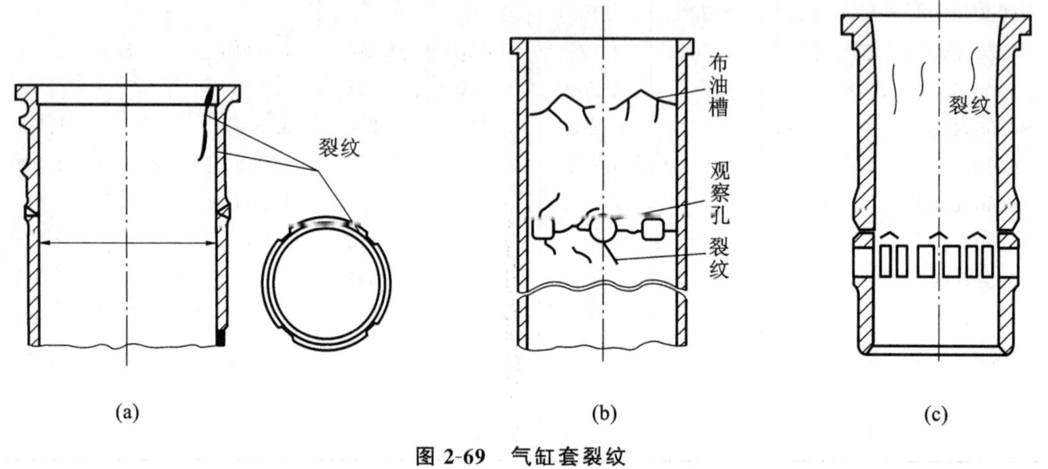

图 2-69 气缸套裂纹

3)气缸套裂纹的修理

如果是在航行期间缸套裂纹较小、较浅,即比较轻微时,可采用波浪键和密封螺丝扣合法,以防裂纹继续扩展,供暂时应急时使用。当裂纹较严重或者已裂穿,则应换新。如果在航行中船上无备件时,可采用封缸措施实行减缸航行。一般来说,气缸套发现裂纹后应不再使用,须更换新气缸套。

4)气缸套裂纹的检查

检查方法有目测法、粉剂显痕法或液压试验法检查。其中液压试验法可以用水或油,也可以用空气,依有关要求而定,试验压力依零件工作条件而定。

8. 气缸套密封的预处理和安装

1)简介

气缸套是柴油机构成燃烧室的主要机件之一。气缸套的形式分为湿式、干式和带冷却水套等三种形式。但它们与柴油机的冲程、机型大小密切相关,密封的方式随冲程、机型的变化多式多样。

柴油机的气缸套有气密封装置和水密封装置。

(1)气密封装置

在大型和中型柴油机中,通常是在气缸套的顶面和气缸盖的底面之间装置一个环形的紫铜垫圈,来保证燃烧室里的气体压缩、燃烧和膨胀工作是密封的。为了保证密封的可靠性,在气缸套的顶面上往往制出各种不同型式的环槽,以便将紫铜垫圈装在密封环槽中。由于垫圈的接触面很小,当气缸盖用螺栓紧固时,它所受到的单位面积压力就很大,足以获得良好的密封。

一般小型柴油机，它的气缸套顶面比气缸体的顶面高出少许，在它们与气缸盖之间安装一张由两层紫铜片（或钢）中间夹包一层石棉板制成的垫片，来达到密封作用。

密封垫片的材料应耐热、耐腐蚀和抗压，并且还应该有足够高的塑性与弹性。

(2)水密封装置

水密封装置一般都分别设置在气缸套与气缸体相配合的上下凸缘上。

上部的水密封方法，一般用图 2-70 所示的几种型式。图 2-70(a)所示为在气缸套凸缘下面与气缸体支承接触面之间安装紫铜垫圈；图 2-70(b)所示是靠装配表面精加工来达到配合的；图 2-70(c)所示是在缸套配合凸缘上车削环形槽，在槽中安装橡皮圈来保持水密，因橡皮圈处于气缸的高温区，易损坏而失去水密作用。

气缸套的下部配合部分，既要保证水密，又能使缸套自由伸出，因而它与气缸体的配合表面之间应保持一定间隙。为了达到水密效果，一般是在它与气缸体配合凸缘表面上车削环形槽，在槽中安装橡皮圈来保持水密。

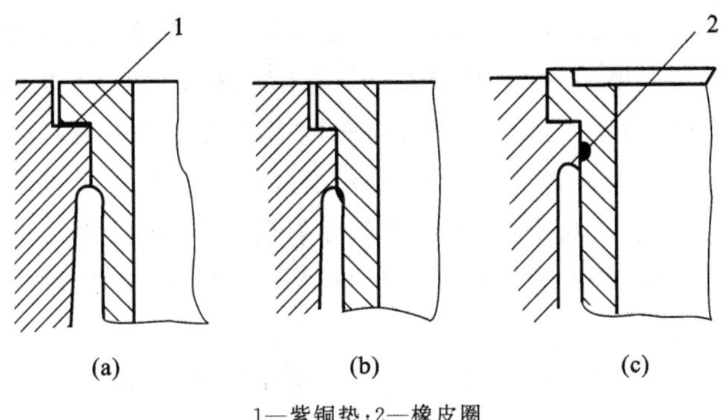

1—紫铜垫；2—橡皮圈

图 2-70　气缸套与气缸体之间的水密装置

(a)紫铜垫圈密封；(b)配合精度密封；(c)橡皮圈密封

2)缸套密封件的安装

(1)安装前的准备及注意事项

①对缸套凸肩下缘和凹槽肩间拆下的紫铜垫圈应清理平整完善，如果褶皱、扭曲严重无法整理平整，应更换新件。

②紫铜垫圈完好无缺陷者，应进行退火处理，退火后应在有平板处进行清整，然后按要求放入环槽中。

③对金属垫床、垫圈按说明书之要求涂抹规定的密封胶剂，要一丝不苟，不然将会漏水跑气。

④对已失去弹性和损伤的水封圈、换新件时，一定要检查弹性、表面有无损伤和凹痕等，否则应更换新件。

⑤准备好相应工具，如砂布、三角刮刀、螺丝刀和锉刀等，因封水胶圈装配时要对环槽锈垢深、宽度进行清理。如 6300 柴油机，须使胶圈高出缸套 0.4～0.6 mm。太高需修锉封水胶圈才能达到要求。其他则按具体要求整理完备。

(2)密封件的安装步骤

①气缸套凸肩下缘面与机体凹槽肩位装有紫铜垫圈，对该垫圈必须进行退火处理方能装上。缸套上旧的水封圈已失去弹性或损坏的，必须更换新件。新水封圈装配前必须进行弹性检验、损伤检验，一般水封圈周长约为缸套圈槽周长的 9/10，装上后靠水封圈本身的收缩力夹

紧在缸套外圆上。

②装入缸套的水封圈应平顺地进入圈槽，不允许有绞缠现象，必要时应及时用手抚匀理直。圈外圆应高出缸套下配合肩外圆 0.4～0.6 mm。若缸径较大，可放高至 0.8 mm。高度过大或水封圈本身硬度较高时，都应调整或更换新件。橡胶圈装配如图 2-71 所示。

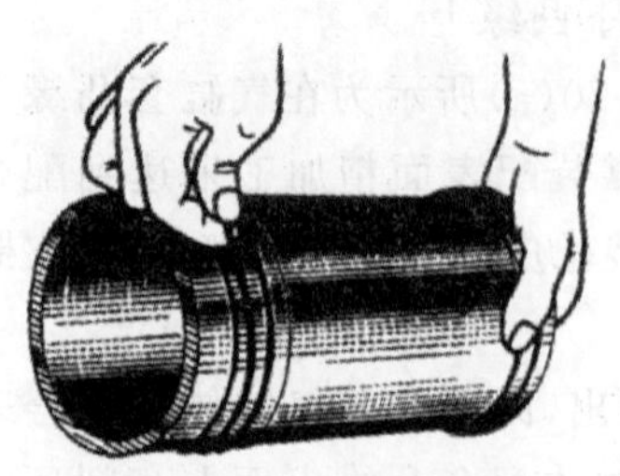

图 2-71　橡胶圈安装

③气缸套孔的水腔室应保持干净，防水橡胶圈圈套部位的上端口要用三角刮刀倒角，再用砂布打光，以利于水封橡胶圈的安装。

④气缸套外圆（与冷却水接触部分）清除锈垢后，可涂上一层防锈磁漆。注意漆层不可太厚，否则将影响冷却水的冷却效果。

9. 气缸套的装配

1)装配前的准备及注意事项

(1)检查常用的工具、装配缸套的专用工具、起吊缸套的起重设备等是否正常。

(2)认定气缸套拆卸前所做标记，此步骤正是指示具安装的方向、向位之关键所在。

(3)在装配新缸套时，为使气缸的中心线与曲轴中心线保持垂直，支承凸肩应与机体接触面涂色检查，核实整个圆周向是否均匀接触，并用塞尺检查与机体下配合带的相对位置，必要时修刮凸肩。检查时可不装配封水橡胶圈，因其要根据要求高度达标。

(4)气缸套吊出机体后，经过检查修复的时间很长，此时必须用压缩空气吹扫清理机体内各专用孔道，以保持畅通。

(5)密封的胶圈、金属类的垫圈片，按规定或说明书的要求，涂上润滑脂或专用密封胶剂以期密封。

(6)上述准备工作就绪后，在气缸套水封位和凸肩底圈面涂抹少许肥皂水，即可将气缸套吊起放入机体的气缸套孔。

无论是小型、中型还是大型柴油机缸套，其检测方法和各道工序都应一样，其装配手续也是如此。

2)缸套装配步骤

(1)将缸套吊起放入机体待有一定紧感后，用专用压缸套的压板工具压下缸套，直至缸套与机体凹槽肩面贴紧为止，如图 2-72 所示。

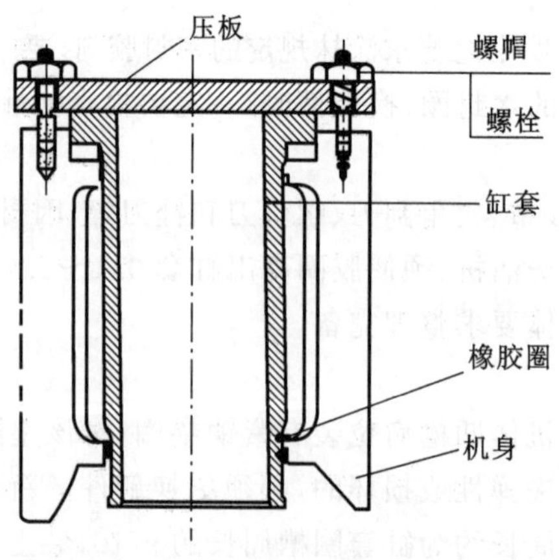

图 2-72　用压板装气缸套

(2)若缸套上端铣有缺口、定位口或下端连杆摆动平面方向铣有缺槽等标记时，必须使它与缸套机体上的定位标记对准。

(3)缸套机体水套内气缸套橡皮圈要通过之处，如有尖角、毛刺，必须修平，以免切割橡皮圈。同时在缸套外表面及气缸体内壁与缸套配合处，橡皮圈和填料函上要涂上肥皂水，以便使橡皮圈容易滑过。

(4)对于大型气缸套，一定要由其自重落入缸体，不允许强行压入。气缸套安装后需用量缸表检查各缸内径的失圆情况。如果失圆数值较大，可以重新调整或者修整水封圈的凸出高度，直至合格为止。

(5)缸套装好后，要注入冷却水以检查防漏橡皮圈处的密封情况，观察有无渗漏现象。必要时进行水压密封性试验以检验是否因装配不当而使缸套产生裂纹。筒形活塞式柴油机气缸套液压试验的冷却水压力为 0.7 MPa，并保持 5 min 后检查缸套内、外表面是否有渗漏现象，如图 2-73 所示。

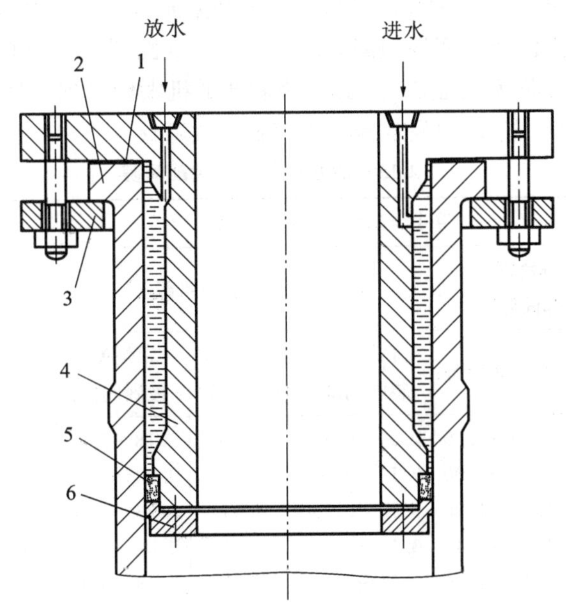

1—密封圈；2—缸套；3—夹紧环；4—试验内套；5—填料；6—夹紧装置

图 2-73　水压密封性试验

试验水压力应为该机冷却水压力的 1.5～2 倍，一般为(2～3)×10^5 Pa。一般认为缸套压入后缸径缩小量为 0.01 mm 左右。若缸径无变化，说明配合太松，有可能会漏水。若缸径缩减得太多，则说明配合太紧，必须重新安装。

三、思考题

1)气缸套测量前要做哪些具体的准备工作？

2)气缸套的测量部位、方位是如何确定的？有何实际要求？

3)简述测量气缸套间隙的步骤。

4)正确记录、统计并进行计算和误差分析。

第十四节　筒状活塞柴油机活塞组件拆装

一、评估要点

1)校中时活塞所处位置；

2)测量工艺方法得当，符合技术规范；

3)测量数据记录正确；

4)测量数据分析结论正确。

二、主要内容

1. 简介

为了保证实现柴油机设计性能和可靠运转，必须保证运动件与固定件的准确相对位置和要求的配合间隙，也就要保证活塞运动部件的中心线与气缸固定件中心重合或平行，其间隙可从表 2-15 中获取或按说明书之规定。吊缸检修和柴油机大修时进行校中测量，就是为检查和了解运动件在气缸中的状态，以便发现和分析存在的故障。

表 2-15　活塞与气缸的装配间隙　　单位：mm

气缸直径范围	四冲程筒形活塞式柴油机						二冲程筒形活塞式柴油机活塞裙部	
	铸铁或铝合金活塞顶部间隙		活塞裙部					
	顶部冷却	顶部无冷却	铸铁活塞装配间隙	铸铁活塞极限间隙	铝活塞极限间隙		装配间隙	极限间隙
(75,100]	0.50～0.64	0.60～0.80	0.09～0.12	0.35	0.18～0.22			
(100,125]	0.64～0.80	0.80～1.00	0.12～0.15	0.45	0.22～0.26	0.50		
(125,150]	0.84～1.00	1.00～1.20	0.15～0.18	0.55	0.26～0.32	0.60	0.20～0.24	0.75
(150,175]	1.00～1.16	1.20～1.40	0.18～0.21	0.65	0.32～0.38	0.70	0.24～0.28	0.90
(175,200]	1.16～1.32	1.40～1.60	0.21～0.24	0.72	0.38～0.44	0.80	0.28～0.32	1.00
(200,225]	1.32～1.48	1.60～1.80	0.24～0.27	0.80	0.44～0.50	0.90	0.32～0.36	1.10
(225,250]	1.48～1.64	1.80～2.00	0.27～0.30	0.88	0.50～0.56	1.00	0.36～0.40	1.10
(250,275]	1.64～1.80	2.00～2.20	0.30～0.33	0.96	0.56～0.62	1.10	0.40～0.44	1.20
(275,300]	1.80～1.96	2.20～2.40	0.33～0.36	1.04	0.62～0.68	1.20	0.44～0.48	1.20
(300,325]	1.96～2.12	2.40～2.60	0.36～0.39	1.12	0.68～0.76	1.30	0.48～0.52	1.30
(325,350]	2.12～2.28	2.60～2.80	0.39～0.42	1.20	0.76～0.82	1.40	0.52～0.56	1.30
(350,375]	2.28～2.44	2.80～3.00	0.42～0.45	1.28			0.56～0.62	1.40
(375,400]	2.44～2.60	3.00～3.20	0.45～0.48	1.36			0.62～0.66	1.40
(400,425]	2.60～2.78	3.20～3.40	0.48～0.51	1.44			0.66～0.70	1.50
(425,450]	2.78～2.96	3.40～3.60	0.51～0.54	1.50			0.70～0.74	1.60
(450,475]							0.74～0.78	1.70
(475,500]							0.78～0.82	1.80
(500,525]							0.82～0.86	1.90
(525,550]								

2. 活塞与气缸套间隙的要求

1)十字头式柴油机，在未装活塞的条件下，活塞位于上止点、下止点位置时，滑块工作面与导板工作面应紧密贴合。检查时 0.05 mm 塞尺插不进的情况下，活塞裙减磨环处与气缸内孔单边最小间隙，当缸径小于 70 mm 时，应不小于该处总间隙的 30%；缸径大于 70 mm 时，应不小于该处总间隙的 20%。

2)筒状活塞式柴油机，未装活塞时测量的内孔单边最小间隙应不小于总间隙的 25%。

总间隙为首、尾或左、右间隙之和。

3)活塞在气缸内沿柴油机纵向允许平行偏在一边，但向另一边撬动时，偏移量应能转移过去。

3. 活塞与气缸间隙的测量

柴油机检修和大修测量时，把不带活塞环的连杆活塞组件清洁后装入气缸中，按规定装配上连杆大端轴瓦，并按力矩值拧紧连杆螺栓后进行测量。

1)测量方法

测量时，盘车使曲轴转动，让活塞分别处于上止点后 15°～30°、90°、下止点前 15°～30°的位置，用塞尺测量活塞与气缸在首尾和左右的间隙值。如图 2-74 所示。

活塞与气缸间隙还可采用透光法进行定性检查，透光法适用于营运船舶吊缸检修，但不适用于长裙活塞及中小型柴油机。

2)测量部位

活塞与气缸套间隙测量部位随机型、活塞结构形式不同而异。

(1)长裙活塞：一般测量减磨环和裙下部任何一点与气缸套的间隙，如图 2-74 中 a_1、b_1 和 a_2、b_2 处。

(2)短裙活塞：测量裙部与气缸套间隙，再增测活塞杆与填料函孔之间的间隙，如图 2-74 中 a_3、b_3 处。

(3)筒形活塞：测量活塞头部和裙部与气缸套的间隙。

活塞在气缸中的各处间隙应不小于 0.15 mm，否则应查明原因，予以消除。盲目地装配会造成机器工作中出现“拉缸”或磨损加剧。每次测量部位应保持不变。

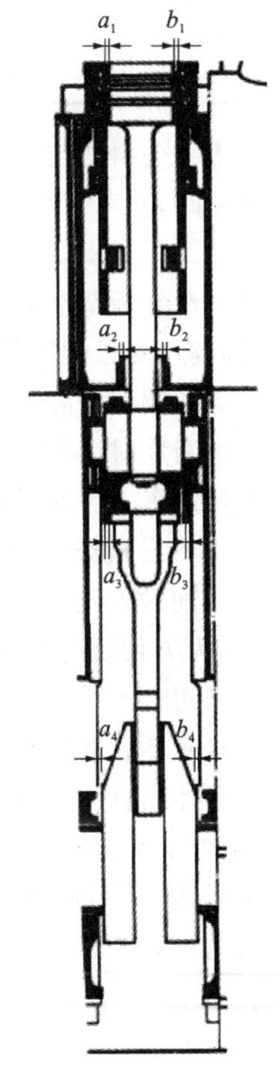

a_1,b_1—缸套与活塞的间隙；
a_2,b_2—活塞杆与填料函的间隙；
a_3,b_3—连杆小端轴向间隙；
a_4,b_4—曲轴主轴径轴间隙；

图 2-74　活塞与气缸间隙的测量

4. 十字头柴油机活塞运动件在气缸内的校中

1)概述

十字头组是船用十字头低速柴油机特有的部件。它包括十字头本体、十字头滑块和十字轴承(即连杆上端轴承)等。滑块沿着装在机架上的相应导板滑行，并把侧推力传给它们。

它们特点是，无论是正转或反转、膨胀行程或压缩行程，滑块的承压面都是一样的，工作平稳可靠。由于有四个滑动面，工作时应保证四个面都和气缸中心线平行。因此，安装和校中时有较高的要求。

2)十字头滑块与导板间隙的要求

十字头式柴油机的十字头滑块与导板应均匀接触，安装间隙和极限间隙应符合说明书或规定。如表 2-16 所示。

表 2-16　十字头导板的间隙　　单位：mm

十字头销直径范围	安装间隙		极限间隙	
	工作面	侧面	工作面	侧面
(0,175]	0.15～0.20	0.18～0.28	0.30	0.50
(175,200]	0.15～0.20	0.20～0.30	0.30	0.50
(200,225]	0.16～0.22	0.20～0.30	0.35	0.60
(225,250]	0.18～0.24	0.20～0.30	0.35	0.60
(250,275]	0.18～0.24	0.22～0.32	0.35	0.65
(275,300]	0.20～0.26	0.24～0.34	0.40	0.65
(300,325]	0.22～0.28	0.26～0.36	0.45	0.70
(325,350]	0.24～0.30	0.28～0.38	0.50	0.70
(350,375]	0.26～0.32	0.32～0.42	0.60	0.75
(375,+∞]	0.28～0.36	0.34～0.54	0.70	0.75

3)十字头滑块与导板间隙的测量

测量时，盘车使活塞分别处于上止点后 15°～30°、90°、下止点前 15°～30°位置，正车滑块应压紧在正车导板。

对于双导板柴油机，测量倒车滑块工作面与倒车导板工作面之间的间隙，即左、右方向上工作面间隙；测量倒车滑块侧面与倒车侧导板之间的间隙，即首、尾方向上的侧面间隙。并使工作间隙和侧面间隙符合说明书规定。图 2-75(a)所示为运动件校中测量值。L60MC/MCE 型机要求测量时活塞在上止点前 35°、下止点后 45°且应在正车工作面间隙(凸轮侧)为零的状态下测量倒车工作面间隙及侧面间隙。

对于单导板柴油机，测量活塞上止点、下止点附近部位时滑块倒车工作面与倒车导板的工作面间隙及滑块侧面与侧导板的侧面间隙，并测量滑块与导板的上部和下部。由于数据较多，为方便测量记录，采用图 2-75(b)所示的现场记录方式。图 2-75 中的字母表示测量间隙的位置。

5. 活塞磨损测量和圆度及圆柱度计算

活塞外圆直径的测量。一般中型柴油机、小型柴油机的筒形活塞裙部外表面容易发生磨损，这是由于柴油机在运转中活塞裙部起导向作用和承受侧推力。

测量活塞外圆直径的目的，是通过测定活塞磨损后的圆度和圆柱度，以检查活塞外圆的磨损情况，与气缸套的间隙和配合密封情况。因为它直接影响活塞的工作性能和柴油机功率。

对于中小型筒状活塞的测量部位，为活塞的上部、中部和裙部的外径，应自裙部向上端 10～200 mm 处开始，每相隔 10～200 mm 测量一次(具体按活塞大小尺寸定)。如图 2-76 所示。

测量的每一部位应沿纵向、横向两个垂直方向(即活塞销中心线方向和与此相垂直的方向)，如图 2-76 所示(Ⅰ、Ⅱ、Ⅲ代表活塞直径的测量位置)。用外径千分尺(图 2-77)对活塞外缘面进行测量。对于十字头式柴油机活塞，有减磨环的活塞也应测量纵、横两个方向的尺寸，以查明其磨损情况。

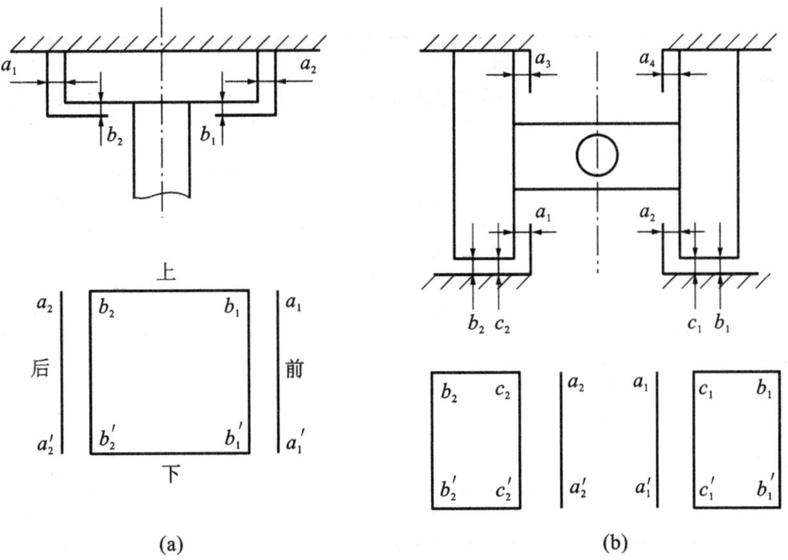

图 2-75　滑块与导板间隙测量记录方式

(a)单滑块式;(b)双滑块式

将测量值记录在表格中,计算出每个横截面的圆度、纵截面的圆柱度,以其中最大值与说明书或标准规定进行比较,以确定活塞磨损程度。表 2-17 所示为活塞裙部外表面的圆度、圆柱度的磨损极限。

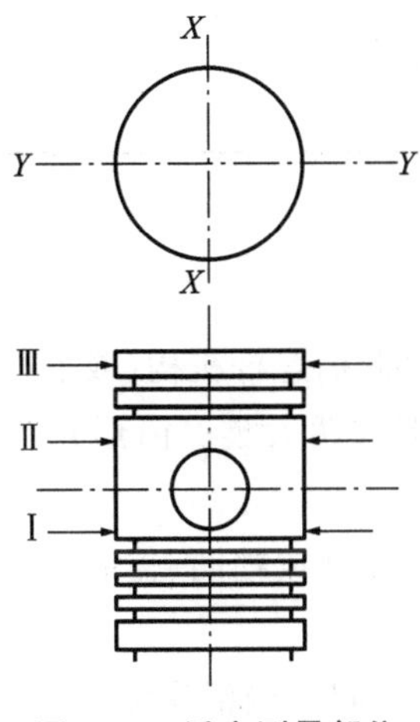

图 2-76　活塞测量部位

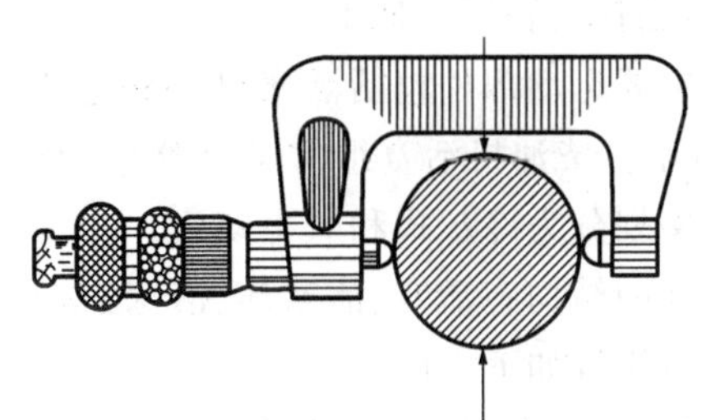

图 2-77　外径千分尺测量活塞外缘

表 2-17　活塞裙部外表面的圆度、圆柱度磨损极限　　单位:mm

气缸直径范围	筒形活塞裙部圆度、圆柱度磨损极限	十字头式活塞裙部圆度、圆柱度磨损极限
(0,100)	0.10	
(100,150]	0.12	
(150,200]	0.12	

续表2-17

气缸直径范围	筒形活塞裙部圆度、圆柱度磨损极限	十字头式活塞裙部圆度、圆柱度磨损极限
(200,350]	0.15	0.30
(350,400]	0.20	0.30
(400,500]	0.25	0.38
(500,550]	0.30	0.45
(550,600]		0.50
(600,650]		0.60
(650,700]		0.65
(700,750]		0.75
(750,800]		0.85
(800,850]		0.95
(850,900]		1.05
(900,950]		1.15
(950,1000]		1.25
(1000,1050]		1.35
(1050,1100]		1.40

6. 活塞组件拆装

1)吊缸,连杆活塞组件抽出

柴油机主要运动部件包括活塞组件和连杆组件,常称为曲柄连杆机构(或连杆活塞组件),如图 2-78 所示。柴油机活塞组件又可分为十字头式和筒形式两大类。筒形式活塞按其散热的冷却方式又划分为冷却式和非冷却式。

活塞组件的结构有活塞、活塞环、活塞销,及其定位用的卡簧或挡圈、盖等。

活塞的功用有如下方面。

(1)活塞与气缸套、气缸盖共同组成柴油机的密封工作空间。当活塞处于上止点时,它就与气缸套、气缸盖构成柴油机的燃烧室。

(2)活塞、连杆、曲柄等零件组成的运动机构,把作用在活塞顶上的燃气压力经连杆传递给曲轴,使曲轴旋转,对外做功。

(3)筒形活塞在往复运动中起导向作用,承受侧推力。

(4)在二冲程柴油机中,活塞还起着启闭气口、控制进排气定时的作用。

活塞一般采用的材料是铸铁、钢和铝合金。

2)拆卸的准备及注意事项

(1)首先要准备好常用的工具、专用拆卸工具、吊缸专用提升工具等物料。

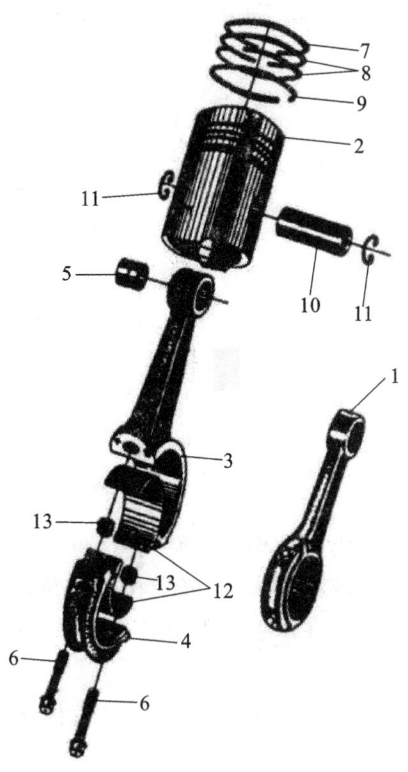

1—连杆机加工部件；2—活塞；3—连杆体；4—连杆盖；5—连杆衬套；6—连杆螺钉；
7—镀铬气环；8—气环；9—油环；10—活塞销；11—锁簧；12—连杆轴瓦；13—定位套筒

图 2-78　活塞连杆组件

(2)拆卸前应先清除气缸内上端积炭，并磨掉上端面磨损凸台，以免吊活塞时因积炭等的阻卡而拉松气缸套。

(3)注意做好活塞缸号、方位标记，连杆大端轴承上下盖之间标记，以备装复时确认。

3)拆卸步骤

(1)拆卸连杆大端

①盘车转动曲轴，使准备要拆卸的该气缸活塞位于气缸内的上止点位置。

②打开曲柄箱道门，由曲柄箱道门处拔掉连杆大端螺母开口销，认清连杆大端上下盖的配对号码数字或其他编码并记录，以备安装时确认。如图 2-79 所示，用专用扳手从曲柄箱道门两边拧松连杆大端螺栓的固紧螺母，注意不可一次将一根螺栓的螺母全部松解出来。

③为避免连杆螺母拆下后连杆大端轴承盖，猛然跌落于曲柄箱内造成机件损坏，在螺母拆下之前应用木方垫在连杆大端轴承盖下方，然后均匀拧松两边的连杆螺栓，让连杆大端轴瓦轴承盖平稳地落在木方上，再从曲柄箱道门取出并同连杆螺栓配对(包括螺栓、螺母)存放。

(2)吊缸

①注意：每拆卸一缸的连杆大端固紧螺栓，就应该使该缸吊缸程序完成，不可等待几缸一起吊。在该缸活塞顶装上专用提升工具，用电动、手拉葫芦吊起活塞连杆组件。如图 2-80(a)、图 2-80(b)所示。

②起吊连杆活塞组件时，应注意不要将连杆大端上轴瓦跌落曲柄箱内，应按图 2-81 所示的方法，从曲柄箱道门取出。

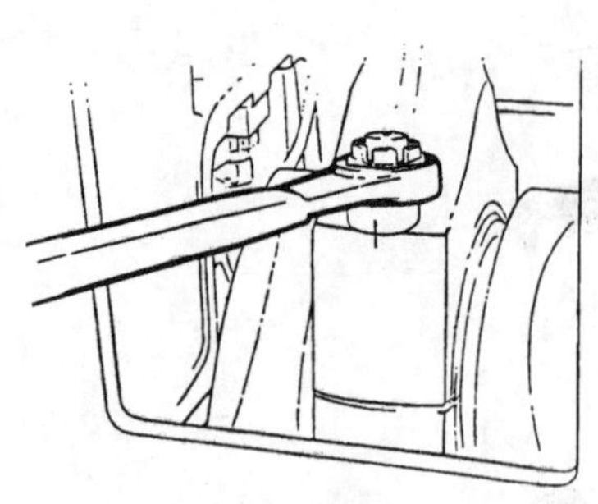

图 2-79　拆卸连杆螺栓

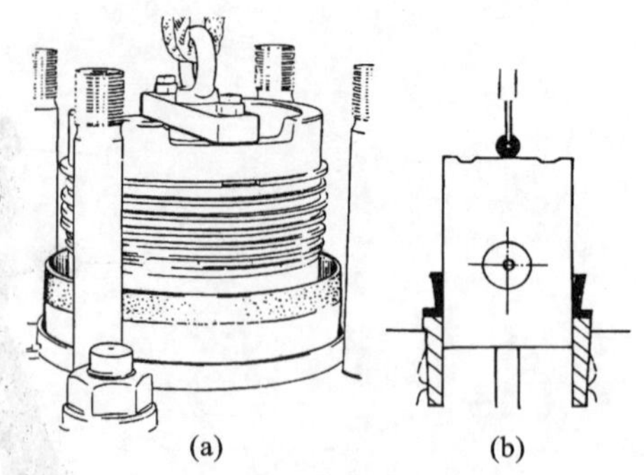

图 2-80　活塞组件吊出

(a) 专用提升工具；(b)吊起活塞连杆组件

连杆活塞组件在起吊过程中，切勿擦伤气缸套内壁，也勿使连杆摆动而碰坏活塞裙部。

③吊出该缸连杆活塞组件后，连杆轴承、连杆螺栓和螺母应即刻装于连杆上，并小心保护轴瓦，勿使其擦伤。将其平稳地放置在木板垫上以备进一步拆检、清洗和测量。

4)连杆活塞组件分解

活塞销是活塞和连杆的连接件。它把活塞所承受的气体压力及活塞组的往复运动惯性力传给连杆。

筒形活塞由于活塞尺寸的限制，活塞销的尺寸很小，因此它的轴颈比很大。活塞销、连杆小端、活塞销座三者之间呈摆动转合，难以实现液体油膜润滑。因此，活塞销必须有足够的疲劳强度、刚度、表面硬度和抗冲击韧性。

活塞销结构为一中空的圆柱体，如图 2-82 所示。它的特点是结构简单、磨损均匀、工作可靠使用寿命长、拆装方便。目前，它是柴油机使用最广泛的一种，其连接方式为浮动式活塞销。为防止它从销座中窜出刮伤气缸，在中小型柴油机中常用弹簧锁环(又称卡簧)置于活塞销座孔两端，使其轴向定位。在尺寸较大的柴油机中两端采用端盖对活塞销进行轴向定位。两种活塞销的轴向定位如图 2-83 所示。

图 2-81　连杆大端上轴瓦取出

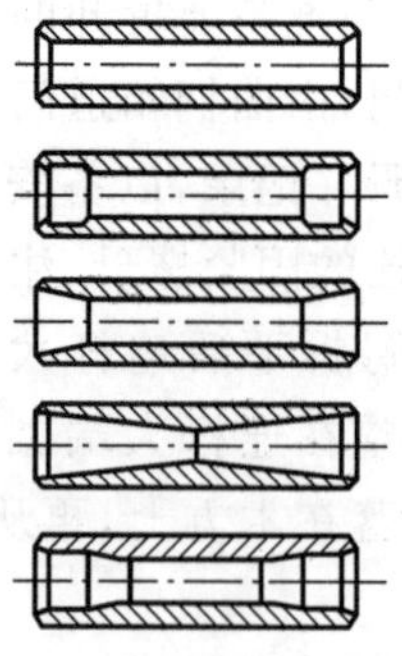

图 2-82　活塞销

活塞销拆卸步骤及注意事项如下。

(1)拆卸前根据柴油机活塞的大小(长度尺寸)，预先用能浸没活塞体的铁桶或油盆加温机

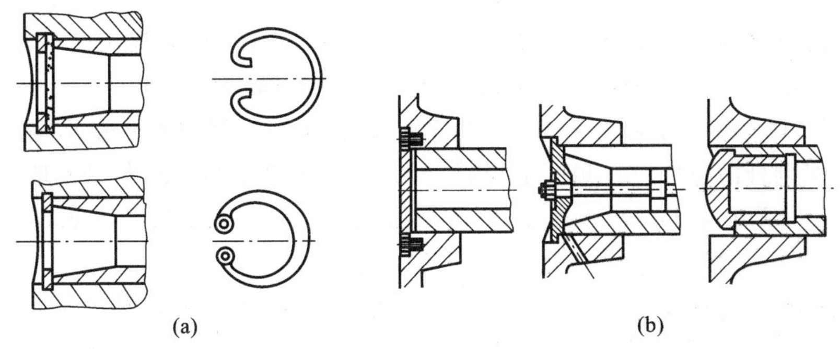

图 2-83　活塞销的轴间定位

油，使温度达 100 ℃左右，再把活塞倒置放入沸油中使其加温膨胀。

(2)拆卸分解时，将活塞放置平稳，用内卡簧钳拆下活塞两端的定位卡簧。这时活塞温度很高，不便用手拿，故用木块架空活塞，紧握连杆柄，用手锤或铜棒由活塞销的一端轻敲，将活塞销从另一端推出活塞销座。

(3)活塞销取下后，注意每缸不可以弄错，连杆与活塞、活塞销等零件应配对整齐地摆放在木垫板上。

5)连杆活塞组件的组装

浮动式活塞销和销座孔间的配合精度要求很高。因为间隙过大会引起冲击载荷；间隙过小又不能保证润滑，会引起活塞销与销座咬死。铝合金活塞和钢质活塞销的热膨胀系数不一样，因此对于中小型柴油机，组装时必须将活塞加热，使销座孔尺寸胀大后，再将活塞销装入。严禁采用冷敲方法强硬压入活塞销，以免拉伤销座孔表面，破坏配合精度。

组装注意事项及步骤如下。

(1)活塞组件经过仔细的检修、测量或更新后，完全符合要求，才可进行组装。

(2)活塞销及销座孔、孔口卡簧、连杆组件等的方向位置标记一定要准确。

(3)组装前的加热工作需要提前数小时进行，专用工具物品的准备必须到位。

(4)先将其中一个卡簧用卡簧钳装入活塞销座孔的卡簧固定专用环沟槽内，即组装进入的对面边的销座孔。活塞销座孔和连杆小端衬套孔一定要对准，不然将会损伤小端衬套，甚至会无法使活塞销顺利装入。

(5)活塞销组装时，应特别注意活塞与连杆(连杆大端轴承的方位)的安装方向。

(6)用木块垫着，使用手锤或铜棒轻轻敲击销端面使之进入，然后用卡簧钳将另一端卡簧装入活塞销座孔的环沟槽内。

(7)活塞销装入后，检查连杆活塞组件的摆动情况是否正常，否则将重新检验、组装。

6)连杆活塞组件在柴油机上装配

(1)装配时应注意的事项

①装复前，应将各零件清洗干净，各孔道先用压缩空气吹扫清洁以保持畅通。

②专用工具、吊装设备、油料等备用齐全。

③拆卸时对标记的认定，此时应校对，并按规定对主要装配间隙进行测量和调整。

④紧固螺母应对称预上紧，且必须用扭力扳手分次拧紧至规定力矩值。

(2)装配步骤

①在活塞顶面装上吊装活塞的专用工具,吊起活塞,在气缸壁表面涂抹清洁的机油;活塞与活塞环也应涂上(双背面)足够的机油,最好是二硫化钼的机油。

②将专用工具活塞环导筒装于气缸顶面。转动曲轴,并在连杆轴瓦和曲柄销上面涂上机油。使准备安装连杆活塞组件的该缸曲柄销位于上止点,将连杆活塞组件谨慎地使用电动葫芦时吊装入气缸内,切勿使连杆碰伤缸壁,使每一活塞环顺利进入导筒。活塞环导筒如图 2-84 所示。

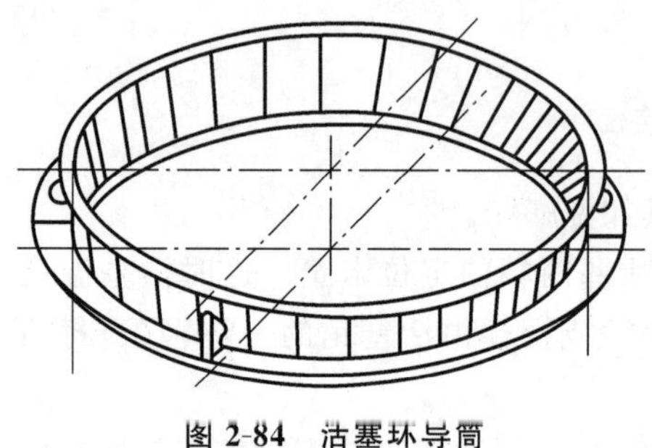

图 2-84 活塞环导筒

③活塞装入前,活塞环的搭口位应相互错开,以保证气体密封。是三道环的,每道环相隔 120°;是四道环的,第一道环与第二道环相隔 180°,第三道环与第四道环相隔 180°,第二道环与第三道环相隔 90°,错位装入。

④当连杆大端瓦平稳落座曲柄销轴后,装上未拧紧的连杆轴承盖及连杆螺栓。若有调整垫片的,不要漏装和错装,以保证它们的配合间隙。预上紧并按其力矩拧紧螺母,并装上防松动锁紧片或开口销。

⑤检查清理曲柄箱内一切完好,然后盖上曲柄箱道门。

7. 活塞顶烧蚀检测

1)活塞的损坏形式及检修

活塞在使用过程中容易损坏,特别是高速柴油机活塞,它承受很大的机械应力和热应力,同时还承受着磨损。活塞主要的损坏形式是外圆表面及环槽的磨损、裂纹和破裂,顶部烧蚀等。

2)活塞的清洁与检查

活塞拆下后,应对活塞外表面的积炭进行彻底清除和清洗,再检查活塞表面有无损伤、刮伤、烧伤、腐蚀和裂纹等现象。

(1)活塞产生裂纹的部位一般在活塞顶面、环槽和销座处。

(2)活塞顶产生的裂纹主要是热应力引起的,其次是机械应力所致。

(3)活塞顶面上的起吊孔和冷却侧的加强筋根部因应力集中,是裂纹的多发处。

(4)环槽处裂纹主要是机械应力过大所致。尤其是第一道环槽处因工作条件恶劣而出现裂纹的可能性最大。

(5)活塞销座处的裂纹也是常见的,主要是因为机械应力较大。

(6)检查活塞裂纹时,上述部位要特别给予重视。其方法可参见气缸盖的检验法。

3)活塞顶烧蚀检测

活塞顶部由于直接与燃气和火焰接触,温度很高,尤其当喷油定时不正,喷油器安装不良或冷却侧结垢时,使顶部局部过热,温度更高;其次由于燃用重油中含钒、钠过多,就会在活塞顶部温度达 550 ℃以上的部位产生高温腐蚀。因材料过热发生氧化、脱碳而使其化学成分变化。这种现象就称为活塞顶部烧蚀。

烧蚀的检测如下。

(1)活塞顶烧蚀时,凭肉眼可观察到顶面出现金属层层剥落,活塞顶变薄,出现钒腐蚀的麻点、凹坑，大小、深浅不一及分布各异地散布在活塞顶面。

(2)活塞顶面烧蚀会使活塞顶部强度降低，顶部厚度减薄和形状改变，甚至影响压缩比，降低柴油机的工作性能，严重时顶面会被烧穿。

(3)图 2-85 所示为 sulzerRLB66 型柴油机活塞顶部烧蚀状况，用活塞顶部样板卡和塞尺进行检测示意。测量时将专用活塞环放于第一道环槽中，把样板卡置于活塞顶上，样板下端与专用活塞环上端面接触。使样板沿活塞中心轴线转动，一般每转动 45°便测量一次样板与活塞顶面之间的间隙。当间隙值达 6 mm 时，进行焊补修理。每种机型都应按说明规定实行。

(4)焊补后用机械加工法使之恢复活塞顶原状。

4)活塞裂纹着色探伤

活塞头部触火面一般是指在活塞顶面产生的径向或周向裂纹。起吊边缘及第一道环槽根部裂纹如图 2-86 所示。其裂纹主要是热应力引起的，同时还有机械应力的作用。

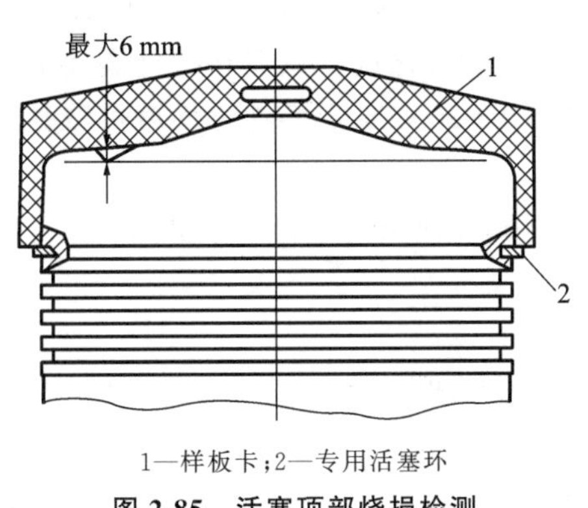

1—样板卡；2—专用活塞环

图 2-85　活塞顶部烧损检测

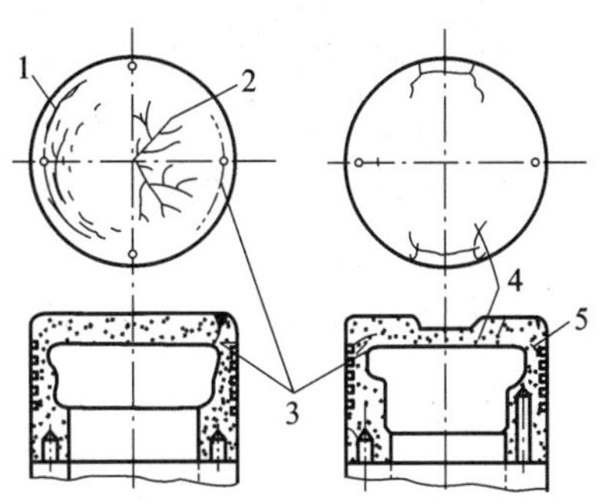

1—周向裂纹；2—径向裂纹；3—冷却侧裂纹；
4—顶部光角处裂纹；5—环槽裂纹

图 2-86　活塞头部裂纹

活塞顶部各处在正常工作条件下，都存在着温差应力和高压燃气作用产生的机械应力等，铸钢活塞顶温度达 450 ℃，铝活塞顶温度达 300～375 ℃。且这些应力又是呈周期性的。由于喷油定时不正、燃油雾比不良等也会引起热应力，柴油机频繁起动、停车还会使活塞头部产生热疲劳裂纹。

活塞顶面的起吊孔和活塞环槽根部等都存在因应力集中而产生的裂纹。当柴油机超负荷运动或冷却水不充分也会引起热应力。冷却侧结垢严重或油冷活塞顶面积炭严重，通常结垢层和积炭层厚度超过 0.5 mm 时，就会使过热产生的裂纹急剧增加。

除上述外，还有诸多影响因素，如设计不良、材质不佳和毛坯制造等。轻微的裂纹可以焊补修理，严重时若无法修理，应该更换新件。

5)活塞裂纹的无损探伤检验

零部件无损探伤的检验方法有很多。不论何种，都要对需要进行检验的零部件进行积炭油污、锈垢的彻底清洗，并以热风干燥处理。现综合原理清晰、操作简单、实用经济、灵活方便、适应性强等方面，介绍常使用的几种方法。

(1)目测法

目测法是直接用肉眼或借助放大镜来观察和判断活塞裂纹的方法。这种方法只适用于有明显缺陷零件的粗略检验。

(2)煤油白粉法

煤油白粉法是以煤油为渗透剂,石灰粉或白垩粉为显像剂的渗透探伤方法。

检测时,将已清洁干净的零件待检查表面上涂抹煤油或浸入油中。为了能让煤油充分地渗透,需经15～30 min,具体依零件尺寸的大小而定。如零件有缺陷,煤油就会充分渗入,需取出并擦干,再涂上白粉。此时裂纹中的煤油就会渗出,在白粉上显现出黑色的痕迹,将零件表面上的缺陷大小、部位或覆盖层脱壳情况显示出来。

(3)着色探伤法

着色探伤渗透剂是含有红色颜料、溶剂和渗透剂等成分的合成物。它具有渗透力强、速度快、显像时清晰醒目、洗涤性好、化学稳定性好、无腐蚀、无毒或低毒等特点。着色探伤操作中有浸液法、刷涂法和喷涂法。显像剂常由氧化锌、氧化镁或二氧化钛等白色粉末和有机溶剂组成。

检测时,把清洗过的零件浸入着色液中,等待15 min后,将零件取出干燥,由于材料不同,其渗透时间也不同,如常温下铝镁合金铸件约15 min;锻件、钢铸件应不小于30 min;钢锻件和焊缝可达60 min;塑料、玻璃、陶瓷等非金属在5～30 min之间。然后在零件表面上均匀地涂上一层高岭土或白垩粉溶液作为吸附剂立刻烘干,20～30 min后零件表面就可清楚地呈现细小裂纹的彩色痕迹。

检测出的裂纹如较严重,一般情况不能再继续使用,应换用船上备用活塞。

三、思考题

1)为什么要对筒状活塞在气缸内进行校中?其校中前提是什么?

2)筒状活塞运动件校中有何技术要求?应怎样进行测量?

3)如何对测量值进行正确的误差分析并调整处理?

第十五节　活塞环的拆装、检修

一、评估要点

1)正确选取、使用工具;

2)活塞环的拆卸或装配程序正确;

3)使用正确的工艺方法拆卸检查(不得断环或装错环);

4)拆卸完后整理好工(量)具。

二、主要内容

1.活塞环拆卸

1)简介

活塞环是装于活塞环槽内具有弹性的金属圆环,是柴油机燃烧室的组成零件之一,具有保持活塞与气缸套之间的有效密封作用、将活塞热量传递给气缸壁的散热作用,以及调节气缸润滑油的作用。按其功用不同,可分气环和油环两种。

2)活塞环的构造与配置

活塞环材料为耐磨合金铸铁,第一道气环是经过镀铬处理,其余表面为镀锡或磷化处理。通常有四道气环、两道刮油环,按机型大小环数有所不同。例如高速柴油机、中速柴油机常用2~4道气环,十字头式低速柴油机常用5~6道气环和1~2道刮油环。

3)拆卸活塞环

(1)大中型柴油机活塞环的拆卸必须使用拆装专用工具来进行。专用工具类型很多,图2-87所示为两种活塞环拆卸安装的专用工具。

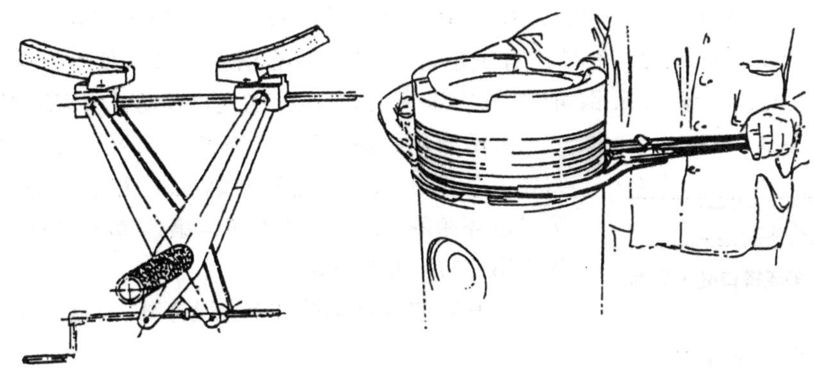

图2-87　大中型活塞环拆装工具

(2)在没有专用工具时,一般中小型柴油机活塞环,可用麻绳或铁丝等物料弯成环形,套在拇指上,另一半环分别套扣在活塞环开口两端。缓慢地用力,使活塞环张开后移出环槽并拆出,如图2-88所示。

图2-88　小型活塞环拆卸方法

(3)张开活塞环时,务必注意,在尽量使它能移出环槽的力度情况下张得小些,否则很容易拆断或使活塞环受到内伤,使之很快疲劳断裂。

拆下的活塞环应按该缸的环序放置,不可随意弄乱缸号环序,以备清洁后检查测试。

2. 活塞环装配

活塞环的搭口间隙、平面间隙(通常称天地间隙)和弹力情况,均需检查测量并符合规定要求才能进行装配。

装配及注意事项如下。

1)活塞环安装时应使用拆装专用工具,将环的开口扩大,使之缓慢顺利地装复到环槽中。

2)在无专用工具时,使用简易装环法的注意切勿用力过度使之变形折断,不然配置新环要重新进行检测。

3)应把新环装在第一、二道环中,旧环装在其他环槽中,这样便于新环的磨合,又能发挥旧环的密封作用。一般情况下,不应一次更换所有的活塞环,更不可因一只环损坏而更换该缸的所有活塞环。

4)装配了活塞环因故未吊装入缸的活塞,应妥善放稳保管,以免损伤活塞及环的工作表面,尤其是中小型柴油机。

5)装配活塞环时,应注意其断面倒角,若是没有倒角的普通气环,安装时没有正反向之分,可直接装入。

6)对于有倒角的气环,应按其要求将倒角的一边安装在下方(倒角面朝环槽下缘)。这种环能增强对气缸壁的压力,更好地刮去气缸壁上多余的润滑油,以免油进入燃烧室。

倒角环一般在环面上做记号。切记有记号的一面通常朝上方安装。否则,不但不起刮油作用,相反会起泵油作用。

7)在二冲程柴油机中,为避免活塞环的搭口在工作时被扫气口或排气口折断,在搭口处装有定位销,以免工作时转动。如果没有定位销装置的,可在活塞环搭口处上下修锉成较大圆角,一般圆角半径为 3～5 mm 倒角,如图 2-89 所示,以免刮伤气口及防止活塞环折断。

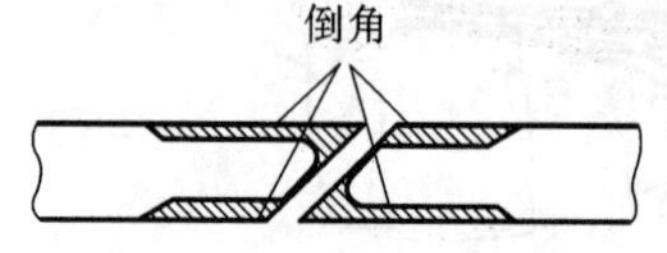

图 2-89　活塞环搭口处大圆角

8)活塞环的各道环搭口应相互错开,它们的相应角度大约如下。三道环的,每道环相隔 120°;四道环的,第一道环与第二道环相隔 180°,第三道环与第四道环相隔 180°,第二道环与第三道环相隔 90°。

活塞环装配时除搭口相应隔开外,对活塞销位一般也应尽量避开,以确保密封性。

三、思考题

1)简述拆卸和安装活塞环的步骤及所要注意的事项。

2)气环和油环的区别是什么?它们各起什么作用?

第十六节　离心泵的拆装与检查

一、评估要点

1)正确地选取和使用拆装工具;

2)拆卸程序正确;

3)拆装工艺合理,符合技术规范;

4)正确地对主要零部件进行检查。

二、简介

离心泵是一种叶片式泵,它依靠叶轮的高速回转使液体获得能量,产生吸、排作用,从而达到输送液体的目的。离心泵是船舶广泛使用的一种泵,一般多用作船舶压载水泵、舱底水泵、冷却水泵和消防水泵等。船用离心泵的结构形式多种多样,但基本构造及原理大同小异,现以单级螺壳式离心泵为例进行介绍。

三、离心泵的结构

如图 2-90 所示,离心泵主要由泵体、泵盖、叶轮、轴等组成。

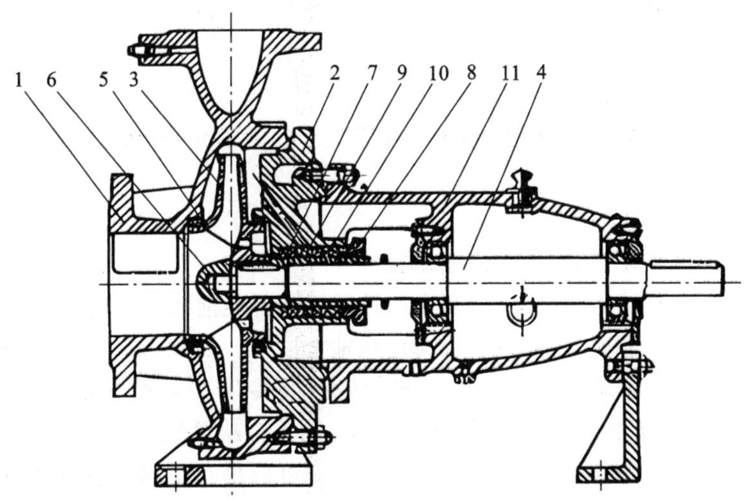

1—泵体；2—泵盖；3—叶轮；4—轴；5—密封环；6—叶轮螺母；
7—轴套；8—填料压盖；9—填料环；10—填料；11—悬架轴承部件

图 2-90　离心泵的结构

四、离心泵的工作原理

如图 2-91 所示，泵工作时，泵中的液体在叶片的扒动下随叶轮一起回转，液体自叶轮进口向叶轮外周甩出。在此过程中，液体的动能和压力能都得到增加，其中前者增加得更大。当液体流入涡壳时，因涡壳截面面积逐渐增大，液体的动能大部分在这里转化成了压力能，然后沿排出管排出。与此同时，在叶轮中心形成一定的真空，液体在液面大气压力的作用下沿吸入管不断地进入叶轮。

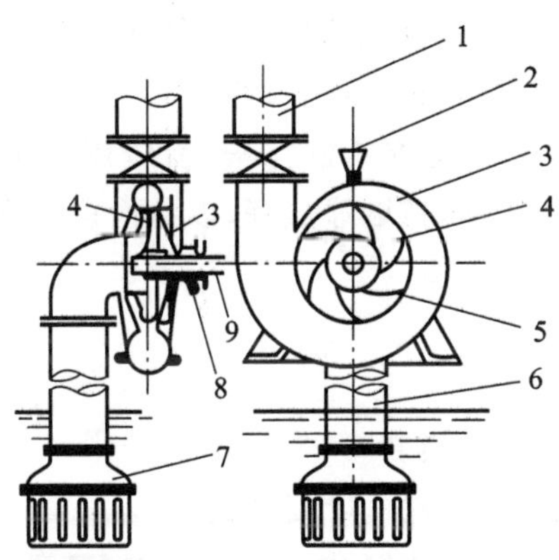

1—排出管；2—引水漏斗；3—泵壳；4—叶轮；5—叶片；6—吸入管；7—吸入滤器和底阀；8—填料箱；9—泵轴

图 2-91　单级螺壳式离心泵装置简图

五、离心泵拆装

1. 拆装应注意事项

1）对一些重要部件，拆卸前应做好记号，以备装复时定位。

2）拆卸的零部件应妥善安放，以防失落。

3)对各接合面和易于碰伤的地方,应采取必要的保护措施。

2. 拆装步骤

1)关闭泵浦的吸、排截止阀。

2)将电动机的接线脱开,在联轴节处做好记号,拆除固定电动机的螺栓,然后将电动机卸下。

3)拆下泵浦和吸、排管。

4)把水泵入口短节卸下,拆掉吸入端端盖。

5)使用专用工具拆卸离心泵叶轮,用专用扳手拆下叶轮前的反扣螺母及止动垫圈(一般反扣螺母是左旋螺纹),取下止动垫圈,叶轮即可从轴上取下。如取不下来,可利用叶轮平衡孔上的丝牙用专用工具将叶轮从轴上取下。具体方法是,将专用工具的两根螺钉拧入叶轮上有丝牙的平衡孔中,丝杆顶正轴端中心,慢慢转动手柄,将叶轮从泵轴上拉出。如果叶轮锈于轴上而拉不动,可在键连接处刷上少量煤油,稍等片刻,即可拉出叶轮,取下叶轮平键。

图 2-92　三爪拉马

6)使用三爪拉马(图 2-92)拆卸滚动轴承,先拆下轴承箱上前后两只轴承盖,然后用一木块垫在联轴器端轴头上,用紫铜棒轻轻敲打木块,就可把泵轴连同轴承一起拆下。从轴上取下轴承时要注意不能损伤轴承,一般用专用工具拉马的拉钩钩住滚动轴承内圈,丝杆顶正轴端,慢慢转动手柄,滚动轴承即可被拉下。

7)使用拉马拆卸联轴节,具体方法是,将轴固定好,先拆下固定联轴节的锁紧帽,再用专用工具拉马的拉钩钩住联轴节,而其丝杆顶在泵轴中心,慢慢转动手柄,即可将联轴节拉下。

在钩拉过程中,可用铜锤或铜棒轻击联轴节。如果拆不下来,可用棉纱蘸上煤油,沿着联轴器四周燃烧,使其均匀受热膨胀,这样便会容易拆下。但为了防止轴与联轴器一起受热膨胀,应用温布把泵轴包好。

离心泵拆卸完毕后,应用轻柴油或煤油将拆卸的零部件清洗干净,按顺序放好,以备检查和测量。

六、离心泵的检查

1. 叶轮的检查

叶轮遇有下列缺陷之一时,应予换新。

1)表面出现较深的裂纹或开式叶轮的叶瓣断裂。

2)表面因腐蚀而出现较多的砂眼或穿孔。

3)轮壁因腐蚀而显著变薄,影响了机械强度。

4)叶轮进口处有较严重的磨损而又难以修复。

5)叶轮已经变形。

一般情况下,铜质叶轮穿孔不多时,可用黄铜补焊。叶轮进口处的划痕或偏磨现象不太严重时,可用砂布打磨,在厚度允许的情况下,也可光车。

2. 泵壳的检查

泵壳在工作中,往往因机械应力或热应力的作用而出现裂纹。检查时可用手锤轻轻敲泵壳，如出现破裂声，则表明泵壳已有裂纹，必要时可用放大镜查找。裂纹找到后，可先在裂纹处浇以煤油，擦干表面，并涂上一层白粉，然后用手锤轻敲泵壳，使裂纹内的煤油因受到振动而渗出，浸湿白粉，从而显示出一条清晰的黑线，借此可判明裂纹的走向和长度。

如果裂纹出现在承受压力的地方，则应进行补焊，也可用环氧树脂修补。如裂纹出现在不受压力和不起密封作用的地方，即可在裂纹两端各钻一个 3 mm 的小圆孔，以消除局部应力集中，防止裂纹继续扩大。如果泵壳已无修补的价值，应予以换新。

3. 转子的检查

泵轴拆洗后进行外观检查，如有下列情况之一者，应予以换新。

1）泵轴已产生裂纹。

2）表面因严重磨损或腐蚀而出现较大的沟痕，以至于影响轴的机械强度。

3）键槽扭裂扩张严重。

泵轴要求笔直，不得弯曲变形，拆洗后可在车床上检查，将泵轴一端装于车床卡盘中，在卡盘处注意垫好铜片。另一端用尾架顶针顶住泵轴中心孔，将百分表架置于车床中拖板上，装好后将顶针顶于泵轴中间的外圆柱面上，用手慢慢转动卡盘，观察百分表指针的变化，记录下最大值和最小值及轴面上的位置。百分表读数的最大值和最小值之差的一半即为轴的弯曲量。

另外，也可以在平板上检查泵轴弯曲量。检查时，在平板上放置好两块 V 形铁，将泵轴置于其上，将百分表架放在平板上。装好百分表，将百分表顶针顶在泵轴中间的外圆柱面上，用手慢慢转动泵轴，并观察百分表指针的变化量，记录最大值和最小值，并在相应的位置上做上标记。

上述测量实际上是测量轴的径向跳动量。一般轴的径向跳动量，中间不超过 0.05 mm，两端不超过 0.02 mm，否则应校直。校直最简易的方法是捻打，捻打时应将泵轴放在硬木或垫有铜皮的铁块上，凸面朝上，用铜锤捻打，并随时进行测量。另一方法是用手摇螺旋压力机来校直（图 2-93）。具体方法是，在平台上放置好两块 V 形铁，将泵轴置于其上，同样将弯曲的凸面朝上，然后将校直机的钩头钩住泵轴，丝杠顶住泵轴弯曲部位的凸面，各相应的位置上应垫好铜片，缓慢而连续地转动手柄，旋以一定的压力，直至完全校直为止。

转子的测量与泵轴的测量方法相同，一般叶轮密封环处的径向跳动不超过 0.03 mm，轴套不超过 0.04 mm，两轴颈不超过 0.02 mm。

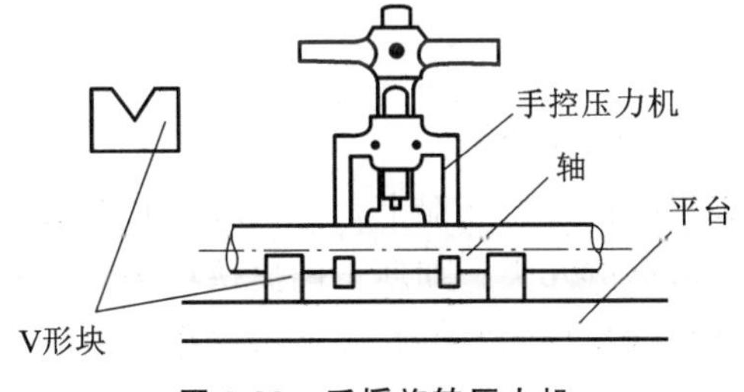

图 2-93　手摇旋转压力机

4. 轴承的检查

对于滚动轴承，检查时发现松动、转动不灵活等缺陷或运行时间已达到运行周期则应换新。滚动轴承常见故障有滚子和滚道严重磨损、表面腐蚀等。一般来说，轴承磨损严重，其运转时噪声较大，主要是磨损后其径向和轴向间隙变大所致。一般轴承的内径为 30～50 mm 时，径向间隙不大于 0.045 mm。

滚动轴承径向间隙的测量方法为，将轴承平放于平板上，磁性百分表架置于平板上，装好百分表，然后将百分表顶针顶在轴承外圆柱面上（径向），一只手固定轴承内圈，另一只手推动轴承的外圈，观察百分表指针的变化量，其最大值与最小值之差即为轴承的径向间隙。

滚动轴承轴向间隙的测量方法：在平板上放好两高度相同的垫块，将轴承外圈放在垫块上，使内圈悬空，然后将磁性表座置于平板上，装好百分表，将百分表顶于内圈上平面，然后一只手压住外圈，另一只手托起内圈，观察百分表指针的变化量，其最大值与最小值之差即为轴承的轴向间隙。轴承的间隙超过要求时应换新。

5. 检查叶轮密封环间隙是否合适

通过测量叶轮口外圆和密封环内圆上下、左右两个位置的直径，分别取平均值，其差值的一半为其间隙。如间隙太大时必须进行修复，方法是，先把叶轮入口外径光车，然后配一个合适的密封环镶嵌在入口泵盖上。

七、离心泵的安装

离心泵零部件检查后经过合理的修理或更换后即可以进行装配。

1. 整个转子除叶轮外，其余全部在检修间正式组装完毕，这包括轴套、滚动轴承、定位套、联轴器侧轴承端盖、小套、联轴器及螺母等。

2. 转子从联轴器侧穿入泵内，注意不要忘记装填料压盖，轴承端盖上紧后，注意事项如下。

1)轴承端盖应压住滚动轴承外圈。

2)轴承端盖对外圈的压紧力不要过大，轴承的轴向间隙不能消失。用压铅法测量此项压紧力时，可在零对零基础上放出 0.1～0.2 mm，然后用手盘动转子，应灵活轻便。

3)把叶轮及其键、螺母等装在轴上，装上泵盖，盘动转子，查看叶轮与密封环是否出现相应摩擦现象。

4)轴封的装配。该泵采用填料密封，打开填料压盖，切取与轴外周长等长度的盘根数根（其根数依说明书或依泵原旧填料的根数），然后一根一根地压入。压入时每根接口应错开180°，最后装上压盖，但不拧紧螺丝，等到泵工作时，再慢慢拧紧螺丝，直到不漏为止。

5)将泵吊入泵座并将其固定，装妥进、排管。

6)电机装复，用千分表和塞尺对联轴节进行校正。

八、思考题

1)船用离心泵在船上可作哪些用途？

2)一般离心泵为什么无自吸能力？在船上是如何解决其引水问题的？

3)离心泵的密封装置一般有哪几类？如何正确更换填料密封中的盘根？

4)离心泵防内漏是靠什么起作用的？拆装过程中应注意哪些问题？

5)离心泵机组装配过程中是如何校中的？

第十七节　齿轮泵的拆装与检查

一、评估要点

1)正确选取拆装工具和量具；

2)拆卸程序正确；

3)拆卸的工艺方法得当,符合技术规范；

4)正确地对零件进行外部检查；

5)正确用压铅法测量齿轮泵端面间隙和啮合间隙,并对结果进行分析；

6)拆装完毕后工具的整理应符合规范。

二、简介

齿轮泵是通过对主动齿轮和从动齿轮的连续回转,使工作空间容积发生变化而产生吸、排作用。齿轮泵在船舶上得到广泛的应用,一般用作燃油或润滑油的输送泵。

三、齿轮泵的结构

如图 2-94 所示,齿轮泵主要由主动齿轮、从动齿轮、泵壳等组成。

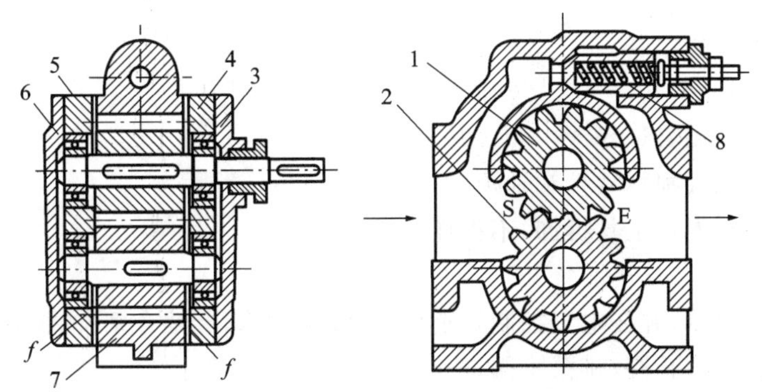

1—主动齿轮；2—从动齿轮；3—泵壳前盖；4—前端板；
5—后端板；6—泵壳后盖；7—泵壳；8—安全阀；f—端面间隙；S—吸油腔；E—压油腔

图 2-94　齿轮泵

四、齿轮泵的工作原理

如图 2-95 所示,主动齿轮 1、从动齿轮 2 分别装在泵体 3 中的两根平行轴上,并用键固定在各自的轴上。齿轮的外周与两侧都被泵体和前后两端盖所包围,形成密闭的空间,这个空间又被啮合着的轮齿 A、B 和 C 分隔成两个彼此隔离的吸入空间和排出空间。当齿轮按图示方向回转时,轮齿 C 逐渐退出啮合,该齿间的容积随之增大,压力将相应地降低。液体在压差的作用下,从吸入管进入左侧的空间,直至充满整个齿间,此即泵的吸入过程。进入齿间的液体随着主动齿轮、从动齿轮的继续回转,而被带到右侧压力较高的空间,这时由于轮齿啮入并逐渐插入齿间,从吸入空间带来的油液被挤入右侧空间,并由此排出管排出,此为泵的排出过程。主动齿轮、从动齿轮连续不断地回转,泵的吸、排过程就连续不断地进行。

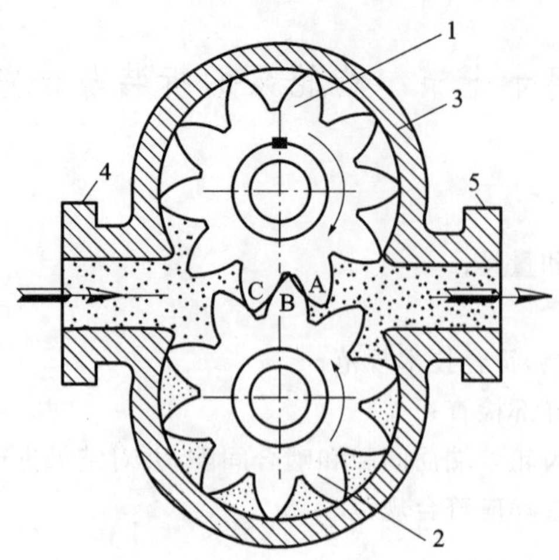

1—主动齿轮；2—从动齿轮；3—泵体；4—吸入口；5—排出口；A,B,C—轮齿

图 2-95　齿轮泵工作原理图

五、齿轮泵的拆装

齿轮泵虽然结构简单，但种类较多、结构各异。实验室内供拆装的为 CB-B 型齿轮泵，其排出最高压力为 2.5 MPa。

1. 拆装应注意事项

1)预先准备好拆卸工具。

2)螺钉要对称松卸。

3)拆卸时应注意做好记号。

4)注意不要碰伤或损坏零件和轴承等。

5)紧固件应借助专用工具拆卸，不得任意敲打。

2. 拆装步骤

1)切断电动机电源，并在电气控制箱上设好“设备检修，严禁合闸”的警告牌。

2)关闭管路上吸截止阀、排截止阀。

3)旋开排出口上的螺塞，将管系及泵内的油液放出，然后拆下吸管路、排管路。

4)用内六角扳手将输出轴侧的端盖螺丝拧松(拧松之前在端盖与本体的结合处做上记号)并取出螺丝。

5)用螺丝刀轻轻沿端盖与本体的结合面处将端盖撬松，注意不要撬得太深，以免划伤密封面。因 CB-B 型齿轮泵是不用密封垫密封的，密封主要靠两密封面的加工精度及泵体密封面上的卸油槽来实现。

6)将端盖板拆下，将主、从动齿轮取出。注意将主、从动齿轮与对应位置做好记号。

7)用煤油或轻柴油将拆下的所有零部件进行清洗并放于容器内妥善保管，以备检查和测量。

六、齿轮泵的检查

1)齿轮泵检修时应仔细检查齿轮、泵壳、泵端盖工作表面是否有擦痕、槽痕或裂纹等缺陷，如发现上述情况时，应予以修理消除，必要时换新。

2)检查端面与泵的端盖之间的轴向间隙,检查齿顶与泵壳之间的径向间隙,检查齿与齿的啮合间隙。

3)检查泵轴表面有无裂纹、麻点、碰伤等缺陷,如有应予以消除,必要时换新。

4)检查齿轮齿面腐蚀及点蚀,要求锈斑和点蚀不超过齿面面积的25%,齿轮不应有裂纹和折断。

5)检查轴承是否有不正常划痕和磨损,尤其是轴承间隙。其检查方法可用塞尺或游标卡尺测量。对于滑动轴承,原则上安装间隙均应小于该泵的径向间隙。使用滑动轴承时,安装间隙应符合表2-18中的规定。

表 2-18　轴承安装间隙

单位:mm

轴径范围	安装值	极限值
(0,30]	0.030～0.050	0.100
(30,50]	0.030～0.060	0.120
(50,80]	0.040～0.080	0.140

注:在任何情况下,轴承间隙应小于齿轮的径向间隙。

七、齿轮泵的间隙测量

1)用压铅法测量齿轮泵的啮合间隙。具体方法为,选择合适的软铅丝,一般软铅丝直径为0.5～1 mm,截取三段软铅丝,每段长度能围住一个齿面为宜,用机械用凡士林将三段软铅丝等距粘在从动齿轮一只轮齿的齿宽方向上,装好主、从动齿轮(注意啮合软铅丝的齿应处于排出腔),并在泵壳外部做好标记。装配好齿轮泵盖和传动装置,然后顺泵的转向转动齿轮泵的主动轴,将啮合软铅丝的齿转到吸入腔,拆解齿轮泵,拆卸主、从动齿轮,取下软铅片并清洁,用外径千分尺测量每道铅丝片在轮齿啮合处的厚度,将同一铅丝片厚度相加,即为齿轮泵齿与齿的啮合间隙。

对于直齿型齿轮泵,也可用塞尺测量齿与齿的啮合间隙,即装配好主动齿轮、从动齿轮,用塞尺测量两啮合齿接触面的间隙,测量点要选在齿轮上相隔大约120°的三位置上,然后求平均值。齿轮啮合间隙应在0.04～0.08 mm,间隙过大时,应成对更换新齿轮。

2)测量齿轮泵的轴向间隙(端面间隙)。齿轮泵的端面(轴向)间隙是其内部的主要泄漏处,通常用"压铅丝"测量,具体方法如下:选择合适的软铅丝,其直径一般为被测规定间隙的1.5倍,截取两段长度等于节圆直径的软铅丝,用机械凡士林将圆形软铅丝粘于齿轮端面,装上泵盖,对称均匀地上紧泵盖螺母,然后再拆卸泵盖,取下软铅片并清洁。在每一圆形软铅片上选取4个测量点,用外径千分尺测量软铅片厚度,做好记录,最后根据8个测量值得出的平均值即为齿轮泵的轴向间隙。齿轮轴向间隙应在0.04～0.08 mm,最大不超过0.12 mm,此间隙可通过改变纸垫厚度来加以调整,如果齿轮端面擦伤而使端面间隙过大,也可将泵壳与端盖的结合面磨去少许来补救。

3)齿轮泵的齿轮与泵壳之间的径向间隙(齿顶间隙),由构件的几何尺寸来保证,一般用塞尺测量。具体方法是:将主、从动齿轮正确装好,用塞尺测量各齿顶与泵壳间隙并做好记录,最后依据间隙最大值得出齿轮泵的径向间隙。齿轮泵的径向间隙应保持在0.02～0.04 mm,最大不超过0.08 mm。间隙过大时,应更换新齿轮。

对于 2CY 型(P_g=1.47 MPa)，其径向间隙、轴向间隙应符合表 2-19 规定。

表 2-19　2CY 型齿轮泵(P_g=1.47MPa)径向、轴向间隙　　单位：mm

齿顶圆直径范围	径向		轴向
	安装值	极限值	安装值
(40,70]	0.040～0.080	0.120	0.060～0.100
(70,100]	0.060～0.100	0.200	0.080～0.120
(100,130]	0.080～0.120	0.240	0.090～0.130
(130,160]	0.100～0.140	0.280	0.100～0.140

对于 2CY 型(P_g=2.45 MPa)，其径向间隙、轴向间隙应符合表 2-20 规定。

表 2-20　2CY 型齿轮泵(P_g=2.45MPa)径向、轴向间隙　　单位：mm

齿顶圆直径范围	径向		轴向
	安装值	极限值	安装值
(0,40]	0.040～0.060	0.120	0.040～0.060
(40,70]	0.040～0.060	0.120	0.040～0.070
(70,100]	0.040～0.060	0.120	0.040～0.080

对于 CB-B 型(P_g=2.45 MPa)，其径向间隙、轴向间隙应符合表 2-21 规定。

表 2-21　CB-B 型齿轮泵(P_g=2.45MPa)径向、轴向间隙　　单位：mm

齿顶圆直径范围	径向		轴向	
	安装值	极限值	安装值	极限值
(0,40]	0.100～0.140	0.200	0.020～0.040	0.060
(40,70]	0.120～0.160	0.220	0.030～0.040	0.060
(70,100]	0.140～0.180	0.240	0.030～0.040	0.060

八、齿轮泵的安装

1)将啮合良好的主动齿轮、从动齿轮两轴装入左侧(非输出轴侧)端盖的轴承中，装复时应按拆卸所做记号对应装入，切不可装反。

2)上右侧端盖，上紧螺丝，拧紧时应边拧边转动主动轴，并对称拧紧，以保证端面间隙均匀一致。

3)装复联轴节，将电动机装好，对好联轴节，调整同轴度，保证转动灵活。

4)泵与吸、排管系接好，再次用手转动是否灵活。

九、思考题

1)简述齿轮泵的工作原理及其检查方法。

2)齿轮泵的间隙检查有哪些项目？

3)外径千分尺和游标卡尺的测量精度分别是多少？如何正确使用？

4)什么是齿轮泵的“困油”现象？在结构上是如何解决的？

5)简述齿轮泵在船上的用途。

第十八节　往复泵的拆装

一、评估要点

1)正确地选用和使用拆卸工具、量具；
2)正确测量活塞环搭口间隙；
3)正确测量胀圈槽的深度和胀圈厚度；
4)正确测量胀圈的搭口角度；
5)正确测量胀圈的天地间隙；
6)拆卸方法、工艺正确符合技术规范；
7)工作完后，将工具整理妥当。

二、结构概述

电动往复泵被船舶广泛用于舱底水泵、压载泵、通用泵等处。如图 2-96 所示，泵是由电动机、齿轮减速机构、曲柄连杆机构、泵缸等部分组成。

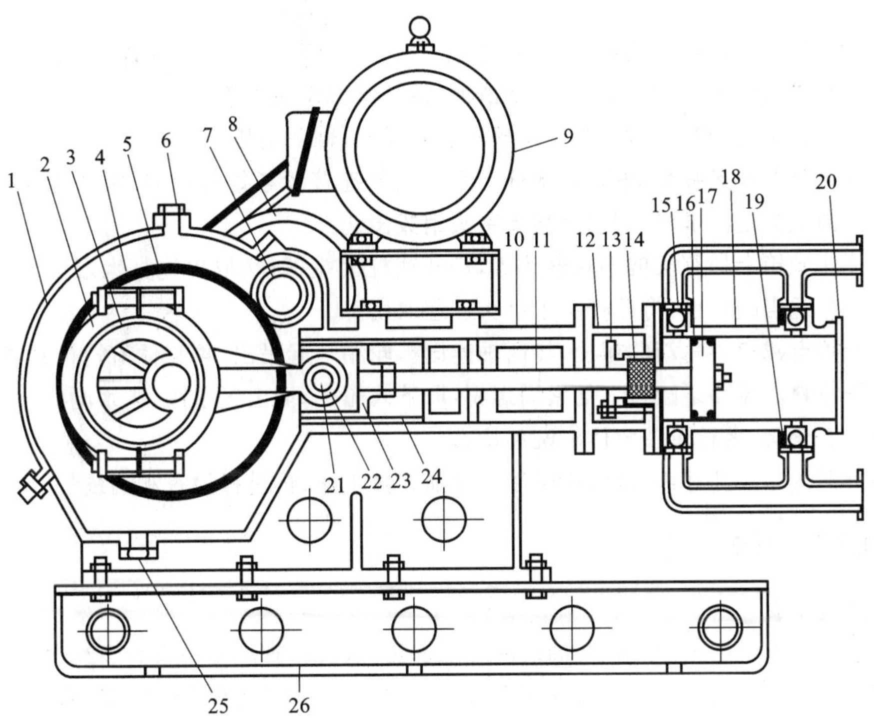

1—箱盖；2—连杆；3—连杆铜套(轴承)；4—连杆螺丝；5—偏心轮；6—加油孔；7—齿轮箱；8—皮带轮；9—电机；10—箱体；11—泵轴；12—填料架；13—填料压盖；14—填料密封；15—单向球阀；16—活塞环；17—活塞；18—泵体；19—单向球阀座；20—泵盖；21—连杆销；22—连杆小铜套(轴承)；23—十字头；24—往复缸；25—放油孔；26—底座

图 2-96　电动往复泵的结构图

1)电动机安装在曲轴箱上,必须按规定方向旋转,否则其所带润滑齿轮泵因反转而不能正常供油。

2)减速齿轮箱7依靠螺栓固定在机架上,由电动机经三角皮带带动齿轮箱输入轴转动。二级减速齿轮箱内的输出轴就是曲轴,因此当拆卸曲轴时,应先拆卸减速齿轮箱的壳体,使曲轴能从减速箱的圆孔中取出。

3)由曲轴、连杆2、十字头23等组成泵的传动机构,曲轴、曲柄机构的润滑由润滑油泵供给,滑油经主动齿轮中心油孔直通曲轴中央油孔;或采用飞溅或润滑脂润滑。

4)活塞17固定在活塞杆上,活塞上有两道活塞环16,活塞杆与缸体间设有填料密封14。

5)泵缸体与阀箱做成一体,缸体内有四个独立的阀室。在每个阀室各装有吸入阀或排出阀,为防止内缸锈蚀,缸体内衬镶有铜合金材料。

6)往复泵另设有储油室、齿轮油泵、过滤器、油压表及油管等强力润滑系统。

7)为了防止泵超压,一般在输出管路上装有安全阀,当液体的排出压力超过工作压力的1.25倍时,安全阀起跳,泄压后安全阀自动关闭。安全阀调整时,应先将安全阀上的调压螺钉松掉,然后关小排出阀,再逐渐调整调压螺钉,使排出压力升高,直到压力表压力达到泵的工作压力的1.25倍为止,将调压螺钉锁紧。

三、往复泵的解体

1)切断电源,关闭吸、排管路上的截止阀。

2)旋开滑油箱底部的放油旋塞,放光滑油,拆下滑油系统各管路。

3)脱开电机接线,卸下皮带,拆下电机地脚螺丝栓,取下电机。

4)拆下滑油泵和接油盘,松开活塞杆与十字头的连接锁紧螺母,然后拆去泵侧的丝堵,再拆下十字头销上的定位卡圈,用吊环将十字头销拔出。

5)取下曲轴箱上的有机玻璃观察孔盖,松开连杆大端螺栓,取出连杆大端下瓦盖,然后将曲轴转过一个适当的角度,将连杆和十字头一起取出。

6)拆下固定减速齿轮箱的螺栓,将曲轴连同齿轮箱一起吊出,再解体齿轮箱并清洁。

7)松开填料压盖和泵缸盖上的紧固螺帽,取下阀箱盖,取出吸水阀、排水阀。

8)拆除安全阀,进行单独解体清洗和检查。

9)将拆下的零部件仔细放好,用柴油和煤油清洗干净,再进行检查和测量。

四、往复泵的检查

1.泵缸的检查

缸套表面检查。用煤油或轻柴油清洗缸套表面,认真检查缸套是否有裂纹、擦伤和拉毛等现象,缸套的两端是否有凸台等,若发现有裂纹,应换新。如其他现象较轻微,可用油石打磨后再用细帆布抛光。缸套的磨损情况用量缸表或内径千分尺测量检查,测量后可根据表2-22的要求,确定修理方法。

2.活塞和活塞环的检查

检查活塞表面有无腐蚀,活塞与缸壁有无摩擦拉毛现象,如有摩擦痕迹,说明活塞杆对中性不良,应检查并重新找正。

活塞环的材料随输送液体、温度、压力的不同而定，常用铸铁、青铜、夹布胶木、胶木、电木等。对于输水泵，活塞环常用夹布胶木，为了增加弹力，活塞环内侧开一圈凹槽，其中装一个弹性元件——磷青铜丝，夹布胶木活塞环在水中浸泡会发胀，使环的间隙变小而咬缸。因此使用这种材料制成的活塞环时，应将环放在 80 ℃左右的热水中浸泡一段时间，使之完全胀开后再加工切口，以保证工作时有合适的间隙。活塞环主要检查它的切口间隙、轴向间隙、活塞胀圈槽的深度、胀圈的厚度、活塞环切口角度。

表 2-22　泵缸的磨损极限标准　　单位：mm

缸径范围	允许镗缸或更换缸套时直径最大磨损量	必须更换新缸套时直径最大磨损量	圆度	圆柱度
(100,150]	3.00	5.25	0.45	0.55
(150,200]	3.50	5.50	0.55	0.65
(200,300]	4.50	7.00	0.60	0.70
(300,400]	5.50	7.50	0.65	0.80
(400,500]	6.50	8.50	0.70	0.85

切口间隙的检查：将活塞环放在泵缸中磨损最小的位置，用塞尺测量切口间隙的大小。

轴向间隙的检查：将活塞环装入活塞环槽中，用塞尺沿圆周上 X 和 Y 方向各测两个点，或沿整个圆周测量环与环槽的平面间隙。

如切口间隙和轴向间隙超出极限，则应更换。表 2-23 列出了非金属材料制成的活塞环的安装间隙及其磨损极限。

活塞环深入环槽深度（背隙）检查。用深度游标卡尺或普通带深度测量的游标卡尺测量环槽的深度，用千分尺测量环的厚度，两值相减即为活塞环深入环槽深度。

表 2-23　非金属材料制成的活塞环安装间隙及磨损极限　　单位：mm

活塞环直径范围	切口间隙		天地间隙		径向间隙
	安装间隙	极限间隙	安装间隙	极限间隙	
(0,100]	1.50	4.00	0.15	0.30	1.50
(100,150]	2.00	5.00	0.20	0.40	2.00
(150,200]	2.20	5.50	0.25	0.50	2.20
(200,300]	2.50	6.50	0.30	0.60	2.50
(300,+∞]	3.00	7.50	0.40	0.80	3.00

活塞环的切口通常切成 45°，可用专用量角器测量。拆装时检查其切口是否有缺损，如缺损严重，应换新，安装时上下切口位置要错开。

五、往复泵的装复

电动往复泵的装复基本上按与拆装时的反向顺序进行。

1)将组装好的吸阀组件、排阀组件分别装入阀箱内,盖好阀箱盖。

2)将活塞组件装入液缸内,装妥填料箱组件。

3)将组装好的齿轮减速箱和曲轴固定在机架上。

4)将组装好的连杆十字头组件从曲轴箱导门装入,装好连杆大端轴瓦盖,按规定上紧连杆螺栓,装好开口销。

5)转动曲轴,使十字头处于下死点位置,将活塞杆与十字头接妥,并上紧螺母。

6)装好齿轮滑油泵。

7)装上十字头滑道下方的接油盘。

8)安装好滑油系统油管、油压表等部件。

9)装好电机,调整好电机与减速齿轮箱轴线,装上安全阀及各处盖板。

10)此时可进行试车。起动泵之前,应全面检查各处的装配质量,盘车检查转动是否自如。将滑油箱加入足量的润滑油,各摩擦运动部件加好润滑油,接好电机,然后开足吸截止阀、排截止阀。起动泵,并注意观察各仪表的读数,如吸入真空度、排出压力、滑油压力等。监听各运动部件的声响,检查填料箱及各连接处是否有漏泄。试车完毕,切断电源,关闭吸截止阀、排截止阀。

六、思考题

1)简述电动往复泵的工作原理。

2)简述电动往复泵的活塞环天地间隙、切口间隙是如何测量的。

3)简述电动往复泵的泵缸圆度、圆柱度的测量方法。

第十九节　空气压缩机的拆装

一、评估要点

1)选用合适的拆装工具。

2)拆装程序正确。

3)拆装工艺正确,合乎技术规范。

4)正确地测量修理标准中所要求的各间隙值并进行分析。

5)拆卸完毕后将工具整理放妥。

二、简介

船用空压机是船舶安全航行必不可少的辅助设备之一,它的主要作用是提供船舶所必需的压缩空气。现以图 2-97 所示水冷型空气压缩机为例加以说明。

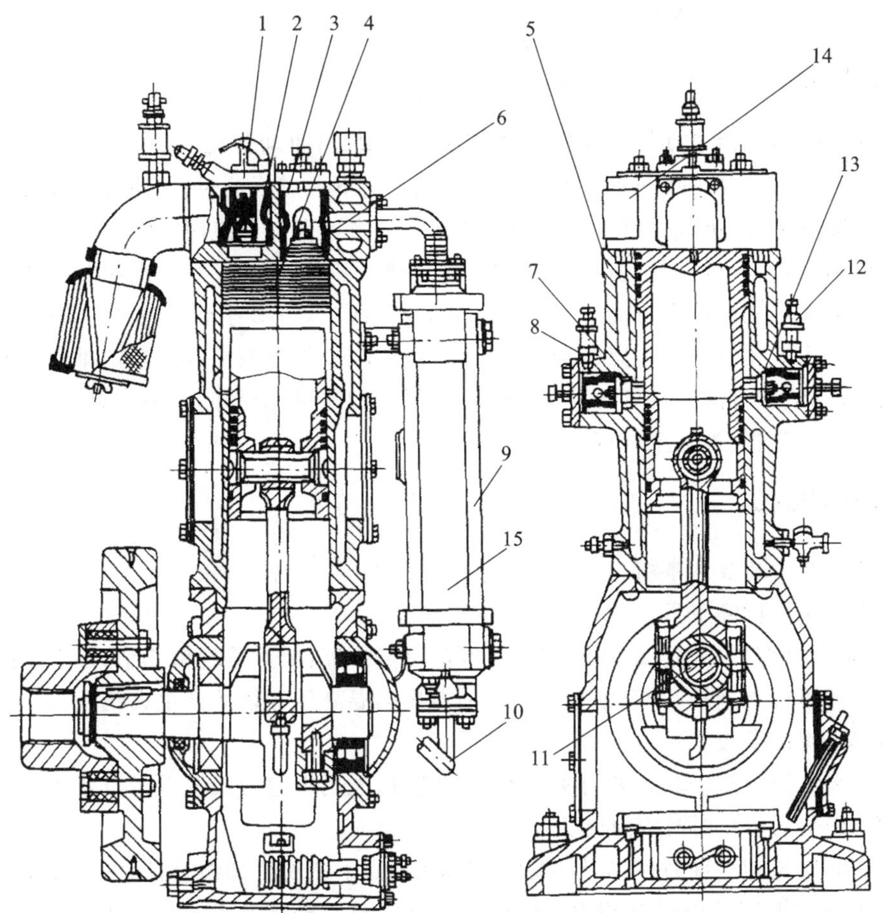

1—一级卸荷阀；2—一级吸气阀；3—气缸头；4—活塞与连杆；5—机身与曲轴箱；
6—一级排气阀；7—二级吸气阀；8—一级安全阀；9—中间冷却器；10—管系；
11—曲轴与飞轮；12—二级安全阀；13—二级排气阀；14—铭牌；15—气水分离器

图 2-97　水冷型空气压缩机结构图

三、结构概述

电动机通过弹性连接与兼作联轴器的飞轮连接，并带动曲轴做顺时针（从飞轮端看）回转，再由曲柄-连杆机构推动活塞在气缸内做往复运动。上大下小的级差式活塞用铝合金铸成一体，与之配合的气缸体也是上大下小，活塞上端面、气缸壁、气缸盖形成一级压缩的工作空间。活塞、气缸不同直径段之间的过渡线面、气缸壁、活塞侧表面形成二级压缩的工作空间，一级压缩的吸气阀、排气阀各一个装在气缸盖上，二级压缩吸气阀、排气阀各一个分别横向对称地装于缸体腰部特设的阀室内，在阀室上还分别装有一级和二级安全阀，它们的开启压力分别为 0.68 MPa 和 3.24 MPa。

活塞上部、下部各装有 6 道气密环，活塞下部还加装了一道刮油环。活塞销采用浮动式，即在工作时，销可在销座和连杆轴承中转动，磨损得比较均匀。

润滑方式采用飞溅润滑，空压机工作时，一级工作容积气缸壁面的润滑是借助于一级吸气管上的油杯每分钟滴油 4～6 滴随空气吸入气缸进行润滑，曲拐箱底部设有螺旋管式水冷冷却器，用于对滑油进行冷却，使油温不大于 70 ℃。

四、工作原理

空气压缩机曲轴由电动机经弹性联轴节直接带动，当曲轴转动时经装在曲轴上的连杆带动活塞在气缸中做往复直线运动。当活塞从上死点向下死点运动时，气体经一级吸气阀(或一级组合阀的吸气部分)进入一级气缸。当活塞从下死点返回上死点时，一级气缸内的气体被压缩到一定的压力，经一级排气阀(或一级组合阀的排气部分)排出，经一级冷却器进行冷却，并经一级油水分离器进行油水分离后，气体经二级吸气阀(或二级组合阀的吸气部分)进入二级气缸。当活塞由上死点向下死点运动时，进入二级气缸的气体被压缩到额定排出压力后，经二级排气阀(或二级组合阀的排气部分)排出，经二级冷却器进行冷却，并经二级油水分离器进行油水分离后，压缩空气被送至气瓶。

五、空压机解体

1. 解体过程中的注意事项

1)预先准备好拆卸工具。

2)卸螺栓时要对称地松卸，不要将一个螺母突然拿掉，要对称地留几个，逐步拿掉。

3)停车后不要立刻拆卸，否则会使润滑油遇到高温高压气体而产生火花，引起缸内残余气体着火而发生爆炸事故。

4)当卸吸气阀、排气阀时，要对称地留两个螺母，先用螺丝刀或扳手将压盖撬开一点，证明气缸内没有压力后再将螺母全部卸去。

5)拆卸时应先卸外部附件，后拆内部部件，从上到下依次拆卸组合件，再拆零件。

6)各零部件拆卸后应妥善保存，不得产生撞伤及其他损伤现象，尤其是零部件的配合面，基准面和定位孔要严加保护，螺栓、螺钉、螺母拧下后应按原来位置配套拧上，以免丢失。

7)拆卸要为装配创造条件，对成套或不能互换的零件，拆卸前要看准标记和做好记号。

2. 空压机的拆卸程序

1)缸盖的拆装

切断电动机电源，关闭空压机与外部气管路有联系的阀门，并将放气阀打开，放掉气缸和管系中的存气。将电动机的接线脱开，在联轴节处做好记号，拆除电动机地脚螺栓。将电动机与压缩机脱开，放掉机体内的冷却水。拆卸进气管、排气管，冷却水管、冷却器与气、水分离器及仪表，拆卸空气滤清器。再按照由两边向中央分 2～3 次逐步松开螺母，卸螺栓时要对称地松卸，不要将螺母一下子都拿掉，要对称地留几个，逐步拿去。然后取下缸盖，取出一级进气阀、排气阀。

2)活塞的拆卸

打开曲轴箱道门，拔掉连杆大端螺母开口销，做好标记，松开连杆大端的螺母、螺栓。盘车将曲柄销转到上死点，在活塞顶部拧入吊环，吊出活塞连杆组件。拿掉活塞销挡圈，取出活塞销，将活塞与连杆分开。注意活塞和缸套不能相互碰撞或和其他部件碰撞，拆下后用柴油清洗干净和擦干。

六、空压机主要部件检查与测量

1. 气阀的检查与气阀阀片的研磨

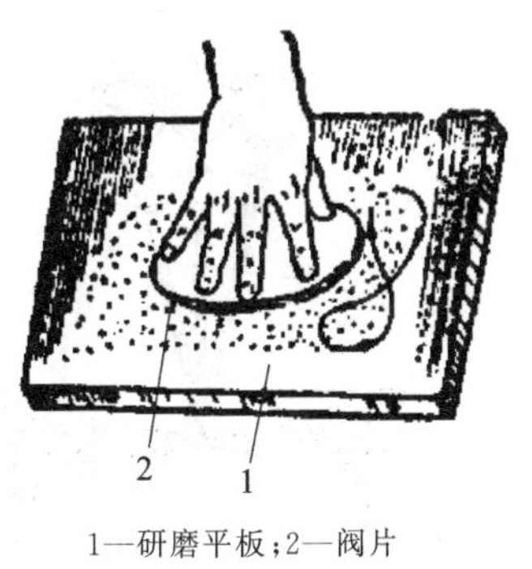

1—研磨平板；2—阀片

图 2-98　气阀研磨

1)准备好研磨平台及研磨砂。

2)在阀座和阀片磨损或擦伤不大的情况下，可用研磨的方法进行修复。其研磨方法如图 2-98 所示，先将阀座与阀片清洗干净，用油石或刮刀修平毛刺，研磨可先粗磨，粗磨可采用 180～280 号研磨砂作为研磨剂。研磨前，先把研磨平板的工作面清洁干净，然后在平板上涂上研磨剂，滴少量机油。把阀片研磨面合在平板上，在平板的表面以“8”字形的推磨方式研磨。研磨时用力要均匀，并周期性地将研磨件转 180°或 90°进行研磨，这样可防止研磨面偏斜。研磨到平整光滑为止，然后进行精磨，精磨用 400～600 号研磨膏，每隔数分钟将零件擦净，用煤油清洗后检查，一直研磨到完全平整光滑为止。

3)阀座、阀片经研磨修复后，其阀片升程应符合规范要求，然后再进行气密性检查。具体方法是将洁净的煤油灌入组装好的气阀孔道中。若无明显的渗漏，说明气密性良好；若煤油很快漏完，则说明气密性差，必须重新研磨，直至符合要求为止。

2. 冷却器清洗

应先疏通再用水进行冲洗。空气冷却器在使用一段时间后就应拆开清洗，清除水腔内积垢，以保证主冷却器有最大的工作效率。具体方法是，拆卸冷却器的两端盖，用藤条疏通散热芯子的铜管，再用水冲洗。清洗完成后安装端盖应注意密封垫床完好，保持平整和位置正确，否则将造成水漏入气中，导致机械设备发生故障。

3. 活塞的检查

1)检查有无裂纹。其方法是用目测法或借助放大镜观察表面有无裂纹。

2)检查活塞有无划伤和结瘤情况。如活塞因某种原因在气缸中被卡住，使活塞表面产生划伤和结瘤现象，可用手工修磨方法消除。

4. 活塞和缸套的间隙测量

1)用塞尺法测量。活塞和缸套的间隙应符合要求。检查方法是将不带活塞环的活塞连杆组件装入气缸中，按要求装好连杆大端轴承，转动曲轴，使活塞分别处于上下死点位置，用塞尺分别测量活塞头部和裙部与缸套壁之间的前后、左右间隙，做好记录。如果配合间隙超过磨损极限，应更换部件，配合间隙以说明书为准。

2)测量结果要准确。测量时一定要做好记录，不得有误。

5. 曲轴销轴承间隙测量

1)用压铅丝或塞尺测量，首先将连杆大端轴承盖拆下，选择合适的软铅丝。其直径一般为被测规定间隙的 1.5 倍，截取三段能包住曲轴销 150°弧的软铅丝，用机械凡士林将软铅丝轴向等距黏于连杆大端轴承盖中，再把轴承盖装好，把螺栓上紧到规定的扭矩，再拆下轴承盖，取下软铅片并清洁。在每道软铅片上选取 3 个测量点，用外径千分尺测量铅丝片厚度，做好记录。最后根据测量值得出平均值，即为轴承间隙。

2)测量的间隙误差应小于 0.2 mm。

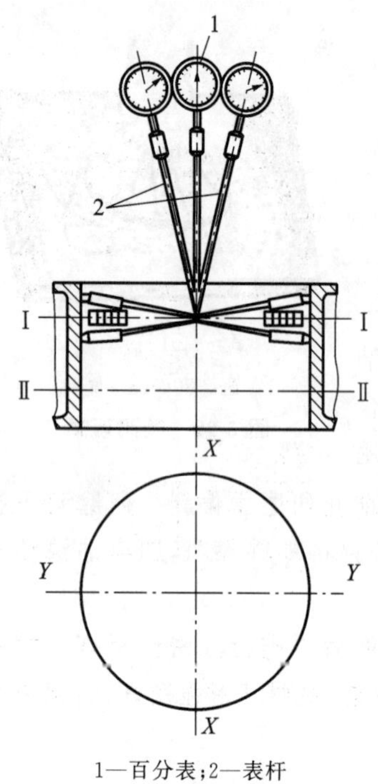

1—百分表；2—表杆

图 2-99　气缸内径测量

6. 缸套的检查与测量

1)先用布擦干净缸套的表面。

2)检查缸套表面有无裂纹、划伤，具体有如下方法。①目测法，直接用肉眼或放大镜来观察表面裂纹。②超声波探伤法。③粉剂显痕法(即煤油白粉法)。先用浸透煤油的毛巾擦拭被推测有裂纹的部位，再用布擦去表面的煤油后立即涂上白粉。若有裂纹，则裂纹中的煤油就会渗透到白粉上面显现出裂痕。

3)缸套的测量。如图 2-99 所示，用量缸表或内径千分尺来测量气缸内径，测量部位在气缸壁上Ⅰ—Ⅰ和Ⅱ—Ⅱ两个位置。同一位置应沿平行于曲轴中心线的方向(X—X)和垂直于曲轴中心线的方向(Y—Y)进行两次测量，并做好记录。气缸允许的最大磨损量以空气压缩机的使用说明书为准。气缸或缸套内圆因磨损而使其圆度和圆柱度超过表 2-24 所示的磨损极限值时，可进行镗削或珩磨修理。镗削某一级气缸时，另一级气缸必须镗削相同的厚度，以使级差式活塞所有级都能与气缸很好地接触。

7. 活塞及活塞环的测量

1)活塞圆度和圆柱度测量

用外径千分尺测量活塞的圆度和圆柱度，测量位置选择在活塞纵向上下两个位置(与缸套相对应)。每个位置应沿平行于曲轴中心线的方向(X—X)和垂直于曲轴中心线的方向(Y—Y)进行两次测量，并做好记录。活塞圆度和圆柱度应符合表 2-24 的规定。

表 2-24　气缸或缸套圆度和圆柱度　　单位:mm

气缸直径范围	安装值	极限值
(0,50]	0～0.007	0.025
(50,80]	0～0.008	0.040
(80,120]	0～0.010	0.050
(120,180]	0～0.012	0.070
(180,250]	0～0.014	0.080

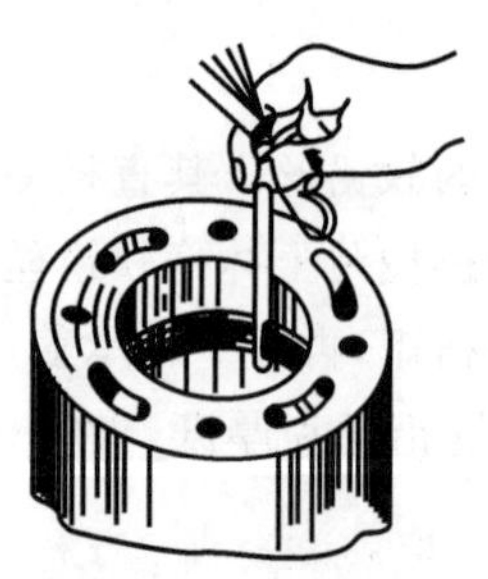
图 2-100　搭口间隙测量

2)活塞环搭口间隙测量

将活塞环放到气缸内(应放在缸套中部位置)，使环面与气缸轴线垂直。用塞尺测量气缸搭口间隙(图 2-100)，和规定的值进行比较，如超过其极限值时应换新。新活塞环搭口间隙过小时，可用锉刀修锉搭口平面进行调整。活塞圆度与圆柱度值见表 2-25，活塞环的开口间隙及与环槽轴向间隙、径向间隙见表 2-26。

表 2-25　活塞圆度与圆柱度值　　单位：mm

活塞直径范围	安装值	极限值
(0,50]	0～0.007	0.025
(50,80]	0～0.008	0.040
(80,120]	0～0.010	0.050
(120,180]	0～0.012	0.070
(180,250]	0～0.014	0.080

表 2-26　活塞环的开口间隙及与环槽轴向间隙、径向间隙　　单位：mm

气缸直径范围	开口间隙		轴向间隙		径向间隙
	安装值	极限值	安装值	极限值	安装值
(0,60]	0.200～0.300	0.500	0.020～0.050	0.100	0.500
(60,120]	0.300～0.500	1.000	0.020～0.060	0.100	0.500～0.750
(120,180]	0.500～0.800	1.500	0.030～0.090	0.120	0.750
(180,+∞]	0.800～1.000	1.500	0.030～0.100	0.120	1.000

3)活塞环轴向间隙测量

将清洁过的活塞环依次装入清洁后的各道环的环槽中(不可将上下面颠倒)。用塞尺在不同的方位测量轴向间隙，取其平均值，如图 2-101 所示。

4)活塞环深入环槽深度(背隙)测量

检查时，将活塞环装入环槽内，用手把环压入环槽内，使活塞外表面成一凹口，然后将直尺紧贴活塞外圆表面，将塞尺塞入凹口内。塞尺的厚度即为活塞环深入环槽深度(背隙)，如图 2-102 所示。一般低压活塞环深入环槽深度应大于 1 mm，高压缸应大于 0.5 mm。

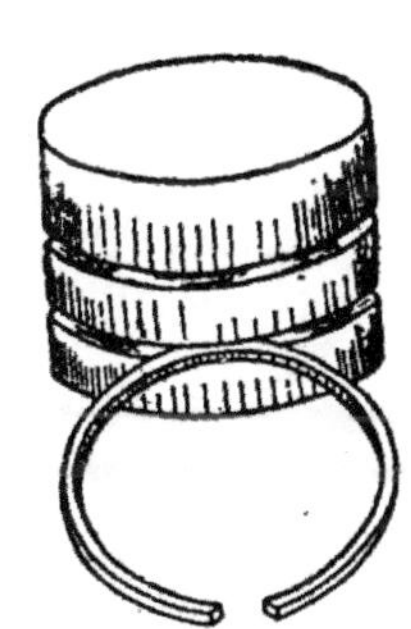

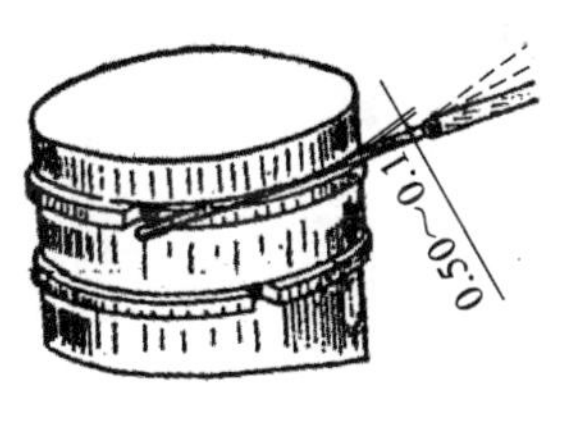

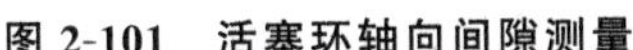
图 2-101　活塞环轴向间隙测量

图 2-102　背隙的测量

8. 余隙高度的测量

在活塞顶部三个以上的位置放上铅丝，装好缸盖，转动曲轴使活塞经过死点，再打开缸盖，测量铅丝厚度，即为余隙容积高度。存气余隙可参考表 2-27，具体余隙高度要求值以空压机的说明书为准。

表 2-27　存气余隙

单位：mm

气缸直径范围	余隙
(0,55]	0.350～0.500
(55,90]	0.400～0.550
(90,120]	0.500～0.650
(120,150]	0.600～0.750
(150,200]	0.700～1.000

七、空气压缩机的安装

1.安装时的注意事项

1)装配前应将拆下的各零件清洗干净；

2)将各部件和磨损部位涂上润滑油；

3)装配部件，应按顺序进行，防止漏装、错装；

4)装配时应按说明书对主要装配间隙进行测量和调整；

5)紧固螺母应对称上紧。曲轴箱上紧固气缸螺栓的螺母与连杆螺母一样，必须用扭力扳手拧紧至规定值；装复油、水、气管路时注意防漏。

2.安装

1)把组装好的曲轴组件从大端孔水平穿入安装好，再装入轴承座盖和飞轮等部件。

2)用活塞销把连杆和活塞联结在一起，并装好挡圈。

3)将曲轴转到上止点位置，在曲柄销和缸壁涂上润滑油，然后把组装好的活塞连杆组件吊入气缸内。此时注意，活塞环搭口应互相错开。

4)装上连杆大端盖，连杆螺栓，按规定上紧螺母并装上开口销。

5)盘车数圈，检查空压机转动是否灵活。

6)经检查一切完好后，清理曲轴箱内部，然后盖上曲轴箱道门。

7)装复气缸盖和气阀组件及空气过滤器，注意进气阀、排气阀不能装反。

8)装好进气管、排气管、冷却水管、油管及仪表。

9)连接好电动机，最后进行试车。

八、思考题

1)简述空压机的拆装程序。

2)简述空气压缩机阀片研磨方法及检漏方法。

3)空气压缩机的高压级和低压级安全阀的调整值为多少？

第二十节　分油机的拆装

一、评估要点

1)能正确选取、使用工具；

2)组装程序正确；

3)拆装工艺方法正确，符合技术规范；

4)工具整理放妥当。

二、结构简介

分油机是船舶机舱净化燃油、润滑油的重要设备。目前，船上广泛使用碟式(亦称转盘式)自动排渣分油机。现以国产 DZY-30 型分油机为例进行说明(图 2-103)。

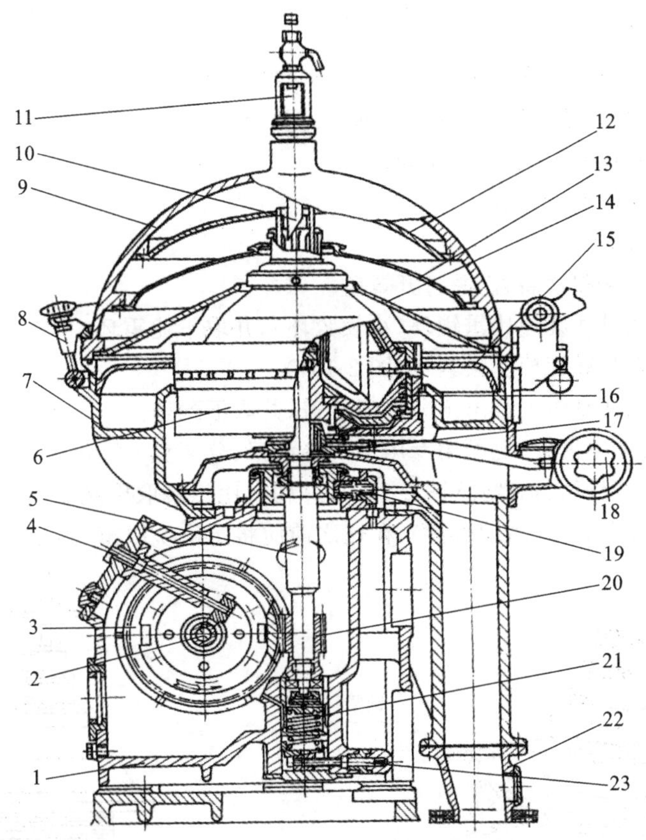

1—底座；2—水平轴；3—蜗轮；4—计速器；5—立轴；6—分离筒；7—本体；8—手动扣紧装置；9—活动罩盖；10—进油导管；11—进水装置；12—上隔板；13—中间隔板；14—底隔板；15—排污挡板；16—活塞；17—配水盘；18—控制阀；19—缓冲弹簧；20—蜗杆；21—立轴轴承弹簧；22—排渣管；23—调节螺杆

图 2-103　DZY-30 型分油机结构图

分油机主要由机械传动机构、分离筒、控制阀、齿轮油泵和机体等部分组成。分油机机体下部安装分离筒的传动机构。水平轴 2 由电动机经离心式摩擦离合器驱动，经过蜗轮 3 和蜗杆 20 增速带动分离筒的立轴 5 高速回转，其增速比为 1∶4。当电动机达到额定转速 1430 r/min 时，主轴的转速为 5720 r/min。计速器 4 在蜗轮 3 的前面，由水平轴 2 经蜗杆蜗轮减速机构带动回转，其减速比为 20∶1，当它的转速为 71～73 r/min 时，分离筒 6 的转速已达到全速。水平轴 2 的另一端带动两个齿轮泵：一个是进油泵，它吸入待分的燃油或滑油，并经加热器预热后(分轻油时不需要)送到分油机活动罩盖 9 中央的进油管；另一个是排油泵，它将净化后的燃油或滑油输送到燃油日用柜或滑油循环柜。

立轴 5 的上部轴承装在由六个呈辐射状的缓冲弹簧 19 支承的轴承套内。缓冲弹簧 19 可吸收分离筒高速旋转时所产生的径向振动。立轴 5 的下部装有径向球轴承和轴向推力轴承。立轴轴承弹簧 21 可吸收螺旋齿轮传动所产生的轴向振动。转动机体下部的调节螺杆 23,可通过下轴承套调节分离筒 6 的高低位置。

控制阀 18 的表盘上刻有“开启”“空位”“密封”“补偿”四个位置。根据工作需要,转动手轮就可完成分离筒的开启(排渣)和封闭(工作)。

三、分离筒的拆卸与解体

1. 拆卸前的准备

1)切断分油机控制箱电源,并挂上“严禁合闸”警告牌。

2)确认分油机进、出油阀已关闭,各路水阀已关闭。

3)用止动器固定住分离筒,使其不能转动。

4)准备好拆装用的专用工具。

2. 拆卸与解体过程

1)松开罩盖的手动扣紧装置,并打开罩盖。

2)用专用工具顺时针旋掉比重锁环(小锁紧环),并取下比重环。

3)用专用工具顺时针旋掉主锁紧环(图 2-104)。

4)用小锁紧环及其专用工具吊出分离筒上盖,并取下颈盖。

5)取出分离盘,拿掉盘架,也可用专用工具将盘架、分离盘一同吊出(图 2-105)。

6)用圆棒顺时针旋掉立轴螺母(图 2-106),并用专用工具取出底盘架。

7)用专用工具吊出活塞(活动底盘),在这之前应将定位块取出(图 2-107)。

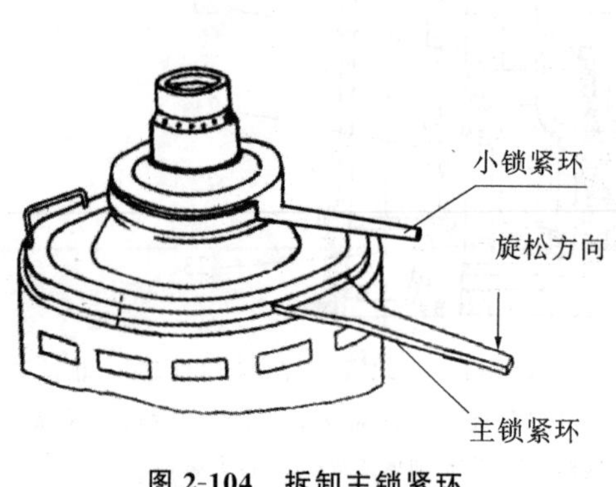

图 2-104　拆卸主锁紧环

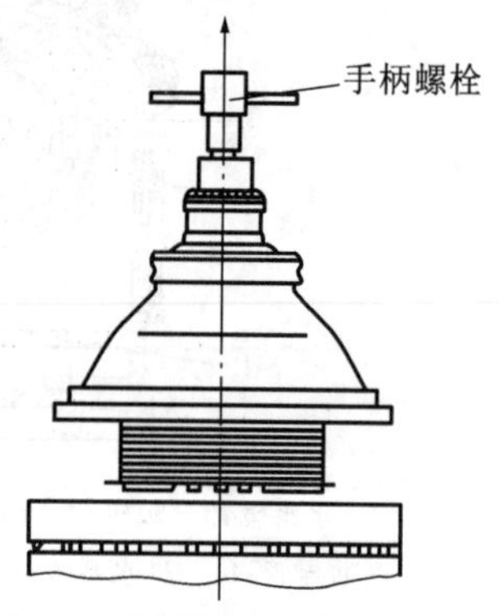

图 2-105　拆分离盘和盘架

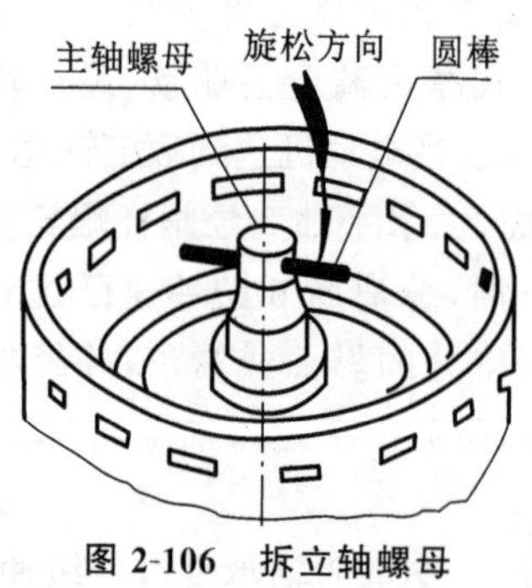

图 2-106　拆立轴螺母

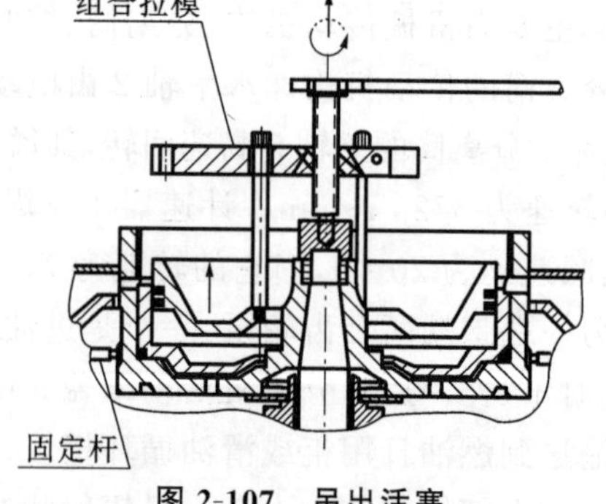

图 2-107　吊出活塞

8)松开止动器,用专用工具吊出分离筒本体。

9)倒转分离筒本体,松掉分流挡环上六个紧固螺钉,即可拆下分流挡环。

3. 拆卸时的注意事项

1)分离筒是高速转动的机构,对其动平衡要求较高,因此,在拆卸分离筒时,应打上相应的记号,便于安装。

2)拆卸时,应特别注意各密封环、密封面的情况,防止人为损坏。

3)应用专用工具进行拆卸。

四、分离筒的装复

1. 分离筒装复

1)装复分流挡环,并上紧。

2)装复分离筒本体。

3)装复活塞时,待活塞上边缘对齐分离筒本体上的排渣口下边即可。

4)装复底盘架,此时应注意底盘架的导销孔要对准分离筒本体上的导销(定位销),并将立轴螺母按逆时针方向拧紧。

5)将盘架装在底盘架上,使底盘架上的定位销固定住盘架。

6)按编号顺序依次将分离盘由下而上装入盘架。

7)对准盘架上的三条筋,放好颈盖。

8)将装好尼龙密封环的分离筒上盖套入颈盖,注意分离筒盖上的缺口要对准分离筒本体上的定位块。尼龙密封环可用热水泡胀,便于装入分离筒上盖的槽内。

9)将主锁紧环螺纹部分涂上二硫化钼润滑剂,并按逆时针方向旋入分离筒本体,直至装配记号。

10)将比重锁环(小锁紧环)螺纹处涂上二硫化钼润滑剂,按逆时针方向旋入已装好顶密封环和比重环的分离筒上盖,并拧紧。

2. 分离筒装复注意事项

1) 仔细清洗分离筒的所有零件,检查各密封环的完好性,并疏通各通道和小孔,特别是分离筒活动底盘上的阻尼孔。

2) 分离筒部件刻有记号,第二次重新装配时,不允许随意更换零件,必须对准原来的装配记号。

3) 绝不允许将这台分离筒上的零件装到另一台分离筒上,否则分离筒的平衡受到破坏,分油机工作时将产生强烈振动。

4) 要用专用工具进行装复。

五、思考题

1)简述 DZY-30 型分油机的拆装程序。

2)DZY-30 型分油机活动底盘上的小孔起什么作用?如堵塞会产生什么后果?

第二十一节　辅锅炉部件拆装

一、评估要点

1)正确选取和使用拆装工具;

2)拆装程序正确;

3)拆装工艺、方法正确,符合技术规范;

4)工具整理放妥。

二、锅炉给水阀与排污阀拆装

一台辅锅炉上通常装有许多不同用途的阀,如给水阀、空气阀、排污阀、停汽阀(主蒸汽阀)、安全阀等。锅炉连续运行一定时间后,阀会出现开关不灵活、阀杆处漏泄、关闭不严密等现象,从而影响锅炉正常工作。作为轮机管理人员,应掌握相关阀件的拆检方法。

1. 锅炉给水阀拆装

在锅炉给水系统中,给水阀是由直通截止阀[图 2-108(a)]和直通截止止回阀[图 2-108(b)]串联组合在一起使用的。

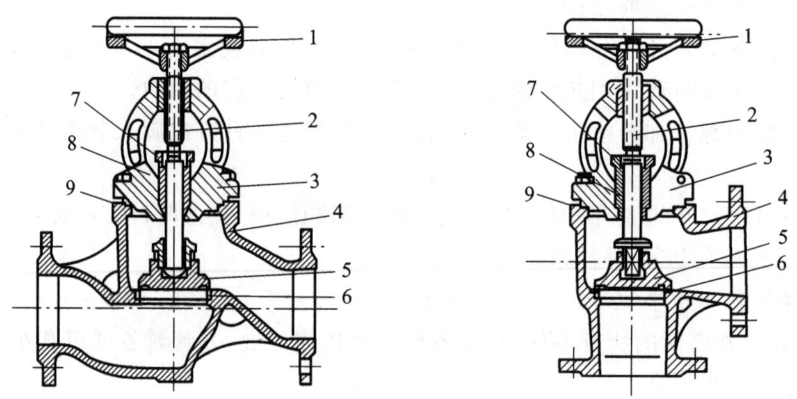

1—手轮;2—阀杆;3—阀盖;4—阀体;5—阀盘;6—阀座;7—压盖;8—填料;9—垫床

图 2-108　锅炉给水系统的给水阀

(a)直通截止阀;(b)直通截止止回阀

1)拆卸

(1)按正常操作规程停止锅炉工作,在电气控制箱上挂好"设备检修,严禁操作"的警告牌。

(2)待锅炉负荷下降到 0.1MPa 时,打开下排污阀,排除部分炉水,使炉水内水位低于给水阀位置。

(3)待锅炉中已无蒸汽压力时,打开空气阀。

(4)待锅炉自然冷却后,拆除给水阀的连接法兰螺栓,将给水阀拆下,准备解体。

2) 解体

(1)拆除阀盖螺丝。

(2)将阀盖与阀体脱开。如阀盖与阀体配合得过紧,可用螺丝刀在四周缝隙内撬动,并旋下阀杆，阀盖就易顶起。

(3)松开填料压盖螺帽和手轮螺帽。

(4)将阀杆从阀盖中旋出。

(5)将阀盘从阀杆端拆下(或从阀体中取出)。

(6)取出填料函中填料。

所有拆下的零部件要认真仔细清洗，以备检查。

3)检查

检查阀时，发现下列情况之一，应予以换新。

(1)阀杆、阀盖、阀体出现不同程度的裂纹。

(2)阀盘、阀座配合密封面磨损、腐蚀、划伤严重。

(3)阀杆填料处出现较严重的磨损、轴向划伤和螺纹损坏。

当阀盘和阀座配合密封面出现轻微的麻点、锈蚀斑点、划痕等时，可用研磨或先光车后研磨的方法修理。研磨后需进行密封性试验，可采用煤油渗透法或铅笔画线法检查。

阀盘采用平板研磨方法，步骤如下：将研磨平板工作面清洁好，在平板上涂上研磨剂，把阀盘放在平板上，沿平板表面以“8”字形的推磨方向研磨，以旋转和直线相结合的方法进行研磨。在平板上涂上一层机油，继续研磨，使阀盘表面光滑平整。

阀座采用假阀盘配合研磨方法，步骤如下：在阀座表面涂上研磨剂，将假阀盘贴在阀座上进行旋转研磨。研磨好的阀线应该是封闭的。

4)装复

阀的装复按拆卸解体相反的顺序进行，即后拆的先装、先拆的后装。

装复时注意事项如下。

(1)密封垫床必须换新。

(2)更换新填料时，尺寸和质量要符合要求。

(3)填料压盖上紧要适宜，一般以手能转动手轮为宜。

(4)在阀盘处于开启(或能开启)状态下，将阀盖和阀杆的组合件装入阀体中。

(5)螺栓应对角逐次均匀上紧。

锅炉给水阀装复后，应进行点火升压，检查给水阀各连接处密封情况。

2. 锅炉排污阀拆装

锅炉排污阀有表面排污阀(上排污阀)和底部排污阀(下排污阀)，它们都是截止阀。底部排污阀拆卸前需停炉冷却，并且把炉内水放空。阀的解体、检查、装复与给水阀的拆装方法相同，这里不再赘述。

三、水位计拆装

水位计是指示锅炉内水位高低的仪表，它在保证锅炉安全工作方面起着重要作用。锅炉上通常在左、右侧各装有一只水位计。锅炉水位计常用的有玻璃管式和玻璃板式两种，如图2-109、图2-110所示。

1. 解体

1)首先进行停炉操作，并在电气控制箱上挂好“设备检修，严禁操作”的警告牌。

2)待锅炉负荷下降到0.1 MPa后，打开下排污阀，放掉部分炉水，使炉内水位低于水位计。

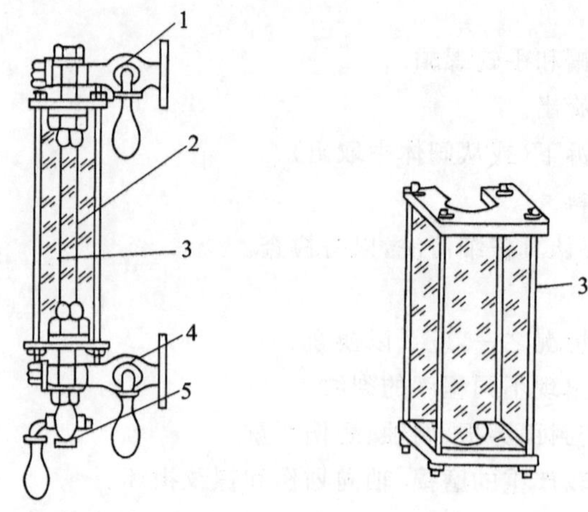

1—通汽阀；2—玻璃管；3—玻璃管防护罩；4—通水阀；5—冲洗阀

图 2-109　玻璃管式水位计

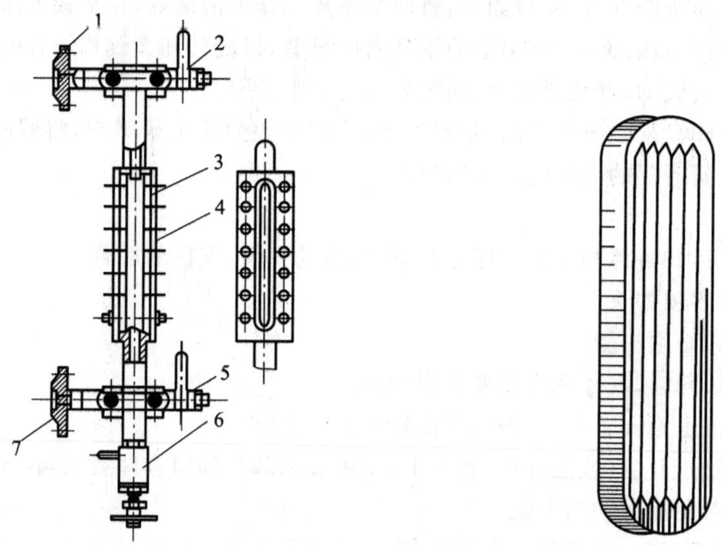

1，7—连结法兰；2—通汽阀；3—玻璃板；4—金属柜盒；5—通水阀；6—冲洗阀

图 2-110　玻璃板式水位计

3)待锅炉内已无蒸汽压力后，打开空气阀。

4)待锅炉冷却后，拆卸水位计上的玻璃管或玻璃板组件。

5)拆卸通汽阀、通水阀和冲洗阀。

6)将拆卸的组件分别解体、清洁、放妥。

2.检查

检查通汽阀、通水阀和冲洗阀时应注意如下事项。

1)汽、水和冲洗通道应畅通。

2)阀杆处密封性要良好。阀杆出现轴向划痕应修磨，填料应换新。

3)阀配合密封面出现密封不良时应修磨或换新。

更新玻璃管时应注意如下事项。

1)玻璃管最好有备用成品。如需自己配制,切取管长度要适中,应留有一定的膨胀余地,管口要平整。

2)玻璃管密封填料压盖的松紧程度要合适,太松会漏,太紧易伤玻璃管。

3)玻璃管内外要清洁。

更换玻璃板时应注意如下事项。

1)水位计本体平面要清洁,旧垫床必须清除干净,表面不可有凹陷、划痕等缺陷。

2)玻璃板两侧垫床要完好无损,不可有折断、厚薄不均等缺陷。垫床安装时两面涂上薄薄的一层石墨粉或白铅油。

3)上玻璃板紧固螺丝时,应由中间到两边对称均匀地逐次上紧,否则会造成玻璃板压裂或漏汽、漏水。

3. 装复

水位计装复按拆卸的逆过程进行,先装好通汽阀、通水阀和冲洗阀,再装玻璃管或玻璃板组件。水位计装复后,应按操作规程点火升压,检查水位计安装情况,并注意各连接处的密封情况。按水位计冲洗程序冲洗水位计数次。

四、喷油器拆装

船用辅锅炉喷油器的形式很多,目前使用的有压力式机械喷油器、回油式机械喷油器、旋杯式喷油器。这里主要介绍压力式机械喷油器,如图 2-111 所示。它由喷油器锁紧螺母、雾化片、喷油体、筒身、连接管、滤器等部分组成。喷油器工作一段时间后,其头部会因长期受高温火焰的烘烧而结炭,甚至出现部分喷孔堵塞等现象。雾化片的切向槽和喷孔长期受燃油的冲蚀也会出现磨损。这些都会引起燃油雾化质量变差,干扰正常燃烧,因此必须定期拆下喷油器进行清洗检查。

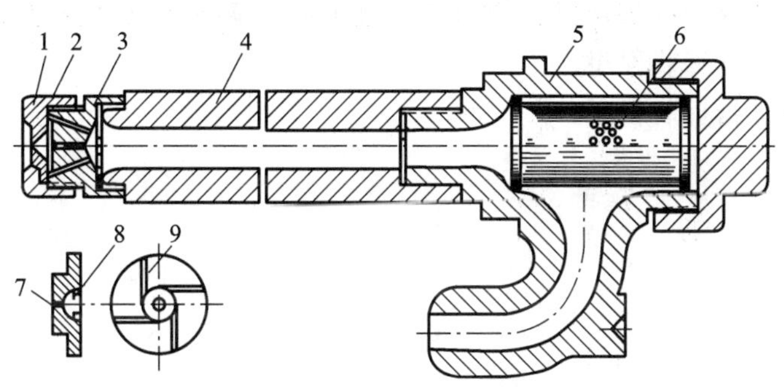

1—喷油器锁紧螺母;2—雾化片;3—喷油体;4—筒身;
5—连接管;6—滤器;7—喷孔;8—旋涡室;9—切向槽

图 2-111　压力式机械喷油器

1. 解体

1)首先停止锅炉工作,挂好警告牌。

2)关闭喷油器进油阀、回油阀。

3)拆除系统与喷油器的连接油管。

4)将喷油器从锅炉火口处支承盖板上拆下。

5)拆卸滤器盖,取出滤器。

6)拧下雾化片锁紧螺帽,取下雾化片。

对解体后的零部件进行清洗。在清洗雾化片时,如发现结有难以清除的积炭,应先用柴油浸泡,使结炭变软后再清洗。切忌使用钢质工具硬刮或硬剔,以防表面出现划痕,影响雾化质量。

2.检查

喷油器的关键部件是雾化片。检查雾化片时,若发现喷孔磨损过大、表面出现裂纹等缺陷,应予以换新。当雾化片切向槽因冲蚀而增大时,可用研磨的方法使其槽深变浅,或暂停使用。

检查时如发现雾化片与喷油体配合密封面上有轻微划痕,同样需要研磨消除。

3.装复

喷油器装复前,必须确保各零部件符合要求,并做好清洁。装复顺序按拆卸时的逆过程进行。

1)将雾化片装上喷嘴体,拧紧锁紧螺帽。

2)装上滤器和滤器盖。

3)将组装好的喷油器伸入锅炉火口处并装妥(即喷油咀与点火电极相距约 15 mm,且点火电极在前;喷油咀与扩散器相距约 25 mm;点火电极之间相距 4～5 mm)。

4)装妥喷油器和燃油系统的连接油管。

5)打开喷油器进油阀、回油阀。

喷油器装复后,应进行点火试验,检查喷油器各连接处密封情况和炉膛内的燃烧状况。

五、思考题

1)简述锅炉给水阀的拆装步骤、研磨方法。怎样区分截止阀和截止止回阀?

2)简述锅炉水位计拆装程序。

3)简述锅炉喷油器拆装程序。

第三章　船舶电气及自动化

第一节　万用表的使用

一、评估要点

1. 万用表的功能及使用方法
1)掌握万用表的基本功能和部分扩展功能；
2)掌握万用表测量电压、电流的方法；
3)掌握万用表欧姆挡的正确使用方法。
2. 万用表测量电阻
1)熟练掌握测量程序，如断电测量、功能选择、换挡调零、读数精度；
2)了解测量高、低阻值时的注意事项；
3)掌握测量电容的方法(放电后测量)；
4)测量完毕后正确放置万用表的挡位。
3. 用万用表测量线圈电阻
1)正确选用万用表功能、量程挡；
2)测试时换挡调零、读数准确、精度满足要求；
3)结束时处理正确。
4. 用万用表测量电压
1) 正确选择功能、量程；
2)正确判别电压性质；
3)正确读数，结束工作正确。
5. 用万用表测量二极管
1)正确选择万用表的功能、量程；
2)能正确判别二极管的极性；
3)能正确判别二极管的管型；
4)能正确判别二极管的性能(好坏)。
6. 用万用表测量三极管
1)正确选择万用表的功能、量程挡；
2)正确判别基极和管型；
3)正确判别集电极和发射极；
4)确定管子材料。

二、实验设备

MF-47 型万用表、直流稳压电源、电阻、电容、三极管、二极管、热电阻、热电偶。

三、万用表的面板结构

万用表的面板结构根据型号不同而有所差异，但其中有几种必备部件，即表盘转换开关、表头指针的机械调零旋钮、零欧姆调整旋钮和表笔插孔。

以 MF-47 型万用表为例，如图 3-1 所示。其表盘下方有四个插座孔，“+”“-”表笔插座孔，2500 V 交直流插座孔，直流 5 A 插座孔。

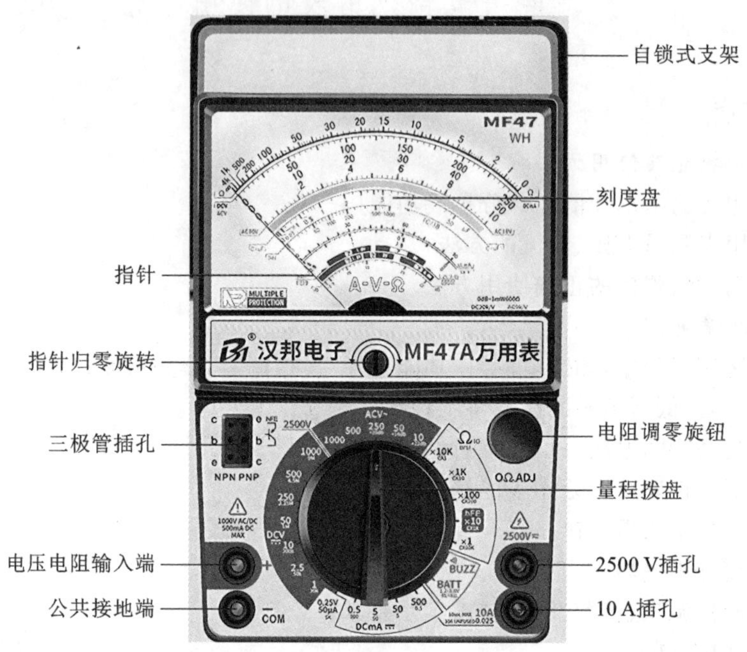

图 3-1　MF-47 型万用表面板结构示意图

四、万用表的使用

1)测量电阻值

(1)将转换开关转到欧姆挡，视电阻大小，选择量程。

(2)将两表笔短路，检查指针是否在零欧姆位置，如不是零，则调整零欧姆调整钮，使指针为零；如果指针始终不能调零，则更换电池。

(3)测电阻，直接将表笔跨接在被测电阻或电路的两端，读出读数，将数据记录在表 3-1 中。

表 3-1　电阻的测量

	R_1	R_2	R_3	R_4	R_5
量程挡					
电阻值					

2)测量直流电压

(1)将万用表转换开关转到直流电压挡。

(2)测量时将表笔并联在被测电路或被测元件两端，红表笔放在高电位端，黑表笔放在低电位端。如果事先不知道被测点电位高低，则将被测电路或元器件的任意端接红表笔，另一端用另一表笔轻触被测端，若指针向右偏转，说明正负极接法正确。否则不正确。将数据记录在表 3-2 中。

表 3-2　直流电压测量

测量对象	U_1	U_2	U_3	U_4	U_5

3)测交流电压

(1)测量前将旋钮放在交流电压挡和适当量程；

(2)测量时与被测电路或被测元器件并联；

(3)切断实验室电源闸刀开关，将调压变压器输入端接 380 V 市电。使用实验桌上配置的插座进行交流电压测量，将数据记录在表 3-3 中。

表 3-3　交流电压的测量

量程读数	次数				
	第一次	第二次	第三次	第四次	第五次
量程					
读数					

4)判断二极管的管脚及功能

(1)用万用表欧姆挡分别测量所给二极管 D_1、二极管 D_2 的正向电阻和反向电阻的大小，将数据记录在表 3-4 中。测量时用 R×100 挡或 R×1k 挡，不能用 R×1 挡和 R×10k 挡。因前者电阻太小，通过二极管的电流太大，易烧坏管子；后者电压很高，易击穿二极管。

(2)电阻小的，黑表笔接的为阳极，另一极为阴极；否则反之。

表 3-4　二极管的测量

	正向电阻	反向电阻	管子好坏
D_1			
D_1			

5)用万用表测量三极管

(1)型号和基极 b 的判别

因为三极管由基极 b 到发射极 e 或基极 b 到电极 c 都是两个相同的 PN 结，故可根据 PN 结的正向电阻小、反向电阻大的原理来判别三极管的类型和基极。将万用表的选择开关旋至欧姆挡的 R×100 挡或 R×1k 挡处(同测量二极管一样，不能放在 R×1 挡或 R×10k 挡)，用万用表的红表笔接一个管脚，黑表笔分别接另外两个管脚，测出两个电阻值。然后用红表笔换一个管脚，黑表笔分别接另外两个管脚，又测得两个电阻值。若测得的两阻值都很小(一般在 1 kΩ 左右)，则此三极管就是 PNP 型，红表笔所接的管脚就是基极 b，见图 3-2(a)。若测得的两个阻值都很大，一般在几千欧以上，就是 NPN 型三极管，红表笔所接的是电极 c，见图 3-2(b)。

(2)发射极 e 和集电极 c 的判断

基极找到后，剩下的两只管脚就是发射极和集电极。测 PNP 型管时，用手将基极和待判别二极中的任一极捏在一起，但不要相碰(图 3-3)。这相当于在基极和待测的极之间接入一个几十千欧的电阻(或直接在 c、e 之间接一个 100 kΩ 电阻)，用红表笔接触与基极捏在一起的这个电极,用黑表笔接触另一待判别的电极,测出电阻值;然后再把这两个待判别的电极对换,同样再测一次电阻,两次测得中电阻较小的一次,黑表笔所接的电极就是发射极,另一只电极就是集电极。这实际上就是一种共发射极放大电路,如果是 NPN 管,则只要把两个表笔对换一下测量即可,两次测的电阻小的一次红表笔所接的电极就是发射极。

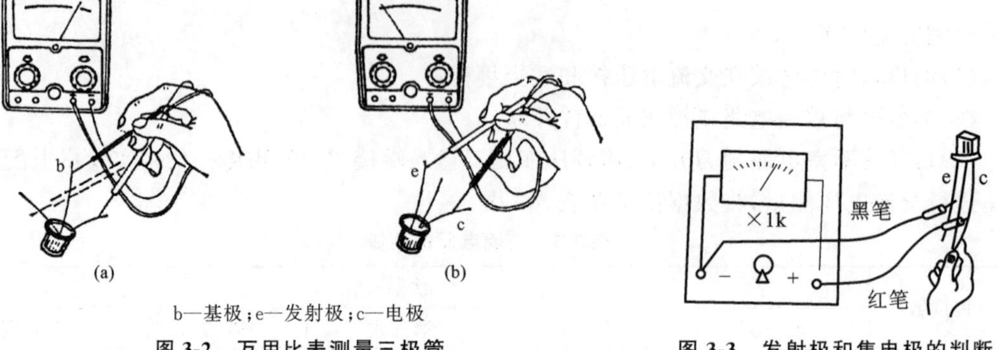

b—基极;e—发射极;c—电极

图 3-2　万用比表测量三极管

(a)PNP 型三极管;(b)NPN 型三极管

图 3-3　发射极和集电极的判断

(3)电流放大倍数 β 和穿透电流 I_{ceo} 的估测

图 3-4(a)所示就是测量 PNP 管 β 值的电路,若所测的电阻为 8～10 kΩ,说明这只管子具有一定的放大能力,阻值越小,β 值越大。若所测得的电阻值在 40 kΩ 左右,则此管无放大能力;若阻值不稳定,说明三极管的工作性能差。

图 3-4(b)所示是测量 NPN 管 β 值的放大电路。若阻值在 10～50 kΩ,说明三极管有放大作用。

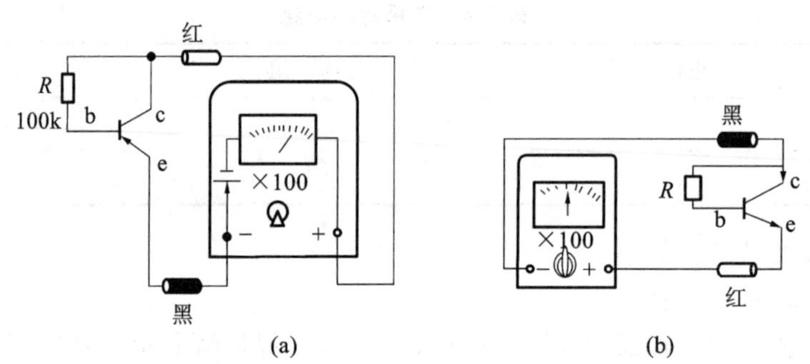

图 3-4　电流放大倍数测量电路

(a)PNP 型三极管电流放大倍数测量电路;(b)NPN 型三极管电流放大倍数测量电路

也可用下述方法测量。用两手捏住两支表笔分别接到管子的 c、e 两端,然后请他人用手指轻触基极的引线来观察欧姆挡电阻值的变化。基极接通前后的阻值越大,β 值就越大。当人的两手捏住两表笔分别接到 c、e 两极时,流过欧姆表的总电流为 I_{ceo} 加上流过人两手的电流;而请他人用手指轻触基极后,又引入了基极电流 I_b,流过 c、e 的电流将比原来大 β 倍,此时流过欧姆表的总电流为流过人手的电流加上 I_b 和 $I_{ceo}+\beta I_b$。故 β 值越大,基极接通前后的欧姆值(即总电流)相差也越大。图 3-5 所示是测量穿透电流的电路图。图 3-5(a)所示为测量 PNP 型三极管的电路图,将万用表打在欧姆 R×100 挡,黑表笔接发射极,红表笔接集电极,测量的阻值越大越好。图 3-5(b)所示是测量 NPN 型三极管的电路图,红表笔接发射极,黑表笔接集电极，阻值越大越好。

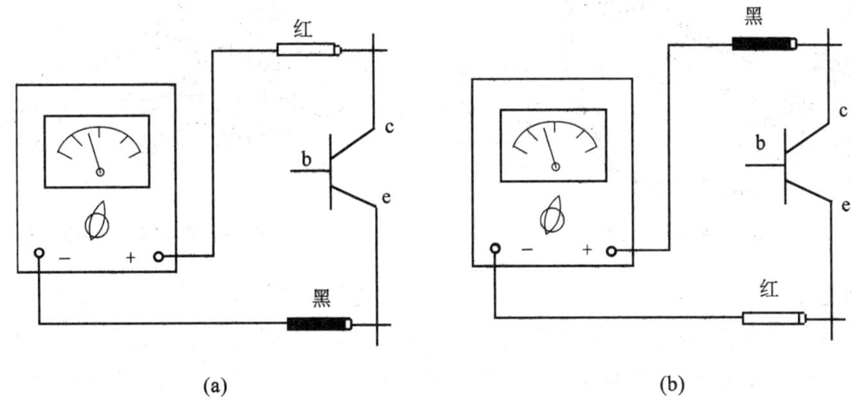

图 3-5　测量三极管穿透电流电路图

(a)PNP 型三极管穿透电流测量电路；(b)NPN 型三极管穿透电流测量电路

MF-47 型万用表有专测直流放大倍数的挡位，方法如下。转动万用表上的转换开关至 ADJ 位置上，将红表笔、黑表笔短接。调节欧姆电位器，使指针对准 300h_{FE} 刻度线上，再转动转换开关至 h_{FE} 位置，将要测量的晶体管脚分别插入晶体管测试座 e、b、c 管座内，指针偏转所示的数值约为晶体管直流放大倍数值。N 型晶体管应插入 N 型管孔内，P 型晶体管插入 P 型管孔内。反向截止电流 I_{ceo}、I_{cbo} 的测量如图 3-6 所示，具体方式如下。转动转换开关至 R×1k 挡，将两只测试棒短路，调节零欧姆电位器，使指针为零，此时满刻度电流值约为 90 μA。分开测试棒，将要测的晶体管插入管座内，此时指针所指示的值约为晶体管反向截止电流值。指针满刻度值乘上 1.2，即为实际值。

6)用万用表测电容

(1)固定电容器漏电电阻的检测

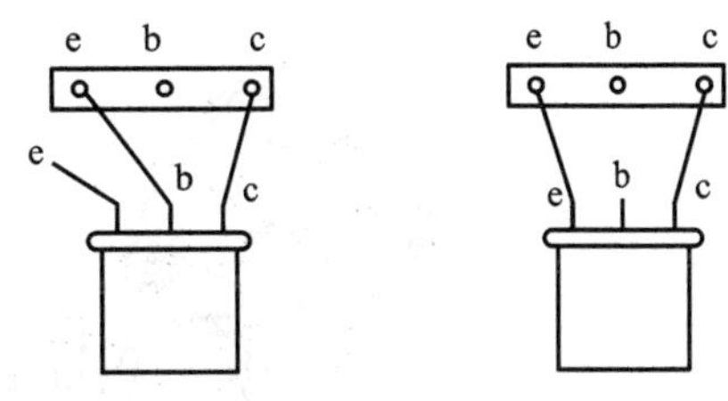

图 3-6　反向截止电流的测量图

用万用电表 R×10k 挡，将表笔接触电容器的两电极，如图 3-7 所示。当表笔搭上电容器两电极时，表头指针应先向顺时针方向跳动一下(5000 pF 以下的电容器观察不到跳动，这时只能定性检测是否短路或严重漏电)，然后逐渐逆时针复原，即退回到 R→∞处。如果不能复原，则稳定后指针指示读数就是该电容器的漏电电阻值。一般电容器的漏电电阻值很大，为几百兆欧至几千兆欧，阻值越大，电容器的绝缘性能越好。检测时，如果表头指针指到或靠近欧姆零点，说明电容器内部短路；若表头指针毫无反应，始终指到 R→∞处，说明电容器内部开路或失效。

检测时注意，不能用双手捏住被测电容器两引线，以免人体电阻并联上去，引起测量误差，这种错误接法如图 3-8 所示。

(2)电解电容器漏电电阻检测方法

在检测电解电容器的漏电电阻时(图 3-9)，一般选用 R×1k 挡或 R×100 挡。当选择大容量的电解电容器(几百微法拉到几千微法拉)时，由于万用表表内电池通过欧姆挡内阻向电容器充电的时间长，表头指针偏转的幅度很大，往往会冲过零欧姆点且不动，要隔相当长的时

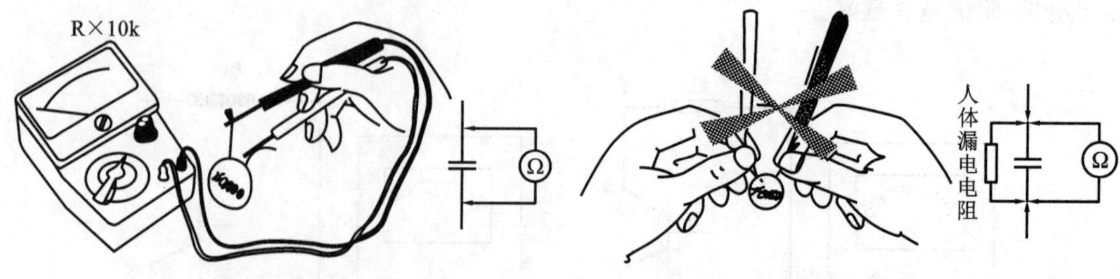

图 3-7　检测电容器漏电电阻方法　　　图 3-8　检测电容器错误的方法

间才能缓慢退到稳定的漏电电阻数值处。这一过程随充电电容器容量大小而异，一般需十秒到数分钟。为了缩短检测时间，尽快检测出漏电电阻值，可采用如下方法：当表头指针已偏到最大值时，迅速把表头开关转换到 R×10 挡，由于 R×10 挡内阻值较小，表内电池对电容器提供的充电电流较大，电容器很快充电完毕，表头指针会很快恢复至 R→∞处；然后将转换开关拨回到 R×1k 挡，表头指针会顺时针偏转；最后稳定指示的数值即是该电容器的漏电电阻值。

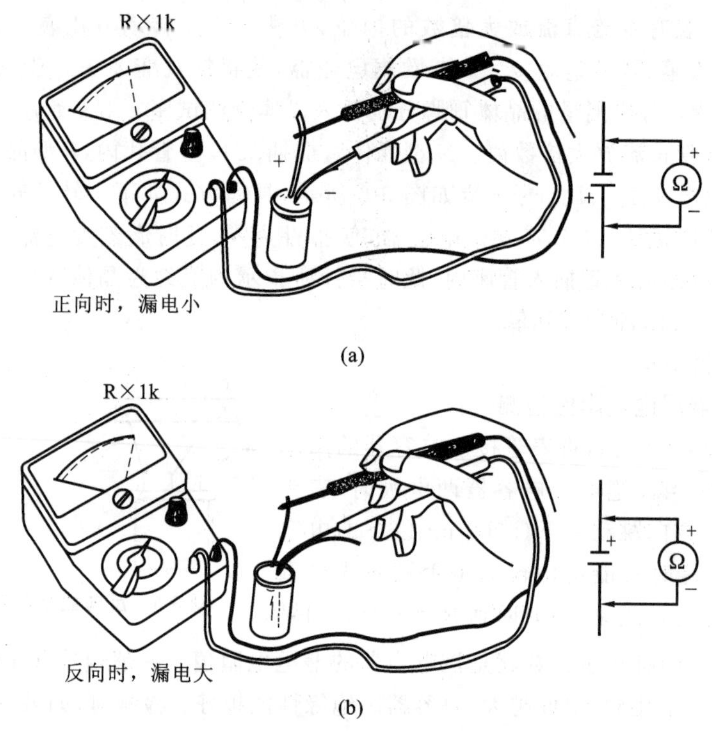

图 3-9　电解电容极性判别

注意：开始检测漏电电阻时必须先拨到 R×1k 挡，若一开始就拨到 R×10 挡，由于充电电流大，充电时间太短，可能观察不到表头指针偏转情况，容易误判为内部断路或失效。

①电解电容器的极性检测

使用电解电容器时，正极、负极不能接反，“＋”“－”极的标记无法辨认时，可根据正向连接时漏电电阻大、反向连接时漏电电阻小来判别。先检测一次电解电容器，然后交换表笔再测一次。两次检测中，电阻大的一次，黑表笔接触的是正极(因黑表笔与万用表电池的正极相连)。

②电容器电容量的检测

对于5000pF以上的非电解电容器，可用万用表检测判断它有无容量(即好坏)，靠平时积累的经验可粗略估计容量的大小。具体方法是：万用表选R×10 k挡，将表笔接触电容器两电极时，表头指针应先向右一跳，然后逐渐复原。两表笔交换后再测，表头指针会再次跳动，且跳动幅度更大，而后逐渐复原，说明电容器有容量。电容器容量越大，表头指针跳动幅度越大，指针复原的速度也越慢，根据指针跳动的幅度及平时积累所得的经验可大致判断该电容器容量的大小。若检测指针不动，说明电容器内部开路，已损坏；若表头指针不能复原，指示的漏电电阻过小或指到零欧姆，说明电容器严重漏电或内部短路，已不能使用。

MF-47万用表转动开关至交流10 V位置，被测电容串接任一测试棒，而后跨接于10 V交流电压电路中进行测量，可直接读出电容量。

7)电感的测量

可用万用表对电感作初步检测。用万用表的欧姆挡检测线圈直流电阻，并与原已知的正常电阻进行比较。如果测量值比正常值显著增大，或指针不动，可能是断路；若比正常值小了许多，可能是严重短路。线圈的局部短路，要用专用仪器检测。

MF-47型万用表可测20～100 H电感量。测量方法是，转动转换开关至交流10 V位置，被测电阻串接于任一测试棒。而后跨接于10 V交流电路中进行测量，读出电感量。

8)用万用表测试热电偶

将万用表的旋钮转至直流mV或mA挡，红表笔接热电偶正接线柱，黑表笔接热电偶负接线柱。将热电偶的另一端(热端)放在电炉上加热，这时可看到万用表指针偏转，并随着温度的升高，偏转幅度增大(电压或电流数值增大)，可初步判断热电偶的好坏。用万用表的低电阻挡测热电偶的两接线柱，如其阻值趋于∞，说明热电偶热端开路；如阻值为零，说明热端完好。

9)用万用表测热电阻

将热电阻传感器插入热水中，用万用表的R×1 Ω或R×10 Ω挡测量两接线柱间的电阻值，可见到电阻随温度的升高而增加。若测得的电阻趋于∞，说明该热电阻开路；若测得的电阻为零，说明短路。用万用表R×1 kΩ挡测量接线柱与金属外壳电阻，若不是∞，说明绝缘不好，可能内部绝缘瓷管破碎。

10)用万用表测试热敏电阻

船上所用热敏电阻通常为负温度系数的热敏电阻，常用于测量水温、油温及主机轴瓦温度等。它的标定电阻是指25 ℃时的电阻值。测量方法是，将热敏电阻传感器插入热水中，用万用表R×100 Ω挡或R×10 Ω挡测量，可发现电阻值的变化。若测得电阻趋于∞，说明该热敏电阻开路。用R×10 kΩ挡测接线柱与金属外壳电阻，若不是∞，说明绝缘不好，查明原因。用R×1 Ω挡测两接线柱间的电阻，如果是零，说明内部短路。

11)用万用表测试光敏电阻

用万用表R×1 kΩ挡测量，将光敏电阻放在光照处和黑暗处测量，电阻值明显发生变化。当电阻值不变时，说明该光敏电阻失效。如果在光照处和黑暗处测得的电阻都是零，说明短路；若电阻都是无穷大的，说明开路。

12)万用表测量单向可控硅

如果单向可控硅在不知道管脚的极性时，可用万用表的R×1挡来判断。用两表笔随意接两个脚，若某两个脚正反表笔接上时，均呈现低阻，可以确定该两脚是控制极(G)和阴极

(K)。通常G-K间的正向电阻比反向电阻小,亦即在这两次测量中电阻小的那一次,黑表笔接的是控制极,红表笔接的是阴极K,剩下的那一极是阳极A。

用一只10～50 μF的电解电容,用万用表R×1挡给它充电几秒钟作为触发电源(电容的正极接黑笔)。用R×1挡测量,黑表笔接阳极,红表笔接阴极,用已充电的电容负极接可控硅的阴极,电容正极碰一下可控硅的控制极,此时可控硅导通,即触发前电阻趋于∞,触发后电阻大大减少几十欧至几百欧,这说明可控硅是好的。

五、思考题

1)用万用表测电压时应如何选择量程?用万用表测二极管时怎样选择量程挡?

2)怎样用万用表判断三极管的管脚?

3)怎样用万用表判断电容的好坏?

第二节　钳形表、兆欧表的使用

一、评估要点

1. 用便携式兆欧表测量电气设备的绝缘电阻

1)根据被测对象正确选择兆欧表;

2)正确地接线;

3)操作正确、读数正确。

2. 用便携式兆欧表测量电缆绝缘电阻

1)根据被测对象选择摇表;

2)正确连接接线柱;

3)操作正确、读数准确。

3. 熟悉选择摇表测量绝缘电阻时的注意事项

1)根据被测对象选择摇表(电压等级);

2)操作步骤(口述)正确;

3)根据被测对象的不同正确使用接线柱。

4. 用钳形表测电流

1)正确选择仪表及量程;

2)持表操作正确;

3)读数准确,测量完毕后操作处理正确。

5. 用钳形表测电压

1)正确选择仪表功能、量程;

2)操作方法正确;

3)读数准确;

4)结束工作正确。

二、实操设备

钳形电流表、兆欧表、三相异步电动机、试电笔、船用电缆。

三、兆欧表的使用

1. 便携式兆欧表(摇表)的组成

便携式兆欧表又称摇表,主要由手摇直流发电机(有的用交流发电机加整流器)、磁电式流比计及接线柱(L、E、G)三部分组成。

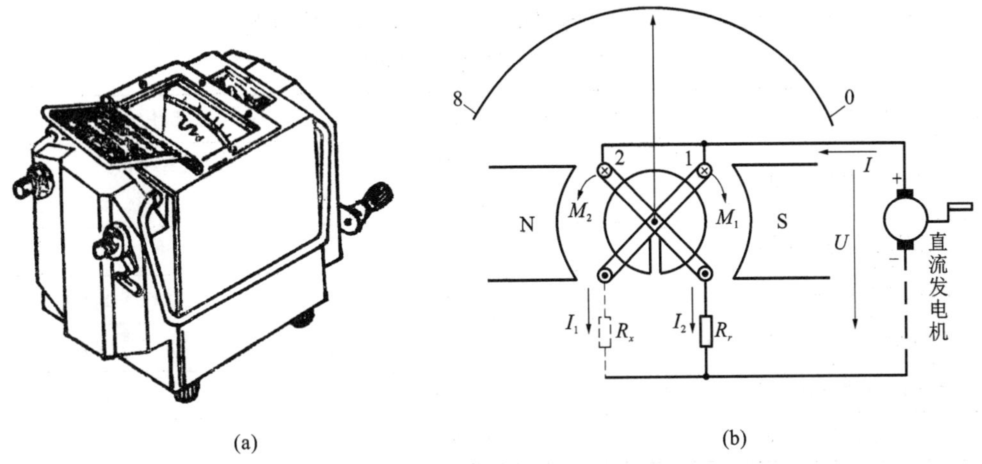

图 3-10　兆欧表结构及工作原理

(a)兆欧表结构;(b)兆欧表工作原理

摇表的工作原理如图 3-10(b)所示,它的磁电式流比计有两个互成一定角度的可动线圈,装在一个有缺口的圆柱铁芯外面,并与指针一起固定在同一转轴上,构成流比计的可动部分,置于永久磁铁的磁场中。其中磁铁的磁极与圆柱铁芯之间的气隙是不均匀的。这种流比计不像其他仪表,它的指针没有阻尼弹簧,仪表不用时,指针可以停留在任何位置。

摇动手柄,直流发电机即可输出电流,其中一路电流 I_1 流入线圈 1 和被测电阻 R_x 的回路,另一路电流 I_2 流入线圈 2 与附加电阻 R_f 的回路。设线圈 1 的电阻为 R_1,线圈 2 的电阻为 R_2,根据欧姆定律有:

$$I_1 - \frac{U}{R_1 + R_x}$$

$$I_2 = \frac{U}{R_2 + R_f}$$

两式相比,得:

$$\frac{I_1}{I_2} = \frac{R_2 + R_f}{R_1 + R_x}$$

式中,R_1、R_2 和 R_f 为定值,只有 R_x 是变量。可见 R_x 的改变必将引起电流比 I_1/I_2 的改变。

当 I_1 和 I_2 分别流过线圈 1 和线圈 2 时,受到永久磁铁磁场力的作用,使线圈 1 产生转动力矩 M_1;线圈 2 由于与线圈 1 绕向相反,产生反作用力矩 M_2。两个力矩作用的合力矩使指针发生偏转。当 $M_1 = M_2$ 时,指针静止不动,这时指针所指出的就是被测设备的绝缘电阻值。由图 3-10(b)可见,摇表未接入电路前相当于 $R_x \to \infty$,线圈 1 回路开路,摇动手柄时,$I_1 = 0$,$M_1 = 0$,指针在 I_2 和 M_2 的作用下向逆时针方向偏转,最后指在 $R_x \to \infty$ 处。如将输出端 L 和 E 短接,即 $R_x = 0$,此时 I_1 最大,M_1 最大,M_1 与 M_2 综合作用,使指针顺时针方向偏转,指到

标尺的 $R_x=0$ 处。

2. 摇表的选用

摇表的常用规格有 250 V、500 V、1000 V、2500 V 和 5000 V 等挡级。选用摇表主要考虑它的输出电压及其测量范围(表 3-5)。一般高压电气设备或高压电路需要使用电压高的摇表,低压电气设备及低压电路使用电压低的摇表。通常 500 V 以下的电气设备及线路选用 500～1000 V 的摇表,而瓷瓶、母线、刀闸等应选 2500 V 以上的摇表。

表 3-5　摇表的选择举例

被测对象	被测设备或线路额定电压/V	选用摇表/V
线圈的绝缘电阻	<500 V	500
	>500 V	1000
电机绕组绝缘电阻	<380 V	1000
变压器、电机绕组绝缘电阻	>500 V	1000～2500
电气设备和电路绝缘	<500 V	500～1000
电气设备和电路绝缘	>500 V	2500
瓷瓶、母线、刀闸	>500V	2500～5000

选择摇表的测量范围时,要使测量范围适应被测绝缘电阻的数值,否则将发生较大的测量误差。例如有些摇表的读数不是从 0 开始,而是从 1 MΩ 或 2 MΩ 开始,就不适合测量潮湿环境中的电气设备或线路的绝缘电阻,因为这时被测电气设备和线路的绝缘电阻有可能小于 1 MΩ 或 2 MΩ,容易误将它的绝缘电阻读为零。

3. 摇表的使用

1)使用前的检查

(1)将摇表水平放置,空摇摇表(120 r/min),指针应指到"∞"处。再将 L 和 E 两接线柱输出线短接,慢慢摇动手柄,指针应迅速指零。注意在摇动手柄时不要将 L 和 E 短接时间过长,否则将损坏摇表。

(2)检查被测电气设备和电路,看是否已全部切断电源。绝对不允许设备或线路带电时用摇表去测量。

(3)测量前应对被测设备和线路放电,以免设备或线路的电容放电,危及人身安全和损坏摇表,同时也可减少测量误差。测量时也应将被测点擦拭干净。

2)使用注意事项

(1)便携式兆欧表必须水平放置于平稳牢固的地方,以免在摇动时因抖动和倾斜而产生测量误差。

(2)接线必须正确无误。摇表有三个接线柱,"E"(接地)、"L"(线路)和"G"(保护环或叫屏蔽端子)。保护环的作用是消除表壳表面"L"与"E"接线柱间的漏电和被测绝缘物表面漏电的影响。在测量电气设备的对地绝缘电阻时,"L"用单根导线接设备的待测部位,"E"接设备外壳;如测电气设备内两绕组之间的绝缘电阻时,将"L"和"E"分别接两绕组的接线端;当测电缆的绝缘时,为消除因表面漏电而产生的误差,"L"接线芯,"E"接外壳,"G"接线芯与外壳之间的绝缘层。

“L”“E”“G”与被测物的连接线必须用单根线，绝缘良好，不得绞合，表面不得与被测物体接触。

(3)摇动手柄时转速要均匀，规定为 120 r/min，允许有少许变化，变化幅度最高不超过 25％。通常都要摇动 1 min，待指针稳定下来后再读数。如被测电路中有电容时，持续摇动一段时间，让摇表对电容充电，指针稳定后再读数。测完后先拆去接线，再停止摇动。若测量中发现指针为零，应立即停止摇动手柄。

(4)测量完毕后应对设备充分放电，否则容易引起触电事故。

(5)禁止在雷电时或附近有高压导体的设备上测量绝缘。只有在设备不带电又不受其他电源感应而带电的情况下才可能测量。

(6)摇表未停止摇动前，切勿用手去触及设备及设备的测量部分或摇表接线柱。拆线时不可直接去触及引线的裸露部分。

(7)摇表应定期校验。校验方法是直接测量有确定值的标准电阻，检查它的测量误差是否在允许的范围内。

3)摇表的接线和测量

(1)测量照明或电力线对地的绝缘电阻

将兆欧表接线柱的“E”可靠接地，“L”接到被测线路上，如图 3-11(a)所示。线路接好后，沿顺时针方向摇兆欧表摇把，转速 120 r/min，连续摇一分钟左右，待表针稳定后读数。表针所指示的数值就是所测得的绝缘电阻。

(2)测量电机的绝缘电阻

将兆欧表接线柱的“E”接机壳，“L”接到电机绕组上，如图 3-11(b)所示。

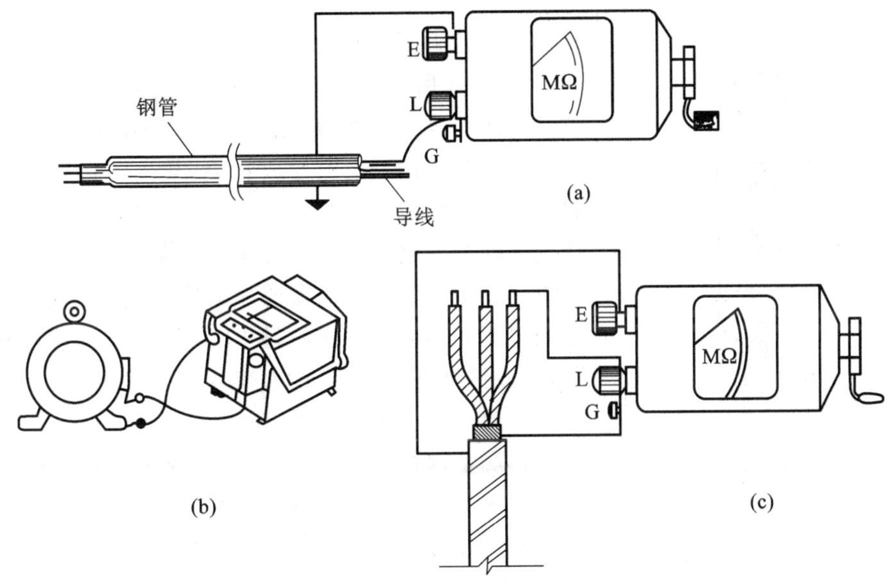

图 3-11　兆欧表的接线方法

(a)测量照明或动力线路绝缘电阻；(b)测量电机绝缘电阻；(c)测量电缆绝缘电阻

(3)测量电缆的绝缘电阻

测量电缆线芯于电缆外壳之间的绝缘电阻时，除将被测两端分别接“E”和“L”两接线柱外，还需将“G”接线柱接到电缆线芯之间的绝缘层上，如图 3-11(c)所示。如果绝缘层的表面不清洁或潮湿时，在测量绝缘电阻内部的电阻值时(即体积电阻)，使用屏蔽“G”接线柱后，绝缘层表面的漏电流就沿绝缘层电阻表面，经“G”接线柱，而不经过动圈回电源。这样就不影响电缆的绝缘电阻，即体积电阻。测量上面三种绝缘电阻时，接线应选用单股导线分别接“L”和“E”，不可用双芯导线或绞线，因为线间的绝缘电阻会影响测量结果。

四、多功能钳形表的使用

1. 穿心式电流互感器

一般电流互感器的副端额定电流为 5 A，故测量不同大小的电流时，只要改变一次绕组的匝数即可。穿心式电流互感器就是根据这一原理制成的，如图 3-12 所示。

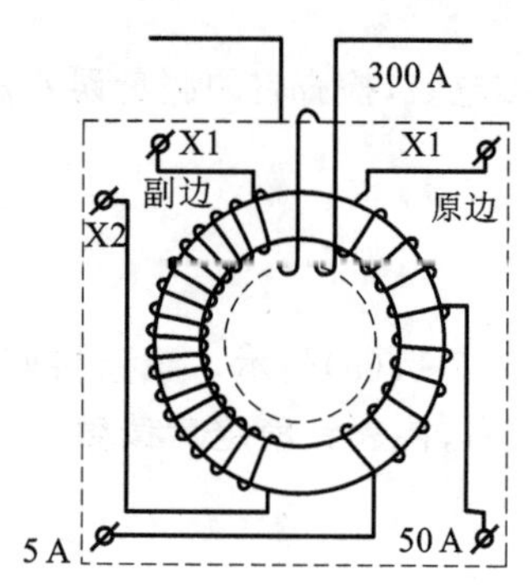

图 3-12　穿心式电流互感器工作原理

图中的初级线圈有三组抽头，分别测量 300 A、50 A、5 A。随着被测电流的增大，初级线圈的匝数相应减少，可见这种互感器改变量程很方便。当用互感器测量线圈时，将软电缆从互感器的孔中绕过，即可构成互感器的一次线圈。

2. 多功能钳形电流表的工作原理

多功能钳形电流表是由穿心式电流互感器和磁电式电流表组成的，如图 3-13 所示。当捏紧钳形电流表的扳手时，其电流互感器的铁芯张开，被测电流的导线穿过铁芯张开的缺口。而当放开扳手后，铁芯闭合，这样被测电流的导线就构成了电流互感器的一次绕组，在二次绕组中便会产生感应电流，使与二次线圈串接的电流表的指针发生偏转，从而在表盘上指示出被测电流值。

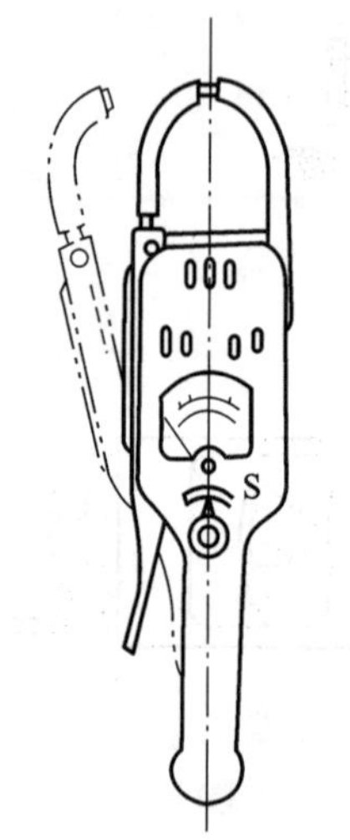

图 3-13　多功能钳形电流表

图 3-14 所示是 MG4 型钳形电流表原理图。该表是由仪用互感器 L 和磁电式测量机构组成的。二次绕组中的交流，通过桥式整流 V 变成直流，接入磁电系表头。由于被测的大电流(或大电压)经过穿心式电流互感器，按相应的变比在二次绕组回路中变成了小电流(小电压)，因此，可以采用与表头并联分流器或串联附加电阻的方法来扩大电流及电压的量程。若要测量电压时，电压量程放在适当挡位，将测试棒插入插孔，用表棒并联测量。

3. 钳形电流表的使用

1)测量前检查指针是否回零，否则应进行机械调零。

2)测量前检查钳口的开合情况，要求开合自如，钳口接触紧密。如钳口上有油污或杂物，应用溶剂清洗；如有锈斑，应轻轻擦去。

3)测量时量程选择正确，一般要使指针偏转超过中间刻度，以减小误差。如事先不知道被测电流大小，可先选大的量程，然后再根据指针的偏转角度将量程调到适当位置。

4)当电流太小(即使在最低挡)，指针偏转都不大时，可将被测导线在钳口部分的铁心上绕几圈后测量，将指示数除以穿入钳口内导线根数，即为实测电流值。

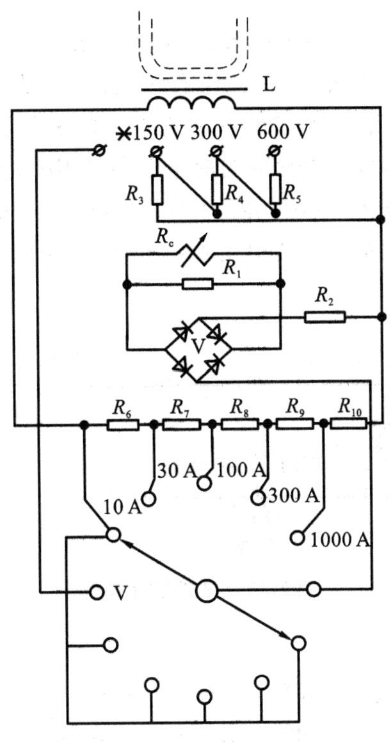

图 3-14　MG4 型钳形表电路图

5)测量时使被测导线置于钳口中心位置，以减小误差。

6)测电压时，将旋钮置于电压挡，将两表笔插入相应的插孔内，用两表笔接触被测两点，即可测出两点的电压。测量时先将旋钮放在高挡位，再依指针的偏转角度调整。

7)钳形表不用时，量程旋钮放在最高挡位。

五、思考题

1)怎样判断兆欧表的好坏？使用兆欧表时要注意些什么？

2)怎样用兆欧表测量电动机和电缆的绝缘？

3)如何用钳形电流表测量电机的工作电流？测量时要注意哪些事项？

第三节　日光灯的故障查找

一、评估要点

1)正确使用电气测试工具；

2)准确查找故障点；

3)故障排除后通电检查。

二、日光灯的组成

日光灯由灯管、镇流器、启辉器和灯座等主要部件组成。

1. 灯管

灯管是一根直径为 15～38 mm 的玻璃管，在管的内壁上涂有荧光粉。灯管的两端各有一根灯丝，灯丝固定在灯管两端的灯脚上，表面涂有氧化物。当灯丝通过电流而发热时，灯丝上的氧化物便发射出大量电子，管内在真空情况下充有一定量的氩气和少量水银蒸气。如图 3-15 所示，当灯管两端接上电源时，灯丝发射出的电子束便不断地轰击水银蒸气，使汞原子在碰撞中电离，并迅速与带电粒子增殖，发出肉眼看不见的紫外线。紫外线射到玻璃管内壁的荧光粉上，激发荧光粉发出近似日光的可见光，因此叫日光灯。氩气能帮助灯管易于点燃，并保护电极，延长灯管的使用时间。

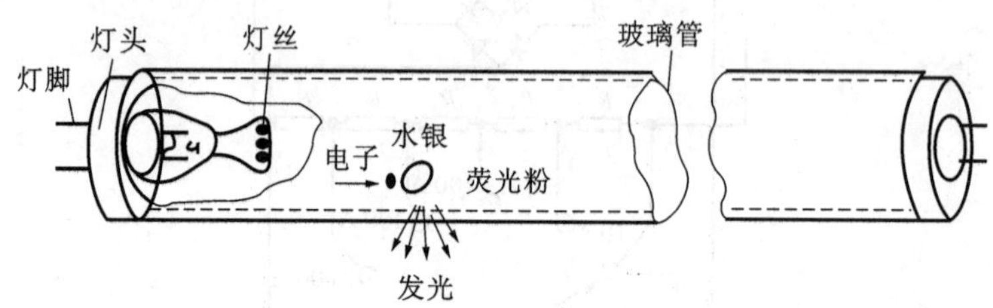

图 3-15　日光灯管构造

2. 镇流器

镇流器是一只具有铁芯的电感线圈。它有两个作用，启动时与启辉器配合，产生瞬时高压；点燃灯管，在工作时限制灯管中的电流，以延长灯管的使用寿命。镇流器的结构形式有单线圈和双线圈两种，外形大体相同。如图 3-16 所示。

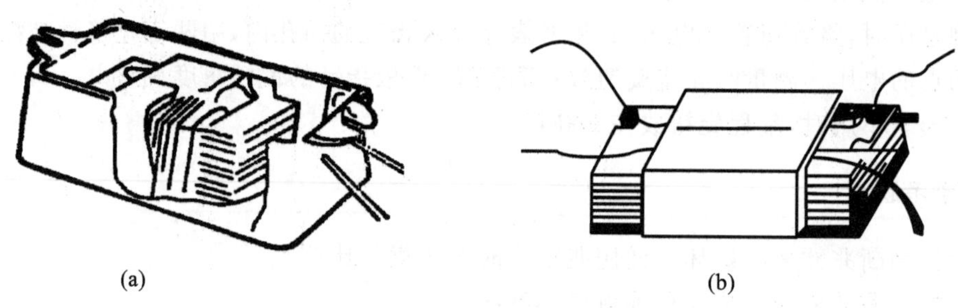

图 3-16　镇流器

(a)单线圈镇流器；(b)双线圈镇流器

3. 启辉器

启辉器构造如图 3-17(a)所示，它是一个充有氖气的玻璃泡，其中装有一个由固定的静触片和双金属片构成的 U 形动触片。双金属片由两片膨胀系数相差很大的金属片粘合而成。静触片和动触片平时分开，两者相距 1～2 mm。

启辉器的作用是使电路接通和自动断开，相当于一个自动开关。为了避免两触片在断开时产生火花将触片烧坏，减弱日光灯对周围无线电设备的干扰，在氖管旁装有一只纸介电容器和触片并联。启辉器的外壳是铝质或塑料圆筒，起保护作用。把启辉器安装在电路中带两个插孔的胶木座内，安装时胶木座固定在灯架上，并接入电路中，然后将启辉器旋入即可，如图 3-17(b)所示。

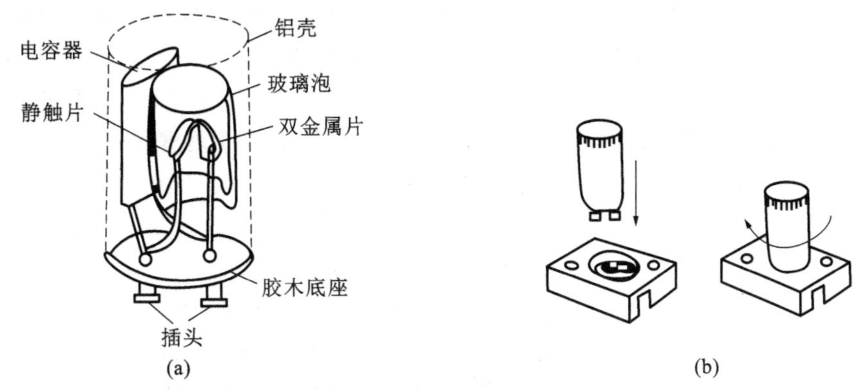

图 3-17　日光灯启辉器

(a)日光灯启辉器构造;(b)日光灯启辉器安装方法

4. 灯座

日光灯管凭借一对绝缘灯座把它支撑在灯架上,再用导线连成完整的电路。插入灯管时,只要把灯管插入灯座插孔中,再用手握住灯管旋转 1/4 圈,灯管两头的伸出脚就被弹簧片卡住,使电路接通,如图 3-18(a)所示。图 3-18(b)所示是压缩式灯座。

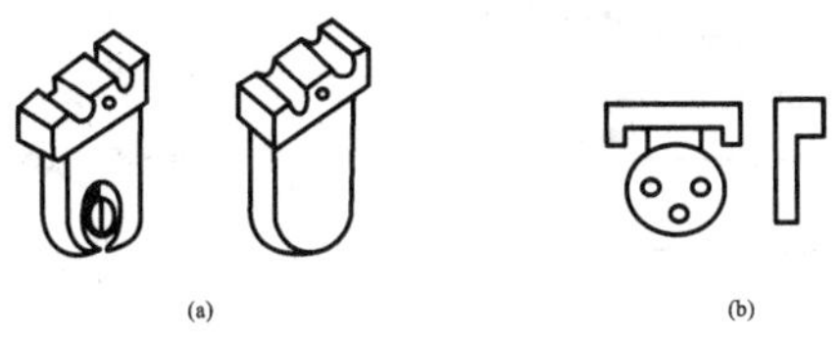

图 3-18　日光灯座

(a)卡式灯座;(b)压缩式灯座

5. 灯架

灯架现大多采用铁皮制成。它用来装置灯座、灯管、启辉器座和镇流器等,比灯管稍长,并用白色油漆涂刷,以增强光线的反射作用,如图 3-19 所示。

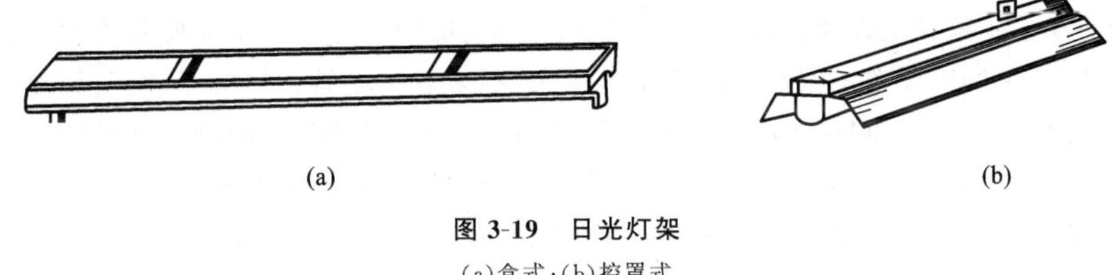

图 3-19　日光灯架

(a)盒式;(b)控罩式

三、日光灯的工作原理

日光灯因镇流器有单线圈和双线圈之分,故其接线方式也有两种。下面以图 3-20(a)所示为例来说明单线圈镇流器日光灯的工作原理。从图中看出,开关、镇流器、灯管的灯丝和启辉器可认为是串联的。当合上开关的瞬间,启辉器的触片处于断开的位置,电源电压全部加在两个触片和启辉器间,使氖管产生辉光放电而发热。动触片受热后,由于双金属片的膨胀系数不一样,使动触片伸展而与静触片接触,将电路接通。这时有电流流过镇流器和灯管两端的灯丝，使灯丝发热并发射电子。动触片接触后，氖管中的辉光放电停止，双金属片冷却缩回，两触片分离，断开电路。此时，镇流器中电流突然中断，在强大的电感作用下产生很高的自感电动势，它和电源电压串联叠加在灯管两端，在管内引起弧光放电。点燃灯管，灯管正常工作后，一半以上的电压降在镇流器上，启辉器两触片间电压较低，不足以引起氖管辉光放电，启辉器仍保持断开状态，这时镇流器起着限制电流保护灯管的作用。

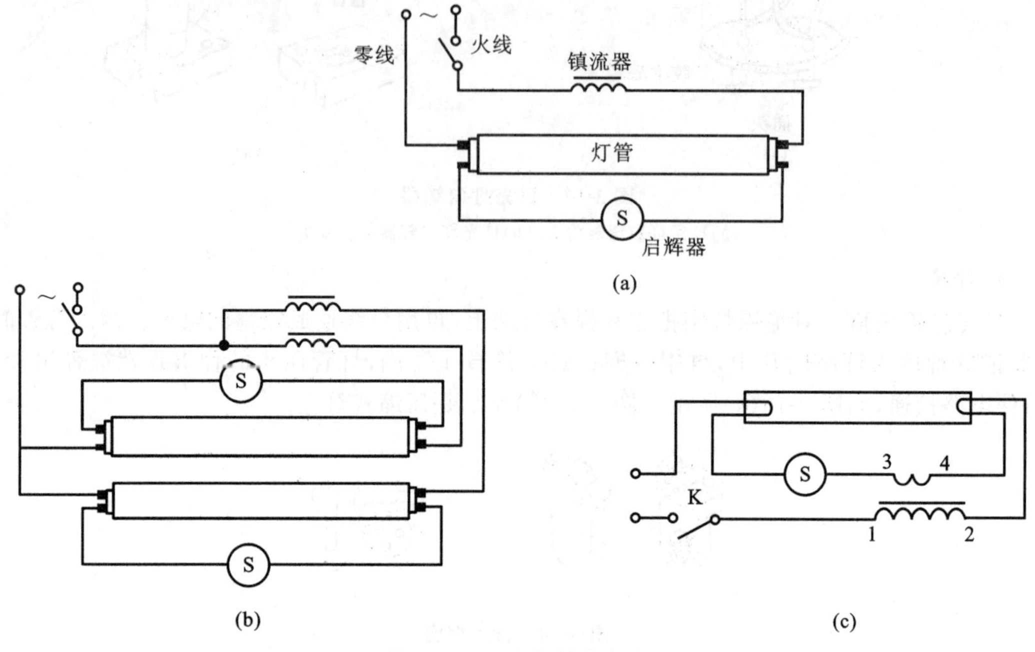

图 3-20　日光灯基本电路

(a)单线圈式单管电路；(b)单线圈式双管电路；(c)双线圈式单管电路

双线圈镇流器日光灯的工作原理如图 3-20(c)所示。开启电源，当电流流过主线圈 1、主线圈 2 时，在副线圈 3、副线圈 4 上感应出感生电动势。感生电动势经过启辉器和灯管一端的灯丝后加在主线圈上，这时感生电动势与主线圈电压相反，它的磁场与主线圈中的磁场相互抵消，从而减小了主线圈的交流阻抗，使主线圈供电电流增加。这时镇流器储存大量的能量，使灯管两丝间发射的电子对水银蒸气的轰击力更大，容易点燃灯管。灯管点燃后，启辉器断开，副线圈的感应电压不能再加到主线圈回路，主线圈恢复原有高阻抗，限制日光灯的工作电流，延长了灯管的使用寿命。在实际应用中，人们往往把副线圈叫启动线圈。

双线圈镇流器在使用时要注意区分主线圈和副线圈，区分的方法如下。

1)用万用表测量两个线圈的冷态直流电阻，6～8 W 的镇流器主线圈为 150 Ω 左右、副线圈为 10 Ω 左右，15～20 W 主线圈为 30 Ω 左右、副线圈为 2 Ω 左右。

2)用白炽灯检验。将 220 V 的白炽灯泡串接在镇流器的线圈上，接通电源，灯光暗的是主线圈，灯光亮的是副线圈。6～8 W 用 40 W 灯泡，15～20 W 用 60 W 灯泡。如果两个线圈的灯光亮度不明显，可换用功率大一点的灯泡。

四、日光灯的安装

安装前要用万用表检查灯管、镇流器、启辉器有无损坏，镇流器和启辉器是否和灯管功率相匹配，然后按下面步骤安装。

根据日光灯的长度选择合适的灯架，如果没有现存的灯架，可以用木板或金属板做一个。然后将镇流器用螺钉固定在灯架的中间位置，将启辉器座固定在灯架的一端。两个灯座分别固定在灯架的两端，中间的距离要按需量好，使灯管的灯脚刚好插进灯座的插孔中。各配件位置固定后，可按图 3-21 所示进行接线，接线完毕后对照电路图检查，以防止错接、漏接。把灯架固定在天花板上，然后将启辉器插入底座，把日光灯装入灯座，接通电源。

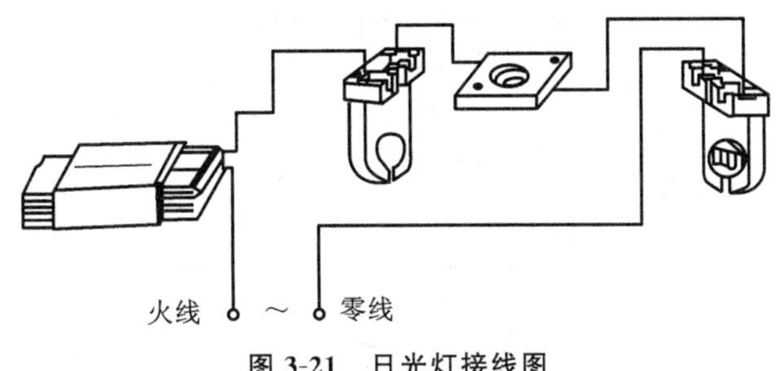

图 3-21　日光灯接线图

五、日光灯的故障查找及排除

常见日光灯参数可参考表 3-6。下面介绍日光灯多见的几种故障及排除方法。

表 3-6　日光灯管的型号及规格表

灯管型号	功率/W	工作电压/V	工作电流/mA	启动电流/mA	灯管压降/V	光通量/lm	平均寿命/h	外形尺寸		
								直径/mm	全长/mm	管长/mm
YZ6	6	55	135	180	55	150	1000	15.5	226	210
YZ8	8	65	145	200	65	250	1000	15.5	301	285
YZ15	15	50	320	440	52	580	3000	38	451	436
YZ20	20	60	350	460	60	970	3000	38	604	589
YZ30	30	81	350	560	95	1550	3000	38	909	894
YZ40	40	108	410	650	108	2400	3000	38	1215	1200

1. 接通电源，日光灯不亮

1)日光灯供电线路断开或接触不良。检查保险丝、各个线路接头与触头、供电线的线芯是否有开路或接触不良，可用万用表检查。断开日光灯两接头，用万用表的电压挡测量两电源线是否有电压。如没有电压，则检查电源进线在哪个地方断开了。

2)启辉器损坏或启辉器与座接触不良。拔掉启辉器，用短导线接通启辉器座两触头，如果这时灯管两端发红，应取出短导线，灯管点燃，就证明启辉器损坏或与座接触不良。可以将启辉器在座中左右旋动，如果仍然不行，证明是氖泡内的两个电极距离太远，加上电压后不能启辉所致，应该换新。

3)新装日光灯，可能接线有误。对着电路图仔细检查线路，改正接线。

4)灯丝断开或灯管漏气。若灯丝断开，可取下灯管，用万用表分别检查两头灯丝，当万用表取 1 kΩ 挡时，指针偏转角应该很大。如果指针不动，表示灯丝已断。要想知道灯管是否因漏气而点不着，可换另一只新灯管试一试。

5)灯脚与灯座接触不良。取出灯管，刮净灯脚与灯座上的氧化皮层及污垢。

6)镇流器配套不合规格或内部接线松脱。取下镇流器，用万用表的欧姆挡检查两线头，看是否通，如不通，则内部接线断开；如通，但阻值不正确(6～8 W 的应是 80～100 Ω,15～20 W 的应为 28～32 Ω,30～40 W 的应为 24～28 Ω)，也说明镇流器损坏或规格不对。换一只新镇流器，如灯管亮，说明判断正确。镇流器的技术数据可参考表 3-7。

表 3-7　镇流器的技术数据

配用灯管功率/W	工作状态		启动状态		最大损耗功率/W	线圈数据		铁芯截面面积/cm²	铁隙长度/cm
	工作电压/V	工作电流/mA	启动电压/V	启动电流/mA		线径/mm	匝数/T		
6	203	140～50	215	180±10	4	φ(0.19～0.20)	2200～2400	2.5	0.03～0.08
8	200	150～10	215	190±10	4	φ(0.19～0.20)	2200～2400	2.5	0.05～0.10
15	202	330～30	215	440±30	8	φ(0.31～0.33)	2360～1420	4.5	0.10～0.15
20	196	350～30	215	460±30	8	φ(0.31～0.33)	2360～1420	4.5	0.15～0.25
30	180	360～30	215	560±30	8	φ(0.34～0.35)	2360～1420	4.5	0.25～0.35
40	165	410～30	215	650±30	8	φ(0.34～0.35)	2360～1420	4.5	0.30～0.45

7)电源电压太低或线路压降大。用万用表交流电压挡检查。

2.灯管两头发红，但点不亮

1)启辉器中电容击穿或氖泡内动、静触头黏接跳不开。若系电容击穿，可除去电容，日光灯即能正常点燃。若是氖泡内电极粘连，可用肉眼直接看出或用万用表直接测出。这种情况下应更换启辉器。

2)电源电压太低或线路压降大，用万用表交流电压挡检测电源电压。

3)气温太低。给灯管加罩，不让冷风直吹灯管。必要时可用热毛巾捂住灯管，待它点燃后再拿开。一般在船上不会有这种情况发生。

4)灯管陈旧，灯丝发射物质将尽，应更换新灯管。

3.灯管发光后立即熄灭

1)接线错误，烧断灯丝。取下灯管，用万用表的欧姆挡检查灯丝是否烧断，若系灯丝烧断，应检查改正电路，然后更换灯丝。

2)整流器内部短路，使灯管工作电压太高。参照第 1 条第 6)小条，用万用表检查镇流器，再装新灯管。

4.灯管两头发黑或有黑斑

1)若是新灯管，因启辉器电容击穿或触头黏连而使灯丝长时间通电，导致灯丝发射物质加速蒸发并附着于灯管壁。应更换新启辉器。

2)灯管内水银凝结。启动后会自行蒸发消失。必要时可把灯管旋转 180°使用。

3)启辉器性能不好或接触不良引起灯管长时间的闪烁，加速灯丝发射物蒸发。检修启辉器座或换掉启辉器。

4)镇流器不配套。可按表 3-6 检查灯管工作电压是否正常。若不正常,可认为镇流器不配套,换上配套的镇流器再试。

5)电源电压过高。用万用表检测后,查明电压高的原因。

6)灯管陈旧,更换新灯管。

5. 灯管亮度降低或色彩变差

1)气温低,影响灯管内部水银的汽化和降低弧光放电能力。加防护罩回避冷风。

2)线路电压太低或压降大。有条件时提高电源电压或增大输电线横截面面积。

3)灯管积垢太多。清洁灯管。

4)灯管陈旧,性能下降,无法使用。换新灯管。

5)镇流器有毛病,线路工作电路太小。可换上配套的能正常工作的镇流器对比检查,若镇流器有问题,应更换。

6. 灯管点亮后灯光在管内旋转(打滚)

1)新灯管的暂时现象,启动几次后即可消失。

2)启辉器损坏,氖管内动、静触头不断交替通断,引起闪烁。更换启辉器。

3)线路及各接头点接触不良。检查线路,加固各接头点。

4)线路接错,灯丝有一头因线路短路而不发光。将灯管从灯座中取出,两端对调重新插入灯座,若原来不发光的一端仍然不亮,系灯丝断。如果原来发光的一端调换后不发光,则不发光的一端短路,应仔细检查排除。

7. 灯管点亮后有交流嗡嗡声和杂声

1)镇流器硅钢片未插紧。插紧硅钢片或更换镇流器。

2)线路电压太高。设法降低线路电压。

3)镇流器过载或内部短路。修理或更换镇流器。

4)启辉器不良,不断地交替通断引起辉光杂声。换掉启辉器。

5)镇流器受热过度。检查镇流器是否损坏。

8. 镇流器过热

1)灯架内温度过高。改善灯架的通风散热条件。

2)线路电压过高或镇流器过载,设法降低供电电压。若镇流器过载,应更换合格的镇流器。

3)镇流器线圈匝间短路或接线不牢,按表 3-8 所示的冷态直流电阻值检查,查明后修理更换。

表 3-8　镇流器的冷态直流电阻

镇流器规格/W	6～8	15～20	30～40
冷态直流电阻/Ω	80～100	28～32	24～28

4)灯管闪烁时间过长或连续通断时间过长,检查并排除应起闪烁的原因,适当缩短使用时间。

9. 灯管寿命短

1)镇流器不配套或质量差,使灯管工作电压失常。更换合格的镇流器。

2)开关次数太多,或启辉器有毛病,引起长时间的闪烁。尽可能减少开关次数。启辉器有毛病时应及时更换。

3)新装灯具因接线错误而烧断灯丝。对照接线图检查接线是否有误,改正后更换新灯管。

4)受到剧烈震动而使灯丝震断。消除震动因素,更换新灯管。

10.断开电源,灯管发出微光

1)荧光粉有余辉特性,属正常现象。

2)开关接在零线上,断开后仍使灯丝与相线相通,应将开关装在相线上。

六、思考题

1)日光灯电路中镇流器的主要作用是什么?启辉器的作用是什么?

2)启辉器由哪几部分组成?启辉器中的小电容主要起什么作用?

3)打开日光灯电源开关后,灯管两头发红,但不能点亮,是什么原因?应怎样排除?

4)如果日光灯接上电源后没有反应,可能的原因有哪些?应怎样排除?

第四节　电流表和电压表的使用、水密灯具及电气元件和线路的维护保养

一、评估要点

1.电流表、电压表的选择和使用

1)电流表、电压表的量程选择正确;

2)正确接入电路测量;

3)读数正确。

2.电流表、电压表量程的扩大

1)电压指示用电压互感器或附加电阻;

2)电流指示用电流互感器或分流器。

3.水密灯具的接线与处理

1)按要求对电气设备进行水密处理;

2)线路连线正确;

3)通电检查和调试。

4.电子线路及电路板焊接和装配

1)焊剂选用正确;

2)电烙铁功率选择正确。

5.交流电流表和电压表的使用注意事项

1)接有电流互感器电流表,在接线过程中一定要防止副边开路,因此外壳应可靠接地。

2)在更换量程或电流表时,先将副边短路(不允许接保险),完毕之后再拆除短接线。

3)电流互感器应与电流表匹配好。

4)对于电流表需要扩大量程(除交流使用互感器之外),直流表一般使用分流器,计算好 R 的值。

6.交流电压表的使用注意事项

1)使用电压互感器扩大量程,并与电压表配套。

2)其副绕组绝对不允许短路或过载。

3)为了减少测量误差或安全,互感器的外壳和副绕组的一端可靠接地。

4)特别强调,电流互感器副边绕组不可开路,由于电流互感器原边的电流只受到被测电路的负载大小影响而不受副边电流的影响,这一点与电压互感器或普通变压器不同。若电流互感器在原边有电期间发生副边开路,则由于副边反抗磁势为零,而原边磁势不变,因而使磁路的磁通比不开路时的大很多倍。这是因为原副边正常工作的合成磁势很小,通常仅为原边额定磁势的0.5%左右。这样大的铁心磁通将导致以下后果:①副边产生很高的开路电压,危及人身安全;②铁损严重,若持续开路,则会引起铁心过热而损坏绕组绝缘。因此,电流互感器副边绝不允许带电开路。当需要检修或更换仪表时,都不应留下开路点。当用一个电流表测量三相电流时,所用的三相电流转换开关也是特殊的,它能保证电流表从一相转换到另一相的过程中不会有断路发生。

为了防止因原副边绕组间的绝缘损坏而导致原边高压进入副边,危及人身安全,电压互感器和电流互感器的铁心及副边绕组的一端都应可靠地接地。

电压互感器的副边绕组不可短路,因为电流互感器的原边电流是恒定的,故副边短路对磁通的影响不大。而电压互感器相当于变压器工作,当副边短路时,原边感应的电流特别大。

5)为使某些同时连接电压互感器和电流互感器的仪器仪表(如功率表)获得电压与电流的正确相位关系,在连接线路时既要注意仪表用互感器的同极性端,又要注意仪表的电压和电流线圈的同极性端标志,要按图接线,否则会发生测量仪表读数错误或使继电保护错误动作。

对于直流电压表,通常采用串接电阻的方法扩大量程。

二、船用水密灯具

船用灯具的特点是防水、防振、防爆等。船用灯具的联接方法一般有“一只开关控制一只灯”“一只开关控制几只灯”“两只、三只、四只开关控制一只灯”等。具体联接要根据教练员给出的接线图进行。

一般水密灯具包括水密外罩,引线孔的水密圈等。

通电之前,先检查插头螺母是否旋紧,接线是否老化,水密情况是否良好,绝缘情况是否良好,电压是否符合标准等。

三、电气线路的焊接

线路板的安装一般按先大后小的原则,比如按照变压器、散热器、电位器、开关、小电阻、电容、二极管、三极管等的顺序。

焊料用焊锡丝,焊剂用松香或松香水,在焊接过程中一定要避免出现虚焊。虚焊由表面不干净引起,可用小刀、细砂纸除去表面的漆膜、油污、氧化物等,然后马上上松香,再烫上一层薄锡。对于小功率半导体器件,用20～45 W的电烙铁;焊接粗导线金属底盘时,用75 W或100 W的电烙铁,烙铁头要经常保持清洁,随时清除上面的氧化物。焊接时电烙铁要有足够的温度,焊锡与被焊的元件要充分融合。焊点要光洁,不宜堆锡太多,焊接时避免烙铁在元件上停留时间太长。对于热敏元件,焊接时要用金属镊子夹住元器件的引脚。焊接低压半导体器件时，电烙铁的金属外壳要可靠接地或用电烙铁的余热焊接(电烙铁烧热后，拔掉电源)。

四、时间继电器、热继电器的整定

1. 时间继电器的整定

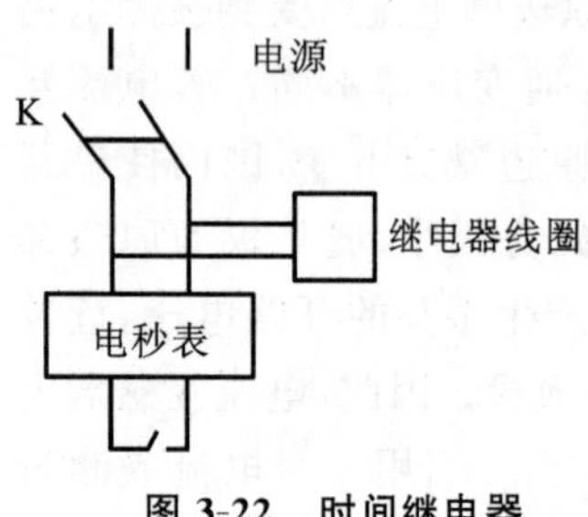

图 3-22　时间继电器

以空气阻尼式时间继电器为例。调节可调螺丝，改变时间的大小，在调节过程中不应调节过猛，千万不要将螺丝调出，也不要松动相关螺丝，防止泄漏而影响时间。在校正调节时间的正确性时，可以使用电秒表接通某一回路进行，如图 3-22 所示。

2. 热继电器整定

根据负载的大小，将整定电流为 $1.1I_e$，设计某一简单热继电器保护图，使用功率为 0.5 kW 的电机，接入回路并且接入交流电流表，调节负载。

五、思考题

1)怎样选择电压表、电流表？怎样扩大它们的量程？

2)水密灯具的特点是什么？能否用一般的灯具代替它？为什么？水密灯具有哪几种连接方式？试画图说明。

3)电气线路焊接时应注意哪些事项？

4)时间继电器、热继电器是如何整定的？

第五节　电线电缆的选择以及电缆切割及端头处理

一、评估要点

1. 报房、机炉舱、甲板电缆选择

1)报房采用钢丝或铜丝编织的有屏蔽层的电缆；

2)机炉舱采用耐较高温度绝缘层、耐油橡胶套的电缆；

3)甲板采用耐较高温度绝缘层、非燃性橡胶套的电缆。

2. 电缆切割及端头处理

1)熟练切割、剥出金属编织网及护套和绝缘层；

2)端头采用冷压焊接头处理。

二、工具和材料

斜口钳、冷轧钳、尖嘴钳、冷轧端头、塑料胶带、塑料套管、记号笔、电缆、电线等。

三、船舶电缆的种类

船舶电缆根据用途可分为电力电缆、射频电缆、电线。不同的用途应选用不同的型号，主要由工作电压、线芯截面面积来决定。比如 CHP，船用橡皮绝缘为非燃性橡套电缆，条件是交流 500 V 以下，直流 1000 V 以下；两芯，0.8～120 mm^2；固定敷设，避免接触油类。

电缆一般由导芯线、绝缘层和护套三部分组成，有的还附加有铠装。

四、船用电缆的切割方法及端头处理

1. 决定剥切尺寸

终端头的安装位置确定后，电缆外护层和铅(铝)包的尺寸即可决定，主要确定以下几个尺寸：

1)电缆卡子与卡子间距

2)焊接地线尺寸

3)预留铅(铝)包尺寸

4)预留统包绝缘尺寸

5)绝缘包扎长度

6)导线裸露长度

2. 剥切外护层

对于有内、外保护层电缆，剥切外护层时应注意：

1)清洗沥青混合物，打磨使表面金属光泽，涂上一层焊锡、放接地线，并装电缆钢带夹子(注：电缆的铅包或铝包上浸过沥青混合物的黄麻、钢带或钢丝)。

2)钢带的取出，注意在钢带上锯出一个环形深痕(为 2/3 钢带厚度)。然后用钳子夹住，沿缠线方向撕下。依同样方法再剥第二层，完毕后用锉刀修饰切口。

3)剥除内衬，应适当加热电缆，使沥青软化，用刀割下黄麻。

3. 焊接地线

地线应采用多股裸铜线，其截面面积不应小于 10 mm^2，焊接表面干净，焊点选择适当，焊点要牢，焊接方式正确，速度要快。

4. 剥切电缆金属护套

按照剥切尺寸，先在铅(铝)包切断的地方用电工刀切一环形深痕，再顺着电缆轴向在铅(铝)包上用剖铅(铝)刀剖切两道直线深痕，其间距约为 10 mm。随后，在电缆顶端，把两道深痕间的铅(铝)皮条用螺丝刀撬起，用钳子夹住铅皮条往下撕。当撕至下面环形深痕处时，细心地将铅皮条折断，再用手将铅皮剥开。至下部环形深痕时，将铅包顺一个方向拉断，完毕后用胀口器把铅包口胀成喇叭口。

5. 剥去统包绝缘和线芯绝缘纸

先剥喇叭口下面 1～2 mm 长的统包绝缘，然后将此部分用聚氯乙烯带包缠，层数以填平喇叭口为准，最后包 1～2 层塑料胶粘带。再将其他的统包绝缘纸松开，禁止用刀子切割，用手将线芯缓慢地分开，割去线芯间的填充物，清洁线芯绝缘纸表面的电缆油，最后用电工刀除线芯绝缘纸(长度按所用接线端子孔深度+5 mm)，最内层两层绝缘纸用手撕去，清洁线芯末端表面。

6. 包缠线芯绝缘

从线芯分叉口根部开始，用聚氯乙烯带在线芯上包缠 1～3 层，层数以使橡胶管(塑料管)能较紧地套在上面为宜。注意线芯与胶管间不能有空气间隙。包缠时顺绝缘纸的包缠方向，以半搭盖方式向上包缠，拉紧带子，使松紧程度一致，不应有扭皱，同时将线芯末端的导体部分一起包住，最外层包带应在裸导体部导体打结扎紧，以防止套管套入时松开。

7. 包缠内包层

由于喇叭口、统包绝缘、三岔口处出现空隙，外形凹凸不平，内包层的作用就是将该部分空隙填满和凹凸不平处填平。

首先，在线芯分叉口处填以环氧-聚酰胺腻子。然后，压入第一个“风车”，用量以压入第一个“风车”而无空隙为准。依次用第二、三个“风车”压入。最后“风车”带应向下勒紧。需要说明的是，压入“风车”不应少于两个，“风车”带的宽度为第一级“10 mm”系列聚氯乙烯带，第二级为 15～20 mm 带。

8. 套入聚氯乙烯手套

内包层完毕后，在其末端下 20 mm 内的铅包上清洁，然后用塑料胶粘带进行包缠，至稍大手套口止。为防套入过紧，加中性凡士林或机油进行润滑。套入之后用聚氯乙烯带和塑料胶粘带包缠手套的手指部分，以根部至高出手指口约 10 mm 止。胶粘带包在最外层，根部四层，指口两层，缠成一个锥形。

9. 套入橡胶管或塑料管

软手套包缠好后，接着线芯上套入橡胶管。橡胶管的内径选择以线芯截面和额定电压为依据，长度的选择是在线芯长度的基础上再加 80～100 mm，其一端剪成 45°斜口，内壁应清洁。套好后，将上口翻边，其长度等于接线端子下段长度，并拆除裸导线的导带。

10. 绑扎尼龙绳，装接线端子

手指与橡胶管搭接部分，用塑料胶粘带包缠 2～3 层，再用直径 1～1.5 mm 的尼龙绳绑扎，长度不小于 30 mm，越过搭接处两端各 5 mm。手套根部绑扎，先用手从上到下捏紧手套，排出手套内部空气，然后在其根部 20～30 mm 内包缠 2～3 层塑料胶粘带，再用尼龙绳绑扎以填实。把原来卷起的套管翻下去，至端子上端圆柱部分 20～30 mm 为止，将多余的套管割掉。之后清洁端子圆柱表面，包缠塑料胶粘带，以圆柱部分开始，至套管并与外径相等。再同尼龙绳在上绑扎 2～3 层，两端各留出 5 mm。

11. 包缠外包层

包缠外包层可先从线芯分岔口开始，在套管外面用醇酸玻璃纤维带（或黄腊带）包缠加固层，一般两层。在手套的三岔口处，先后压入 3～4 个聚氯乙烯带制成的“风车”，用力勒紧填实分叉口空隙。

12. 导线机械冷态压接

先剥去导线端部的绝缘层，其长度为接线端子孔的深度加 5 mm，去掉端子内壁和导线的氧化膜，涂以石英粉和凡士林油膏。将线芯插入接线端子内进行压接，注意压机的位置应在同一直线上，深度以上下横接触为佳。压完一个坑后，应停留 10～15 s，然后除去压力。压好后，用锉刀锉去压坑边缘因被压而翘起的棱角，并用砂布打光，再用汽油抹布擦净。

13. 塑料软线，硬线的对接和分叉

导线的连接方法有绞接、焊接、压接和螺栓连接等，而铝导线的连接方法主要有机械冷压、反应焊、电阻焊、气焊等。铜导线和铝导线的连接应使用铜铝过渡连接管局部压接方法。现以铜导线为例介绍连接方法与分叉方法。

1）单股铜导线连接

主要方法有绞接和缠卷两种。绞接是将两股导线互绞 3 圈。缠卷是将两线端稍弯曲、并合，然后用直径约 1.6 mm 的裸铜线缠卷其上。

2)多股铜导线连接

其方法有单卷、复卷和缠卷。相同点都是把多股导线顺次解开呈 30°伞状,用钳子逐根拉直,并用纱布将导线表面擦净。

分支连接,先将分支线端解开,拉直擦净并分为两股,各曲折 90°,附干线上,然后用另备的铝线作临时绑扎,另一边在各单线端中任取一股,用钳子在干线上紧密缠绕 5 圈,余线割弃,再换一根,以此类推。

五、思考题

1)船用电缆按用途可以分为哪几种?如何进行选择?

2)简述船用电缆的切割及端头处理程序。

3)单股、双股导线的连接方法是什么?试简要说明。

第六节　电动机的拆装、使用与维护

一、电动机的组成和作用

1. 评估要点

1)说明电动机的主要组成部分;

2)转子的作用;

3)定子的作用。

2. 概述

利用电磁作用原理进行电能与机械能互相转换的旋转机械被称为电机。电机又分为直流电机和交流电机。把电能转换为机械能的称为电动机;将机械能转换为电能的称为发电机。由于异步电动机构造简单、造价低,坚固耐用,工作可靠,维修工作量少,因此应用得极为广泛。在交流船舶上,各种辅助机械主要由异步电动机拖动。我们必须对电动机的组成有所了解,才能在维修和使用电动机过程中避免其损坏。

3. 实操步骤

1)电动机的主要组成部分

一个完整电动机主要由两部分组成,即定子和转子。

(1)定子部分是由定子铁心、定子绕组、机座、前端盖、后端盖等组成的。机座和前端盖、后端盖构成机壳,通常是由铸铁或铸钢制成的,起支撑转子和防护作用。

(2)定子铁心是由 0.5 mm 厚的硅钢片叠成的,呈圆筒形,内圆周上冲有均匀分布的槽,用以嵌放定子绕组。

(3)转动部分是由转子铁心、转子绕组、转轴和风扇等组成的。

(4)转子铁心也是由 0.5 mm 厚的硅钢片叠成的,呈圆柱形,外圆周上也冲有均匀分布的槽,用以嵌放转子绕组。如果槽中被铝浇铸满,则为鼠笼式;如果转子槽中嵌放绕组,则为绕线式。

异步电动机解体后的构成部件如图 3-23 所示。

2)转子的作用

利用电磁作用,将电能转变成机械能,拖动辅助机械。

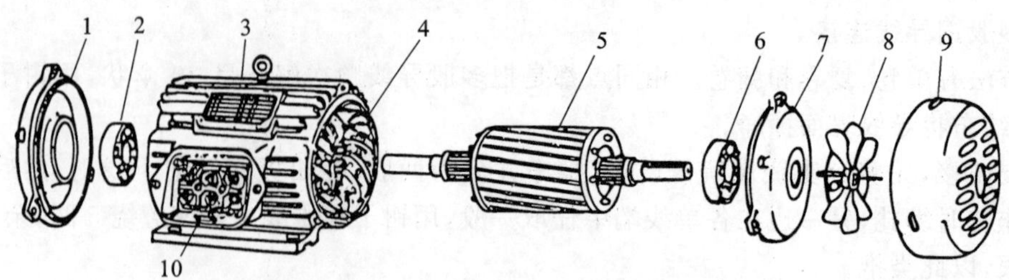

1,7—端盖;2,6—轴承;3—机座;4—定子铁芯和绕组;5—转子;8—风扇;9—风扇护罩;10—接线盒

图 3-23 异步电动机解体后的构成部件

3)定子的作用

当定子三相绕组接通三相电源后就能产生具有一定磁极对数的空间旋转磁场。在旋转磁场的作用下,在转子导体上会产生感应电动势。由于转子导体自成回路,在转子上会产生电流,电流在磁场的作用下又会受到电磁力作用,从而使转子旋转。

二、电动机铭牌的意义

1. 评估要点

1)型号、接法、绝缘等级、温升的含义;

2)额定功率、额定电流、额定电压、额定频率的含义;

3)定额(工作方式)的含义;

4)额定转速的含义。

2. 实操步骤

1)电动机的铭牌

电动机的铭牌反映了电机性能、连接方式、转速等。下面是三相异步电动机的铭牌示例,见表 3-9。

表 3-9 三相异步电动机的铭牌示例

三相异步电动机					
型号	Y90L-4	电压	380 V	接法	Y
容量	1.5 kW	电流	3.7 A	工作方式	连续
转速	1400 r/min	功率因数	0.79	温升	75 ℃
频率	50 Hz	绝缘等级	B	出厂	年　　月
电机厂		编号		质量	kg

2)电机型号、接法、绝缘等级、温升的含义

(1)电机型号 Y90L-4

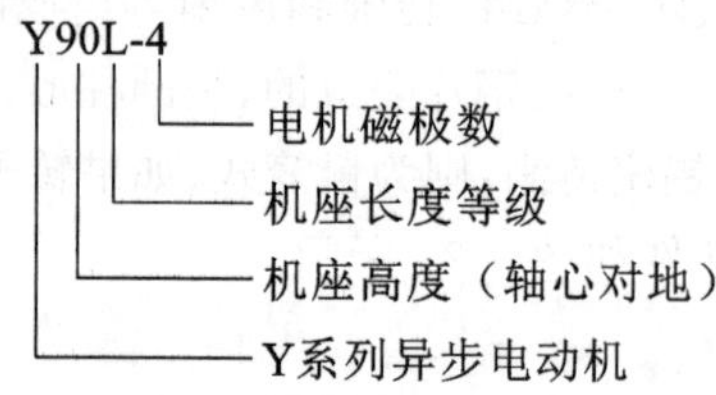

(2)接法:指在额定电压下稳定运行时定子绕组的接法。通常 3 kW 以下的多接成星形,3 kW 以上的多接成三角形。如铭牌上标明 380 V/Y 形连接。

(3)绝缘等级:指电机在制造过程中绕组对地和绕组与绕组之间所用的绝缘材料,有 E、B、F 和 H 级,它们允许的最高工作温度分别是 120 ℃、130 ℃、155 ℃和 180 ℃。

(4)温升:指电动机带额定负载时允许的温度。温升与绝缘等级有关,绝缘等级越高,允许温升越高。如铭牌标明绝缘等级 B,温升是 75 ℃。

3)额定功率、额定电流、额定电压、额定频率的含义

(1)额定功率:指额定运行时轴上输出的机械功率,如铭牌上标明容量 1.5 kW。

(2)额定电流:在额定电压、额定输出功率时定子绕组允许通过的最大线电流,如铭牌标明电流 3.7 A。

(3)额定电压:指加在定子绕组上的额定电压。如铭牌上标明电压 380 V。

(4)额定频率:指加在电机绕组上三相交流电压输出频率。如铭牌标明频率 50 Hz。

4)定额(工作方式)的含义

(1)连续运行:指在正常运行条件下,不受时间限制,带额定负载连续运行。

(2)短时运行:指在正常运行条件下,只能规定一段持续时间带额定负载运行。持续时间有 10 min、30 min、60 min、90 min,短时运行的电机不能超过持续时间,否则电机会烧坏。在铭牌上有说明。

(3)断续运行:按一系列相同的周期短期运行。每个周期为 10 min,包括额定负载时间和一个停止时间。额定负载时间与整个周期之比称为负载持续率,标准的负载持续率有 15%、25%、40%和 60%,在铭牌上有标明。

5)额定转速的含义

额定转速是指在额定电压、额定频率、额定输出功率下转子每分钟的转速。

三、三相异步电动机的连接方法

1. 评估要点

1)分清三相绕组首尾端;

2)按要求正确接线;

3)通电调试。

2. 操作步骤

1)概述

船舶的电力拖动系统,绝大部分采用三相异步电动机拖动。根据三相绕组的首尾端按图 3-24 所示接线,可将电机连接 Y 形或△形。注意,各线端在出线盒内出线板上的连接是,上一排从左向右是 U_1、V_1、W_1,下一排从左向右是 V_2、W_2、U_2,图(a)是 Y 形连接,图(b)是△形连接。三相异步电动机的性能、连接方式从电机铭牌上可以查到。

2)分清三相绕组的首尾端

如果三相绕组首尾不明,一定要通过判别首尾端的方法,判别出首尾端。

3)按要求正确接线

电机连线运行前应首先了解电机铭牌的含义,例如电机铭牌标有电压 380 V/220 V,电机连接 Y/△。以上两项说明,当电源电压为 380 V 时,电动机必须接成 Y 形。当电源电压为

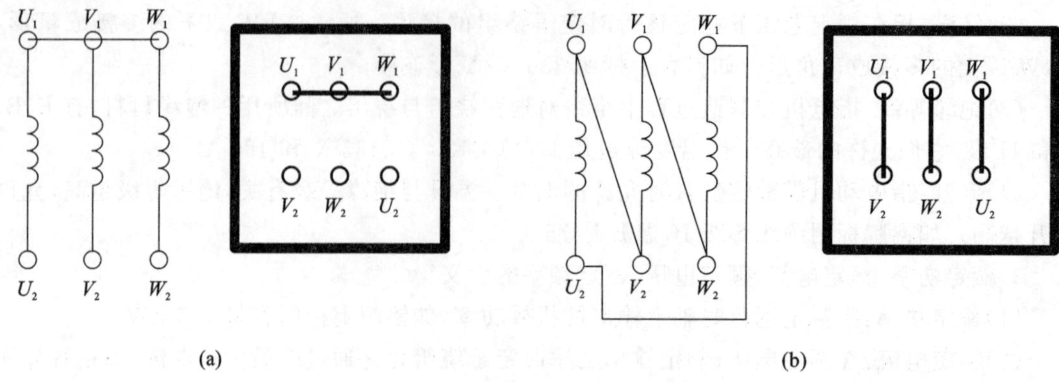

图 3-24 三相异步电动机的连接方法

(a)Y 形连接;(b)△形连接

220 V 时,电动机必须接成△形(以上均为线电压)。目前,国内船舶一般都是线电压 380 V 的电网,所以该电机只能 Y 连接。

特别注意,Y 形电机不要连接△形,否则电机会烧坏。如果是△形连接的电机,不要连接成 Y 形,要看清楚铭牌再连接。

4)通电调试

(1)通电前检查连接是否正确。

(2)用手转动转子,看电机转动是否灵活,有无机械摩擦声。

四、用串联法判别三相异步电动机绕组的首尾端

1. 评估要点

1)正确选择所需的仪表设备;

2)正确接线并进行判别,判别思路应清楚;

3)仪表使用正确,结束处理得当。

2. 实操步骤

1)概述

三相异步电动机的连接方式,应根据电机铭牌要求连接。是 Y 形连接的,不要连接成△形,否则会烧坏电机。是△形连接的,不要接成星形,否则会影响电机的输出功率。

如果三相异步电动机首尾端标记失落,需要用试验的方法测出首尾端。如果首尾端不明,千万不要盲目接线,否则会烧坏电动机。

2)仪表、设备

万用电表一只,量程 0～10 V、交流电压表一只(可以万用表代替使用)、单相调压器一台。

3)正确接线并进行判别,判别思路应清楚

(1)用万用表电阻挡把三相绕组分别找出来,做上标记。

(2)按图 3-25 所示把线连接好。

(3)万用表选择在交流 10 V 挡连接被测回路中。

(4)给其中一相绕组送电,交流电在 36 V 左右。

①若电压表有读数,则说明串联绕组是首尾端相联的。

②若电压表无读数,则说明串联绕组是首首相连或尾尾相连的。

③找出两相首尾端及时做上标记，按此方法再将连接电源的一相首尾端找出来，做上标记。

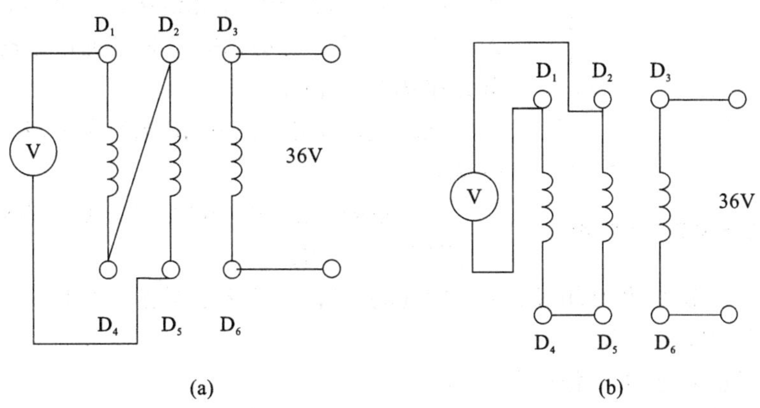

图 3-25　串联法接线图

(a)首尾连接有电压；(b)首首、尾尾连接无电压

4)仪表使用正确，结束处理得当

(1)用串联法找首尾的过程中，先用电阻挡找出三相，再将万用表转换成交流 10 V 挡串在绕组被测回路中。

(2)连接线时先不要送电，接线完毕，检查无误要送电，交流电最好是 0～36 V 可调。送电时从零逐步增加。

(3)送电过程中注意电机的电流，不要因为电流过大损坏电机。

(4)找出首尾端后，应马上做好标记。

(5)万用表使用完毕后，应转换到交流最高挡。

五、用通电感应法判别三相异步电动机的首尾端

1. 评估要点

1)正确地选择要使用的仪表和设备；

2)正确连接并判别，思路应清楚；

3)仪表使用正确，结束工作得当。

2. 实操步骤

1)概述

前面已经讲过，三相电机首尾端不明时，千万不能盲目接线，否则会损坏电机。用通电感应法判别电机绕组的首尾端，是三种判别方法中最方便的一种。

2)正确选择使用仪表和设备

万用表一只，量程 0～10 mA、直流毫安表一只(可用万用表代替)，电压 1.5 V，特大号干电池一节。也可使用酸性蓄电池，取其中的一格 2 伏。

3)正确连接并判别，思路应清楚

(1)用万用表电阻挡找出三相绕组，做上标记。

(2)按图 3-26 所示连接好线路。

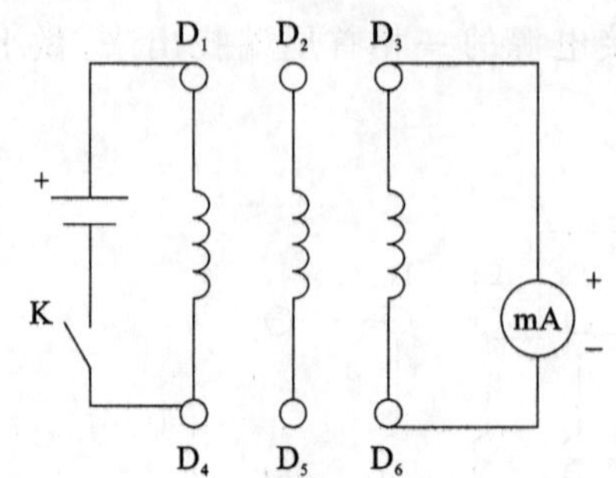

图 3-26 通电感应法接线图

(3)将万用表选择在直流毫安挡或直流毫伏挡。

(4)反复数次接通和断开开关 K,这时电流是变化的,变化的电流会产生变化的磁能。此时,在另外两相绕组上会产生感应电势。通过测量感应电势的方向,可以找出电机的首尾端。

我们设定和电源正极相连的为首,和电源负极相连的为尾。

①如果表针正偏转,和万用表黑表笔相连的为首,和红表笔相连的为尾。

②如果表针反偏转,和万用表红表笔相连的为首,和黑表笔相连的为尾。

③首尾确定后应马上做标记。

4)仪表使用正确,结束工作得当

(1)用万用表找出三相绕组后,万用表从电阻挡转换到直流毫安或毫伏挡,连接被测回路。

(2)万用表使用完毕后应换到交流电压最高挡。

六、拆装电动机的步骤

1. 评估要点

1)正确拆联轴器、风罩风叶(交流);

2)拆前轴承盖、端盖;

3)卸后轴承盖、端盖;

4)能正确取出转子,拆卸轴承;

5)装配步骤正确。

2. 拆卸步骤

拆装电动机要严格按操作步骤进行,否则会造成电动机的损坏。

1)拆联轴器、风罩风叶。

2)拆卸联轴器:拆卸时先做标记,记下联轴器在转轴上的位置,用专用工具(拉马)将其慢慢拉下。为了便于拉动,可在联轴器孔内渗入煤油或柴油。

3)用螺丝刀松掉螺丝,取下风罩。

4)风叶要用专用工具(拉马)拉下。

5)拆前轴承盖、端盖

(1)拆前轴承盖:只要拧下固定轴承的螺丝,就可取下轴承盖。

(2)拆前端盖:拆前端盖时应作好端盖和机座之间的标记,卸下固定螺丝。若有顶丝孔,可把卸下的螺钉拧在顶丝孔中,对称的拧紧螺钉可取下端盖。若无顶丝孔,可用软金属棒垫着,对称、均匀、小心地敲打端盖外缘,拆下端盖。注意,不要伤了止口。不要将金属棒插入端盖内拆卸端盖,以免损坏定子绕组。

6)卸后轴承盖、端盖

卸后轴承盖与卸前轴承盖方法相同。卸后轴承盖和端盖时必须首先拆下风罩和风叶。

7)取出转子、拆卸轴承

(1)取出转子时要当心转子碰伤定子绕组。

(2)拆卸轴承:拆卸轴承有两种方法。一种方法是用拉马钩紧轴承内圈慢慢地拉下。另一种方法是用软金属棒垫着轴承的内圈,用榔头沿轴承内圈四周均匀地敲打,取下轴承。

3. 装配步骤

1)装配步骤和拆卸步骤正好相反,先拆的后装,后拆的先装。

2)装配时要注意拆装前所做的标记。

3)安装轴承外盖:应先在轴承盖的两个螺孔中分别插上两根定位棒,使内外轴承盖的螺孔对正;而后把一个螺栓从轴承外盖的另一个孔中拧上,拔下一个定位棒,再拧上一个螺栓,再拔下一定位棒,再拧上一个螺栓。

4)安装前后端盖时,按对角线对称地拧紧螺丝,随时注意转子是否灵活。

七、清洁电动机

1. 评估要点

1)正确地用电器清洗液清洗电枢绕组;

2)端盖、定子外壳用刷子蘸煤油、汽油清洗;

3)轴承去净油脂,浸泡在煤油、柴油中刷洗,用汽油清洗。

2. 清洁步骤

1)电枢绕组清洗

电枢绕组要用专用的电器清洗液清洗,清洁完后及时烘干。不要用其他的清洁剂代替电器清洗液清洁绕组,否则会造成电动机绝缘损坏。

2)端盖、定子外壳用刷子蘸煤油、汽油刷洗。

3)轴承去净油脂,浸泡在煤油、柴油中刷洗,用汽油清洗。

将轴承和轴承盖上的油脂全部刮去,用煤油或汽油洗净,用干净布擦干,检查轴承转动是否灵活,有无异常声音,轴向和径向间隙是否在正常范围。轴承完好时,将润滑脂用手指从轴承的一边向另一边挤压,让润滑脂挤进轴承。润滑脂要适量,每分钟 3000 转的电机加轴承空间的 1/3,每分钟 1500 转的加电机的 2/3。另外,在油槽中也应加上适量的润滑脂。

八、电动机电气部件检查

1. 评估要点

1)正确地对绝缘进行检查;

2)绕组直流电阻值检查;

3)电气元件外部损伤的检查。

2. 检查方法

电动机在使用过程中会出现各式各样的故障。若电动机出现故障,要及时排除,避免造成不必要的损失。

1)绝缘检查

便携式兆欧表又称摇表,用来测量电气设备及供电线路的绝缘电阻。常用兆欧表是由一台永磁式手摇发电机和磁电流比计组成的。兆欧表有各种规格,以其手摇发电机发出的最高电压决定,如 100 V、500 V、1000 V、2500 V 等。常用的兆欧表有 500 V 和 1000 V 两种。兆欧表上有三个接线柱,即“线路”端(标记“L”),“接地”端(标记“E”或“⏚”),屏蔽端(标记“G”

或标有“保护环”字样)。如果测量电气设备的绝缘电阻,应把“E”端接设备的金属外壳,“L”端接设备的接线端子。若测电缆保护外皮对缆芯的绝缘电阻,则应把“E”端接保护外皮,“L”端接缆芯,再把“G”端接电缆内层绝缘包皮,以消除因表面漏电流而引起的误差。

使用兆欧表要注意以下几点。

(1)使用兆欧表测量之前要断开被测设备电源,不要带电测量,设备有大电容时,应先放电再测量。若测量两供电导线间的绝缘时,还要断开负载。

(2)接线柱与被测电器的连线不能用双股绝缘线或绞线,应用单股线分开连接,避免因绞线绝缘不良而引起测量误差。

(3)摇表需水平放置,并远离通有大电流的导体和强磁场的场合。

(4)使用兆欧表测量之前,要将兆欧表进行开路和短路试验。摇兆欧表的手柄,开路时指针应指在“∞”,以每分钟 120 转为宜;短路时指针应指在“0”,以每分钟 1～2 转为宜。

(5)手摇手柄转数由慢到快,以每分钟 120 转为宜。

(6)额定电压在 500 V 以下的电气设备,应选用 500 V 或 1000 V 级的摇表;额定电压在 500 V 以上的电气设备,应选用 1000 V 或 2000 V 级的摇表。36 V 以下低压电气设备,只能选用 100～200 V 的摇表。

(7)严禁使用兆欧表测量电子设备、仪表、传感器等低压电气设备的绝缘电阻,更不能用兆欧表测试二极管、三极管及集成电路等,以免将这些设备、器件击穿。

2)绕组直流电阻值的检查

电动机的定子绕组的匝数和线径完全相同,通过测量绕组直流电阻可以判断电动机和绕组有无损坏。检测绕组电阻可用以下两种方法。

(1)电桥法

采用单臂或双臂电桥测量,选哪一种,取决于被测绕组的大小和精度要求。绕组电阻小于 1 Ω 时,必须采用双臂电桥,因为单臂电桥测量的过程中连接导线的电阻和接线柱的接触电阻会给低值带来较大误差。

第一步,根据被测电阻的大小选择合适的电桥。第二步,估计被测电阻的大小,选择适当的桥臂比率,将比较臂可调电阻旋至大致平衡位置。第三步,准备测量时,先将检流计锁扣打开,然后按下电源按钮,接通电源,待电桥中电流稳定后,再按下检流计按钮,当检流计读数为零时比较臂各挡电阻总和乘以比率,即为待测电阻。第四步,测量完毕后,先松开检流计按钮,再断开电源按钮,并将检流计锁住,以免检流计受损。第五步,在使用双臂电桥时,有四根连线,电位接点的连线应比电流接点的连线更靠近被测电阻,并且接点要良好。

(2)伏安法(电压和电流表法)

用电压和电流表测量直流电阻时,应采用蓄电池或直流稳压电源作为测量电源。测量线路如图 3-27 所示。被测绕阻与可变电阻、电流表串联。为保护电压表,将电压表与按钮开关 K_2 串联后并于被测绕阻两端。

图 3-27(a)所示用于测量低电阻。考虑电压表(内阻为 R_v)的分流,被测电阻为:

$$R_x = \frac{U}{I - \frac{U}{R_v}}$$

图 3-27(b)所示用于测量高电阻。考虑电流表内阻 R_a 上的压降,被测电阻为:

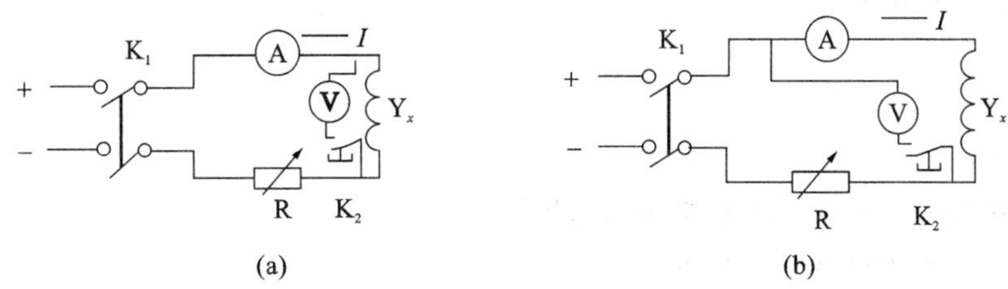

图 3-27　伏安法接线图

(a)测量低电阻接线图;(b)测量高电阻接线图

$$R_x = \frac{U - IR_a}{I}$$

相应于不同电流测量三次,取平均值作为绕阻直流电阻。

测量时,为保证足够灵敏度,电源所供电流要有一定数值,但不要超过电机额定电流的20%,电流表、电压表应尽快读数,以免绕阻发热,影响测量精度。

3)电气元件外部损伤检查

交流电机每隔3～4年,直流电机每隔2～3年应做如下检查。

(1)电机全部解体清洁。

(2)测量定转子各绕圈的绝缘电阻,低于标准值时,进行绝缘处理。

(3)检查各线圈是否有松动、短路、开路等故障,对有擦伤或过热老化处,进行处理包扎。

(4)检查换向器及滑环的磨损程度。

(5)检查钢丝箍和扎线是否松动。

(6)检查轴承并更换润滑脂。

(7)检查换向器上的凸痕、斑点和电机的火花,超出要求时,应对换向器进行光车,并拉槽和倒角。

九、电动机故障的查找和分析

1. 评估要点

1)找出不能起动的原因;

2)起动无力、转速低的故障;

3)分析温升高的原因;

4)找出振动的原因;

5)分析轴承过热的原因。

2. 原因分析

电动机在使用过程中会出现各式各样的故障,船舶管理人员应根据故障现象,及时排除。

1)不能起动

(1)电源未接通(开关、熔断器、电动机接线等处有断路)。

(2)控制线路有故障,定子绕组有短路、断路。

(3)负载太大。

(4)转子被卡住。

2)起动无力,转速低

(1)电源电压低。

(2)负载大。

(3)单相运行。

(4)定子绕组应是三角形连接而误接成星形。

(5)鼠笼转子有断条或端环断裂。

3)温升高

(1)负载过大,而保护装置失灵。

(2)电源电压过高或过低。

(3)定子绕组有短路或通地。

(4)重载下单相运行。

(5)散热有故障。

(6)环境温度太高。

(7)机械故障,如定子、转子相擦,轴承损伤,风扇故障等。

4)振动

(1)单相运行。

(2)定子绕组引线接错。

(3)定子转子相擦。

(4)轴承损坏或缺润滑油。

(5)风扇叶碰壳。

(6)地脚螺丝松动。

(7)负载和电机中轴线不对。

5)轴承过热

(1)轴承损坏。

(2)轴承润滑脂干枯。

十、直流电机电刷位置的确定

1. 评估要点

1)电枢绕组判别正确;

2)正确接线,正确选择仪表及功能;

3)中性面位置判别方法及操作正确。

2. 操作步骤

直流换向器的直流电机电刷应放在几何中心线上。当刷架发生移动时,电刷偏离了几何中心线,并且当标记不清时,可用试验方法进行调整,使电刷位于中心线上。直流电机拆装完毕后,不能直接通电使用,否则会因电刷不在中心面上而使电刷与整流子之间产生火花。火花严重时会造成电动机的损坏。拆装后的直流电机必须对中性面进行调整。

1)电枢绕组判别正确

直流复激电动机接线盒有六个接线端子,如图 3-28 所示。

(1)图 3-28 中 H_1、H_2 是电枢绕组,通常标在端头上。

(2)如果端头标记失落，可用万用表检测出 H_1、H_2 电枢绕组。先将电动机的连线断开，用万用表检测，其中一相电阻最大的是励磁绕组 F_1、F_2。有两相电阻都很小的是串激绕组 C_1、C_2 和电枢绕组 H_1、H_2。分辨二者何为电枢绕组可看其中的两个端头，同炭刷相通则是电枢绕组 H_1、H_2。

2)接线、选择仪表及功能挡

(1)按图 3-29 所示接线。

(2)直流电源 1.5 V 或 3 V，直流毫安表 1 只，可用万用表毫安挡代替。

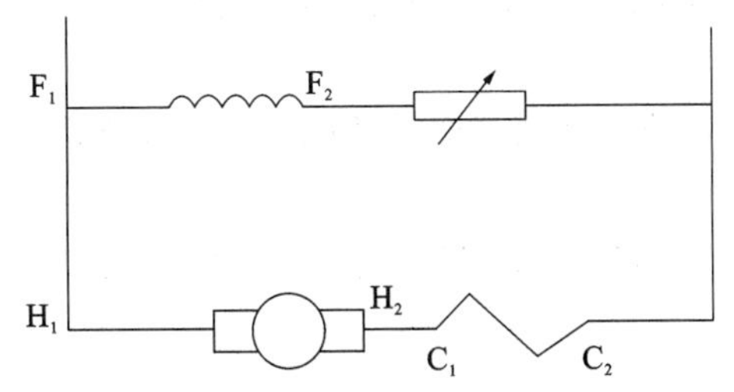

图 3-28　直流复激电动机接线盒

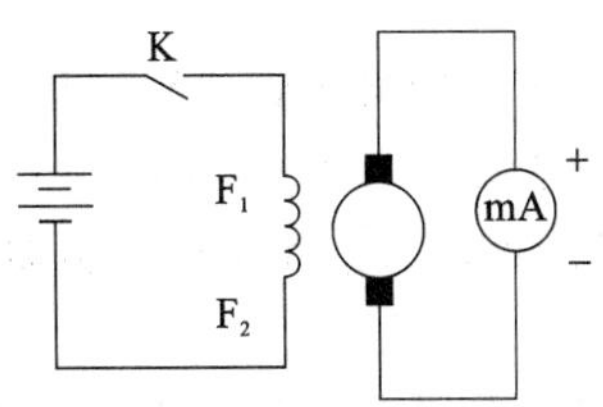

图 3-29　万用表检测接线图

3)中性面位置判别方法及操作正确

试验时按图 3-29 所示连接，在并励绕组 F_1、F_2 两端接 1.5 V 或 3 V 的直流电源，直流毫伏表接电枢两端。开始毫安表量程选大些，当开关 K 不断开合时，指针会摆动，说明电枢不在几何中心线上。转动刷架，毫安表在最小量程，开关接通和断开时指针摆动最小，这时电刷就被调整到几何中心线上了，然后固定刷架即可。

十一、思考题

1)简述三相异步电动机是由哪几部分组成的。什么是极对数？它与电动机的额定转速有什么关系？

2)额定功率、额定电流、额定电压、额定频率的含义是什么？

3)什么是 Y 形连接？什么是△连接？各有什么特点？

4)怎样判别电动机三相绕组的首尾端？

5)怎样检查交流电动机的绝缘？判断其绝缘好坏的基本指标是什么？

6)电动机运行时温度过高一般是哪些原因引起的？

7)简述交流电机的拆装步骤。

8)什么是直流电机？它和交流电机有什么本质区别？

9)怎样判别直流电机的电枢绕组？

10)怎样调整直流电机电刷中性面？

第七节　电气控制箱

一、评估要点

1)根据线路原理图指出控制箱内的电器元件；

2)说明各元件的作用;

3)熟悉短路、过载和零压保护是怎样实现的;

4)正确接线并与动力设备连接,通电测试。

二、认识步骤

1. 简介

船舶电力拖动系统,一般都是用电气控制箱进行控制的。通过对机组控制箱控制线路的安装与接线,可以进一步加深熟悉各种电器元件的结构及工作原理,熟悉电路的布局及故障查找的方法。

怎样才能准确无误地排除电气控制线路的故障?必须学会看懂电气线路原理图。根据工作原理图中文字符号和元件一一对应查找。

如果图纸丢失,应先根据实物测绘绘制电气原理图。没有电气原理图的设备很难排除电气故障。

2. 根据线路原理图指明控制箱内的电器元件

1)电源总开关,一般使用空气开关控制回路开关。

2)接触器、继电器。

3)主回路一般导线较粗,控制回路一般导线较细,主回路、控制回路、零线等一般还要用不同颜色的导线区分开来。

4)为便于查找故障,控制箱里面的线头一般要编号,如果丢失应及时补上。

3. 说明各元件的作用

1)电源主开关是用来接通或断开电源的。

2)控制回路开关是用来接通或断开控制回路电源。

3)接触器是用来接通或断开电机主回路。

4)继电器是用来对电气设备进行自动控制或对用电设备进行保护。

4. 短路、过载和零电压保护的实现

1)短路保护

当用电设备短路时,电源和负载应瞬时断开。有些设备是用保险丝实现短路保护的,当负载短路时保险立即烧断。空气开关也可以实现短路保护,当电用设备出现短路时,空气开关里面的衔铁动作,带动空气开关的脱扣器,空气开关立即跳闸,对负载进行保护。

2)过载保护

当电机或用电设备功率大于额定功率时,这时电机或用电设备过载。过载时通过电机或用电设备的电流大于额定电流,如果不进行保护,电机或负载过热后会烧坏。

热继电器可以进行过载保护。图 3-30 中 FR 为热继电器,它由两个或三个发热元件组成,分别串入电机或负载回路。常闭触头串在控制回路,当用电设备过载时,过载电流使温度升高。经过一段时间后,热继电器双金属片弯曲使常闭触头断开,接触器线圈失电,主触头断开,于是电机或用电设备电源被切断而得到保护。

热继电器在使用中对整定电流一定要进行调整。整定电流等于电机或用电设备的额定电流。整定电流不能太小,更不能调得太大。整定电流太小,负载正常工作时热继电器动作,影响负载正常工作;整定电流太大,当负载过载时热继电器不动作,使负载过热烧坏。

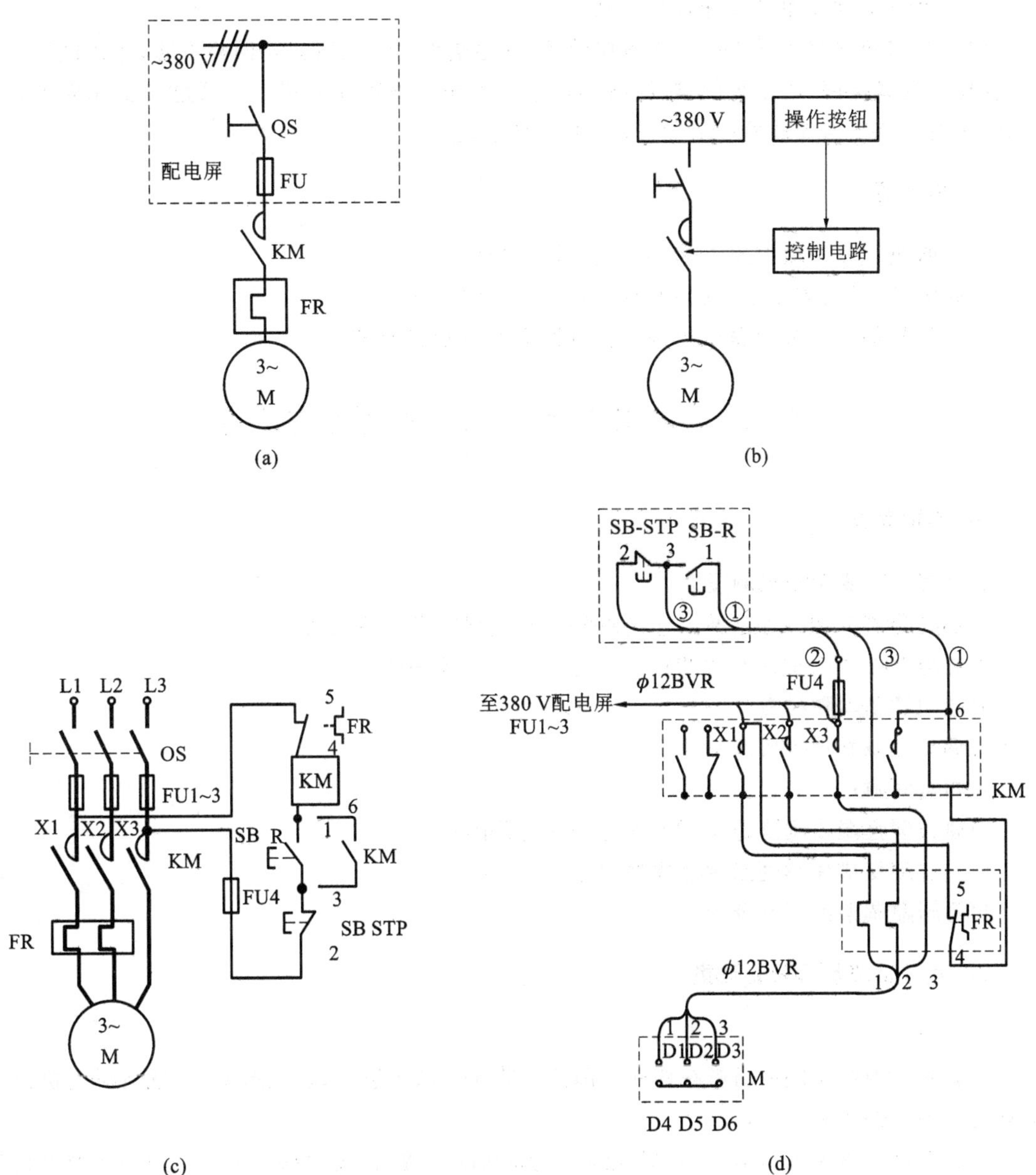

图 3-30　电气控制线路原理图

(a)配电系统图;(b)原理方框图;(c)电气原理图;(d)安装接线图

3)零电压保护(失压保护)

负载正常工作时,若电网失电,负载将因失压而停止工作。电网恢复供电后,如果负载不能自行起动,这便是零电压保护(失压保护)在发挥作用。在操作不当或维修人员毫无准备的情况下,零电压保护可以避免负载自行起动,以免造成人身事故和设备损坏。同时,对于电网来说,如果许多电机同时起动,由于电动的起动电流通常大于额定电流 4～7 倍,会出现过电流和线路电压降,使电气设备不能正常运行。为防止出现上述情况,采取零电压保护至关重要。凡是继电器控制的设备,都可以使用零电压保护。

5. 接线与动力设备连接并通电测试

电气控制箱安装完毕或维护故障排除后，应通电测试。接通控制回路电源，主回路暂时不送电，按下起动按钮，观察接触器、继电器是否按工作原理程序工作。如果是按工作原理程序工作，说明安装正常或故障排除，可以给主电路送电。

三、思考题

1)一般电气控制箱主要由哪些电气元件组成？

2)接触器、继电器在电气控制箱中主要起什么作用？

3)电气控制箱一般有哪几种保护？分别简要说明其原理。

第八节　电磁制动器间隙的测量与调整

一、评估要点

1. 电磁制动器间隙的测量

1)制动器通电线圈通电前测量电磁圆盘与电磁铁芯端面间隙；

2)通电时测量电磁铁圆盘和后端面与摩擦片两侧间隙；

3)选用调整间隙材料。

2. 调整电磁制动器间隙的步骤

1)测量间隙；

2)通过圆盘端盖调节螺丝调节圆盘与铁芯间隙；

3)通过改变垫片厚度来调整摩擦间隙；

4)将间隙调整到正常范围。

二、电磁制动器间隙的测量

1. 简介

制动的目的在于使电动机在切断电源后其转子尽快停止转动。制动的方法可分为机械制动和电气制动两大类。

电磁制动器属于机械制动器，机械制动是在切断电源后，用机械的方法产生一个与电动机转子转动方向相反的制动力矩使电动机尽快停下来，通常用制动电磁铁来控制。制动器如图3-31所示。

图3-32(a)和图3-32(b)所示是两种用电磁铁控制的机械制动控制电路。由图3-32(a)可知，在电动机运行期间，制动电磁铁的线圈BRK是通电的。它所产生的电磁力克服复位弹簧的弹力，把闸松开，使电动机正常运行。而当电动机断电时，电磁铁线圈断电，靠复位弹簧的作用使闸刹紧，从而产生制动，在船舶上常采用这种控制方式，例如起货机、锚机等。采用断电制动可防止起货机在起货过程中突然停电时实现机械制动，防止货物落下造成事故。

电磁制动器在使用过程中必须对电磁铁的两个间隙进行调整，这两个间隙基本上保持一致。若间隙太小，当电动机运行时会造成摩擦片与圆盘间产生摩擦力，使摩擦片发热，损坏摩

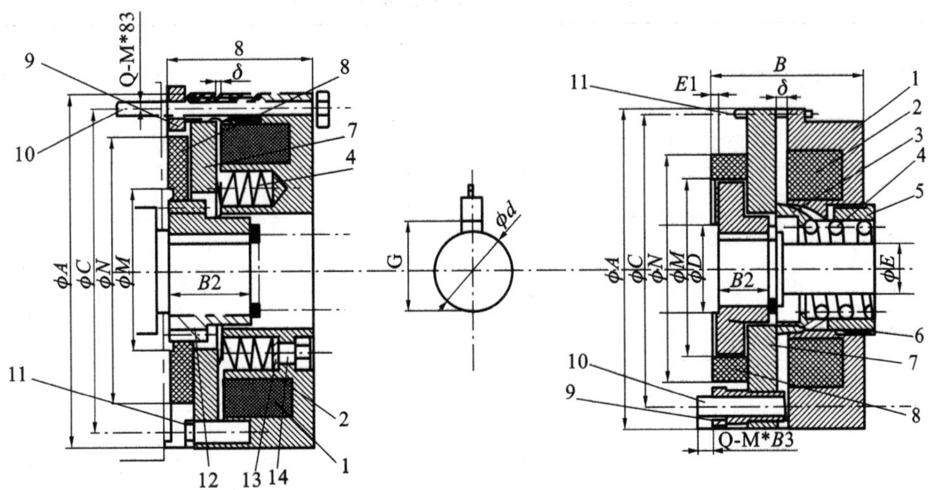

1—磁轭;2—励磁线圈;3—弹簧座;4—弹簧;5—调节螺母;6—花键套;7—衔铁盘;
8—摩擦片;9—空心螺钉;10—紧钉螺钉;11—释放弹簧;12—齿轮套;13—垫片;14—调节螺栓

图 3-31　制动器

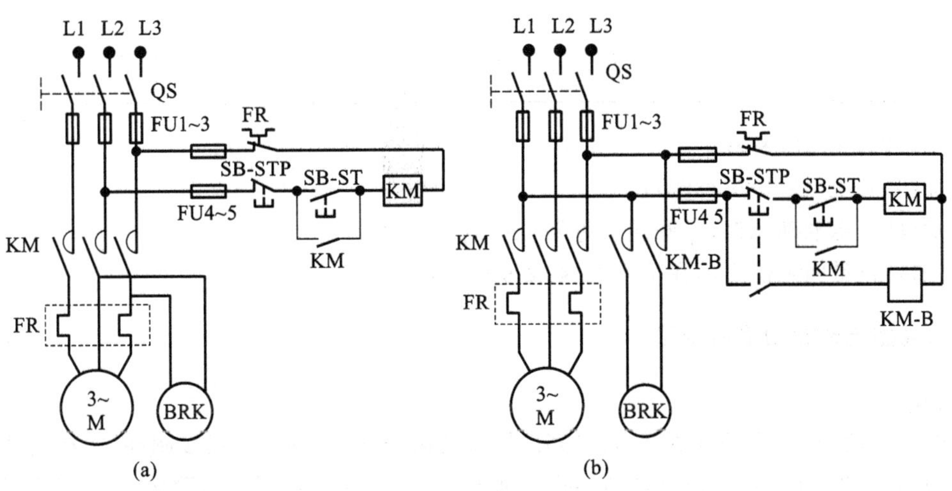

图 3-32　电磁制动控制电路

(a)连续运转;(b)刹车联锁

擦片,而且还会因摩擦片与圆盘之间的摩擦使电机过载运行,造成电动机的损坏。如制动器间隙大于规定值,会造成电动机断电时刹不住车,货物下落。

2. 通电前测量电磁圆盘与电磁铁芯端面间隙值 δ

1)通过图表查出该规格的电磁制动器的间隙值 δ。不同规格制动器间隙值 δ 见表 3-10。

2)用塞尺测量电磁圆盘与电磁铁芯端面的间隙。

各种不同规格的制动器调整间隙值是不同的,调整时请参考图表。

3. 通电时测量电磁圆盘和电机后端盖与摩擦片两侧的间隙

通电后测量电磁圆盘和电机后端盖与摩擦片两侧的间隙值点应在规定范围之内。其测量方法与通电前测量相同。

表 3-10　不同规格制动器间隙值 δ　　　单位：mm

规格		外径									
		08	15	30	40	75	150	200	300	450	750
径向尺寸	ϕA	117	127	145	166	187	222	265	310	330	375
	ϕC	105	114	133	150	170	202	244	280	300	340
	ϕD	25	30	35	35	45	50	—	—	—	
	ϕd	19.8	24.8	29.5	29.5	39.5	44.5	50	60	65	65
	ϕE	23	28	33	33	43	48	—	—	—	—
	ϕN	90	98	104	130	150	180	216	240	270	300
轴向尺寸	B	52	56	60	62	77	89	100	112	124	131
	$B1$	1.5	1.5	1.5	1.5	1.5	1.5	—	—	—	
	$B2$	20	20	20	22	25	23	40	50	56	56
	Q-M	3-M5	3-M6	3-M6	3-M8	3-M8	4-M10	4-M10	4-M12	4-M12	8-M12
	F(js9)	6	8	8	8	12	12	14	18	18	20
	G	21.5	28.1	32.8	32.8	42.8	48.3	53.8	64.4	69.4	69.4
	δ	0.3	0.35	0.4	0.4	0.45	0.5	0.60	0.70	0.75	0.8

4. 选用调整间隙材料

1）用厚薄规（塞尺）进行测量。

2）测量一定准确无误，在圆周上每隔 120°测量一次。

3）如果测量间隙值 δ 不在范围之内，要进行调整。

三、调整电磁制动器的步骤

1. 简介

电磁制动器属于机械制动器，它与其他形式的制动方式不同，如反接制动、能耗制动、再生（发电）制动，在制动过程中没有机械磨损。而电磁制动在制动过程中，摩擦片与圆盘、摩擦片与电机后端盖之间都有磨损，所以制动器使用一段时间后，对其中的两个间隙要进行调整。一个是电磁圆盘与电磁铁芯之间的间隙，另一个是电磁圆盘与摩擦片和电机后端盖之间的间隙。这两个间隙都应在规定范围之内，如果不在规定范围之内就进行调整。

各种不同规格的制动器的间隙是不同的，各种规格的制动器主要参数如表 3-10 所示。

2. 测量间隙

用塞规（塞尺）检测两个间隙是否在规定范围之内，如果不在规定范围之内要进行调整。

3. 通过改变垫片厚度调整摩擦间隙

摩擦片与电机后端盖的间隙要使电磁制动器通电后才能调整。具体操作如下：

1）通过表查出该规格制动器的 δ 值。

2）选择塞尺，尺寸同 δ 值。

3）制动器通电，将塞尺插入摩擦片与电机后端盖之间。

如果塞尺插不进去，说明间隙太小，调整空心螺母。间隙小于δ值就调紧空心螺母。如果塞尺插入后很松，说明间隙太大，此时就调松空心螺母。在弹簧的作用下，使间隙达到规定范围。

4. 通过圆盘端盖调节螺丝调节圆盘与铁芯间隙

制动器不通电时调整圆盘与电磁铁之间的间隙。

1）首先将螺丝松开。

2）将塞尺插入圆盘与铁芯之间，将螺丝上紧。

5. 调整间隙到正常范围内

制动器调整完毕后，塞尺在圆周任何一点可自由插入和抽出。

各种规格的电磁制动器的调整间隙是不同的，调整间隙前一定要把该制动器的规格搞清楚。

四、思考题

1）制动器的作用是什么？分为哪几种？什么是机械制动器？

2）电磁制动器的间隙是什么？怎样进行调节？如果间隙不在正常范围内，会产生哪些后果？

第九节　船舶电站的操作及故障处理

一、运行中船舶主配电板日常管理工作

1. 评估要点（口述）

1）观察仪表读数并进行记录；

2）根据工况进行并车或解列操作；

3）观察功率分配是否合理，并进行必要调节；

4）检修设备断电后应悬挂告示牌；

5）检查电网绝缘并进行记录；

6）主配电板周围及上方不允许堆放或悬挂物品。

2. 实操步骤

1）简述

运行中的发电机，应根据配电板上仪表指示情况，对发电机工作状态不断进行监测，以便及时发现不正常现象，消除事故隐患，保证船舶正常供电。

2）观察仪表读数并记录

配电板上的仪表、电压表、电流表、频率表、功率表、功率因数表是用来观察发电机工作状况的，应经常观察并进行记录。

3）根据工况进行并车或解列操作

（1）通过观察配电板上的功率表，可以知道发电机是否过载。一般功率表指示70%～80%的输出功率时，说明发电机已经满载或过载，因为船上大部分是感性负载，此时应并车运行。

（2）通过观察电流表，也可知道发电机是否过载。转动电流表转换开关，如果其中一相大于或等于额定电流，说明发电机已经过载，此时需并车运行。

(3)如果两台发电机的输出功率仅是单机的60%时，这时发电机需解列。将一台发电机的功率转移到另一台发电机上，停一台发电机。

4)观察功率分配是否合理，并进行必要的调节

并联运行的发电机，如果两只功率表的功率不一样，可以通过改变原动机的油门使两只功率表的读数基本一致，但必须同时调节油门。

5)检修设备断电后应悬挂告示牌

检修设备断电后应悬挂告示牌，可以避免不必要的事故发生。

6)检查电网绝缘并进行记录

配电板上的兆欧表可以用来检查电网的绝缘。该表可以检查照明绝缘和动力绝缘。一般电网的绝缘电阻冷态不得低于2 MΩ，用电设备热态的绝缘电阻不得低于0.5 MΩ。若低于此值，应当通过摇表查明原因，使绝缘提高。

7)主配电板周围上方不允许堆放或悬挂物品。

二、常规电站运行时主要故障的判断和处理

1.评估要点

1)并车操作失误导致电网失电的判断和处理；

2)过载保护导致电网失电的判断与处理；

3)逆功率保护导致电网失电的判断与处理；

4)欠压和短路保护导致电网失电的判断与处理。

2.故障分析与处理

1)简介

船舶电站是船舶的重要组成部分，是船舶电力系统的核心，它是由发电装置和配电装置组成的。船舶电站对保障船舶安全、经济航行具有重要意义。船舶电站会出现各式各样的故障，有机械故障，也有电气方面的故障。这就需要船舶管理人员根据故障现象，在熟读电气原理图的基础上，及时准确地排除故障。

2)并车操作失误导致电网失电的判断和处理

(1)并车操作失误的原因

①并车时若操作失误，待并发电机的合闸时间选择不对，会引起很大的并车冲击电流，使运行中的发电机空气开关跳闸，从而失电。

②用明暗法并车，待并发电机的转速低于运行发电机的转速，并车后待并发电机不向电网供电而吸收运行发电机的功率，使运行中的发电机过载，空气开关跳闸，最终电网失电。

③并车后功率没有及时转移或功率转移操作错误。

(2)电网失电的处理

①并车操作时合闸时间一定要选择准确，合闸时间选择得越好，冲击电流就越小。合闸时间的掌握主要是观察同步表，一般以提前5°～10°合闸为宜。

②如果用明暗法并车，此时一定要注意待并发电机的频率，即待并发电机的转速略高于运行中的发电机。合闸时间应选择灯光熄灭时。

③并车后及时进行功率转移。功率转移时要同时调节油门，待并发电机增加油门，运行发电机减小油门。调整油门时注意两台发电机的功率表，以各承担总功率的50%为宜。

④如果并车操作失败，导致空气开关跳闸，应及时将空气开关合上。

3)过载保护导致电网失电的判断与处理

(1)过载保护导致电网失电的原因

①单机运行，发电机的容量不能满足负载。

②并联运行中的机组，功率分配不均。

③有多台大功率的电机同时起动。

(2)过载保护导致电网失电的处理

①单机运行时发电机的容量若不够，要及时并车。

②并联机组功率分配不均，要及时调整油门，使两台发电机功率分配均匀。

③多台大功率的电机同时起动会引起过载，在操作时应避免大功率电机同时起动。

④如果因过载保护而导致电网失电，应及时将空气开关合上。

4)逆功率保护导致电网失电的判断与处理

(1)导致逆功率的原因

①发电机的原动机发生故障，原动机调速器故障，原动机燃油中断或发电机联轴节损坏等。

②当同步发电机并车操作时，同步表损坏，用明暗法并车。若待并机在负差频下或滞后相位差下合闸，这时待并发电机会出现逆功率。

(2)逆功率保护导致电网失电的处理

①若发现原动机调速器故障、联轴节损坏或油门故障，应及时修复。

②并车注意观察同步表，同步表应朝快的方向旋转，并车后待并发电机可以带一点功率，不会导致逆功率。在同步表损坏的情况下，用明暗表并车，此时一定要让待并发电机的频率略高于运行发电机的频率。

③如果因逆功率保护而导致电网失电，应及时将空气开关合上。

5)欠压和短路保护导致电网失电的判断与处理

(1)欠压导致电网失电的原因

①发电机调压器失灵。

②发电机外部短路。

③大功率电机同时起动。

(2)欠压导致电网失电的判断处理

①如果是发电机调压器失灵或损坏，应修复调压器。

②查明负载短路原因。

③尽量避免大功率电机同时起动。

(3)短路导致电网失电的原因

①电气设备绝缘老化。

②由机械及生物(如老鼠)引起损伤，或误操作等。

短路时产生的短路电流对电力系统设备的破坏巨大，因此要确保保护装置运行正常、灵敏可靠，快速而有选择性地断开故障点。

(4)短路导致电网失电的判断处理

①经常检查电气设备的绝缘，绝缘电阻在热态时不能低于 0.5 MΩ。

②发现机械或生物损伤部分，应及时修复。

船用发电机的电源总空气开关是对发电机和负载进行保护的电气设备，可以实现短路、欠压和过载保护。

三、查找和排除船舶电网绝缘降低的故障

1. 评估要点

1)主配电板上配电板式兆欧表的正确使用；

2)拉电查找法的正确操作；

3)正确使用手持式兆欧表。

2. 实操步骤

1)简介

船舶电网绝缘值、电气设备的绝缘值在热态时不能低于 0.5 MΩ。引起电气设备绝缘降低的因素很多，我们应当尽量避免，一旦绝缘降低，要及时排除。下面介绍配电板式兆欧表和船舶绝缘检测的方法。配电板式兆欧表的原理如图 3-33 所示。

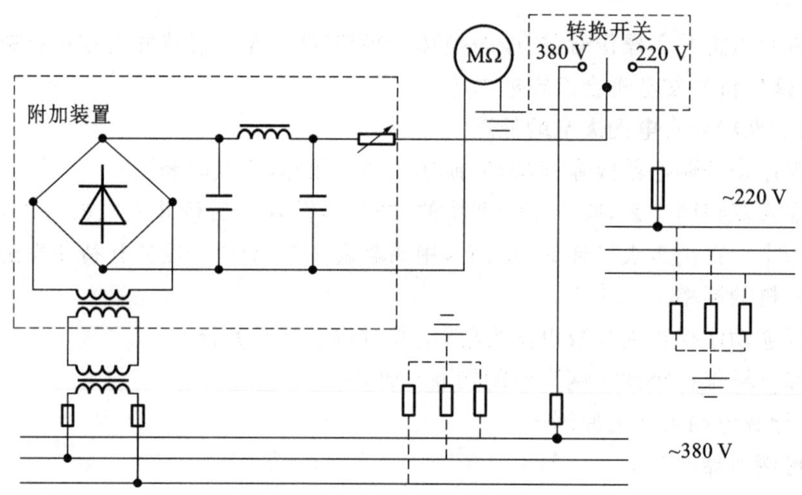

图 3-33　配电板式兆欧表的原理图

2)主配电板的配电板式兆欧表的正确使用

当测量照明电网对地绝缘时，将转换开关从 0 位打到 220 V 位，从附加装置正端流出的直流电流经转换开关 220 V 照明电网，再经照明电网对地绝缘电阻流到测量表头，最后流回附加装置的负端。动力电网对地绝缘测量同照明电网相同。电网或动力对地绝缘电阻越低，表头指针偏转就越大，当一相接地时，表头指针偏转最大，指示绝缘电阻为零。对于新建造的船舶，各船级社大多已规定，用于电力、电热和照明的绝缘配电系统，不论是一次还是二次配电网络，均应设有连续监测装置，用于监测相对于船体的绝缘电阻，且在绝缘电阻异常低时发出声、光信号。当船体的绝缘电阻一旦下降至每伏电源电压 1000 Ω 以下时，必须触发报警装置。一旦发现照明或动力绝缘低于规定值，可通过拉电查找或通电查找的方法查出绝缘低的部分设备。

3)拉电查找法的正确操作

(1)将电源开关逐个断开，同时观察兆欧表。如果断开某个开关绝缘恢复正常，则表示这

个开关所控制的电气设备绝缘不好。

(2)找到发现接地故障分配电开关后，切断该路供电，关上兆欧表。

(3)使用便携式兆欧表来查找二次配电网络，逐个测量分支电路对地绝缘状况。

(4)找到接地的分支电路后，拉掉这一路分配电开关，合上其余开关，在主配电板前合上这一路配电开关，向其他设备供电。

4)手摇式兆欧表的正确使用

(1)确认兆欧表的好坏，其方法如下。

①每分钟120转摇动兆欧表，两表笔开路，兆欧表指针指向“∞”。

②轻轻转动手柄，两表笔短路，兆欧表指针指向“0”。

(2)在查找具体接地点时，应从中间接线盒断开，来测量判断是哪一个小区域接地。

(3)每个小区域只有有限的几个供电点，应逐个检查每个供电点，主要检查灯头、插头、开关部分引线，检查灯头、插头、开关内部状况。经过这些检查找不到接地点时，应检查接线盒至用电器间电缆，直至找到接地点。

四、框架式自动空气断路器主要故障判别和排除

1.评估要点

1)正确查找合不上闸的故障原因及排除方法；

2)查找合闸后没有电压的原因并排除；

3)正确查找断路器跳闸的原因并排除。

2.功能概述

自动空气断路器也称自动空气开关，船舶电站主开关多采用框架式，配电开关多采用塑壳式。框架式自动断路器正常运行时作为接通和断开主电路的开关电器，在负载不正常运行时对主电路进行过载、短路和失、欠压保护，自动断开电路。所以，框架式自动空气断路器既是一种开关电器，又是一种保护电器。

3.框架式自动空气断路器主要故障判别和排除

如表3-11所示，框架式自动空气断路器的故障现象主要有三种，其对应的原因和处理方法已列出。

表3-11 空气断路器常见故障与处理方法

故障现象	故障原因	处理方法
合不上闸	1.失压脱扣器不动作； 2.过电流脱扣器失调(动作值太小)； 3.脱扣机构磨损严重，钩不住； 4.热脱扣器动作后没有复位	1.检查失压脱扣线圈是否断路，若断路应修复或换新；检查脱扣按钮接触是否良好；辅助开关与线圈串联的触点接触是否良好；保险丝是否烧断。 2.校正、调整到规定值。 3.修理脱扣机构或换新。 4.停几秒，待热元件复位
合闸后无电压	1.主触头烧坏，动、静触头不接触； 2.动触头连接线松脱或断线	1.检查、修理或更换主触头； 2.检查连接线及连接处，接好或紧固螺钉

续表3-11

故障现象	故障原因	处理方法
断路器跳闸	1.失压脱扣器的脱扣钩握持不牢； 2.失压脱扣线圈串联电阻过大； 3.失压脱扣器反作用弹簧拉力过大； 4.过电流脱扣器失调(动作值太小)	1.检查脱扣机构； 2.检查串联电阻及连线是否良好； 3.检查、调小弹簧拉力； 4.校核、调整到规定值

五、无功功率分配装置(均压线)故障的判别及排除

1.评估要点

1)正确判别无功功率分配装置的故障；

2)能正确查找并排除无功功率分配装置故障。

2.无功功率分配装置概述

交流发电机并联运行时，通过改变发电机的励磁电流就可以改变发电机的无功功率。目前，采用最为广泛的是直流均压连接，又称转子均压连接。这种方法是当发电机接入电网时，同时将转子励磁绕组并接在均压线上，因此并联运行时各机组的转子励磁绕组具有相同的励磁电压(容量相同的机组并联运行)，迫使并联运行的机组有相同的励磁电流，从而实现了均分电网的无功功率。

3.无功功率分配故障的判别

采用均压线并联运行的发电机组，一旦均压连接中断，将会导致无功功率分配不均。发电机组并联运行中，当出现两台功率表指示基本相同而电流表指示相差太大的情况时(即两台功率表指示相同而功率因数表指示相差较大时)，均说明均压线连接发生中断。

4.无功功率分配装置故障的查找方法

采用均压线并联运行的发电机，一旦均压线中断，将会导致无功功率分配不均。此时应检查均压接触器，查看均压线接触器是否通电。如果两个接触都通电动作，则说明接触器触头损坏。如果接触器不通电，应查保险和自动断路器的常开触头。

六、发电机组的手动解列和手动停车

1.评估要点

1)船舶电站要求解列时的功率大小判别；

2)解列时正确进行负载转移；

3)解列分闸时功率大小的掌握；

4)原动机停机时的正确操作。

2.操作步骤

1)简介

随着船舶吨位的增加和电气化、自动化程度的提高，船舶电站容量在不断增加，因此主电站通常有三台甚至更多的发电机组。根据船舶不同运行工况所需用电量的不同，可以使用一台、两台或三台以上的发电机组通过主配电板汇流排共同向全船负载供电，如果全船总负载不到单机额定功率的50％时，此时应单机运行。

2)解列时功率大小

全船总负荷只有单机额定功率的60%时,应对并联运行的机组解列。

3)正确进行负荷转移

并联运行的发电机解列前必须进行功率转移。将准备解列的发电机上的功率转移到运行发电机上。具体操作是同时调整两台发电机的油门。将解列机的油门减少,同时将运行机的油门增加。操作时注意观察两台发电机的功率表变化情况。

4)解列发电机分闸时功率大小

在进行解列操作时注意观察两台发电机的功率表,将需要解列的发电机上留一部分功率,所留功率是额定功率的3%~5%。此时应将自动空气断路器切断。

注意,在进行解列操作时,不要将解列机的功率全部转移运行机,防止操作不当引起逆功率跳闸。

5)停止原动机

(1)对于运转时燃烧重油的发电原动机,停车之前应先换至轻柴油运转15 min左右。其操作方法如下。

①开启轻柴油进油阀,然后关闭重油进油阀;

②开启轻柴油回油阀,然后关闭重油回油阀;

③手动停止发电原动机;

④手摇手动滑油泵5 min左右后停车。

(2)对于燃烧轻柴油的发电原动机,解列后运转15 min,手动停车。

七、框架式自动空气断路器的结构组成及维护要求

1.评估要点

1)掌握框架式自动空气断路器的结构组成及功用;

2)框架式自动空气断路器的维护要求(口述)。

2.概述

万能式自动空气断路器是一种带有保护装置的开关电器。发电机正常运行时作为主开关来接通和断开主电路,当发电机不正常工作时,它又作为保护装置对主电路的短路、过载以及欠压等故障进行保护,自动断开主电路。因此,万能式自动空气断路器在船舶电站是一个非常重要的电器。我国生产的船用万能式自动空气断路器主要有DW-94、DW-95、DW-98和AH型等。

自动空气断路器型式很多,结构也不尽相同,但基本工作原理大同小异。一般都由触头系统、灭弧装置、自由脱扣机构、操作装置和保护元件组成。图3-34所示为万能式自动空气断路器的框图。

3.框架式自动空气断器的结构组成及功用

1)触头、灭弧系统

触头、灭弧系统一般由二组到三组触头组成。断路器闭合时通过的额定电流由主触头承担,为了避免触头在断开电流时被电弧灼伤,除主触头外还设有辅触头。触头由银钨合金制成,具有良好的耐磨性和抗熔性。灭弧系统的作用是触头断开时使电弧熄灭。

2)自由脱扣机构

自由脱扣机构有以下三个功能:

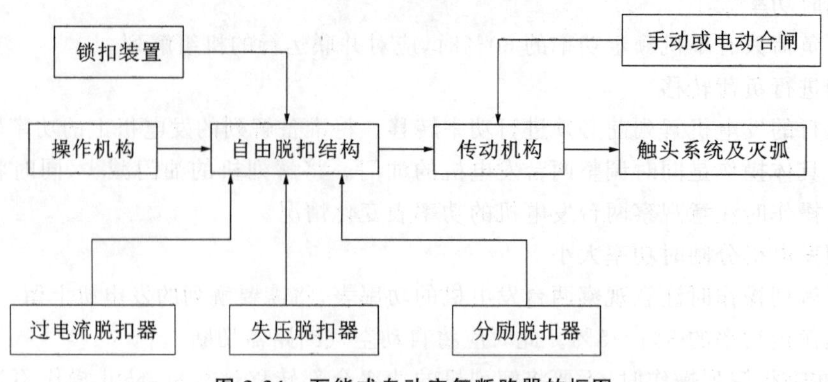

图 3-34　万能式自动空气断路器的框图

(1)将手柄或电动合闸的操作传给触头系统。

(2)保护部分动作,能够使它自由脱扣。

(3)合闸操作完成后,维持触头系统处于接通位置。

3)过流、失压、分励脱扣器

(1)过流脱扣器为了得到选择性保护,采用了过载长延时、短延时、短路瞬时脱扣的三段保护特性。

(2)失压脱扣器一般由一个瞬时动作的电压继电器组成,当线路电压低于某一个整定值时,由于电磁吸力不足,继电器释放,通过自由脱扣机构使开关自动跳闸。为了避免电网电压瞬时波动产生误动作,可采用延时,延时时间一般为 1～3 s。

(3)分励脱扣器是为远距离操纵跳闸用的。

(4)锁扣装置是当发生紧急情况时,为了不间断供电,有时即使电气设备受到损伤也要保证供电,这时可将框架式自动空气断路的锁扣装放在“扣”的位置,把脱扣器锁住。

(5)框架式空气开关有三种操作方式:手柄合闸、电磁合闸、电动机合闸。不论采用哪一种操作方式,均要使断路内部的储能拉簧储能,并使自由脱扣机构“再扣”,然后利用储能的弹簧释放能量,使主触头迅速闭合。

4)框架式自动空气断路的维护要求

(1)自动空气开关使用前应将各电磁工作表面(如失压脱扣器电磁铁吸合面)的防锈油脂擦净,以免影响开关的动作值。

(2)操作机构使用一段时间后(可考虑 1～2 年或约 1/4 机械寿命),在传动机构部分应加少量润滑油。

(3)每隔一段时间,应清除落于断路器上的灰尘,保证断路器有良好的绝缘。

(4)灭弧室在因短路分断后或长时期使用后,应清除灭弧室内壁和栅片上的金属氧化物。

(5)开关触头使用一定次数后,如触头表面发现有毛刺、金属颗粒等,应当予以清理以保证良好的接触。只有当触头被磨损至原来厚度的 1/3 时,才考虑更换新触头。

(6)定期检查各脱扣器的电流整定值和延时时间,特别是半导体脱扣器,应定期用试验按钮检查其动作情况。

八、在主配电板图纸上指明船电与岸电是如何实现互为连锁的

1. 评估要点

1)指出岸电与船电是如何实现连锁的；

2)画出岸电与船电互锁的电气原理图。

2. 简介

船舶进厂及靠港检修或某些船舶靠港停泊时，可用陆地的电源向船舶供电，称为“岸电”。船舶接岸电时严禁船舶发电合闸供电，只有待岸电切除后发电机才可合闸供电。船电与岸电互为连锁关系。

若用船电时岸电主接触器被锁定、合不上，是因为岸电接触器控制回路串入了三台空气开关的三对常闭辅助触头。如图 3-35 所示，如果船上有一只空气开关合闸，该空气开关在岸电控制回路的常闭辅助触头断开，会使岸电接触器线圈断开。

当用岸电时，船上的空气开关也被锁定，这是因为船用主空气开关的失压线圈回路和合闸线圈回路串入岸电接触器的常闭触头。当送岸电时岸电接触器通电，串联船用主空气开关失压线圈回路和合闸线圈回路的常闭触头断开，船用主开关合不上。

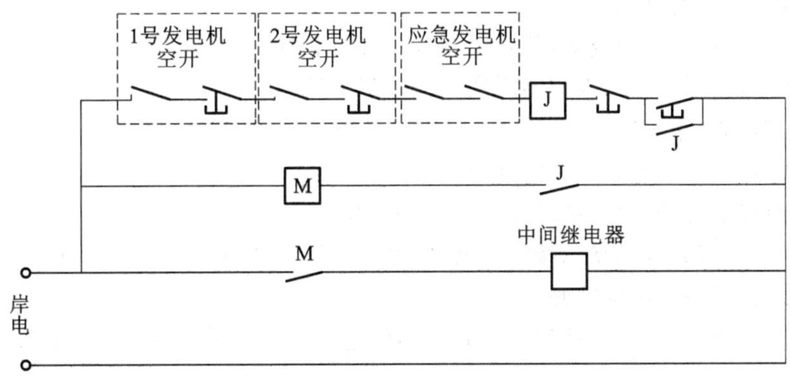

图 3-35　岸电与船电电气连锁原理图

九、岸电箱使用及岸电连接注意事项

1. 评估要点

1)正确对岸电相序进行测定；

2)正确对岸电箱进行操作；

3)正确在主配电板上进行操作；

4)接岸电时的注意事项。

2. 实操步骤

1)简介

船舶进厂及靠港检修时，可以用陆地的电源供电，称为“岸电”。接岸电时，陆上电源通过电缆通常接到位于主甲板层的岸电箱。岸电箱一般都有岸电电源指示灯、断路器、熔断器、岸电接线柱、相序指示灯(或负序继电器)、表明岸电额定电压与额定频率的电表。岸电供电操作是在岸电配电板上进行的。

2)岸电相序的测定操作

相序测定器原理线路如图 3-36 所示。相序测定器电路的三相负载是不对称的。当接电容 C 的一相设定为 A 相时,则灯较亮的一相为 B 相,灯较暗的一相为 C 相。

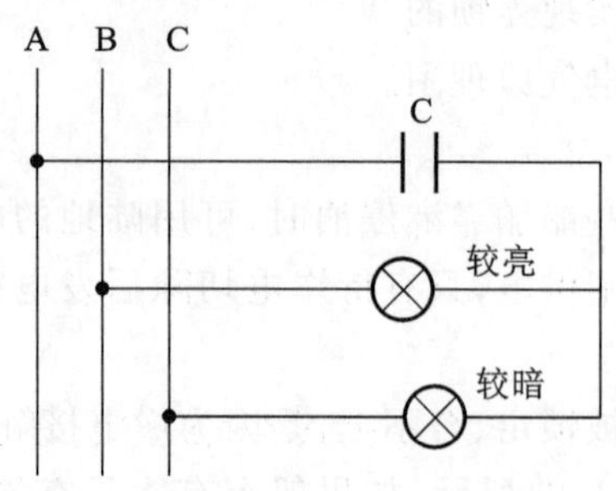

图 3-36　相序测定器原理线路图

3)岸电箱上的操作

合上岸电开关,当绿色灯亮时表示岸电相序和船电相序一致,当红色灯亮时表示岸电相序不一致。不一致时可通过岸电箱上的转换开关使岸电相序与船电一致。

4)岸电配电板前的操作

岸电指示表明岸电已通电时,若岸电相序与船电相序一致,可断开发电机主开关,电网失压后立即合上岸电开关,此时船舶电网便已换接岸电供电。

5)接岸电时的注意事项

(1)接岸电时岸电与船电的电流种类应一致。

(2)接岸电时岸电的频率、电压应与船电相一致。

(3)当岸电为三相四线制时,需将岸电的中性线接在岸电箱上接船体的接线柱上。只有船体与岸电中性线相连后,才能接通岸电。

(4)合上岸电箱上开关,只有当岸电相序与船电相序一致时才可到主配电板前进行接岸电操作。

(5)船舶接岸电时严禁船舶发电机合闸供电,只有待岸电切除后发电机才可合闸供电。

(6)经船级社(如德国劳氏船级社)认可的某些船舶设有与陆上电源并联设施,这仅仅是为了转移负载,允许船上供电系统和岸电作短暂的并联运行。

十、应急电源的管理与维护

1. 评估要点

1)行中船舶应急配电板的日常管理要点;

2)应急配电板的维护周期及其技术要求;

3)应急电源起动装置试验周期。

2. 实操步骤

1)简介

船舶除了设置主电源外,还必须配备一个在主电源不能供电时,向船上部分保证船舶安全的设备进行供电的独立来源。船舶应急电源可采用应急发电机组或应急蓄电池,也可两者兼备。

当采用独立的发电机组作为应急电源时，若应急发电机组也不能供电，或当主电网失电而应急发电机组尚未供电时，应由蓄电池向应急照明和无线电通信等重要设备供电。通常把应急发电机组称为大应急电源，应急蓄电池称为小应急电源。

2)运行中船舶应急配电板的日常管理

(1)应急配电板和应急发电机，应保证设备完好，随时能运行供电。

(2)当主电失电时，应急发电机应在 5～7 s 之内向应急设备供电。

(3)应急蓄电池随时保证充足电状态。

3)应急配电板的维护周期及技术要求

应急配电板包括以下两个部分：

(1)应急发电机组的应急配电屏，平时应保证设备完好。

(2)应急蓄电池组的充电屏。

①电池随时保证在充足电状态。

②每隔 15～20 d 应检查电解液的高度，注液孔应旋紧，以防止电解液溅出。

③每月应对蓄电池进行一次充、放电，防止极板硫化。

4)应急发电机组起动装置试验周期

应急发电机组起动装置试验周期每月至少一次，要保证在任何情况下随时起动运行。

十一、酸性蓄电池的充电操作

1. 评估要点

1)正确接线；

2)第一阶段充电电流和充电时间的整定；

3)第二阶段充电电流和充电时间的整定。

2. 操作步骤

1)简介

在船上，蓄电池作为一种直流电源向通信、助航、信号等设备供电，并在船舶主电网失电而应急电网未提供电力的情况下，供给应急照明、应急设备及起动应急发电机组。正确对蓄电池进行充电、放电，对提高蓄电池的使用寿命非常重要。

2)正确接线

充电机输出端正极和电池端正极相连，充电机输出端负极和电池端负极相连。

3)第一阶段充电电流和充电时间的整定(表 3-12)。

4)第二阶段充电电流和充电时间的整定(表 3-12)。

新的或长期库存的蓄电池，必须经过初次充电后才能投入使用。表 3-12 所示为 Q 系列酸性蓄电池规格数据，可以查出不同规格的酸性蓄电池的初次充电和经常充电的整定电流和整定时间。

5)在充电过程中的注意事项

(1)当单格基上达到 2.4 V 时，即改用第二段电流充电。

(2)初次充电过程中注意蓄电池内部温度，不能超过 35 ℃，否则应暂停充电，待温度降低后再继续充电。

(3)充电过程中要保证室内空气畅通。

表 3-12　Q 系列酸性蓄电池规格

型号	额定电压/V	额定容量/(A·h)	标准放电制				初次充电				经常充电			
			10 h 放电率		起动放电率(30 ℃)		第一阶段		第二阶段		第一阶段		第二阶段	
			时间/h	电流/A	时间/h	电流/A	时间/h	电流/A	时间/h	电流/A	时间/h	电流/A	时间/h	电流/A
3Q56/6Q56	6/12	56.0	10.0	5.6	5.5	170.0	25.0～35.0	4.0	20.0～30.0	2.0	10.0～12.0	5.0	3.0～5.0	3.0
3Q70/6Q70		70.0		7.0		210.0		5.0		3.0		6.0		3.0
3Q84/6Q84		84.0		8.4		250.0		6.0		3.0		8.0		4.0
3Q98/6Q98		98.0		9.8		295.0		7.0		4.0		9.0		5.0
3Q112/6Q112		112.0		11.2		335.0		8.0		4.0		11.0		6.0
3Q140/6Q126		126.0		12.6		380.0		9.0		5.0		12.0		6.0
3Q140/6Q140		140.0		14.0		420.0		10.0		5.0		14.0		7.0
3Q154/6Q154		154.0		15.4		460.0		11.0		6.0		15.0		8.0
3Q168/6Q168		168.0		16.8		505.0		12.0		6.0		16.0		8.0
3Q182/6Q182		182.0		18.2		545.0		13.0		7.0		17.0		9.0

十二、蓄电池的维护保养要求及维护保养注意事项

1. 评估要求

1)正确叙述蓄电池的保养要求；

2)蓄电池的维护保养注意事项。

2. 蓄电池的维护保养要求

1)每 10 d 左右检查一次电压、电解液高度及密度，并做好记录。如低于规定值，应及时补充蒸馏水，进行充电，并清洁表面。

2)不经常使用的蓄电池，每月至少检查一次，并进行补充电。

3)蓄电池表面要保持清洁，清洁时先用干净布擦除接头处的氧化物，然后再涂上牛油或凡士林，防止氧化。

3. 蓄电池的维护保养注意事项

1)注意保持蓄电池表面清洁，不要有油渍、污垢在上面，绝不允许上面放置金属工具、物品，以防短路造成电池损坏。

2)保持极柱、夹头和铁质提手等处清洁，如出现电腐蚀或氧化等，应及时擦拭干净，以保证导电的可靠性。平时应将零件表面涂上凡士林，防止锈蚀。

3)平时注意盖好注液孔上盖，以防止船舶航行时电解液溢出或海水进入蓄电池里。必须保持空气畅通。

4)蓄电池放电终了，应及时按要求进行充电。

5)蓄电池室内应通风良好，严禁烟火。

十三、酸性蓄电池充足电和放完电的判断

1. 评估要点

1)会正确选择和使用测量工具；

2)正确判断蓄电池是否充足电；

3)正确判断蓄电池是否放完电。

2. 操作步骤

1)简介

酸性蓄电池在使用过程中，充足电后应及时停止充电，蓄电池放完电后要及时补充电。如果充电、放电使用不当，会造成蓄电池过早损坏。

2)正确选择和使用测量工具

(1)直流充电机一台。

(2)直流电压表一只。

(3)比重计一只或检流计(放电叉)一只。

3)充足电的判断

在充电过程中，若电解液有大量气泡翻出，并伴有酸液外溅，则应立即停止充电。这是因为在充电过程中正负极分别有氧气(O_2)和氢气(H_2)大量逸出，容易引发危险。

通常充足电的标志是：

(1)电解液的相对密度上升为 1.275～1.31。

(2)充电过程中，单格电压升至 2.6 V 左右并维持不变，表明此时电池已充足电。

(3)停止充电几小时后，单格电压降至 2.35 V 左右并维持不变，表明此时电池已充足电。

4)放完电的标志

(1)电解液相对密度下降至 1.13～1.18。

(2)单格电压降至 1.8～1.7 V，说明此时已放完电。当单格电压降至 1.7 V 时，严禁继续放电。

十四、主配电板上的电压表、电流表、功率表、功率因数表、绝缘表的功用及用法

1. 评估要点

1)正确叙述电压表的功用及用法；

2)正确叙述电流表的功用及用法；

3)功率表、功率因数表的功用及用法；

4)绝缘表的功用及用法。

2. 电压表的功用及用法

电压表是用来监测发电机的输出电压的。通过监测发电机的电压，可了解发电机是否正常工作。

3. 电流表的功用及用法

电流表是用来监测发电机的输出电流的。通过观察电流表，我们可以知道发电机的输出电流，并通过发电机的输出电流大小及时并车或解列。

4. 功率表、功率因数表的功用及用法

1)功率表是用来观察发电输出有功功率的。

2)功率因数表用于观察功率因数,通过计算可知发电机输出无功功率的大小。

通过观察功率表和功率因数表可知发电机是否过载,并根据功率表和功率因数表得知发电机输出有功功率和无功功率,从而进行并车和解列。

5. 绝缘表的功用及用法

绝缘表可用来观测船舶电气设备的绝缘情况。一旦发电绝缘低于标准值,要及时查出原因并进行修复。

十五、主配电板上各种指示灯和开关电器的功用和用法

1. 评估要点

1)讲解各种指示灯的作用;

2)讲解各种按钮的作用;

3)各种开关及按钮的正确使用。

2. 各种指示灯的作用

1)发电指示灯,发电机发电时指示灯亮。

2)发电机合闸指示灯,该灯亮时表明发电机已向电网供电。

3)电抗器串入指示灯,该灯亮时表明电抗器已串入并车回路。通过观察灯光法或观察同步表在合适的时间合闸,可以降低并车的冲击电流。

4)电抗器切除指示灯,通过观察该灯可知并车完毕后电抗器是否切除。

5)岸电相序指示灯,观察该灯可知岸电相序是否与船电相序一致。当岸电相序与船电相序一致时,才能送岸电。

6)岸电合闸指示灯,该灯亮则表明岸电已接通。

7)岸电切除指示灯,该灯亮则表明岸电已切除。

8)并车指示灯,通过观察灯光变化,观察发电机的相位。

3. 各种按钮的作用

1)自动空气开关合闸按钮,用来接通自动空气开关。

2)自动空气开关的脱扣按钮,用来分离自动空气开关。

3)电抗器串入按钮,用来接通电抗器。

4)电抗器切除按钮,可将电抗器切除。

5)岸电合闸按钮,用来接通岸电。

6)岸电切除按钮,可将岸电切除。

7)充磁按钮,当发电机剩磁消失时,可以通过此按钮向发电机充磁,保证发电机的电压迅速建立。

4. 各种开关的正确使用

1)电压表转换开关,通过该开关可以观察发电机电压是否对称。

2)电流表转换开关,通过该开关可以观察发电机三相电流的大小。

3)同步表转换开关,两台发电机并车,当电压、频率基本相等时,用来观察初相位,并选择最佳合闸时间。并车完毕后,该转换开关应马上转换到“0”位。因为同步表是按短时工作制设

计的，如果用完后转换不回到“0”位，将会造成同步长期通电烧坏。

4)隔离开关，当船上主发电机供电时，隔离开关应合上，应急汇流排才有电。当应急发电机供电时，隔离开关应自动断开。

5)发电机励磁电压转换开关，通过此开关检查每台发电机的励磁电压。若发电机励磁部分出现故障，可判断发电机故障。

6)发电机励磁电流转换开关，通过此开关检查每台发机的励磁电流。

十六、发电机手动准同步并车操作

1. 评估要点

1)备用机组的起动操作；

2)同步表的正确使用；

3)并车条件的准确掌握；

4)负载转移和分配。

2. 操作步骤

1)备用发电机的起动

在集控室或机旁起动一台备用发电机组，起动前先手摇手动滑油泵或起动预供滑油泵 5 min 左右，然后起动原动机。如原动机燃烧重油，起动、待转速稳定后还需进行换油操作(轻油换重油)，其操作步骤如下：

(1)开启重油回油阀，然后关闭轻油回油阀；

(2)开启重油进油阀，然后关闭轻油进油阀。

2)同步发电机并车条件

两台及两台以上同步发电机同时向负载供电，称为同步发电机并联运行。为满足船舶高负荷运行工况用电的需求，保证船舶的安全航行，在靠离码头、船舶进出狭窄水道等场景下都需要并联运行。即便是用备用机组替换平时运行的机组，也需要通过并联操作来完成，从而保证供电的连续性。若想顺利地将同步发电机投入电网并联运行，必须满足一定的条件。

三相同步发电机手动准同步并车操作时，必须同时满足以下三个条件：

(1)待并发电机的电压与电网(或运行机组)电压相同。

(2)待并发电机的电压频率与电网频率相同。

(3)待并发电机的电压相位与电网电压的相位一致。

3)手动准同步操作步骤

(1)通过观察两台发电的电压表、频率表，调整待并发电机，使其电压表、频率表读数与运行发电机基本一致。

(2)打开同步表开关，观察同步表指针旋转方向与旋转速度。

(3)通过发电机控制屏上的调整开关(或调速按钮)，按同步的转向及旋转速度对待并机组做相应调整。通常我们希望待并机在正差频下进行并车，就是待并发电机的转速略高于运行发电机的转速，这样并车的瞬间不会产生逆功率；另一方面待并机并网后可承担一定的负荷。对于大多数同步表而言，顺时针旋转表示待并发电机组的频率高于电网频率，一般调整到同步表指针向快的方向旋转，且转一圈的时间在 3～5 s 之间、相应频差为 0.33～0.2 Hz，即可准备合闸。

4)合闸时间的正确选择

待并发电机合闸时间的选择非常重要。合闸时间选择得越准确,并车冲击电流越小。合闸时间如果选择得不准确,并车冲击电流会很大,严重时会造成主电网失电。

并车时间应考虑发电机主开关固有动作时间,对于采用电磁铁合闸的主开关,一般可按0.1 s计,采用电动机合闸的可按0.3 s计;再考虑手动按钮操作时间,也可按0.1 s计。即电磁铁合闸的主开关应提前0.2 s进行合闸操作,电动机合闸的主开关应提前0.4 s进行合闸操作。当同步表顺时针旋转时,若同步表指针按钟表分针计算,则同步表一圈为3 s时,电磁铁合闸应在同步表指针指向56 min的位置时果断合闸。电动机合闸的应在52 min时果断合闸操作。当同步表指针转一圈为5 s时,电磁铁合闸应在57分半果断合闸操作,电动机合闸的应在约55 min时合闸。因实际操作时,只要同步表指针转一圈的时间在3~5 s间,合闸提前量可掌握在电磁铁合闸操作机构的可在57 min合闸,电动机合闸操作机构的可在53分半时合闸。

5)并上车后应关闭同步表开关

6)并车后的功率分配

待并发电机并入电网后,应进行功率分配调整,操作两台发电机的油门必须同时进行。待并发电机增加油门,运行发电机减小油门。通过观察两台发电机的功率表,两台发电机功率大致一致,功率转移完毕。

十七、重载投入电网的操作

1.评估要点

1)叙述自动化电站的重载控制方式(重载询问);

2)重载询问的正确操作。

2.自动化电站的重载控制方式

即对大负载投入电网时进行管理。当电网功率富余量充足时,大负荷可直接投入;当电网功率余量不足时,需待备用机组投入电网并联运行后,才允许大负载起动。

3.重载询问的正确操作

当大负载投入电网时,应事先询问电站中已运行的发电机,其功率储量允许该设备起动。若功率富余量很大,则可直接将负载投入运行;若功率富余量不足,则应先起动备用机组并车,转移负载,并经确认允许后再投入大负载。

十八、画出单线图,说明主电网与应急电网的关系

1.评估要点

1)在10 min内画出主电网与应急电网间的单线图;

2)说明两个电网间的关系。

2.电力系统的组成

船舶电力系统主要由电源、配电装置、电力网和负载四部分组成,其单线图如图3-37所示。船舶主电网是一台或两台发电机向全船用电设备供电,其中包括向应急电网供电。应急电网与主电网中间设置一台隔离开关,当主发电机供电时必须将隔离开关合上,应急用电设备才能用电。一旦主电网失电,应急发电机向应急电网供电。当应急发电机供电时,隔离开关合

不上，主电网不能供电。

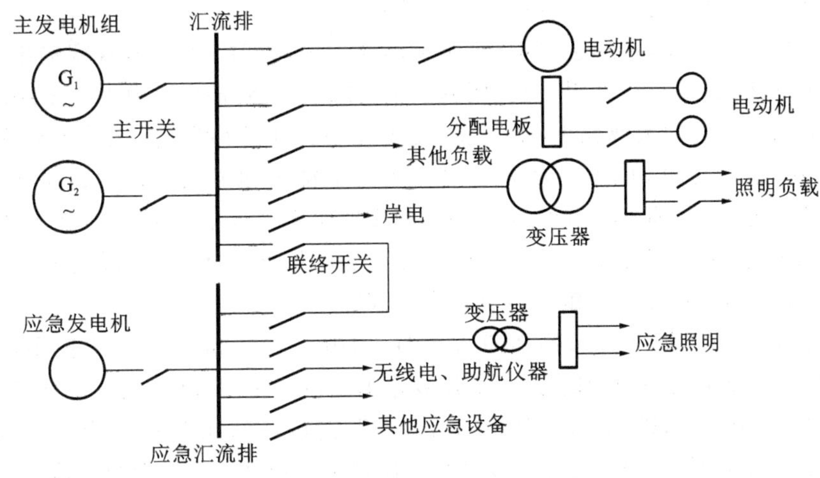

图 3-37　船舶电力系统单线图

十九、思考题

1)过载保护导致电网失电的原因是什么？
2)三相同步发电机手动准同步并车操作时，需要满足的三个条件是什么？

第十节　自动化仪表

一、评估要点

1)差压变送器的调校(包括操作、调零、量程调整、特性测量、故障排除)
2)温度变送器的调校(包括调零、量程调整、特性测量和故障排除)
3)调节器的调校(包括操作，P、I、D 参数校验，故障排除、仪表刻度校验)

二、差压变送器的调校

图 3-38 所示为 OPZ 单杠杆差压变送器调校原理图。其中 OPZ 包括测量室、反馈波纹管、迁移弹簧、喷嘴挡板、放大器等。

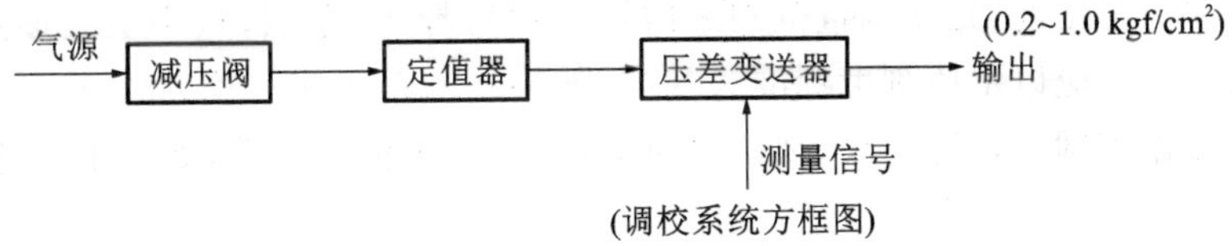

图 3-38　单杠杆差压变送器调校原理图

为了便于调节零位和量程，将测量信号分为高压和低压。高压将采用定值器作为 ΔP，或者采用水位高度，低压室通大气。减压阀调至 1.6 kgf/cm^2，定值器调至 1.4 kgf/cm^2，按上述方框图，将各部件连接成调校系统，并调好减压阀、定值器输出值。检查连接部分是否漏气，用螺丝刀推动喷嘴挡板，同时观察输出压力的变化情况，看看是否达到最大值或最小值，否则找出原因，并排除之。之后进行变送器零位和量程调整。

在进行零位调节之前，将变送器正、负压室均通大气，此时 $\Delta P=0$，观察输出压力表的输出压力是否为 0.2 kgf/cm^2。如果不对，则调节调零螺丝，直到输出压力为 0.2 kgf/cm^2 为止。

如果此时输出压力偏大或偏小，则调节负迁移弹簧或正迁移弹簧。在实际情况下，利用迁移方法除可以调节零位外，也可以提高变送器的测量精度和灵敏度，比如：采用量程为 0～1 MPa 的一级变送器，其测量绝对误差为 0.01 MPa，如果实际测量为 0.6～1 MPa，此时将零点迁至 0.6 MPa，测量范围为 0.4 MPa。在精度不变的情况下，其绝对误差为 $(1.0-0.6)\times1\%=0.004$ MPa，可见精度和灵敏度得到很大提高。

在进行量程调节之前，先进行高压量程调节，如用 1 kgf/cm^2。低压零位用水位高度，如 600 mm 水柱。按要求接好测量信号，根据所要求的范围调至最大值，此时观察变送器输出是否为 0.1 MPa，如果不对，则调节反馈波纹管的量程支点，达到 0.1 MPa 为止，同时零位发生变化。此时零位必须进行调整，这样反复进行 3 次以上，直到零点和量程均合适为止。

采用水位为测量信号时量程调节方法，以下为采用参考水位罐检测锅炉实际水位的参考模型。如图 3-39 所示，参考水位应接负压室，实际水位接正压室，当实际水位处于最低水位时，$\Delta P<0$（如为 $-600\ mmH_2O$），此时应调节正迁移弹簧，使输出至 0.2 kgf/cm^2，然后增加实际水位，ΔP 变大，至最高水位时，输出压力为 1.0 kgf/cm^2。这样反复进行零位和量程调节，直到满意为止。

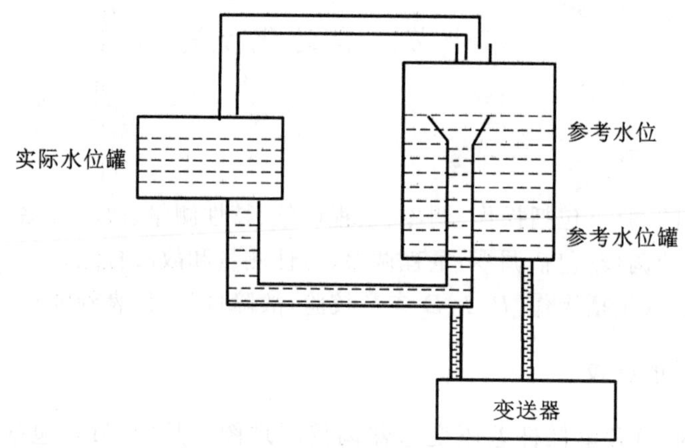

图 3-39　参考水位罐检测锅炉实际水位模型

在进行特性测量之前，先在测量范围之内均匀地选择 10 个点，从小至大逐点测出输出压力。注意输入点一般应以水值刻度标准为基准，如果刻度误差偏离较大时，应重新校验。

通过以上操作和调节，可能会出现一些故障，例如指示值不对等，如果出现这样的问题，一定要排除掉。

三、温度变送器的调校

图 3-40 所示为 DBW-12 热电阻或温度变送器调校系统连接图。

Rt 采用直流电阻箱（0.1 级），电压输出采用数字电压表（0.1 级），电流输出采用直流毫安表（0.2 级），电源采用直流稳压电源。

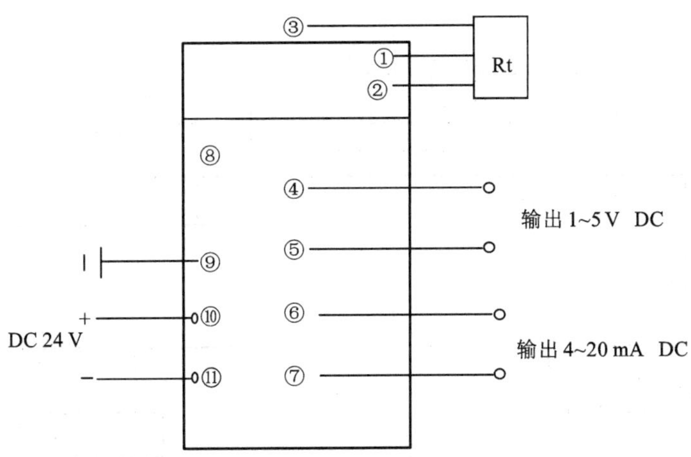

①,②,③,④,⑤,⑥,⑦,⑧,⑨,⑩,⑪—温度变送器接线端子号

图 3-40　DBW-12 **温度变送器调校系统连接图**

当⑦、⑧端短接时可进行电压输出,进行电流输出时取不短接线,负载电阻≤100 Ω。

根据被测试范围,查出 Pt100 对应的电阻值,然后调节调零电位器旋钮,使输出为 1 V 或 4 mA,调节电位器至最大值,使对应输出为 20 mA 或 5 V(如果不对,则调节量程电位器)。按照测量范围,从小至大,均匀找出 10 个点(最小),测出输出对应值,然后绘制对应曲线。在测量调校过程中,如果出现不同问题,应即时排除。

四、调节器的调校

图 3-41 所示为 DTC-321A 调节器调校系统接线图。调供电电压至 220 V,通电预热 1 h。

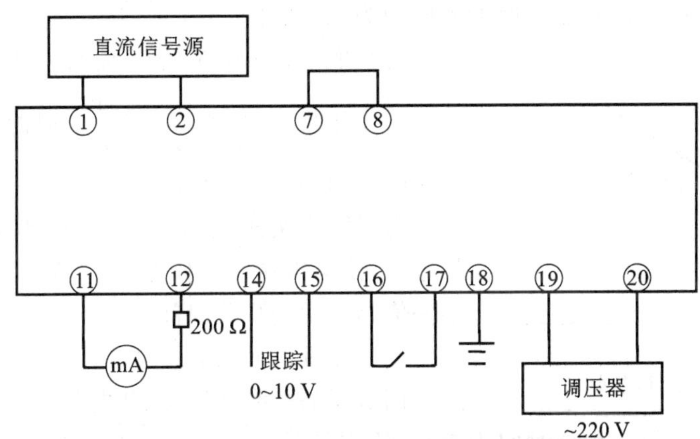

①,②,⑦,⑧,⑪,⑫,⑭,⑮,⑯,⑰,⑱,⑲,⑳—调节器接线端子号

图 3-41　DTC-321A **调节器调校系统接线图**

DTDT 调节器调校系统接线图如图 3-42 所示。

1. 比例带试验

将比例带依次调整为 5%、100%、300%,积分时间设定为最大,微分时间设定为零。正/反作用开关置“正”的位置,调节器先置手动,使调节器输出电压为 2 V,内或外给定电压为 3 V,信号源电压为 3 V,偏差为零。

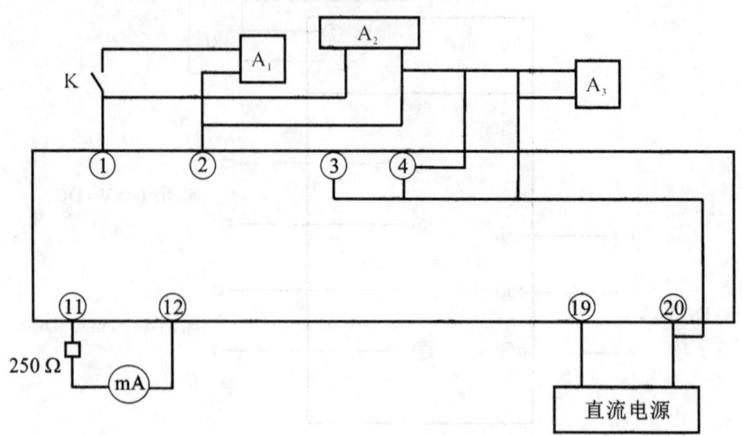

①,②,③,④,⑪,⑫,⑲,⑳—调节器接线端子号；A_1,A_2,A_3—继电器线圈

图 3-42　DTDT 调节器调校系统接线图

然后将信号源电压调至 5 V，记下测量比例带 $P=\frac{\text{阶跃变化值}}{\text{输出变化值}}\times 100\%$，比如置 $P=300\%$，阶跃电压变化值为 2 V。根据输出值的变化，然后计算出比例带的实际值 P 与 $P=300\%$ 的比值，进而算出 P 的误差范围。

2. 积分时间的试验

将比例带调整至 100%(定测值)，输出电压为 2 V，置积分时间为某值，微分时间为“0”，调节器置于“自动”位置，信号源电压调至 3 V，阶跃电压信号为 1 V。在比例带作用为 $1\text{ V}\times\frac{1}{P}=\Delta u_p$。其中 $u_o=2\text{ V}$，$\Delta u_p=\Delta u_I$ 时的时间即为积分时间。

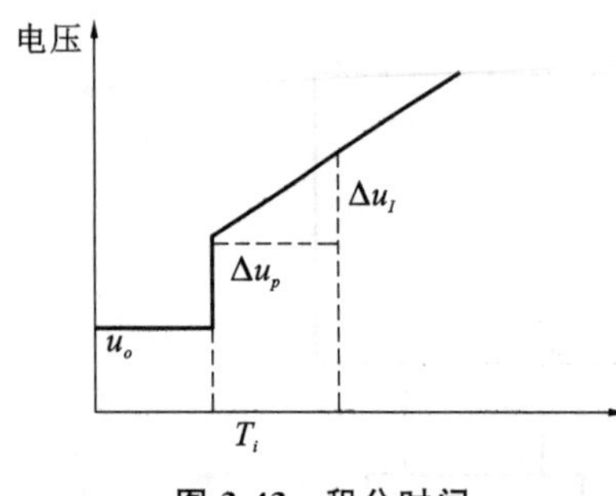

图 3-43　积分时间

具体地说，当置于阶跃信号 1 V 时，输出电压从 $\left(2+\frac{1}{P}\right)$ 开始计时，到 $\left(2+2\frac{1}{P}\right)$ 时的时间，即为定测积分时间。如图 3-43 所示。

为了防止实测比例带对 T_i 的影响，可先将阶跃信号置入，使输出在比例作用下，然后置入积分，这样到达某一值的时间为积分时间。

3. 微分时间的校验

调节器置“手动”，输出电压为 1 V，关微分信号“D”，$P=100\%$(定测值)，积分时间为最大，给定信号源输出电压为 3 V，内给定电压为 3 V，$\Delta E=0$，调节器置于“自动”，输出不变(1 V)，然后调节器置“手动”，调节信号源至 3.25 V，阶跃为 $\Delta E=0.25$，且根据输出响应：$V_0=V_{(\infty)}+[V_0{}^{+}-V_{(\infty)}]\ e^{-t/T}$

其中：初始稳态电压 $V_{(\infty)}=1+0.25=1.25\text{ V}$

初始峰值电压 $V_0^{+}=K_D\cdot\Delta E+1\quad(K_D=10)$

$=0.25\times 10+1=3.5\text{ V}$

$V_0=1.25+(3.5-1.25)\times e^{-1}\cong 2.075\text{ V}$

那么实际微分时间 $T_D=(T_D/K_D)\times K_D$

K_D 为微分增益，(T_D/K_D) 为实测值。

4. 显示仪表的校验

1)输入值指示：改变信号源输入电压为 5 V，输入指针在 100%；输入电压为 1 V，指针在 0%，反复调整。

2)给定值指示：调节器处于“手动”，设置外部给定值，给定值为 5 V，调整开表头侧面“调零”使给定指针在 100%，给定值为 1 V，指针在 0%。

3)输出指示误差

调节器置于“手动”，使输出电压为 1 V、5 V 时，检查指针指示位置是否准确，不准确则调整输出指示调零螺钉。

总之，在进行调节器校验时，应率先了解此调节器的型号以及相关的参数，比如微分增益、误差系数、积分增益等，以便在计算和校验过程使用，使校验更加精确。

五、思考题

差压变送器进行零位调节之前，需要完成的步骤是什么？

第十一节 曲轴箱油雾浓度监视报警

一、评估要点

1)熟悉 Mark5 系统工作原理及操作；
2)曲轴箱油雾浓度的极限值调整及报警实验方法；
3)曲轴箱油雾浓度监视器零位及灵敏度调整；
4)各按钮的使用及含义；
5)测试、模拟及复位。

二、设备组成

Mark5 油雾浓度监视器、数字逻辑笔、调节启子等。

三、原理简介

1. 曲轴箱油雾浓度监视报警器

曲轴箱油雾浓度监视报警器主要由采样切换电磁阀、油雾浓度测量单元、显示报警单元及控制电路等部分组成。其面板组成一般包括：

1)System ON 系统接通电源时亮。
2)Simulation Mode 系统模拟运行。
3)Test 系统测试。
4)Average Alarm 平均浓度报警。
5)Deviation Alarm 偏差浓度报警。
6)Flow Fault 系统不能正常采样。
7)Optical Fault 光学系统故障。

8)Select 选择采样显示点。

9)Reset 复位按钮。

10)Test 测试按钮。

2. 气样的采集与测量

由图 3-44 可知，该单元共有 11 个两位三通电磁阀，其中 10 个电磁阀分别采集各曲柄箱的气样，另外 1 个清洗空气电磁阀。

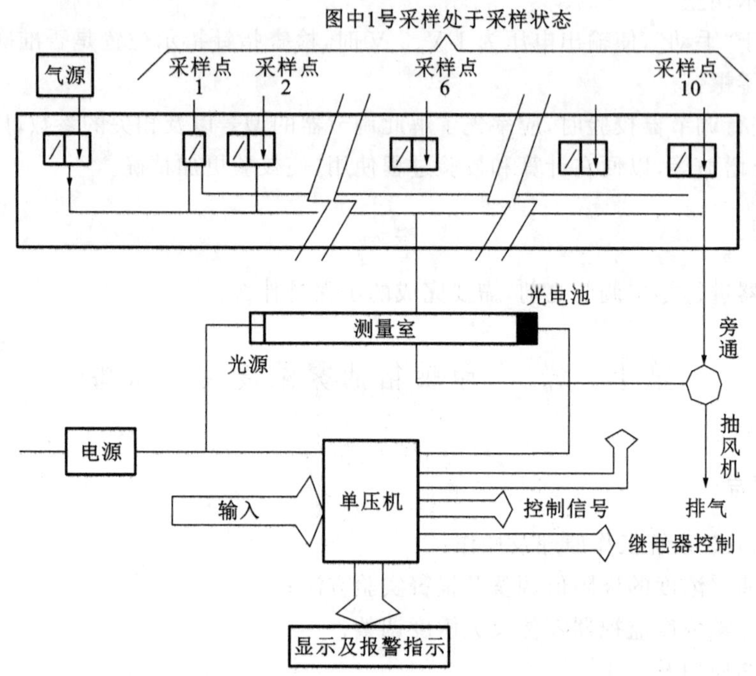

图 3-44　气样的采集与测量原理图

Average 浓度测量方法：单片机先把所测量的每个缸曲轴箱气样油雾浓度分别存在 RAM 中的一个单元 $(A_1, A_2, \cdots, A_{10})$，$\overline{A} = \dfrac{A_1 + A_2 + \cdots + A_{10}}{n}$，$n$ 为缸数，每检测一次可得出平均浓度值和偏差浓度值，偏差浓度值 $\Delta A = A_i - \overline{A}$。

将设定值计为 $\overline{A}_e$，ΔA_e。当 $\overline{A} > \overline{A}_e$ 且 $\Delta A > \Delta A_e$ 时，发出声光报警，同时向主机的安全保护系统传送故障降速或故障停车信号。

在正常运行时，单片机定时清洗测量室，主要防止光源和光电池被油雾污染而影响测量精度。另一方面，压缩空气对测量单元有冷却作用，可延长其使用寿命和防止特性漂移。此外，测量一次空气的油雾浓度，该值此时为零。如果偏差较小，则以此点为新零点；如果偏差很大，则污染严重，Optical Fault 灯亮会发出报警，应终止采样。

3. 测量电路(图 3-45)

1)LP_1、D_{14}、R_{26}、R_{28} 油雾浓度测量环节。

2)IC_9 每路模拟开，R_{33}—R_{39} 电阻网络，$IC_{6/2}$ 一起组成数字控制型变增益放大器，其作用是，进行线性化处理和放大以达到 A/D 转换器 IC_7 所要求的输入信号的范围，其增益的改变是随油雾浓度的改变而改变，即浓度降低，放大倍数降低，这样在油雾浓度较高时可以提高对油雾浓度的分辨率及测量精度。

3)正常运行采样电磁阀的故障检查，电磁阀电流过大，过小，通过电阻 R_2 检测，并经变压器 T_1，D_1，D_2，D_3，R_{14}，R_{13}，D_{15}，C_4 变为正比于线路电流的直流电压信号，经过 $IC_{6/1}$，D_5，C_6，R_{18}，R_8，R_{10}，TR_1，及 $IC_{6/4}$ 构成采样保持电路送到 A/D 转换器的 I_5 端进行 A/D 转换，若单片机判断出有故障则发 Flow 报警，停止采样。

4)A/D 转换器 IC_7 转入端功能：I_6 端接每缸曲柄箱油雾浓度值，RS 端为单片机 O_5 脉冲信号，启动 IC_7 的 A/D 转换。

I_4 端接压力开关 S_{W6} 状态信号，判断测量室是否进行清洗或者执行清洗程序，单片机发出 Flow Fault 报警并停止采样。

I_1 端接电位器 R_{22} 调整偏差浓度报警设定值。

I_2 端接电位器 R_{27} 调整灵敏度选择位。

I_3 端接电阻 R_{20} 和 R_{19} 分压标准电压值用于对 A/D 转换器的自检程序。

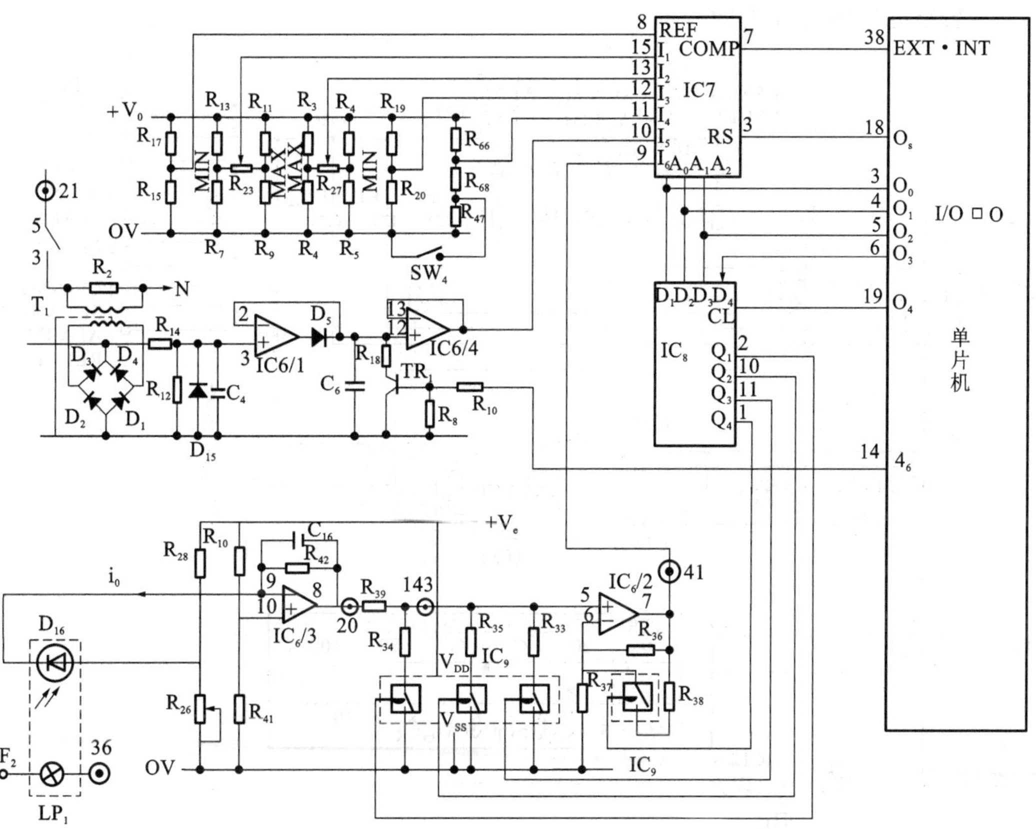

图 3-45　测量电路示意图

4. 采样电磁阀控制电路(图 3-46)

包括 10 个测量电磁阀和 1 个清洗电磁阀。

选择输出器 IC_1 的作用：

1)确定偏差报警时是否要延时；

2)检查 IC_2 的输出状态是否正确(即 IC_2 的输出状态与执行程序是否一致)；

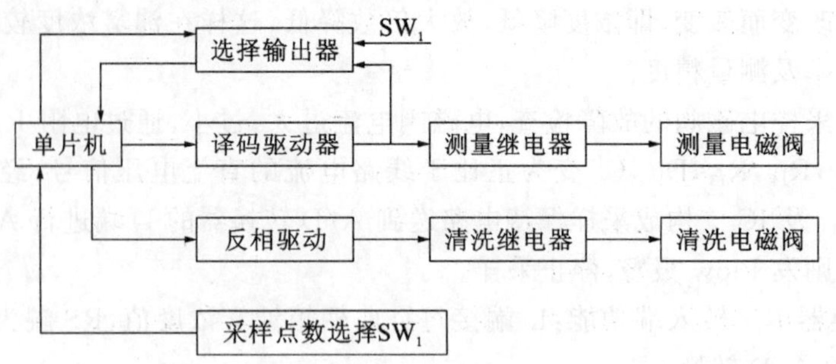

图 3-46　采样电磁阀控制框图

3)检查采样点数，选择开关动作是否正确；

4)检查单片机是否准确地送出报警和降速信号。

5. 报警和显示：该回路主要了解以下三个继电器动作的含义

图 3-47 所示：RL_{12}，多谐振荡器自检报警继电器。RL_{13}，故障降速继电器(高电平有效)。RL_{14}，报警继申器(纸电平有效)。

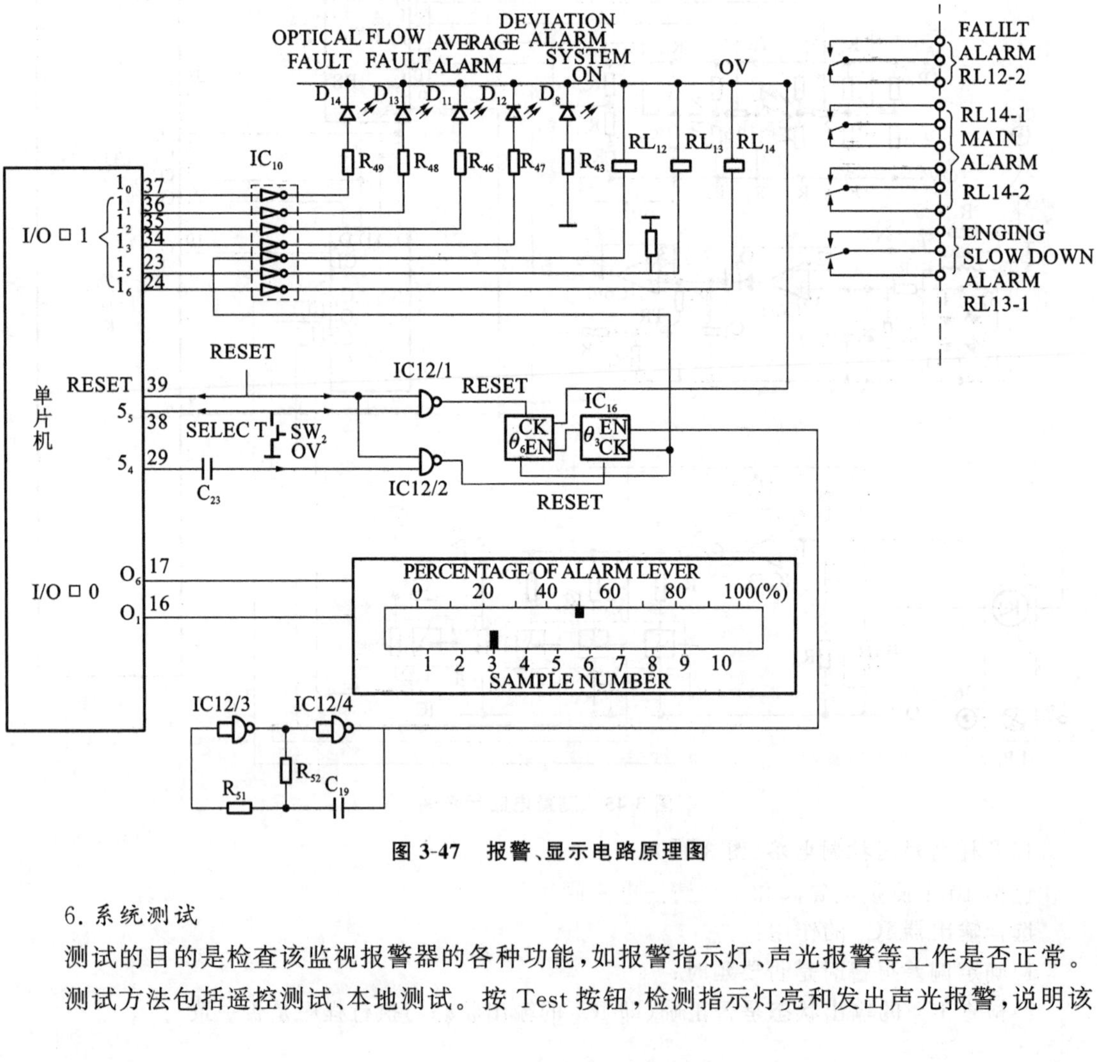

图 3-47　报警、显示电路原理图

6. 系统测试

测试的目的是检查该监视报警器的各种功能，如报警指示灯、声光报警等工作是否正常。测试方法包括遥控测试、本地测试。按 Test 按钮，检测指示灯亮和发出声光报警，说明该报警功能正常。

测试结束后，要使系统恢复正常的运行状态，按 Reset，如果是遥控 test，复位方法不能直接使单片机复位，必须再按控制箱上复位按钮 SW_3 才能使单片机复位。

Simulation Mode：监视报警器的测量室中有一块滑板，当滑板抬起时将遮挡一部分光源，相当于一个已知油雾浓度量。抬起时微动开关 SW5 闭合，模拟灯亮，单片机进行执行模拟程序。将采样电磁阀断电、清洗空气电磁阀通电，清洗空气进入测量室进行一次清洗，然后测量一次空气油雾浓度，此时由于光源被遮挡一部分，显示器上的读数应为 35%～60%。Fault Alarm 断电模拟过程结束，将滑板落下，然后按一下控制箱面板上的复位按钮即可。

7. 报警设定值的调整

平均浓度报警的可调范围为 0.3～1.3 mg/L，是通过灵敏度电位器 Sensitivity 调整的，如图 3-48 中电位器 R_{27} 所示。该电位器共有七个选择位置，若选择“5”挡，在报警系统清洁的状态下，若平均浓度超过 0.98 mg/L 则发生平均浓度报警。

如果没有平均浓度报警，显示器将逐个显示该点及采样点油雾浓度达到报警值的百分数。如设为“5”挡，显示值为 60%，则其油雾浓度为 0.45 mg/L。

偏差报警是通过电位器 Deviation 来调整的，可调范围为 0.05～0.5 mg/L。如果偏差报警设定值为 0.05 mg/L，则某采点油雾浓度超过平均浓度 0.05 mg/L 就会发出偏差浓度报警。在发生偏差报警前，必须清洗测量单元。报警值示意图如图 3-48 所示。

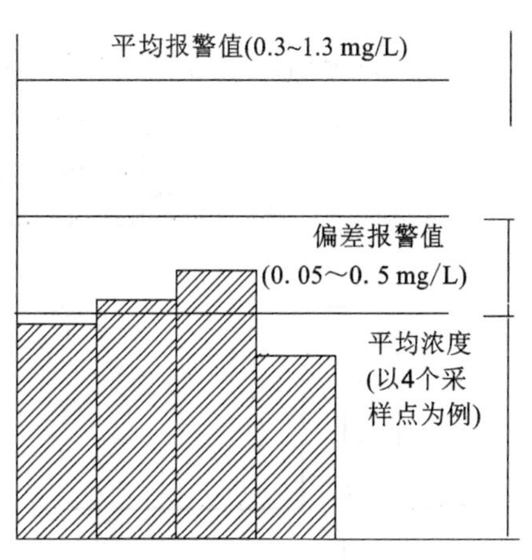

图 3-48　报警值示意图

四、操作步骤

1)接通电源，检查遥控 Test、本地 Test 和 Reset 复位方法。

2)模拟方法检查报警装置是否正常。

3)清洗测量室。

4)测量零位。

5)调整平均油雾浓度和油雾浓度上限值。

6)调整偏差油雾浓度上限值。

五、思考题

1)油雾浓度报警器中显示器上层、下层的含义是什么?

2)分析误报警的可能原因及应对措施。

3)在进行 Test 或报警之前应该进行什么工作? 为什么?

4)调整参数之后应如何操作? 为什么?

第十二节　燃油黏温控制系统操作和参数整定及故障排除

一、评估要点

1)投入运行步骤正确；

2)退出运行步骤正确；

3)注意安全操作事项。

二、操作步骤

图 3-49 所示为模拟燃油黏温控制系统图。

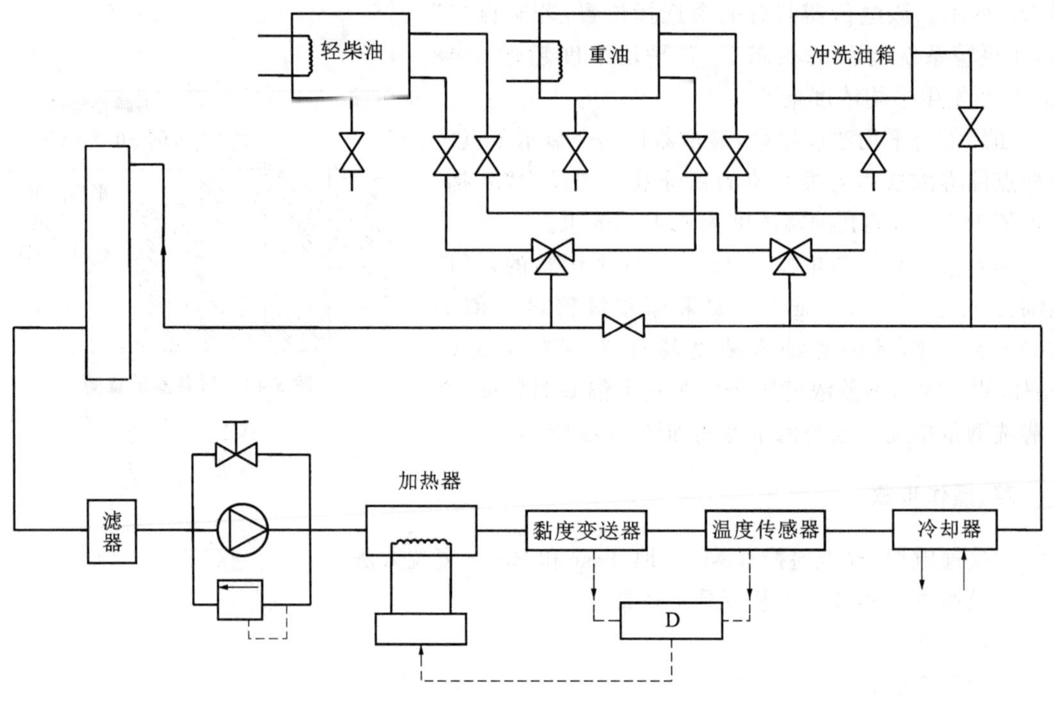

图 3-49　模拟燃油黏度系统图

1)系统投入工作之前，检查燃油加热系统是否有漏泄或损坏情况，各阀件的位置开关是否正确。

2)打开轻柴油、重油油箱预加热器，重油加热至 70 ℃左右，轻柴油加热至 40 ℃左右，然后停止加热。

3)起动低压燃油泵，控制开关至轻柴油，观察温度变化情况。

4)控制开关由轻柴油至重油位置，观察调节器参数变化情况。

5)在重油位置，在扰动作用下，观察黏度变化情况(改变流量)。

6)控制开关由重油位置至轻柴油位置，观察调节器的变化情况。

7)控制开关由轻柴油至 Stop 位置。

8)校验报警器的动作情况。

9)系统退出时,应进行冲洗,打开冲洗阀,温度控制在 40 ℃以上,冲洗完毕后将废油驳至冲洗油箱,停泵关阀。

调节器参数整定及故障排除:对于这种调节器一般不采用自整定方法,因为自整定一般要进行开环在线实验,在此过程中,系统黏温性波动大,在实际情况下是不容许的,因此一般采用人工方法整定参数。随着现代控制技术的应用,如糊模控制、自适应控制、在线系统辨别(闭环)等,为过程控制系统的生产管理过程带来了极大方便。

人工整定参数时,如果在线控制时发现调节过后或振荡、误差太大等现象,必须进行参数整定(最好在柴油机工况很稳定的情况下进行),比如调整给定值、改变 PID 参数等,具体调节过程应根据教练员的指导进行。

10)故障现象分析

(1)控制误差大,控制过程太慢或发生振荡。

(2)经常出现误报警。

(3)正、反作用不对时,在扰动作用下系统不能稳定下来。

(4)电辅加热不起作用时,观察油泵和加热器互锁触点。

(5)测量值不精确,应进行零位和量程的调整。

11)实验记录

(1)轻柴油位置控制曲线测试(表 3-13)

表 3-13　轻柴油位置控制曲线测试记录表

测量值	时间									
	1	2	3	4	5	6	7	8	9	10

(2)重油黏度控制曲线测试(表 3-14)

表 3-14　重油黏度控制曲线测试记录表

实测值	时间									
	1	2	3	4	5	6	7	8	9	10

(3)重油控制扰动曲线测试(Q 变化,见表 3-15)

表 3-15　重油控制扰动曲线测试记录表

实测值	时间									
	1	2	3	4	5	6	7	8	9	10

三、思考题

采用加热器对燃油进行加热,重油加热至多少?轻柴油加热至多少?

第十三节　柴油机水温控制系统和参数整定

一、评估要点

1)根据要求整定比例带;
2)根据要求整定积分时间;
3)根据要求整定微分时间;
4)P_B、T_i、T_b 对动态过程的影响;
5)掌握系统投入运行的操作步骤;
6)熟悉无扰动操作概念。

二、系统原理及参数整定

本系统采用 MXA 系列数字专家参数自整定调节器,用电模拟方式模拟柴油机负荷,结构如图 3-50 所示。

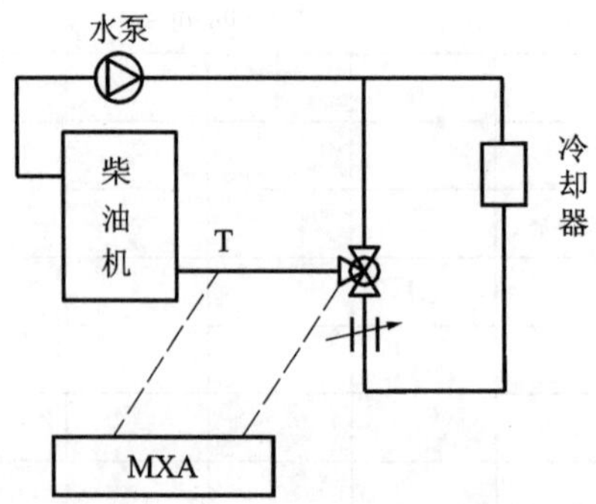

图 3-50　MXA 自整定调节器结构图

1)接通电源,起动水泵马达,同时观察各水柜的水位情况。

2)检查管系是否有漏泄情况,检查数显单元及报警器工作是否正常,以及所显示的值是否与实际情况一致,否则应调节。

3)将调节器先置“手动”位置,按△/▽键,改变阀门位置,同时观察阀门指示与实际阀门的动作情况,信号分别为 4 mA 和 20 mA 时,观察阀门是否全开或全关。

4)增加柴油机负荷为“1”挡位,手动操作阀门,使水温以较快的速率增加至 50 ℃附近。

5)将调节器置“自动”位置。观察水温变化和阀门动作情况,同时记录时间和各点的温度(表 3-16),建议以 1～2 min 为测试点,然后绘制水温变化曲线。

表 3-16　温度值测量记录表

测量值	时间									
	1	2	3	4	5	6	7	8	9	10

6)将调节器置“手动”位置,给广义对象某一阶跃信号,待水温稳定后,再给一定的阶跃输入,至水温稳定后,记录第二个阶跃输入后的输出值(表 3-17)。

表 3-17　输出值测量记录表

测量值	时间									
	1	2	3	4	5	6	7	8	9	10

根据所记录的值作出广义对象的输出响应曲线,同时判断该对象的动态结构模型及参数。

7)置“自动”位置,柴油机负荷从“1”位至“2”位,再至“3”位或以“3”位直接至“1”位的情况下所记录的曲线。正扰动作用下测量值记录表见表 3-18,负扰动作用下测量值记录表见表 3-19。

表 3-18 正扰动作用下测量值记录表

测量值	时间									
	1	2	3	4	5	6	7	8	9	10

表 3-19 负扰动作用下测量值记录表

测量值	时间									
	1	2	3	4	5	6	7	8	9	10

根据所记录的值作出正、负扰动情况下的响应曲线。

8)待系统稳定后，按 Set 键改变给定值，比如设定温度为 60 ℃，而原来给定为 59 ℃，则按 Set 键后，再按一下增加键△，则改变 1 ℃，其他类似。

9)PID 参数的整定方法

此调节器具有自整定和人工整定两种方法。自整定方法一般是在过程开始或过程中途进行，整定时间一般依被控对象而定，特别对于变化很快的系统，过程中途自整定要注意，防止在自整定过程中出现严重事故。自整定法采用两步自整定，即自动给出阶跃信号，观察输出响应；通过输出响应，按一定经验计算出 PID 参数。这种在线自整定实际与人为离线整定方法是一致的。按说明书要求，置调节器于“自整定”状态，观察阀门指示窗的变化情况。这种自整定方法的误差很大，针对控制精度要求稍高的情况，可以先建立较准确动态模型，再按控制要求校验调节器参数。

10)结合上述系统操作和参数整定方法，在实验的过程中可能出现问题，要善于分析和排除。

常见故障：

(1)测量值与给定值差别过大；

(2)电动执行机构单方向动作；

(3)温度变化过慢或控制点无法找到。

出现上述现象后，首先要观察电动机构的动作情况，最好置“手动”情况下进行操作，确认后采取措施，或者调整 PID 参数。

三、思考题

柴油机水温控制系统参数整定过程中常见的故障有哪些?

第十四节　辅锅炉燃烧顺序控制

一、评估要点

1)掌握辅锅炉燃烧顺序控制系统工作原理及系统正确操作。
2)控制系统参数整定及故障排除。
3)掌握用 PLC 作为控制器的控制系统。

二、实操设备

PLC 控制辅锅炉燃烧模拟系统一套；24 V 直流稳压电源一台。

三、原理简介

本装置采用 PLC 作为控制器。在了解此装置之前，先介绍 PLC 的基本结构和工作原理，以及可能的故障排除方法。

PLC 又称可编程逻辑控制器，它是按工业环境设计的一种电子操作系统，具有逻辑判断、运算、定时、计算、储存、处理等功能，其输入量通常有开关量，如锅炉水位、蒸汽压力、风压、火焰等越限开关报警量以及风门位置、电磁阀开关等位置开关量。开关量接入方法是利用外接电源，将位置量转换成电信号，通过隔离方法，接入 PLC 输入通道。蒸汽压力、风油比等一般模拟量是通过传感器传至变送器的，经过多路选择和 A/D 转换后送入模拟量通道。

PLC 的输出方式通常有继电器-指示灯式、晶体管式、可控硅式。它具有较强带负载能力，使控制系统简单化、可靠性强、运用方便。

PLC 辅锅炉控制系统包括多方面：从冷锅或热锅启炉开始至升汽的控制过程；根据辅锅炉负荷的变化而自动调节风油比，保证蒸汽压力稳定。另外，还有水位控制、报警等功能。前两项功能是以软件方法实现的，便于修正，通用性强。辅锅炉的起动(或者是预扫风时间)主要需考虑冷锅或热锅的时间(此参数可调)，预扫风之后，风门至最小位为点火作准备。点火变压器和轻油电磁阀通电开始点火后，火焰感受器监视炉内有无火焰，在一段时间内(此参数可设定)点火成功则进入燃烧阶段(重油电磁阀开，重油点火油头工作)，如果失败，则发出声光报警。

以蒸汽压力为对象进行风油比例调节的调节方法可根据辅锅炉负载特性，设置 PID 等调节方式。由于通过软件方式实现，这种方式的调节精度很高。

四、操作步骤

1)接通 24 V 直流电源，将 PLC 至 Run。
2)消除报警，按 Reset 键，有故障的排除故障。
3)按 Start 键，控制系统自动进入顺序控制状态。

4)观察各指示灯开关顺序和风油比动作情况。

5)检查各模拟的开关量输入改变时系统动作情况,特别是检查报警功能。

6)如果发现 PLC 故障灯亮,应及时采取措施。其他故障现象及原因见表 3-20。

表 3-20　故障现象及原因

故障现象	可能原因
RUN 灯灭	内部电源,输入、输出端子,有无 END 指令,程序是否合适,RAM/ROM 错误
电源灯灭	接触不良,保险丝、发光二极管故障,电源板故障
CPU 出错	电池电压,浪涌电压,程序有错,RAM、ROM 出错等
I/O 故障	驱动电路出错,执行机构、负荷异常等
不能点火	I/O 接口,反馈限位开关,程序出错,复位等
高、低气压不正常	传感器出错,开关量触点出错,参数修正等
报警器单元	外围部件或参数不正常等

五、思考题

1)请说出 PLC 控制系统的工作原理及系统操作。

2)若出现报警,首先应干什么?

3)请说明用编程方式修正预扫风时间的方法。

第十五节　主机遥控系统实验(一)

一、评估要点

1)主机遥控系统组成,功能认识;

2)主机遥控系统操纵位置的转换;

3)熟悉操纵位置转换的条件、优先权和无扰动转换。

二、原理简介

应进行操纵位置转换的情况有两种,一是出现故障;二是应急操纵、机动航行或靠离码头等。

针对第一种情况,当主机遥控出现故障时,应由驾控转至集控或机旁操纵。转换过程要实现无扰动切换,即先将集控室操纵手柄转至驾驶台操纵手柄相同位置,然后按下转换开关。

针对第二种情况,机旁起动主机成功、集控室起动主机成功、驾驶台起动主机成功从而备车完毕后,应进行操纵位置切换,即从集控室转至驾驶台遥控。同样,以航速进入港速或靠离码头时,应由驾驶室转至集控室操纵。值得注意的是,在驾控或集控时,机旁应急操纵台上的调速手柄应放“全速”位置,机旁操纵台上的手动-自动转换开关或机旁-遥控转换开关应转至“手动”位置,方可进行机旁操纵。

驾驶室操纵台按钮和指示灯包括如下部分。

1)副车钟:传达驾驶员操纵指令。

2)指示灯:指示主机某些运行状态。

3)应急操纵按钮:提高换向转速、重起动,取消程序负荷,取消增压空气压力限制、轮机长最大转速限制。

4)取消限制按钮:除应急操纵按钮外,切除安全保护。

另外,还有取消程序负荷、取消自动减速、取消转速限制等。

三、操作步骤

1)熟悉驾驶室操纵台、集控室操纵台、机旁操纵台的操纵手柄,操纵方式转换开关,应急操纵按钮,显示仪表,指示灯。

2)测试主车钟、副车钟的传令过程及车钟记录仪的记录格式。

3)机旁操纵转至集控室操纵。

4)集控室中气-电转换操纵。

5)集控转驾控。

6)驾控转集控。

四、思考题

1)何为无扰动切换?

2)驾控或集控时,机旁调速旋钮应置于何处? 为什么?

3)应急操纵时,应取消哪些限制?

第十六节　主机遥控系统实验(二)

一、评估要点

1)熟悉主机起动逻辑条件和模拟实验;

2)判断起动故障原因及参数修改;

3)熟悉换向逻辑条件和模拟实验;

4)了解换向故障的判断及参数的修改。

二、原理简介

起动逻辑回路包括主起动逻辑、重复起动逻辑、重起动逻辑、慢转起动逻辑。

1.主起动逻辑

主起动逻辑 $Y_{SO}=Y_{SC}\cdot Y_{SL}$。其中,$Y_{SC}$ 为准备逻辑条件,Y_{SL} 为鉴别逻辑条件。两者的逻辑表达式分别如下:

$$Y_{SC}=T_G\cdot M_V\cdot P_A\cdot P_O\cdot P_L\cdot E_S\cdot P_S\cdot T_S\cdot\overline{S_T}\cdot\overline{F_3}\cdot\overline{T_M}\cdot n_I$$

式中　T_G—— 盘车机脱开信号,脱开为1,未脱开为0;

M_V—— 主起动阀位置,在自动位为1,在手动位为0;

P_A—— 起动空气压力信号,压力正常为1,压力太低为0;

P_O—— 控制空气压力,压力正常为 1,压力太低为 0;

P_L—— 滑油压力信号,压力正常为 1,压力太低为 0;

E_S—— 遥控系统电源信号,电源正常为 1,否则为 0;

P_S—— 操纵部位转换信号,转换完成为 1,否则为 0;

T_S—— 模拟实验开关位置,在工作位置为 1,否则为 0;

$\overline{S_T}$—— 故障停车复位信号,已复位为 1,否则为 0;

$\overline{F_3}$—— 三次起动失败信号,已复位为 1,否则为 0;

$\overline{T_M}$—— 起动限时信号,未到限时时间为 1,达到限时时间为 0;

n_I—— 发火转速逻辑鉴别信号,主机转速低于发火转速为 1,高于发火转速为 0。

$$Y_{SL} = I_H \cdot C_H + I_S \cdot C_S$$

其中,I_H 和 I_S 分别表示正车车令和倒车车令,C_H 和 C_S 分别表示凸轮轴在正车位置和在倒车位置。

此式主要判断车令与凸轮轴位置是否 致。

2. 重复起动逻辑

重复起动逻辑需率先满足准备逻辑条件,起动逻辑判别只考虑两种情况:① 达不到发火转速;② 达到发火转速而无法起动。在第二种情况时,记录失败次数达三次,则起动锁闭,报警。

3. 重起动逻辑

重起动逻辑需率先满足 $Y_{SC}=1$ 且 $Y_{SL}=1$,逻辑表达式为:

$$Y_{SH} = Y_{SO} \cdot n_H \cdot (I_E + I_S + F)$$

式中 I_E—— 应急操作指令;

I_S—— 倒车指令;

F—— 第一次正常起动的第二次、第三次重起动。

重起动首先要满足起动的逻辑条件 $Y_{SO}=1$;其次是起动转速未达到重起动发火转速,$n_H=1$;最后是有应急操作指令 I_E(在发出开车指令的同时按应急操纵按钮),或者有重复起动信号 F(第一次起动为正常起动,第二次或第三次起动为重起动),或者有倒车指令 I_S。

4. 慢转起动逻辑

慢转起动逻辑前提是无重起动指令,即 $\bar{Y}_{SH}=1$,主起动正常 $Y_{SO}=1$,其逻辑表达式为:

$$Y_{SLD} = S_{Td} \cdot \bar{I}_{SC} \cdot \bar{R}_1 \cdot \bar{Y}_{SH} \cdot Y_{SO}$$

式中 S_{Td}—— 主机停车时间超过规定的时间 30 ~ 60 min,此时 $S_{Td}=1$;

$\bar{I}_{SC}$—— 没有应急取消慢转指令;

$\bar{R}_1$—— 主机没有达到规定的转数(1 ~ 2 转) 或规定的慢转时间;

$\bar{Y}_{SH}$—— 没有重起动信号;

Y_{SO}—— 满足起动逻辑条件,即 $Y_{SO}=1$。

起动模拟实验可在集控台模拟板或电气控制箱上进行,主要检查计算机系统,还可以检查电-气转换、气动逻辑或气动阀件。可采用航行中的模拟、停车的模拟等模拟方法,检查遥控系统中安全保护、监视报警、电-气转换、操纵、指示、执行、仪表显示等功能。

三、起动参数的修改

1)在集控室模拟实验板上，修改正常起动转速、重起动转速、换向起动转速等参数。

2)在电-气箱中修改正常起动油量、重起动油量、起动油量保持时间、空气开启时限、起动失败判断、慢转起动停车时间、转数和时间、起动失败间隔等参数。

四、操作步骤

1)打开电源，将电气控制箱“模拟－遥控”开关转换至“模拟”位置。

2)集控室“起动－换向”模拟实验。

3)将模拟转速旋钮向正车方向旋转，正车指示灯亮，主机模拟约为 50 r/min。注意模拟转速不得大于正常点火转速，否则计算机将认为起动成功而封闭起动。

4)模拟车令调至 Dead slow 位置。

5)按照“起动或换向”流程图，模拟起动。按下 Step 按钮，如果不符合起动条件，则下一步动作不执行，主要看指示灯显示情况决定。此时应检查下部模拟开关是否处于正确位置。当模拟转速小于发火转速时，供给起动油量，起动电磁阀通电。调节模拟转速超过发火转速，再按 Step 按钮，则流程显示“Good Start”，表示起动成功。

6)换向模拟操作与起动操作类似。在模拟时，注意停油、换向、制动、反向起动等动作和指示。

7)主要参数修改

(1)正常起动和重起动转速及油量的设定：按 Select 键至相应位置显示闪烁，按“＋、－”键进行修改，修改后完成，按 Enter 键即可。

(2)油量的设定：先将电气控箱中“功能转换开关”转至油量设定，左边指示窗指示代码，右边指示参数值，修正方法与前述类似，不过置入方式采用内置入。

其他参数的修改请参照电气控制箱中参数修订表。

8)故障判断

故障的排除方法一般根据相应现象进行选择，常见故障现象包括停油故障、起动故障、换向故障等。先采取操纵位置和操纵方式切换方法，逐一判断驾控 VC⟷集控⟷机旁，同时结合模拟板操纵，进而判断是否为计算机故障、气动故障或执行机构故障。高发的故障原因有空气气源故障、阀芯卡住、密封圈因老化或严重变形而失效等。可以核实各检查点控制空气压力是否正常，正常气压应为 0.6～0.8 MPa。

对于计算机中央处理器、通信接口以及“电-气转换”故障，则在更换模板或电-气元件之前，必须准确定位故障点，切断电源，方可进行更换。

五、思考题

1)简述起动逻辑条件和换向逻辑条件。

2)如何根据逻辑条件，判断可能出现的故障点？

3)简述修正起动、换向参数的方法。

4)如何进行起动、换向模拟实验？

第十七节　主机遥控系统实验(三)

一、评估要点

1)掌握主机遥控系统加速、减速程序负荷;

2)熟悉主机转速限制及参数调整;

3)掌握主机安全保护和功能模拟。

二、实操仪器

主机遥控系统装置。

三、实验原理

通常,PI调速器以前的控制与限制称为转速控制和限制,调速器后面控制与限制称为负荷控制与限制,如图3-51所示。

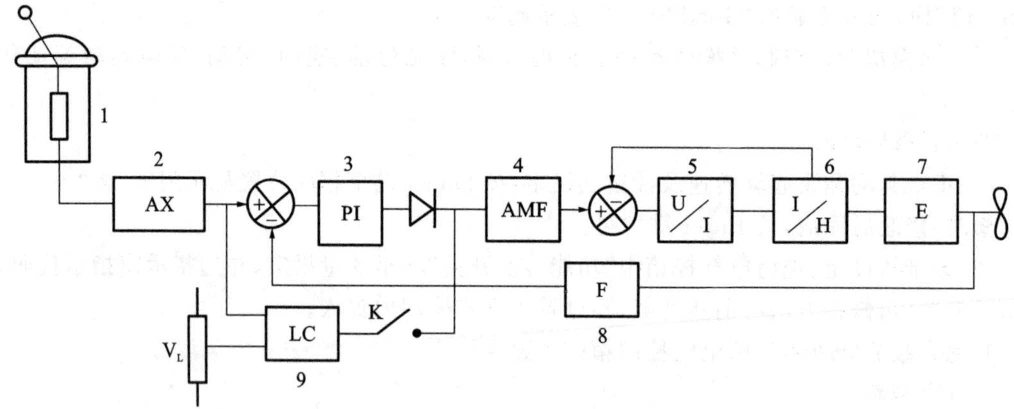

1—车钟;2,4—放大器;3—比例积分调节器;5—电压电流变换器;6—执行器;7—主机;8—轻速测量单元;9—转速设定单元

图3-51　转速、负荷联合控制方案

转速程序负荷包括下列部分:

1)加速速率限制;港内全速以下加速的限制(<70%额定转速),主要防止主机的转速偏差值阶跃变化过大,保证对主机平稳加速、减速。

2)程序负荷,主要指离港时实际转速>70%额定转速,进港时由全速到港速的减速程序负荷。这一功能是通过离港或进港按钮实现的,防止主机在高负荷区的加、减速过快而瞬间产生很大的热负荷。

3)转速限制:包括自动回避转速、轮机长设定最大转速、最大倒车转速、故障降速转速、最小转速等。

4)转速控制环节:在驾驶室控制时,采用电子调速器控制主机转速;在集中控制室控制主机时,把电子调速器控制主机转速回路旁通,接E/P转换和PGA调速器。

5)负荷限制环节:包括增压空气压力限制、转矩限制及最大油量限制等。最大油量限制是轮机长根据海面状况和主机运行情况,手动限制对主机的最大供油(50%~100%),在应急情况下，可取消这个限制。

6)增压空气压力限制：包括扫气箱空气压力传感器、变换器、增益调节旋钮、起动油量调节旋钮、电压跟随器、选小器。

7)转矩限制：包括转矩传感器、变送器、开始转矩限制的转速调节旋钮、每一测量点允许的转矩限制值调节(增益调节)、电压跟随、选小器。

8)主机安全保护：

(1)自动减速：重要参数越限时，发出报警信号，按取消自动减速时，此功能失去作用。

(2)自动停车：某些重要参数达到停车值，自动停车同时发出报警信号，除滑油压力、主机超速外，其他参数均可越控。

四、实操步骤

1)接通系统电源，电气控制和遥控-模拟开关至模拟状态。

2)用集控室模拟板进行程序负荷试验。

3)起动成功后将模拟车令至 Full，设定转速为额定转速。

4)观察程序负荷指示窗，可知道实际转速<70%额定转速和实际转速>70%额定转速情况。

5)将模拟车令至 Slow，设定转速 286 rpm。

6)临界回避转速 251～300 rpm，观察稳定转速输出。

7)车令从 D. Slow→Slow，再观察回避指示窗指示。

8)按港速或海速按钮，观察程序负荷指示窗情况。

9)调节转速限制的限制值，观察指示窗情况。

10)调节负荷限制参数(电气控制箱进行)，观察指示窗情况。

11)按下主机自动减速，自动停车按钮，如滑油压力，冷却水温等观察系统情况，按下驾驶台操纵台取消 Slowdown 观察什么现象，按 Cancel Shutdown 观察什么现象。

12)在电气控制箱调节报警和停车参数。

13)出现报警或停车时在机旁复位。

五、思考题

1)简述转速控制和限制、负荷控制和限制环节。

2)简述转速限制参数调整方法。

3)简述主机安全保护试验方法。

第十八节　机舱集中监视与报警(一)

一、评估要点

1. 掌握开关量压力传感器结构和调整；
2. 掌握热电阻检测和变送器零位、量程调整；
3. 开关量报警功能试验；
4. 模拟量参数调整及报警系统。

二、实操设备

开关量压力传感器，热电阻和温度变送器，集中监视与报警系统。

三、原理简介

1. 压力传感器结构简介

开关量压力传感器，实质上就是压力继电器，或称非电量继电器。将压力信号（测压力、测温度时叫压力式温度传感器）直接引入测量口，硬弹簧调节整定值，软弹簧调幅差值即可。应用实例见图 3-52、图 3-53、图 3-54。

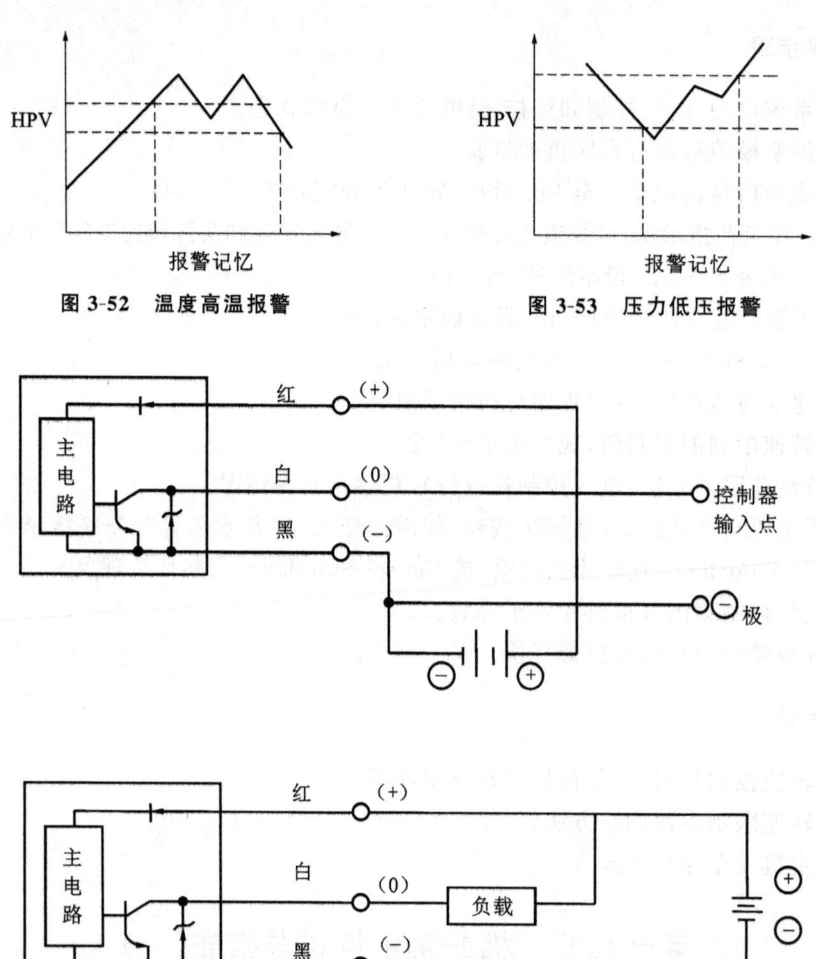

图 3-52　温度高温报警

图 3-53　压力低压报警

图 3-54　常见压力继电器主要参数电路图

主要规格：

1）空气压力 0～9.9 kgf/cm^2；

2）迟滞≤3％；

3）反应时间 10 ms；

4）电压 DV 12～24 V（±10％波动）；

5)输出 30 V,80 mA。

温度的测量与变送:热电阻 PT100,测量范围 −120～+800 ℃,在 0 ℃时电阻值为 100 Ω,100 ℃时电阻值为 139 Ω,600 ℃时电阻值为 317 Ω。热电阻必须接入测量电桥,一般为了消除测量误差而采用开关量压力调节器,一般分固态电子型和机械型两类。电子型压力开关参数表见表 3-21。

表 3-21　电子型压力开关参数表

电压/V	交流/A		直流/B	
	瞬时电流	切断电流	瞬时电流	切断电流
24			8	3
48			6	1.5
110	30	12	4	0.5
220	20	10	2	0.25
440	15	6		
550	10	5		

ISG 系列机械压力继电器的主要规格:

1)无腐蚀性流体,使用材料为磷青铜。

2)腐蚀性流体,如蒸汽、污水,使用 SuS304 不锈钢材料。

3)最大压力≤15 kgf/cm^2。

4)差压范围 0.1～4.5 kgf/cm^2。

5)压力范围 0.1～9.9 kgf/cm^2。

采用三线制,通过电桥后相当于 T/U 转换,接入温度变送器;现阶段温度变送方式很多,有电动式,有电-气式,也可以将 T/U 转换信号直接接入单片机,通过单片机变送为标准信号。

下面谈一谈电-气式变送器,这种变送器相当于电-气变换后送入压力变送器,从而输出气压信号。

2. 开关量报警功能试验

为了检查报警系统是否正常,可进行功能试验。按下"功能试验"按钮时,系统进入报警状态,如报警指示灯不能快闪,说明有故障。功能试验开关和消闪按钮配合操作,可进行长时或短时故障报警试验。整定给定值,然后调定幅差值,接通气源,调节测量输入值,观察报警灯亮时刻的测值,从而检测整定参数的正确性。这种试验一般在模拟器上完成,在监控机上点击 modify 可以进行参数修改,然后开始验证试验;在监视器上可以显示参数的实际值和报警值。

模拟量报警控制单元与开关量报警单元的区别在于测量环节、比较环节。比较环节将测量信号与电位器整定的报警设定值进行比较,功能试验方法与开关量报警功能试验相同。

四、实操步骤

1)拆装开关量压力传感器,观察其结构。

2)调整其参数。

3)用万用表测量 PT100 在不同温度下的电阻值。

4)试验开关量报警系统。

5)检查报警系统故障,检查顺序为传感器→控制单元→输出指示灯。如果无指示则可能问题出现在公共单元的闪光源;无声响则可能问题出现在声响报警单元。

6)开关量参数调整方法,传感器调整。

7)模拟量参数调整。

8)常见压力传感器或压力开关类型及接线。

五、思考题

1)开关量压力传感器工作原理和参数调整。

2)温度测量与变送方法。

3)开关量参数调整方法及功能试验。

4)模拟量参数调整方法。

第十九节 机舱集中监视与报警(二)

一、评估要点

1)熟悉延伸报警及其操纵。

2)机舱集中监视和报警控制系统的操作与管理。

二、实操设备

集中监视与报警系统。

三、原理简介

延伸报警箱通常安装在驾驶室、公共场所、轮机长和轮机员居室,它与延伸报警控制单元、值班选择装置共同组成延伸报警系统,其原理见图 3-55。其中,延伸报警控制单元把报警控制单元各监视通道送来的故障报警信号归类分组后,传送到各个延伸报警箱,实现分组延伸报警功能。一般从归类分组开始计时,3 min 以内接收到集中控制室消声应答时才复位。若超过 3 min,应立即向各延伸报警箱发出失职报警控制信号,直到接收到集中控制室消声应答信号为止。

值班选择箱上“4”位置表示机舱有人值班,驾驶室同时显示“机舱有人值班”,驾驶室“机舱有人值班”指示灯熄灭,轮机员延伸报警箱投入工作,“1”“2”“3”分别表示大管、二管、三管值班状态。

如果选择开关转至大管轮值班“1”,则一方面大管轮处值班指示灯闪,另一方面驾驶室公共场所及轮机长处所延伸箱灯光闪。大管轮获悉后,可在延伸报警箱上或者集中控制室操纵先进行确认、消声、消闪,指示灯亮。B_1、B_2 为消声、消闪按钮,位于集控室。

前面我们知道,延伸报警是在某一参数出现故障时驾驶室、公共场所、轮机长和值班轮机

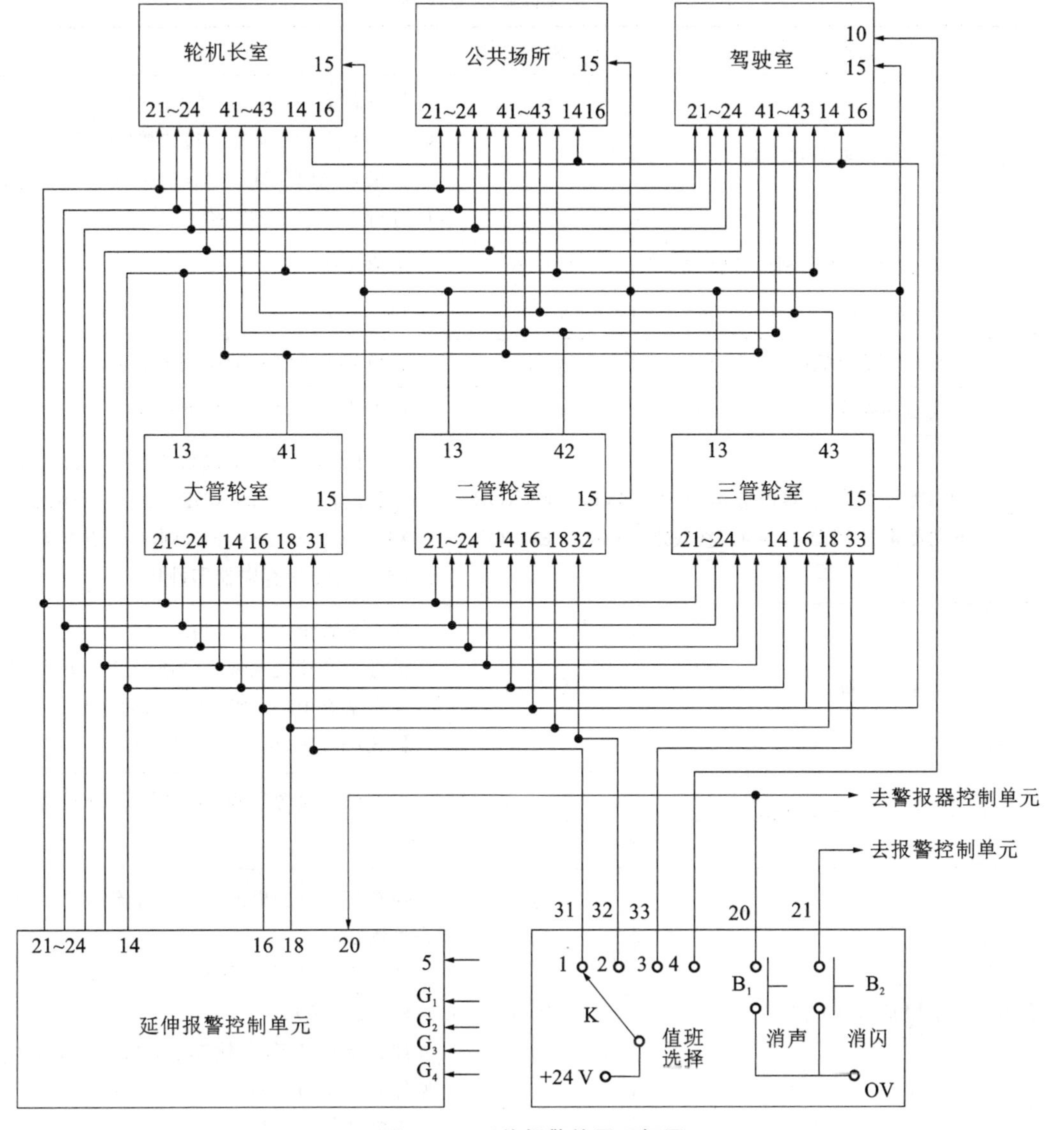

图 3-55　延伸报警的原理框图

员延伸报警箱闪光和声光会报警，此时 3 min 失职报警计时器计数，在 3 min 之内在集控室或延伸箱应答即可消闪、消声。如果超过 3 min 则失职报警(其他轮机员延伸报警箱闪光，风鸣器响)，失职报警发出后，值班轮机员必须在集中控制室进行复位，同时 3 min 计时器复位。

四、实操步骤

1)值班选择装置开关转换和应答操作。

2)出现延伸报警应答操作。

3)出现失职报警应答操作和复位。

4)对监视参数熟悉及进行对应的传感器管理。

5)常见故障及处理方法见表 3-22。

表 3-22　常见故障及处理方法

故障部位及指示灯代号		显示器显示值	排除方法
$1^{\#}$灯亮	整个监视系统有故障		如果仅有 $1^{\#}$ 灯亮，则 24 V 电源开关 F1 断开(F1 位于控制柜右边的接线柜中)； 如果 $1^{\#}$ 灯亮，并且其他灯中某只灯也亮，可进行下列故障部位检查
$2^{\#}$灯亮	风机(子系统印刷电路板)故障	X9988	更换风机
	子系统过热	X9982	加强通风
	输入印刷板故障	X9993	更换柜内红灯亮的印刷电路板
	读写存贮器的备用电池故障	X9936	更换或重新对备用电池充电
$3^{\#}$灯亮	CPU 板或存贮器板故障，需按下功能键“EVENT LOG”查找之	X0997/ERROR$_{82}$ X9995/ERROR$_{24}$	显示出：＊＊＊ERROR82＊＊＊adr. xx 显示出：＊＊＊ERROR24＊＊＊adr. xx XX＝FO、E4、E8、EC，则需要更换 CPU 板；否则应更换存贮器印刷板
$4^{\#}$灯亮	子系统故障	OX0991	检查子系统中 CPU 板； 检查主计算机系统中的通信接口板，检查其与子系统中的 CPU 板之间的连线； 如无法解决，可更换上述二板
	外部电源(子系统中)故障	X9984	检查外部电源印刷板的电压是否正常，并更换之
$5^{\#}$灯亮	报警打印机故障	X0999	检查打印机的电源(24 V 直流)和打印纸是否用完； 如果指示灯不亮，再检查打印机背后的保险丝(3.15 A)； 如果指示灯亮，再检查打印机右侧面的微型保险丝(1/16 A)； 检查通信接口板
$6^{\#}$灯亮	传感器接地短路故障		用接地故障监视器检查位于控制柜右边的接线柜内的开关 S_1，判明是哪一类传感器接地； 开关 S_1 位于↗时，$6^{\#}$ 灯亮，表示模拟量传感器接地； 开关 S_1 位于↑时，$6^{\#}$ 灯亮，表示开关量传感器接地

五、注意事项

1)更换插件时，必须切断电源。

2)焊接器件时,必须把电烙铁电源插头拔下,用余热进行焊接,以免损坏板上的MOS器件。

3)切忌用手触摸MOS器件的片脚,防止静电击穿。

六、思考题

1)什么是延伸报警?如何应答?

2)什么是失职报警?如何应答?

3)在操作和管理报警装置时,应注意什么?

第二十节　电站自动化实验

一、评估要点

1)发电机自动起动,自动并车及自动调频调载;

2)发电机自动解列及自动停车;

3)发电机重载询问;

4)发电机故障停机。

二、实操设备

自动化电站或轮机模拟器。

三、原理简介

依据我国《钢质海船入级与建造规范》对轮机自动化的划分,AUT-O标志级通常叫无人机舱。同时有如下要求。①备用发电机自动起动合闸,向重要负载供电不得超过45S。②因短路故障停电,备用机组自动合闸只允许进行一次,失败后报警。同时故障机组从“自动”转至“手动”。③分级卸载,包括轻度过载,重度过载。如果有不允许卸载指令则自动起动备用电机。④电网故障停电,立即自动起动应急电机向应急电网供电,待主发电机起动恢复后向主电网供电,自动切除应急发电机向应急电网供电,等待一段时间(观察是否有故障后),自动停应急发电机。恢复供电后分级重启动负载,以负载的重要性为顺序先后启动。⑤重载询问,即当某一大负载投入电网前,要事先询问一下电站运行功率是否允许起动大负载,若功率余量较大,大负载即可投入;若功率余量不够,则自动起动备用机组,经并车调频调载后方可投入大负载。若无此功能,启动大负载时过载报警,分级卸载之后起动备用机组。采用重载询问时,可改善次要负载的工作环境,缩短过程时间。

以上是AUT-O标级的无人机舱与自动化电站主要要求。根据这些要求,我们需要掌握以下基本内容:发电机自动起动、停、负荷转移(图3-56、图3-57)。

自动起动准备工作逻辑判断:预润滑、预热、起动空气、静止状态等。其中预润滑方式、预热方式较多(略)。满足以上条件,按设定程序起动,其中三次起动失败,发出报警,柴油机自动故障导致停机,发出“阻塞”,再次起动要复位。

发电机起动顺序是,先通过设定开关进行预置,比如轮机模拟器选择中的待并发电机选择

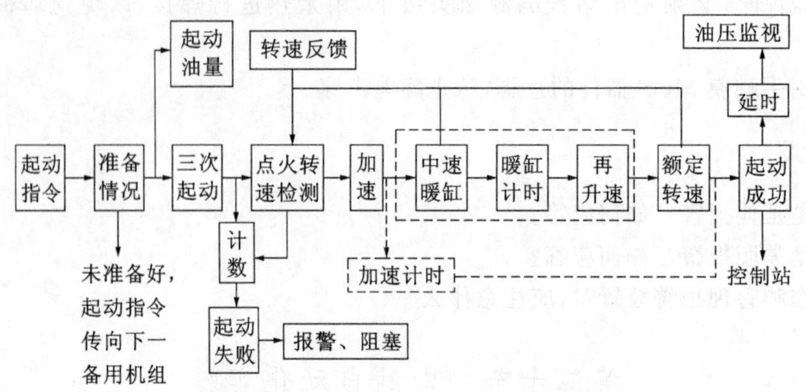

图 3-56　柴油机组自动起动程序框图

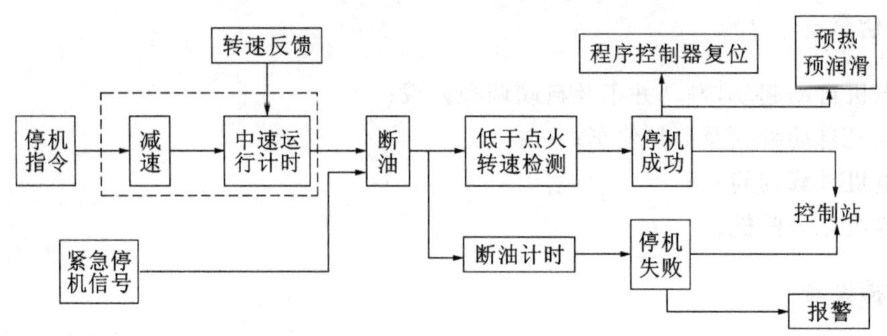

图 3-57　柴油机组自动停机程序框图

(G_1、G_2、G_3)及发电机数量。如果选择 G_2 数量至 ON，这样根据电网负荷，将有主任务机(G_1)、备用机(G_2)、第二备用机(G_3)等。

起动主任务机，当达到额定转速时，报警器投入工作；当电压频率正确时，直接自动合闸，然后接受负荷，自动调压、调频。当负载增加(75％额定功率)时，自动起动第一备用(具有延时作用)，备用机组升速，速度开关使自动并车装置工作(比较并车条件)。当条件满足自动并车条件(空气开关动作时间＜0.3 s)，并车，然后自动调频、调载，如果第一备用机组起动失败或并车失败，第二台备用机组自动起动。

如果负载持续减少，当负载达到单机负荷的 50％以内时，延时一段时间，控制器先减小解列机组负载至 10％～20％额定功率，然后自动脱扣，控制器延时发出停机指令，按停机程序停机(比如以中速运转一段时间来缓慢降温)，随后接入预润滑系统。

发电机故障一般包括滑油压力速低、欠压、超速、逆功率、短路等，若故障尚可接受，应起动备用电机然后解列停车。若故障较严重，应立即分级卸载，停车，同时起动备用机组。

四、实操步骤

1)设置主任务机，第一备用机组，第二备用机组。

2)加载(软件和硬件方式加入)，估计达到 75％额定功率时观察现象。

3)经过一段延时后，发电机自动起动。

4)自动并车，合闸、调频、调载。

5)减小负载至50%额定功率以内,自动解列、停车。

6)启动大负载(如起货机),观察次要负载是否切除,备用电机起动并车情况。

7)主电网失电,应急发电机起动合闸,主发电机恢复供电,负载启动先后顺序情况。

8)降低滑油压力,短路,逆功率,观察发电机动作情况。

五、思考题

1)简述发电机起动,准备条件,停车程序。

2)分级卸载在什么情况下发生?

3)重载询问会导致发生分级卸载吗?为什么?

4)若有重大故障导致机舱失电,自动处理过程是怎样的?

5)预润滑、暖机过程是怎样的?

6)当出现电网短路故障时,在网发电机自动从“自动”至“手动”位,如果故障排除,应如何操作?如果人为进行自动-手动切换又如何操作?

第四章　动力设备操作

第一节　柴油机的操作与管理

一、主机开航前的备车

主机开航前的备车任务有主机暖机操作，各系统（包括压缩空气起动系统、主机润滑系统、主机冷却系统、主机燃油系统）的准备操作，主机转车与冲车，主机起动与试车。

1. 主机暖机操作

1）打开主、副机冷却水连通阀，将运行中的副机冷却水系统中的高温淡水输入主机冷却水系统中进行加热保温，使主机机体温度上升到 38 ℃及以上。

2）活塞冷却系统（如为水冷方式）、喷油器冷却系统也应加热循环。

3）开启主机润滑油循环柜蒸汽加热进口阀，加热润滑油至 38 ℃左右，再启动主润滑油泵，使润滑油在系统中循环，或开启润滑油分油机及润滑油加热器，对润滑油进行加热。

2. 压缩空气起动系统的准备操作

1）起动前的准备。

①检查空气压缩机曲轴箱的油位是否正常（要求油位在油尺两刻线之间或在油位观察孔高度的 1/2～2/3 之间）；

②全开空气压缩机排气阀和主空气瓶进气截止阀；

③手动盘车数转，观察空气压缩机有无卡阻现象。

2）开启空气压缩机冷却水系统管路上的进阀、排阀，并打开气缸出水管路上的放气阀，检查供水压力是否正常（一般为 0.05～0.15 MPa）。

3）打开空气压缩机卸载装置（如无自动卸载装置，则起动前应开启手动卸载阀或中间冷却器和气液分离器上的泄放阀）。

4）按下起动按钮，起动空气压缩机，注意观察电流表。待电流表数值逐渐下降并稳定在正常值后，关闭卸载装置（或中间冷却器和气液分离器上的泄放阀）。观察压力表读数，检查气路畅通与否，压力表是否正常；留意空气压缩机是否有不正常响声。

5）当主空气瓶压力达到上限值 3 MPa 时，空气压缩机应自动停机，注意排除残余空气。

6）开启主空气瓶出口阀（备用空气瓶不开），主启动阀前的截止阀。开启通往驾驶台汽笛的阀门，开启机舱动力设备控制系统用气阀门（一般压力为 0.7 MPa）。

3. 主机润滑系统的准备操作

1）检查各油柜的油位（主机润滑油循环柜，透平油柜，尾轴承、中间轴承及气缸注油器），不足的及时补充。

2）开启润滑油分油机及润滑油加热装置，开启润滑油循环泵，检查并调整油压至规定值。

3）如主机主润滑油泵为轴带泵时，应开启主机备用润滑油泵进行预润滑。

4)如主机增压器为独立润滑，还应起动透平油泵。

5)如活塞冷却方式为油冷，则润滑油循环泵起动后，要注意观察各缸活塞冷却油的回路情况和温度。

6)主机盘车时，应用气缸注油器对气缸表面进行润滑。

7)对于各非压力润滑点(如气阀机构和气阀传动机构，油门调节杆和调速器传动轴处的润滑油杯等)，应手动加注润滑油或润滑脂。

4.主机冷却系统的准备操作

1)检查海水系统高位、低位海底门是否正常开启，试运转海水泵，检查海水压刀是否正常。

2)检查高温淡水膨胀水柜、低温淡水膨胀水柜、水冷活塞冷却水柜、主机水冷喷油器冷却水柜等水柜的水位，若水量不足时应及时补充。

3)检查主机淡水(循环)泵、主机海水泵的阀门是否开启，提前 15～30 min 起动主机淡水(循环)泵，并排除系统内的气体，检查并调整好水压。

4)对于水冷活塞，应开启活塞冷却水泵，同时注意观察各缸活塞冷却水的温度是否在 45 ℃左右。如活塞为油冷，则无此步骤。

5)开动水冷喷油器冷却泵，必要时可进行加温预热冷却水。如喷油器为油冷，则无此步骤。

5.主机燃油系统的准备操作

1)检查燃油日用柜、沉淀柜油位，检查柴油柜和柴油日用柜油位，排掉底部残水。

2)提前数小时预热各油柜，使油温在规定范围内(沉淀柜为 75 ℃，日用柜为 80 ℃)。

3)起动燃油分油机净化燃油，并对燃油加热。

4)检查轻重油转换阀是否转到轻油位置。

5)起动低压燃油输送泵，排除系统空气，检查并调整油压，使其在规定范围之内。

6.主机转车与冲车

1)主机暖机和各系统准备完毕后，打开主机各缸示功阀。

2)检查并确认缸盖、飞轮、轴系各处没有障碍物。

3)手摇气缸注油器 30～50 转，向气缸壁表面注入气缸润滑油；合上盘车机盘车 10～15 min，注意查看盘车机电流表读数是否正常，轴系回转是否正常。

4)盘车结束后注意确认脱开盘车机。

5)以上各步完成后，电话通知值班驾驶员。征得同意后，将油门置零位，按下起动按钮冲车(机型不同，操作方式也不同)，使柴油机转动 2～4 s，同时观察主机、增压器的转动是否平稳，有无杂声。

7.主机起动与试车

冲车完毕后关闭示功阀，准备试车。

1)把车钟打到“微速前进”位置，得到驾驶台回令后正向起动主机；确认主机正常起动并运转正常后，把车钟打到“停车”位置，得到驾驶台回令后停车。

2)把车钟打到“微速后退”位置，得到驾驶台回令后进行主机换向倒车起动；确认正常起动并运转正常后，把车钟打到“停车”位置，得到回令后停车。

3)确认主机正、倒车运转正常后，电话通知驾驶台主机备车完毕，并将车钟置于停车位置，表示驾驶台可随时用车。如果冲试车过程中发现问题，则车钟应置于“备车”位置，表明机舱主机还没有备妥,待主机备妥后置车钟于“停车”位置。

4)主机备妥后,会同值班驾驶员、电子电气员去舵机房试舵。

二、主机定速后运行管理

1.机舱底层巡回检查

1)检查润滑油循环柜油位,若油位发生变化,应及时查明原因并排除故障。油冷式轴承的回油应保持稳定。

2)检查推力轴承的油温,各中间轴承的油位、油温,尾轴重力油柜的液位、油温,首尾密封装置油柜和循环器的油位。每 3～4 个月取油样化验一次,间隔时间不得超过 6 个月。

3)检查各冷却水泵、油泵的运转情况及进、排出压力等,检查循环水柜和润滑油柜的水位、油位。

2.机舱中层巡回检查

1)凸轮轴、注油器的检查,运转中确保气缸注油器的工作正常。

2)扫气处、冷却器的检查,冷却系统的自动温度调节器应始终保持在正常工作状态。

3)燃油柜、空气瓶的检查。

4)气缸盖、增压器的检查。

①冷却水出口温度应符合说明书规定,温差应符合要求;

②检查各缸排气温度,应符合说明书要求,温差在规定范围之内;

③检测增压器的转速、润滑和冷却情况,以及增压空气的压力情况;

④压气机流道和废气流道应按说明书规定的时间间隔进行喷水冲洗;

⑤压气机流道每天冲洗一次,主柴油机累计运行 300 h 冲洗废气流道一次。

5)高压油泵、排气阀、膨胀水柜的检查。

①注意主、副机膨胀水柜,喷油器冷却水柜的液位变化情况,并注意水量的消耗情况;

②检查沉淀柜、日用柜油位和油温,按时排放残水;

③对高压油泵、喷油器的工作状态和高压油管的脉动情况进行检查。

三、主机完车操作

接到驾驶台完车指令后,在机舱按如下步骤完成完车操作。

1.停车

将车钟推到“停车”位置,检查并确认主机燃油操纵杆已在“停车”位置。

2.完车操作

1)冲车。打开各缸示功阀,征得驾驶台的同意后冲车,将气缸内残存的油气冲出。

2)关闭压缩空气系统。关闭空气阀、主起动系统供气阀及管路中间截止阀,锁定主起动阀,关闭操纵系统空气泄放管内的残气。

3)停油。

4)停水。停止主海水泵,关闭其进、出口阀。

5)盘车。接上盘车机,盘车 10～15 min,同时手摇气缸注油器向气缸壁注油润滑。

6)放残。打开扫气箱、涡轮端排出管等处放残阀阀门放残。

7)关掉温度警报器、压力警报器及其他不使用的开关。

8)喷油器冷却泵及透平油泵应继续循环一段时间后再停掉。

9)停泵。让主机润滑油泵、主机淡水冷却泵、活塞冷却水(油)泵继续循环一段时间(一般为 20 min,大功率低速机可达 6～8 h)后停机。

10)保持暖机。在水温未降低前停掉主机淡水冷却水泵,打开主机暖机管、辅机暖机管路上的暖缸(连通)阀。

11)检查并确认主机及机舱情况正常,防止遗漏事项产生。

第二节　发电柴油机的操作与管理

一、发电柴油机起动前的准备工作

1.发电柴油机起动前的准备工作

1)检查冷却水系统

(1)检查膨胀水柜的水位,必要时应补足,同时注意系统驱气。

(2)检查副机淡水泵的情况,如每机配有独立式淡水泵,应开启并调好压力。

(3)检查副机海水泵的运转情况,确保进口阀、出口阀全部开启。

(4)淡水冷却器和滑油冷却器的海水进口阀、出口阀暂时关闭,待柴油机运行一段时间后油、水的温度升高时再开启和进行调节。

2)检查燃油系统

(1)检查轻油日用油柜的油位,不足时应补足。打开放残阀放尽残水,关好放残阀。查看出油阀是否已开启。

(2)用燃油输送泵上的手动泵压油,并同时旋开喷油泵上的放气螺钉,驱除系统中的空气。并及时拧紧螺钉。

(3)如有必要,应拧松高压油管接头,检查喷油定时的准确性。

3)检查滑油系统

(1)检查循环油柜(或油底壳)、高压油泵凸轮油腔室(属组合式油泵传动部分)、气缸注油器、调速器、增压器系统和发电机轴承的油位与油质,确保油位在规定范围之内,不足时应补充。

(2)检查柴油机所有人工加油部位油量,不足时应加注润滑油或润滑油脂。

(3)对系统压力润滑的部位进行系统驱气工作。

4)检查压缩空气系统

(1)检查空气瓶是否泄漏,压力不足时开机补足,同时注意放残。

(2)开启空气瓶至副机起动的压缩空气截止阀。

5)盘车检查

(1)盘车前应手摇气缸注油器 30～50 次(转),往各缸注油润滑(如果有注油器)。

(2)用手摇润滑油泵向系统泵油,使压力达到 0.15～0.20 MPa,确保各润滑处基本有油,以免干摩擦。

(3)检查发电柴油机组上和旁边有无其他障碍物,打开各缸示功阀。

(4)盘车使柴油机转动,注意各运转部件是否转动灵活,有无卡阻现象。

二、发电柴油机冲车、试车与起动

1.冲车

1)开启空气瓶上的空气主控制阀,压缩空气起动截止阀(起动手柄)。

2)检查燃油控制手柄(油门)是否在供油零位,如不在,调整到零位。

3)开启各缸示功阀。

4)按下或转动起动手柄冲车,冲车后立刻松开或将起动手柄拉回至原位。

此时应密切注意示功阀出口端是否有大量水雾吹出,是否有大量油雾吹出。若两者混合产生雾气,用手应能感觉出来。若有,应检查其来源,切不可忽视。

冲车时还应注意观察起动阀、空气分配器工作时是否有异响,同时注意增压器的转子是否灵活或有异常响声。

2.试车

1)关闭各缸示功阀。

2)将燃油控制手柄(油门)调置起动位,按下或转运起动手柄。当听到气缸发火声音时,立即松开手柄或将手柄放置于运转位置(根据各种机型,操纵方式不同),并关闭起动空气截止阀。

3)发电柴油机起动后要注意转速、滑油、燃油、扫气压力及冷却水压力和温度等指标,若出现不正常情况,应停车检查原因,及时排除故障。

4)调整调速手柄,使柴油机在低转速下运行一段时间,使机器自然升温。若柴油机已在此前有暖机措施,如两台副机有冷却水暖机联通阀的,应使其运行 10～15 min 后逐渐加速至空载额定转速运行。注意,当机器转速进入临界共振段的转速禁区时应快速通过。

若无暖机措施的机型,则应使滑油温度、冷却水温度升到 35～40 ℃时,再调整转速至空载额定转速运行。

三、思考题

1)发电柴油机备车时手动泵油注油的作用与要求是什么?

2)发电柴油机备车时对各系统驱气的作用是什么?如何进行操作?

3)发电柴油机暖机的目的是什么?如何进行操作?

第三节　空气压缩机的操作与管理

图 4-1 以 CZ-60/30 型空气压缩机为例,展示了船用主空气压缩机系统原理图。

一、起动前的准备工作

1)检查压缩机及其系统安全防护装置是否牢固可靠,排除压缩机附近的有碍物品。

2)检查进气管上的空气滤清器是否脏堵。

3)检查空压机曲轴箱的油位是否在油标规定的高度范围内,不足时应补充加油。

4)检查注油器内的油位,是否在油标规定高度范围内,必要时应补充加油。

5)检查空气瓶上的充气阀及空气压缩机的排出截止止回阀是否打开。

6)打开各进水阀、出水阀,冷却水应畅通,调节好水量。

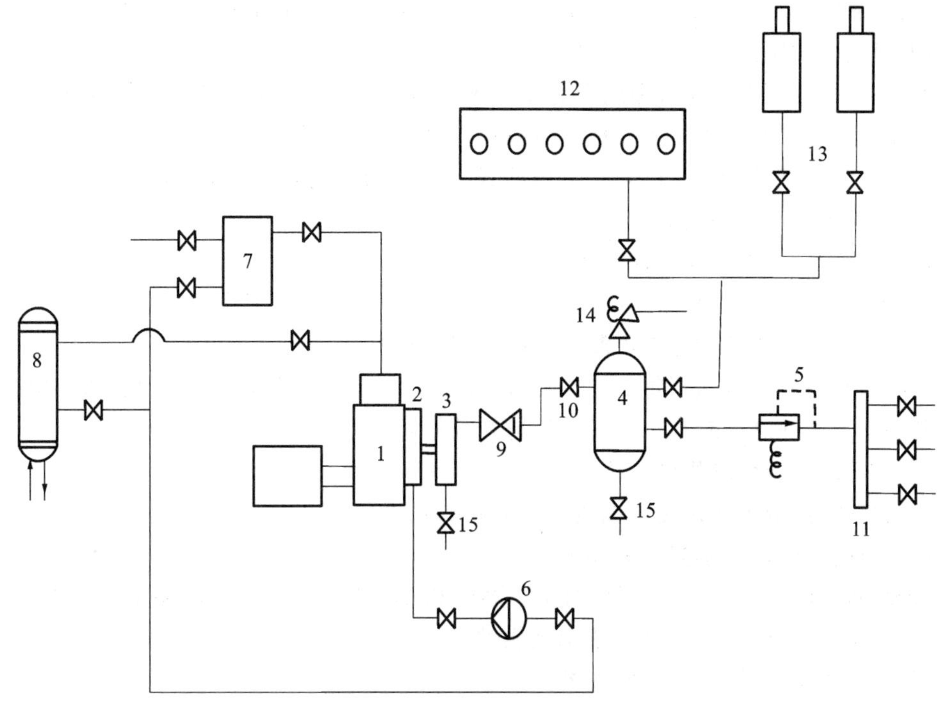

1—空气压缩机；2—空气冷却器；3—气液分离器；4—空气瓶；5—减压阀；
6—冷却水泵；7—冷却水膨胀水柜；8—冷却器；9—止回阀；10—充气阀；
11—低压空气瓶；12—主机；13—发电柴油机；14—空气瓶安全阀；15—泄放阀

图 4-1　船用主空气压缩机系统原理图(以 CZ-60/30 型空气压缩机为例)

7)打开卸载阀,以便轻载起动。

8)检查控制箱电源是否正常,电气指示装置(如电压表、电流表、指示灯等)是否正常。

9)对几天没有运转的空气压缩机和刚检修完的空气压缩机,应手动盘车 2～3 转,检查是否有阻滞、撞击现象。

二、起动操作

1)接通电源,起动电动机,使空气压缩机在空负荷(即卸载情况)下起动并进行短时间的运行。

2)检查曲轴连杆机构的润滑油压力和气缸润滑油供油情况是否正常。

3)确认空负荷运行时一切情况正常后,关闭卸载阀,使空气压缩机带负荷运行并达到额定工作压力。观察几分钟,确认各部分工作正常后,空气压缩机就可以持续正常运行。

三、运行中的管理

1)倾听空气压缩机的运转声音是否正常。

2)用手感觉或用测温仪检查电动机的温升是否正常(允许温升值按电气设备说明书规定)。检查电压、电流值是否正常(电压的波动值不允许超过规定范围,电动机的电流值按设备说明书的规定)。

3)检查各压力表的读数是否在规定范围内,一般规定如下：

(1)润滑油压力为 0.15～0.3 MPa,最低压力不小于 0.1 MPa(压力润滑的空压机)。

(2)Ⅰ级缸排气压力为 0.18～0.24 MPa。

(3)Ⅱ级缸排气压力和空气瓶的压力最高不超过空气压缩机铭牌上的额定压力。

4)检查各温度表的读数是否在规定范围内,一般规定如下:

(1)Ⅱ级缸排气温度不超过 160 ℃(空冷式空压机的排气温度应不超过 200 ℃)。

(2)Ⅱ级缸吸气温度不超过 40 ℃。

(3)压缩机曲轴箱的油温不超过 60 ℃。

(4)冷却器出水温度不超过 40 ℃,一般冷却水进、出口温差不要超过 13 ℃。

5)检查空气压缩机及管路有无漏油、漏水、漏气现象。

6)中间冷却器和后冷却器每 2 h 排放一次冷凝水。空气瓶每 4 h(每班)排放一次冷凝水。

7)发现下列情况之一时,应立即停车,通知检修:

(1)空气压缩机或电动机的响声异常。

(2)压力表的读数不在规定范围内,经调整无效。

(3)某一部位气温、水温异常升高。

(4)冷却水中断。停车后应立即关闭进水阀,以防冷却水突然进入灼热的气缸,发生爆炸。

(5)润滑油压力低于 0.1 MPa,或中断供油。

(6)排气压力突然升高,安全阀失灵。

(7)电动机的滑环、碳刷发生较大火花,电压、电流值突然增大。

(8)空气瓶与其连接管道发生严重振动。

(9)出现严重漏气、漏水现象。

(10)曲柄箱透气孔有大量油气冒出。

8)运行中的禁止事项

(1)在机器上放置工具或其他物品。

(2)用手触摸或擦拭运转的机件。

(3)拧紧空气压缩机或储气罐上的紧固件。

四、正常停车

1)打开卸载阀,使空气压缩机在空负荷下作短时运行。

2)切断电源,空气压缩机停车。

3)属于自动控制的空气压缩机在达到额定压力后会自动停车。

4)关闭冷却水进水阀。冬季环境温度低于 5 ℃时,应放净各部位的冷却水,以防气温下降后冻裂气缸或管道。但短时停车时,可不放尽冷却水。

5)正常工作过程中的停车,应使空气压缩机处于随时可起动的位置。

五、停机时间较长的维护

1)切断控制箱电源。

2)放尽各部位冷却水。

3)用海水作为冷却水的系统,应注意防止海水腐蚀。

4)放尽中间冷却器、后冷却器和空气瓶中的冷凝水。

5)空气压缩机的滑动面涂润滑油，在配套设备上外露加工面涂油防锈。

6)擦净空气压缩机组各设备的外表面，盖上防护罩。

7)停车1个月以上的空气压缩机组，应每周清扫防尘罩上的灰尘，并每个月打开防尘罩一次，检查有无局部生锈现象。如发现锈迹，应加以清除并涂防锈油，然后盖好防护罩。

第四节　分油机的操作与管理

一、分油机的起动操作

1.起动前的准备工作

1)按分离要求(分水法或分杂法)装配分离筒，即分水法用比重环，分杂法用橡皮环。

2)选择合适口径的比重环。

3)检查各运动部件的灵活性，防止卡死。

检查制动器(加快分油机停止的装置)是否已脱开，止动器(用于分油筒检修固定的装置)是否已松开并退到位。

打开分油机罩盖，检查分离筒转动是否正常(用双手缓慢朝其正常转动方向转动分离筒，查看其无卡阻现象)，确认正常后，将罩盖盖好并锁定。

检查电动机轴转动是否灵活，检查摩擦离合器的摩擦片状态是否符合要求。

4)检查齿轮箱的油位和油质。油位应保持在规定范围内(一般在油镜刻度的1/2～2/3)，油质不好(例如水泄漏引起的油质严重乳化)应换新，滑油采用国产30号或40号机械油。油泵处的油杯润滑油脂也应加足。

5)检查工作水高置水箱的水位、水封水的供给是否正常，各管路阀件的启闭是否正常，若系统不通应及时清除。检查分油机控制阀是否处于“空位”。

6)检查待分油之油柜(沉淀柜、日用柜或循环柜等)的油位、油温是否正常，检查各油柜进油阀、出油阀启闭是否正常。

7)若待分油还需进行加热，应检查其蒸汽加热系统是否正常，并在投入工作后查看油料是否加热到所需要的分离温度。

8)检查控制箱电源是否正常。

9)第一次起动或在电气设备检修后，应检查电动机转向，绝不可反转(由于分油机进油、出油方向已定，加之分离筒内锁紧装置方向已定等)。

10)对于全自动排渣型分油机，还应检查分油机手动操作是否正常，并调整各时间继电器，确定各个动作的时间。

2.分油机正常起动

对半自动排渣型分油机(如DZY-30型，标准分离量3000 L/h；分离筒转速5720 r/min；总质量1000 kg)，起动运行操作按下述过程进行。

1)起动电动机，待达到额定转速后(此时运转声音正常，电流指示最小)方可进行后续操作。

2)将工作水控制阀转到“密封”位置，从排渣口观察孔处观察有水流出，把控制阀转到“补偿”位置。为了检查分离筒密封情况，可将控制阀“密封”后打到“空位”位置，打开水封水进水阀,引水进分离筒,待分离筒注满水后关闭引水阀。在排渣口观察孔处观察,见排渣口水流逐渐减少,直至无水流出,即表明密封性良好。

3)当分离筒按分水装置工作时,打开引水阀,将水封水引入分离筒内形成水封。以注满后排水管有水流出为标志,关闭引水阀。然后先开分油机出油阀,再缓开进油阀,将油引进分油机内直至所要求的分离量,这时开始正常分离工作。开始时应缓慢进油,其目的是避免流量过大冲破水封而引起出水口"跑油"或造成溢流现象。一旦出现上述现象,应立即停止进油,重新建立水封后再缓慢进油。

当分油机作为分渣装置使用时,因不需要建立水封,所以不用引水。当分离筒密封建立后即可打开进油阀开始分油作业。进油速度应快些,因为不存在燃油冲破水封区的问题,而且能使燃料中杂质不沉积在分离筒底的转轴附近。

4)对全自动排渣型分油机(如 DBY-30 型),其起动、分离排渣、停车等过程全部由自动控制系统自动控制操作。分油机的起停可根据日用油柜高低液位信号自动控制或手动起停。全部排渣或部分排渣时间间隔由预先设置的时间程序进行。工作中若发生故障,监视报警系统会自动发出声光报警,经过一段时间延时,自动停止分离工作。

3.分油机正常停车操作

对半自动排渣型分油机,分油作业完成后不可立即停止电动机转动,应按下列程序进行操作。

1)关闭加热蒸汽阀和燃料油进分油机的截止阀。

2)改用轻油冲洗和置换管路中的燃料油,以防停车后燃料油凝固在其中。当管路中充满轻油时再关闭轻油阀。

3)开启引水阀进行赶油,赶油完成后关闭引水阀。

4)将工作水控制阀转至"开启"位置,进行排渣。排渣完成后,再转至"空位",并切断工作水,以防高置水箱水经配水盘流失。

5)切断电源,停分油机。

6)关闭分油机出油阀和各油柜进油阀、出油阀。

对全自动排渣型分油机,只需按下控制箱上的"停车"按钮即可完成全部排渣程序,并自动切断电动机电源,使分油机停车。

二、分油机运行中的管理

1)分油机正常工作过程中,应经常查看各观察孔的油、水、渣,以便从观察镜监视液流情况。通过出水观察孔查看有无"跑油"、溢流观察孔有无溢流现象。如有,应及时调整并消除之。排渣口不应有油、水流出,否则说明分离筒密封性不良,须停车检修。

2)保持适宜的加热温度以降低黏度。各种油进分油机的适宜加热温度,可参照表 4-1。

表 4-1　油料加热温度

油料名称	柴油	重柴油	滑油(无添加剂)	燃料油
加热温度	40 ℃	40～60 ℃	65～75 ℃	75～95 ℃

对于含水量多的燃油,第一级分水时加热温度不允许超过 85 ℃,第二级分渣时可提高到 90～95 ℃。

3)对于半自动排渣型分油机(如 DZY-30 型)的排渣操作,应按下述步骤进行。

关闭进油阀,停止进油。

开启引水阀,将热水引入分离筒内赶走剩油。当净油出口管中无油流出时,表明剩油已尽,即可停止引水。将控制阀转到“开启”位置进行自动排渣,3～5 s 后,当听到排渣的冲击声时即告结束,然后再向分离筒内引进热水冲洗分离筒 5～15 s,将控制阀转到“空位”位置。

若油渣较多,可将冲洗、排渣过程反复进行几次,使渣质排除干净。在排渣结束后重新密封前,应使控制阀在“空位”停留半分钟左右,使活塞上腔的水排尽,以利于重新“密封”。

排渣结束后,操作控制阀分别至“空位”“密封”位置,再转到“补偿”位置,重新引好水封水后,即可继续分油作业。

4)保持最佳分油量。一般多取分油机额定分油量的 50% 为最佳分油量。对润滑系统的滑油,通常取实际分油量为额定分油量的 1/3 为佳。有些制造厂家在实验的基础上,绘制了选择最佳分油量的图表以供参考(可在说明书中查到)。

5)检查齿轮箱的油位和油质,如已变质,应予以更换。

6)检查齿轮油泵填料函处的密封是否良好,有无漏油现象。

7)查看分油机的转速是否正常。

8)查看电动机的工作温度是否正常。

9)查看分离筒运转是否稳定,有无异常振动或噪声,如有,应立即停车检查。

第五节　船舶辅锅炉冷炉操作与运行管理

一、船舶锅炉起动操作

1. 点火前的检查与准备

1)检查锅炉本体、燃油系统、给水系统、通风设备、燃烧设备是否正常。

2)检查锅炉安全阀,停汽阀(主蒸汽阀),吹灰阀,上排污阀、下排污阀,电极室冲洗阀及空气阀的启闭位置是否正常(空气阀在点火前应打开)。检查水位计(锅炉水位计通汽阀、通水阀及冲洗阀)各阀的通断是否正常。

3)检查控制箱电源是否正常,确认正常后即可供给主电源。

4)检查各压力表、压力控制器(包括其给定值)、自动控制系统及警报系统是否正常。

5)打开供水阀,向热水井加入充足的水,并检查锅炉给水的品质(包括炉水的 pH 值、酚酞碱度、硬度、含盐量、磷酸根值等),根据需要,加入适量的水处理药剂。然后手动向锅炉供水直至正常水位(要求水位保持 10～30 min 不变),最后将给水控制由手动位置转至自动位置。

6)检查锅炉本体附近、排烟管附近及蒸汽加热系统附近有无易燃易爆物品。检查相应的消防设备是否正常,以确保锅炉间的安全。

2. 点火升汽

1)首先进行手动点火,即按以下程序进行:预扫风(风门此时要开至最大,且时间为 45～60 s)→点火、供油(风门要适当关小)→正常燃烧(正确调节风油比)。通过观察镜可观察炉膛内部有无火焰,若点火燃烧正常,即可转换至燃烧自动控制;否则需进行检查,然后再手动点火,直至成功。

2)当蒸气压开始产生时，关闭空气阀，并注意水位的变化，观察有无泄漏之处。且在这个过程中，应冲洗水位计 2～3 次，使水位计玻璃板得以逐渐加热。冲洗水位计的顺序如下：

关通水阀→开冲洗阀，冲洗通汽管路→关通汽阀，开通水阀，冲洗通水管路→关通水阀→关冲洗阀→开通水阀→开通汽阀。

3)注意点火升汽的时间。在点火升汽阶段，应力求使锅炉各部分的温度都能缓慢均匀地变化，以免产生过大的热应力而损坏锅炉。一般冷炉点火升汽时，烧 0.5～1 min，停 10～15 min，缓慢升汽。

4)当汽压达到 0.3～0.4 MPa 时，对停炉检查时曾拆卸过的螺栓、人孔和手孔再拧紧一次。

5)当汽压达到工作汽压时，如果需要，可先进行上排污，以排除锅筒水面上的杂质及油污。

6)开启回水管通道上的疏水阀，排除凝水，之后打开各加热装置管道之蒸汽阀，稍开锅炉主蒸汽阀，进行蒸汽暖管。暖管 10～15 min 后，可全开主蒸汽阀，进行正常加热工作。各蒸汽阀全开后，应回转半圈，防止其因受热膨胀后卡死。

二、锅炉运行中的管理

1)保持锅炉水位正常，控制锅炉水温、水质。要求每隔 4 h 至少冲洗水位计一次，水位较低状态不明时，会通过“叫水”来判别是否进行补水；水位过高时，要求先停止燃烧，再进行上排污，直至水位正常，才能恢复燃烧。一般不允许向热炉里面一次性加入大量的冷水，并要求每 48 h 至少化验炉水一次，确保炉水水质符合要求。

2)注意锅炉的定期排污和经常性吹灰工作，保证锅炉安全经济运行。排污时注意事项如下。

(1) 排污前先将炉水上至高水位。排污时要严格监视水位，防止锅炉因缺水而造成事故。

(2)上排污主要是排出炉水表面悬浮物质，可降低炉水含盐量和碱度，防止汽水共腾，可在任何负荷下进行。

(3)下排污主要是排出锅炉底部的沉渣和污垢，一般在低负荷及停炉后进行。

3)注意观察炉膛火焰颜色及排烟的烟色。一般良好的燃烧是火焰呈橙黄色，排烟为淡灰色，否则要检查燃烧设备、供风系统，以及燃油系统和风油比是否正常。

4)注意电极室的冲洗，经常打开电极室冲洗阀冲洗电极室，防止因水垢的形成而影响电极的灵敏性。

5)注意锅炉油柜的油位及放残，热水井的补水和各压力表的变化是否正常。

三、给水及炉水品质的管理

在锅炉管理工作中，对炉水和给水品质的控制与处理是不可忽视的。为此，需定期对炉水进行化验和处理，一般每两天至少化验炉水质量一次，以确定投药量和排污量，使水质指标保持在规范范围内。

1. 炉水化验

1)取水样

取水样需在投药后或升汽后 4 h 才能进行。取水样前，要打开取水样考克 2～3 min，让炉水把考克冲洗干净，然后用炉水洗涤取样器皿 2～3 遍。取出水样后，要冷却到 40 ℃以下才能化验，如因故暂不能化验，应装入干净的玻璃瓶内塞紧。

2)碱度测定

仪器:量筒、烧杯、酸式滴定管和搅棒。

试剂:1%酚酞指示剂、0.05 mol/L 硝酸溶液、1%甲基橙指示剂。

(1)量取 50 mL 炉水置于烧杯中。

(2)加入 2～4 滴 1%酚酞指示剂,溶液呈红色。

(3)用 0.05 mol/L 硝酸标准液滴定,边滴边搅动,直到水中红色消失为止,此时所测定的碱度为酚酞碱度。

(4)记录所消耗的 0.05 mol/L 硝酸标准液的毫升数 x,酚酞碱度值即为 x 毫克当量/升。将硝酸耗量毫升数乘以 50,即得水样中相当于每升水中所含碳酸钙的毫克数。

(5)在滴定过酚酞碱度的水样中,再加入 2 滴 1%甲基橙指示剂,溶液呈黄色。继续用 0.05 mol/L 硝酸标准液滴定至溶液转变为亮橙色为止,此时所测定的碱度称为甲基橙碱度。

(6)记录所消耗的 0.05 mol/L 硝酸标准液的毫升数 y,甲基橙碱度值即为 y 毫克当量/升。

(7)记录 0.05 mol/L 硝酸标准液的总耗量毫升数,求得碱度为总碱度,即

$$总碱度=酚酞碱度+甲基橙碱度$$

3)硬度测定

这里用特利隆滴定法(又称 EDTA 滴定法)。

仪器:量筒、三角瓶、滴定管。

试剂:0.05 mol/L 硝酸溶液、氨缓冲液、0.5%铬黑 T 指示剂、0.05 mol/L 特利隆溶液(乙二胺四乙酸二钠,又称 EDTA)。

(1)量取 50 mL 水样置于三角瓶中。

(2)加入测酚酞碱度时所用的同量硝酸溶液(0.05 mol/L),使水呈中性反应(但不要加入酚酞)。

(3)加入 7.5 mL 氨缓冲液,使水呈碱性(相当于 pH=10)。

(4)再滴入 3～4 滴 0.5%铬黑 T 指示剂,水呈葡萄酒红色。

(5)用 0.05 mol/L 特利隆标准溶液滴定,边滴定边摇动,直至水呈蓝色为止。

(6)记下特利隆溶液消耗的毫升数 x,此时水的硬度即为 x 毫克当量/升,再乘以 2.8 就是德国度(°H)。

4)盐度测定

仪器:量筒、烧杯、滴定管和搅棒。

试剂:1%酚酞指示剂、0.05 mol/L 硝酸溶液、10%铬酸钾指示剂、0.0855 mol/L 硝酸银溶液。

(1)量取 25 mL 炉水置入烧杯中,并加入 2～4 滴 1%酚酞指示剂,使溶液呈红色。

(2)滴入 3～4 滴 0.05 mol/L 硝酸标准溶液,使碱性充分中和,使溶液呈无色。

(3)再滴入 10%铬酸钾指示剂 2～3 滴,水样呈黄色。

(4)用 0.0855 mol/L 硝酸银标准液滴定,边滴定边搅动,直至水样呈橘红色为止。

(5)记录硝酸银标准液消耗的毫升数 x,再乘以 200 即得盐度为 $200x$ 毫克/升(NaCl)。

2. 炉水处理

炉水处理的目的是消除硬度,保持一定的碱度,防止锅炉腐蚀和产生水垢。

辅锅炉的炉水处理一般采用周期性投药法,即每天或间隔几天根据炉水质量情况,向热水

井投一次药剂，使药剂通过给水系统进入锅炉内，这种方法叫炉内处理。炉水中的钙盐形成泥渣，可通过下排污的方法把其排出。如盐度超过允许值时，可采用表面排污（上排污）放去一部分炉水，然后补充炉水，以降低炉水含盐浓度。进行表面排污最好是在投入药剂之前，以免炉水剩余药剂被排走。

目前炉水的处理方法较多，下面仅介绍磷酸盐及各种化学药剂炉水处理法。由于水管锅炉炉水碱度和盐度比火管锅炉容易升高，因此，两种锅炉的投药量也不同。

1）火管锅炉药量

（1）当酚酞碱度小于 2.5 毫克当量/升（即耗酸小于 2.5 mL）时

磷酸钠的添加量为（125－酚酞碱度耗酸 x 毫升×50）×炉水吨数×1.92×10^{-3}（kg）。

碳酸钠的添加量为（125－酚酞碱度耗酸 x 毫升×50）×炉水吨数×0.72×10^{-3}（kg）。

对于亚硫酸钠，炉水容量为 20～30 t 时，每天投 62 g；小于 20 t 时，每天投 47 g；大于 30 t 时，投 93 g。

对于硝酸钠，第一次每吨炉水投 62 g，以后每排污 1 t 炉水，补充 62 g。

对于丹宁，每天投 31～62 g。

亚硫酸钠、硝酸钠和丹宁三种药各种锅炉投放量算法相同，以下不再赘述。

（2）当炉水酚酞碱度达到或大于 2.5 毫克当量/升时

磷酸钠的添加量为（100＋50×°H）×炉水吨数×10^{-3}（kg）。

对于碳酸钠，不加。

2）水管锅炉投药量

（1）当炉水酚酞碱度 Af 小于 2.0 毫克当量/升（即耗酸小于 2 mL）时

磷酸钠的添加量为（100＋50×°H）×炉水吨数×10^{-3}（kg）。

碳酸钠的添加量为（酚酞碱度 Af-1/3）×106×炉水吨数×10^{-3}（kg）。

（2）当炉水酚酞碱度 Af 大于 2.5 毫克当量/升时

磷酸钠的添加量为（100＋50×°H）×炉水吨数×10^{-3}（kg）。

碳酸氢二钠的添加量为（100＋50×°H）×炉水吨数×0.5×10^{-3}（kg）。

四、锅炉的自动控制系统及安全保护

1. 水位控制

本自动控制系统的水位控制为电极式双位控制，利用水的导电性能，通过电极式水位测量机构 SD 和液位控制器 SL，将锅炉水位的变化转换成电的开关信号，使液位控制器内相应的继电器动作，控制给水泵的起动和停止，从而实现锅炉水泵的双位控制及极限低水位的保护和报警。

若水位自动控制环节发生故障，可采用给水手动控制。

2. 蒸汽压力控制

本控制系统的蒸汽压力控制通过系统中设置的 YWK-50-C 型压力控制器的开关信号来控制燃烧器的燃烧，以达到蒸汽压力控制的目的。蒸汽压力控制的给定值根据具体锅炉决定，其给定值通过调节压力控制器的整定值和动作值来实现。

3. 轻油、重油转换控制

本控制系统设有重油温度过低保护和报警功能，适用于燃料为轻柴油或重柴油的燃油辅锅炉。在控制箱面板上装有一只"轻油—重油"转换开关，且有"轻油""重油"指示灯指示。转换开关转至"轻油"时接通"轻油"电磁阀，转至"重油"时接通"重油"电磁阀。

4. 燃烧顺序控制

燃烧顺序控制是本控制系统的重要组成部分，由压力控制器、光敏感电阻、时间继电器、中间继电器等组成。控制顺序为锅炉起动→扫气→点火→建立火焰→正常燃烧→正常熄火→再起动，形成闭环系统，控制系统又由手动控制和自动控制组成。

本控制系统在进行手动控制时，所有报警环节均起作用，但不起保护作用。

5. 安全保护和报警

安全保护和报警环节由下列各项组成。

1)极限水位保护和报警

当锅炉水位因故下降至极限水位时，电极式水位测量机构中极限水位电极 SD 脱水，液位控制器 SL 内相应继电器动作，通过中间继电器 6KA 切断风机、油泵控制回路，使燃烧停止。

2)熄火保护和报警

锅炉起动、扫气结束后，连续点 3 s 火焰尚未建立，或正常燃烧时突然熄火，光敏电阻感受不到火焰，光控制器内继电器动作，切断风机、油泵控制回路，燃烧停止，同时发出声光报警信号。

熄火保护系统采用手动复位，即需要按动一下燃烧停止按钮 SB2 或短时切断电源，才能重新点火。

3)欠电压保护

当锅炉正常运行时，由于某种原因电网电源突然消失或电压骤降，为确保锅炉运行安全(特别是手动操作燃烧时)，避免电源自行恢复时造成不良后果，保护系统的中间继电器 1KA 断电释放。该继电器常开触点 1KA 断开，切断燃烧控制系统电源，锅炉停止运行。当电网电压恢复正常时，须按一下燃烧起动按钮 SB1，燃烧系统方可投入正常运行。

4)光敏电阻

光敏电阻是燃烧控制系统中的重要元件，其性能好坏直接关系到锅炉运行的安全。为此必须对光敏电阻及其光控制器 SR 设置保护措施，其方法如下。

在交流接触器 2 KM 的控制回路中，串接 SR 的常闭接点 SR2。当炉膛内尚未建立火焰时，SR2 应闭合，燃烧控制系统方可投入正常工作。若光敏电阻短路(或暗电阻很小)，或光控制器损坏，SR2 断开，使燃烧系统无法投入正常工作，从而保证燃烧起动的安全。

五、辅锅炉的停用与保养

1. 辅锅炉停用操作

在船舶航行期间，废气锅炉投入工作；或者停泊时间较长，不需要用蒸汽加热系统，辅锅炉就可停止使用。具体操作方法如下。

1)停炉之前，将燃烧控制由自动控制改为手动控制。

2)对于用重油或渣油作为燃料的锅炉，停炉之前应改烧轻油，以利于下次点火。

3)手动停止锅炉的正常燃烧，并将控制开关置于"手动供风"位置。

4)通风机继续运行 2 min 左右，吹净炉内的油气后停火，并关闭锅炉风门至最小位置。

5)关闭锅炉主蒸汽阀。

6)手动补水，提高炉内水位，即可进行上排污，并注意水位的变化，防止部分受热面露出水面而过热。

7)熄火后应使锅炉自然冷却,当汽压降到 0.1 MPa 左右时,方可进行底部排污。

8)当锅炉内无压力显示时,再打开空气阀,以免炉内产生真空。

9)切断控制箱主电源,放好工具及仪器,并清洁锅炉间。

2.辅锅炉停炉时保养

1)留汽保养法。表明锅炉暂时停用,一般不超过 1~2 d。具体操作是,将水位上至最高工作水位,且保持汽压为工作压力的 50%左右。

2)满水保养法。一般停炉时间在 30 d 以内。具体操作是,先缓慢升汽以驱掉炉内空气,然后停止燃烧,最后将炉水加满(上述两种方法要求炉水保持合适的碱度,即 pH=10~12)。

3)干燥保养法。一般停炉时间超过一个月,宜采用干燥保养法。具体操作是,先彻底放空炉水(放空炉水前应让锅炉自然冷却),再清洗受热面两侧污垢及锅筒壁上的污垢,然后用微火将锅炉烘干后放入干燥剂(如生石灰、无水氧化钙或硅胶等)。

放置时注意要将它们置于专门的开口容器中,关闭所有阀门和通气道,以免空气进入。

第六节　压载水系统的操作

一、压载泵简介

压载水系统主要设备有压载水泵和调驳阀或阀箱、管系等。压载水泵一般采用离心泵或往复泵,使用最多的是离心泵。压载水泵的排量要求能在 2~2.5 h 内将最大的一个压载舱灌满或排空。辅机实验室安装有一套压载水模拟教学系统,采用离心式水泵,管径为 50 mm。

二、水泵的起动、运行和停车操作

1.起动操作(离心泵)

1)起动前检查有无妨碍泵运转的障碍物,若有应进行清理;检修后或长期停用的泵起动前应盘车数转,检查转子有无卡阻、轴线对中不良或其他不良现象。

2)检查各轴承润滑情况。采用润滑脂润滑的轴承,润滑脂应以充满轴承室 1/3~1/2 为宜;采用液体滑油润滑的轴承,滑油应浸没 15 mm 左右。

3)检查压力表阀是否打开,压力表接头有无损伤、泄漏现象。

4)打开水泵海水吸入阀,关闭泵排出截止阀(封闭起动),打开泵壳上的放气考克。

5)由于船上泵都安装在水线以下(实验室模拟系统的压载水泵也安装于水池水线以下),打开海水吸入阀,海水会自动充入泵内,将空气驱除,待放气考克有水喷出后,关闭考克。

6)按下起动按钮,观察泵的运转情况,如转向、吸排压力等。当吸排压力正常时,打开泵的排出阀。应避免泵长期在封闭状态下运转,以免液体受叶轮搅拌而发热。一般封闭时间不宜超过 3 min。如发现泵运转负荷过大,压力表不起压或有异常声音,应立即停泵检查。

7)观察泵的填料密封处是否有漏泄。如有严重漏泄现象,将填料压盖紧一紧。如仍漏泄严重(只允许有少量漏泄),则应停车更换盘根。

2.运行管理

1)监听水泵是否运转平稳,有无异常响声,观察吸排压力是否正常。

2)经常用手摸轴承,检查它的温度,一般不要超过 70 ℃,油质不良应换新,油量不足应及时补油,但加油过多也会使轴承发热。

3)注意检查轴封的工作情况,填料箱盖不能过紧或压偏,以运行中有水滴断续滴出为宜。

4)如因故障而必须停车检修,可起用备用泵或其他相应泵来代替。离心泵的流量调节一般用排出阀节流调节法,而不能用吸入阀调节法,以免因吸入压力过低而产生汽蚀。

3. 停泵操作

1)关闭排出阀,防止排出管路上的高压液体回流。

2)按停止按钮,停止泵运转。

3)关闭吸入截止阀及其他管路上的有关阀门。

4)如水泵停车后短期内不使用,则应定期进行盘车,并以起动的方法检查泵是否处于正常状态。如泵长期不用,则应将泵壳内的积水放空,防止冻裂。

三、压载水的调驳

图 4-2 所示为实验室模拟压载水系统图,压载泵为两台离心水泵 NO. 1 和 NO. 2,设有 9 个模拟压载舱,左边 4 个、右边 4 个,1 个艏尖舱。图 4-2 中,数字代表阀门编号,字母代表各压载舱(P 表示左,S 表示右,F. P. K 表示艏尖舱)。

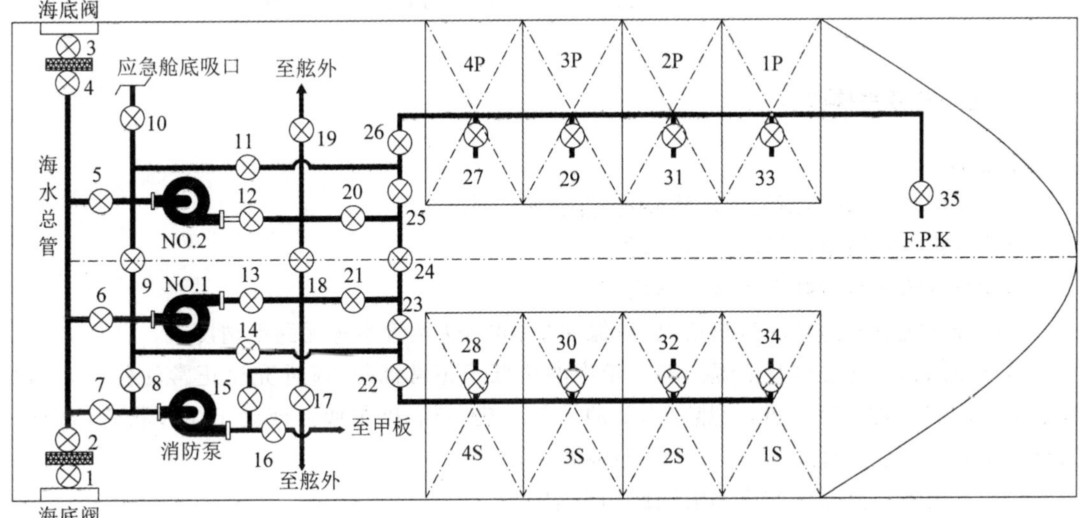

图 4-2　模拟压载水系统图

1. 压载水的压入

下述步骤为如何将 2P 舱压入压载水。

1)开压载水泵海水吸入阀,检查并关闭其他吸入阀。

2)打开 NO. 2 压载水泵吸入阀 5,起动 NO. 2 压载水泵,开启排出阀 12、20、25、26 和 2P 舱进水阀 31。

3)也可同时用两台压载泵向 2P 舱压水。

4)如 2P 舱压满后要压 2S 舱,关闭阀 31、26、25,开启阀 22、23、24 及 32 即可。

2. 压载水的排出

下述步骤为如何将 2P 压载水排出。

1)开启阀 31、26、11、12、20,关闭阀 25、20、5、24。

2)起动 NO.2 压载水泵,即将 2P 舱水排到舷外。

3)当压载水抽到最后真空表的真空度开始下降时,可适当打开泵海水吸入阀 5 进行引水,以免泵吸空。

3. 压载水的调驳

下述步骤为如何将 2P 舱水调驳到 2S 舱。

1)打开阀 31、26、11、12、20、22、13,关闭 25、5、18、19。

2)起动压载水泵 NO.2,待运转稳定后,打开 2S 舱,注入阀 32 即可。

4. 其他应急操作

1)当压载泵损坏时,用消防泵代替压载泵行使其功能。

2)机舱大量进水时,用压载泵进行排水。

打开舱底应急吸口阀 7,起动压载泵,打开压载泵至舷外管路上的所有阀件,将机舱水排出舷外。

3)用消防泵打甲板水.

开启阀 7、16,即可将海水打至甲板。

第七节　液压甲板机械的操作与管理

一、起动与停用操作

1. 起动

1)外部检查,确认周围无任何障碍物,能正常工作。

2)用手转动联轴节,确认无卡阻现象。

3)检查各阀件是否处于正常工作位置。

4)检查系统各密封处的密封情况,确保油泵、油马达及管系等无漏泄情况。

5)检查油箱中的油位及油温。若油箱中油位低于正常油位,应补充至正常油位。如油温低于 10 ℃,应对油进行预热,预热时为防油局部过热,开启副泵使油液处于循环状态,直至油温符合要求。当油温低于－10 ℃时禁止起动油泵。

6)向系统各摩擦部件加注润滑油或润滑脂。

7)检查电气设备是否完好。

8)起动主油泵,系统投入工作,若起动过程中无输出或有异常响声,应立即停车检查。

2. 运行

1)注意检查液压系统中的漏泄情况。

2)注意倾听油泵、油缸、油马达运转是否平稳,有无异常响声。

3)观察各压力表是否在规定的范围内,压力是否稳定。

4)注意油温,一般在 30～50 ℃范围内,最高不超过 60 ℃。起货机、锚机等在露天作业,环境温度较高,规定最高温度不超过 85 ℃。

5)注意油箱油位,防止油泵吸空,并定期清洗滤器。

6)注意电气控制箱或连锁的换向阀工作是否灵敏可靠。

7)注意热交换器的工作性能。

3.停用

1)切断电源,对机械设备、油泵机组和管路系统等进行全面检查,以观察因运转而引起的缺陷或故障,如有,应及时排除。

2)用干净的抹布擦拭油缸外露部位,除去污物,涂换新的润滑油。

3)检查各紧固件螺丝的紧固情况。

4)注意电机受潮。

5)如长期停用,应对机器精加工部位涂上润滑油。

二、液压系统日常维护与管理

1.任务要点

液压甲板机械的加油操作;加油时应避免空气进入系统,应保持适当油位;海水冷却器与过滤器的拆装及清洁方法。

2.操作步骤

1)系统加油操作

(1)液压油规格要求

要注意核对所加油的品牌,一般说明书中有明确规定,管理中应严格遵照执行,绝不能将不同品牌油掺和使用。

(2)加油过滤

加油时要使所充注的油液高度纯净,充入系统的新油必须进行过滤,过滤精度不得低于说明书要求。

(3)加油方式的选择及注意事项

在具有手摇泵的液压系统中,可用手摇泵向系统充油。如果没有手摇泵,可用辅泵充油,但应严格避免油泵干转。

(4)系统放空气

充油时,系统高处各放气旋塞、压力表接头等均应松开,直至流出整股油流时再关闭。充油过程中应经常监视油箱油位,防止吸油管吸进空气。

油液充满后,点动油泵(变量泵在小排量位置)即停,然后在各处放气,尽可能排除系统中残存的空气。

2)冷却器与过滤器的拆装与清洗操作

(1)拆除过滤器之前,首先确认要清洗的过滤器。

(2)将冷却器的进油路、出油路、进水路、出水路的阀门关闭。

对于单联式过滤器,应将前后的截止阀关闭;对于双联式过滤器,应转动旋塞,使清洗的过滤器停止工作。

将要清洗的过滤器的放气旋塞或过滤器盖稍微松下,如果没有液体喷出,则表示过滤器转换或切断正确。

(3)松开连接冷却器的油路、水路管道接头。

(4)将过滤器壳体的放油旋塞松开(一般在过滤器底部),将壳体底部的污物排掉,清洁壳体内部。

(5)拆下过滤器盖,将滤芯抽出进行清洗、检查或更换。

(6)将清洗后或更换后的滤芯按要求正确放妥,并检查壳体盖的垫床是否完好。装过滤器盖,拧紧过滤器盖螺栓,安装时应注意密封垫圈是否完好,固定螺栓上紧时用力要均匀。

(7)将清洗组装好的冷却器装入液压系统,接好油路、水路接头,将过滤器内的空气放掉。

(8)放气结束后,擦净溢在外面的油,此时过滤器清洗工作完成。

第八节 空调装置的操作和管理

一、空调装置的操作

任务要点:空调装置降温工况的起动,停车操作;空调装置取暖工况的起动、停车操作。

1. 空调装置降温工况的起动、停车操作

1)起动操作

(1)起动前的准备

①检查压缩机曲轴箱润滑油油位是否正常,停机时应在 2/3 高度处,正常运转时应在 1/2 高度处;

②对制冷压缩机手动盘车,检查其能否正常转动;

③检查贮液器的液位,停车时若制冷剂全部回收到贮液器中,则液位不应超过高度的 4/5,正常运行过程中应在 1/3～1/2 高度处。

(2)起动冷却水泵

①对冷却水泵手动盘车,检查其能否正常转动;

②打开冷却水泵的吸入截止阀和排出截止阀;

③打开冷凝器的进口阀、出口阀;

④起动冷却水泵并观察压力表读数是否正常。

(3)起动风机

①检查新风、回风及送风风门的开度是否合适,回风比约为 30%;

②检查过滤网是否有破损或脏堵;

③手动转动风机转子,检查风机能否正常转动;

④起动风机,并观察风机转动是否正常。

(4)起动制冷压缩机组

①打开贮液器出液阀;

②全开压缩机排出阀,微开压缩机吸入阀;

③将能量调节手柄置于“0”位,按下“起动”按钮,起动压缩机;

起动压缩机后将能量调节手柄置于“50%”或“100%”位置,逐渐开大压缩机吸入截止阀,观察压力表的读数,并仔细查看是否有异常响声。

2)降温工况的停车操作

(1)关闭贮液器的出液阀,回收系统管路中的制冷剂,使压缩机低压停车;

(2)关闭制冷压缩机的吸入阀和排出阀,将能量调节手柄置于“0”位,停压缩机;

(3)停风机,关闭新风风门;

(4)停冷凝水泵,关闭其吸入和排出截止阀,关闭压缩机气缸冷却水的进口阀、出口阀;

(5)停冷却水泵,关闭其吸入和排出阀,并关闭空气冷却器的进口阀、出口阀;

(6)切断空调装置电源。

2.空调装置取暖工况的起动、停车操作

1)空调装置取暖工况的起动操作

(1)起动前的准备步骤如下。

①检查新风、回风和供风风门的开度是否合适;

②检查过滤器的滤网是否有破损或脏堵;

③手动转动风机转子,检查风机能否正常转动。

(2)微开加热器进口阀,使加热器均匀预热暖管,然后全开进口阀,并注意泄放管路中的凝水。

(3)起动风机并观察风机运转情况。

(4)检查供风总管的供风温度,根据供风温度调节加热器进口阀的开度。

2)空调装置取暖工况的停车操作

(1)先关加湿阀。

(2)30 s后停风机,并关闭新风风门。

(3)关闭加热器的进、出口阀。

(4)切断空调装置电源。

二、空调装置运行管理

1.空调装置降温工况的运行管理

空调装置进入降温工况工作后,在值班过程中应注意以下事项:

1)定期检查制冷压缩机在运转过程中是否有异常振动、噪声或泄漏等。

2)定期检查压力表(排气、吸气压力表和润滑油压力表)的读数是否正常。

3)定期检查润滑油油位是否正常,正常运转期间油位约在1/2高度处。

4)定期检查贮液器中制冷剂的液位是否正常(1/3～1/2高度处)。

5)注意风机转动是否正常,有无异常振动和噪声。

6)注意供风温度是否正常。

7)定期检查各水泵的运转情况是否正常。

2.空调装置取暖工况的运行管理

1)注意在运转过程中是否有异常振动或噪声。

2)注意供风温度是否正常。

3)注意供风湿度是否正常。

三、空调装置的日常维护与保养操作

1.制冷剂补充操作

1)选择并准备好足量装有与系统同一种类制冷剂的钢瓶。

2)将钢瓶称重后向下倾斜放置于磅秤上(采用充剂阀向系统充剂时),以便称量制冷剂的注量。

3)关闭贮液器出口阀及干燥器旁通阀。

4)将充剂管两端分别接到钢瓶出口阀和系统的充剂阀,接充剂阀一端的螺母先不拧紧,稍开钢瓶阀,用瓶中的制冷剂驱除接管中的空气,然后拧紧接充剂阀一端的螺母。

5)全开钢瓶阀,打开充剂阀和干燥器过滤器的进口阀、出口阀,起动压缩机向贮液器中充液。注意观察贮液器中的液体,当液位达到高度的2/3时,关闭钢瓶阀。

6)当压缩机因低压自动停止时,关闭充剂阀,卸下充剂管。

7)对钢瓶称重,并记录此次补充制冷剂的质量。

8)打开贮液器的出口阀和干燥器的进口阀、出口阀,关闭干燥器的旁通阀,使系统正常工作。

2.制冷压缩机更换干燥剂操作

其在压缩机正常工作时进行。

1)准备好工具及干燥剂。

2)关闭贮液器出口阀,干燥器进口阀、出口阀及旁通阀,回收干燥器及管路中的制冷剂。

3)待制冷压缩机低压停车后,关闭干燥器出口阀,拆下干燥器。

4)用清洁剂清洁干燥器的内壁及滤网后,装入新的干燥剂,填满压实,并装上滤网、卡簧,检查密封圈是否损坏,装好端盖,依次拧紧端盖螺栓。

5)将干燥器装回管路,上紧干燥器进口接头螺母,出口端螺母先不上紧;开贮液器出口网和干燥器进口阀,利用制冷剂驱除干燥器及管路中的空气,再上紧干燥器出口端螺母。

6)打开干燥器出口阀,关闭干燥器旁通阀,使干燥器投入工作。

3.制冷压缩机润滑油的添加操作

1)检查冷冻机油的规格、型号和质量,均应符合使用要求,并称出其质量。

2)检查空调装置,应处于可工作状态。

3)关闭吸气阀,起动压缩机,待曲轴箱内压力降至略低于大气压(即表压略低于0 MPa)时,停机并关闭排气阀。

4)拧下压缩机加油孔螺塞(即油同头),用手搭住已充油的漏斗出口,将其旋入加油孔内,缓慢打开加油阀门并不断向漏斗内加油。

5)当曲轴箱内的油面达到油位的标准要求时,关闭加油阀门,停止加油,取下漏斗,拧上螺塞,加油完毕。

6)打开压缩机吸、排阀,使压缩机能正常工作。

7)称出剩余油量,算出加油量,并做好记录。

除了可利用放油阀添加润滑油外,活塞式制冷压缩机还有如下补油方法:

1)使用压缩机所带润滑油吸入端的油三通阀(充放油阀)补油。

2)通过曲轴箱上的加油旋塞在停机时补油。

3)对于无加油接头又无加油旋塞的小型压缩机,可在吸入压力表接头处加油。

4.制冷压缩机冷冻机油的更换操作

制冷压缩机应按说明书规定的周期换油,发现润滑油老化、污浊、变黑或黏度下降15%以上时即应换油。

1)关闭压缩机吸入截止阀,起动压缩机,将曲轴箱抽成真空,以回收溶解在润滑油中的制冷剂,然后停机,关吸入和排出截止阀。

2)松开放油旋塞,放空脏油,拆下曲轴箱侧盖,清洁曲轴箱,再将曲轴箱侧盖和放油旋塞装好。

3)在曲轴箱加油旋塞处加入同牌号的洁净冷冻机油,直到曲轴箱油位在液位镜的 4/5 高度处(运行中油位保持在 1/2 高度处)。

4)打开排出截止阀上的多用通道连通大气,起动压缩机将曲轴箱中的空气抽出,直到曲轴箱达到稳定真空度后关闭排气阀上的多用通道。逐渐打开吸入、排出截止阀,压缩机可投入正常工作。

第五章 金 工 工 艺

第一节 焊 接 工 艺

一、评估要点

1)熟悉各种焊接工具和设备,并能正确使用;
2)熟悉手工平焊的方法;
3)能正确区分电焊与气焊的不同,并熟悉气焊的方法;
4)熟悉气割的方法。

二、金属焊接的基本概念

焊接是通过加热、加压或两者并用,有时还会使用填充材料,使焊件形成原子间结合的一种连接方法。

在焊接方法广泛应用以前,连接金属的结构件主要靠铆接[图 5-1(a)]。与铆接相比,焊接具有节省金属、生产效率高、质量优良、劳动条件好等优点。目前,在工业生产中,大量铆接件已由焊接件所取代。焊接已成为制造金属结构和机器零件的一种基本工艺方法,可用于修补铸件、锻件的缺陷和机器零件的磨损。

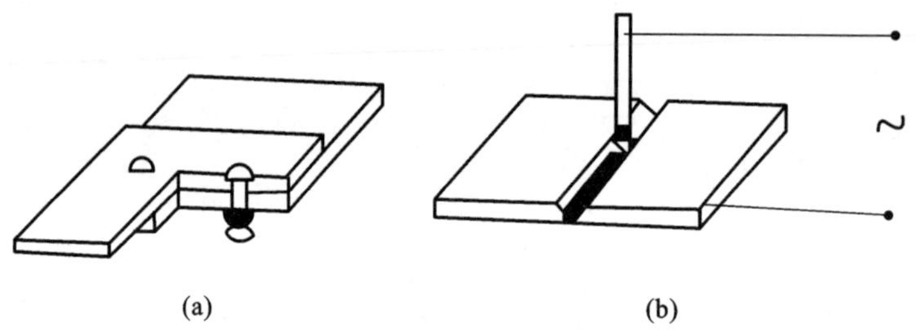

图 5-1 铆接与焊接

(a)铆接;(b)焊接

用焊接方法连接的接头称为焊接接头(图 5-2)。被焊的工件材料称为母材(或称为基本金属)。焊接过程中局部受热熔化的金属形成熔池,熔池金属冷却凝固后形成焊缝。焊缝区的母材受焊接加热的影响引起金属内部组织和力学性能发生变化的区域,称为焊接热影响区。焊缝和热影响区构成焊接接头。焊缝各部分的名称如图 5-3 所示。

应用于工业生产中的焊接方法种类很多,按焊接热源的形式不同,可分为电弧焊、气焊和电阻焊等。其中,电弧焊使用得最广泛。电弧焊又可分为手工电弧焊和自动电弧焊。

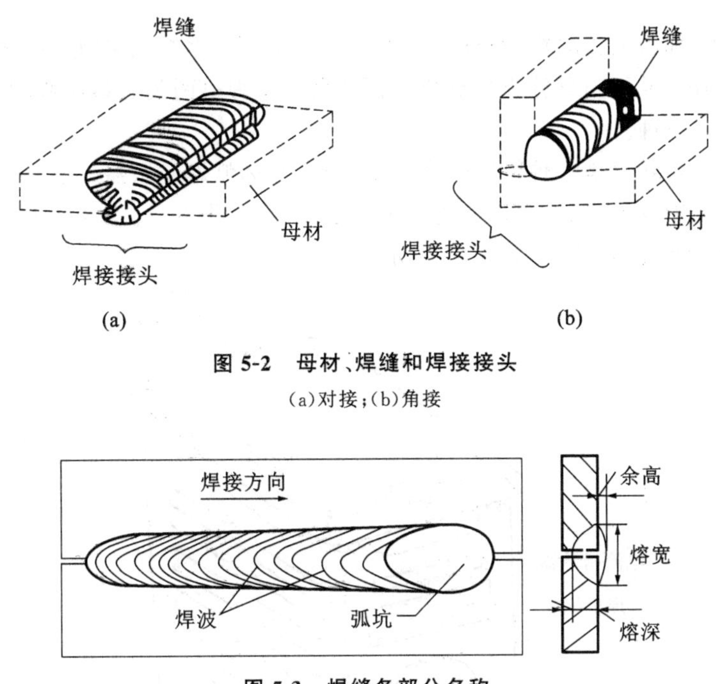

图 5-2　母材、焊缝和焊接接头

(a)对接；(b)角接

图 5-3　焊缝各部分名称

三、手工电弧焊

手工电弧焊(简称手弧焊)是利用电弧产生的热量来熔化母材和焊条的一种手工操作的焊接方法。手弧焊的焊接过程如图 5-4 所示。焊接时以电弧作为热源，电弧的温度可达近 6000 ℃，它产生的热量与焊接电流成正比。

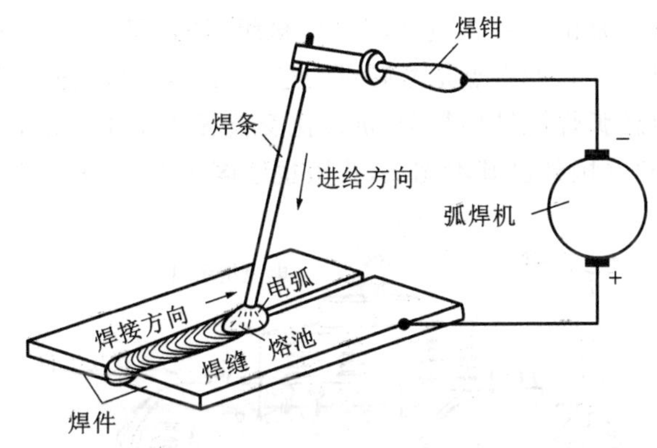

图 5-4　手工电弧焊的焊接过程

焊接前，把焊钳和焊件分别接到弧焊机输出端的两极，并且焊钳夹持焊条。

焊接时，电压在焊件和焊条之间引出电弧，电弧同时将焊件和焊条熔化，形成金属熔池。随着电弧沿焊接方向前移，被熔化的金属迅速冷却，凝固成焊缝，使两焊件牢固地连接在一起。

手弧焊所需的设备简单，操作方便、灵活，适用于厚度 2 mm 以上多种金属材料和各种形状结构的焊接。它是目前工业生产和船机修理维护中应用最广泛的一种焊接方法。

1. 电弧焊机

电弧焊的电源称为电弧焊机(简称弧焊机),手工电弧焊的电源称为手弧焊机。弧焊机按其供给的焊接电流种类不同可分为交流弧焊机和直流弧焊机两类。目前使用的直流弧焊机又有旋转式和整流式两种。

1)交流弧焊机实际上是一种特殊的降压变压器,又称弧焊变压器。它具有结构简单、价格便宜、使用可靠、维护方便等优点,但在电弧稳定性方面有些不足。BX1-315-2 型弧焊机是目前较常用的交流弧焊机,其外形如图 5-5 所示。

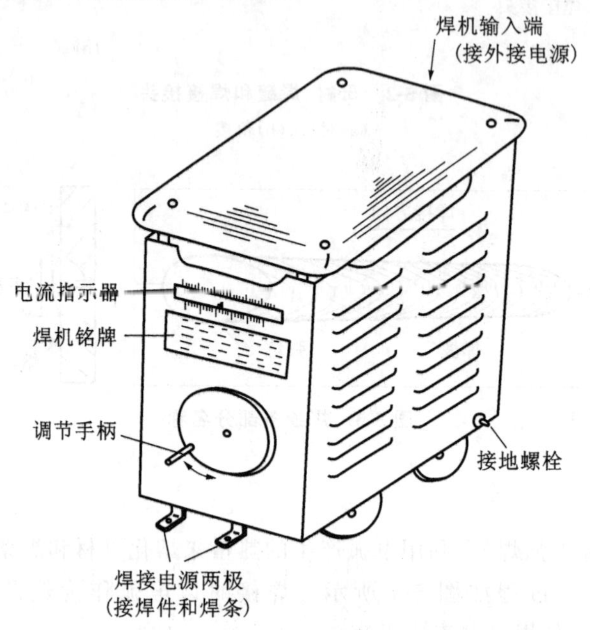

图 5-5 BX1-315-2 **型交流弧焊机**

2)旋转式直流弧焊机是由一台直流弧焊发电机组成的,又称弧焊发电机。图 5-6 所示为旋转式直流弧焊机的外形。它的特点是能够得到稳定的直流电,因此,引弧容易,电弧稳定,焊接质量较好。但这种直流弧焊机结构复杂,价格比交流弧焊机贵得多,维修较困难,使用时噪声大。现在,这种弧焊机在国外已基本淘汰,我国也已停止生产,正在逐步淘汰中。

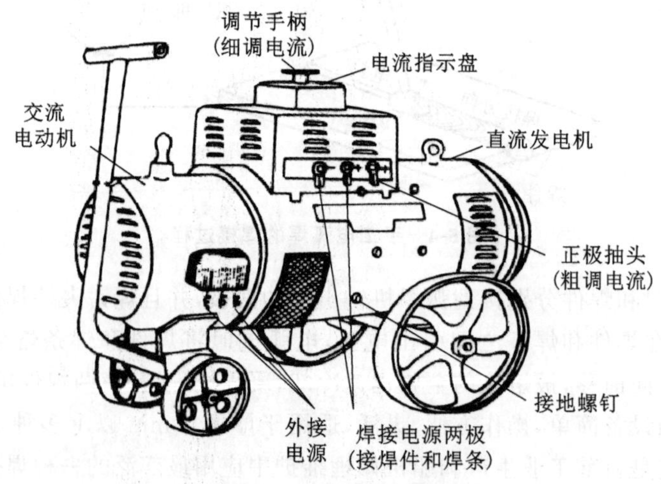

图 5-6 旋转式直流弧焊机

3)整流式直流弧焊机(又称弧焊整流器)是近年来发展起来的一种弧焊机。它的结构相当于在交流弧焊机上加上整流器,从而把交流电变成直流电。它既弥补了交流弧焊机电弧稳定性不好的缺点,又比旋转式直流弧焊机结构简单,消除了噪声,因此有望逐步取代旋转式直流弧焊机。

直流弧焊机输出端有正极、负极之分,焊接时电弧两端极性不变。弧焊机正、负两极与焊条、焊件有两种不同的接线法:将焊件接到弧焊机正极,焊条接至负极,这种接法称正接,又称正极性[图 5-7(a)];反之,将焊件接到负极,焊条接至正极,称为反接,又称反极性[图 5-7(b)]。

焊接厚板时,一般采用直流正接,这是因为电弧正极的温度和热量比负极的高,采用正接能获得较大的熔深。焊接薄板时,为了防止烧穿,常采用反接。但在使用碱性焊条(如 J427、J507)时,均采用直流反接。

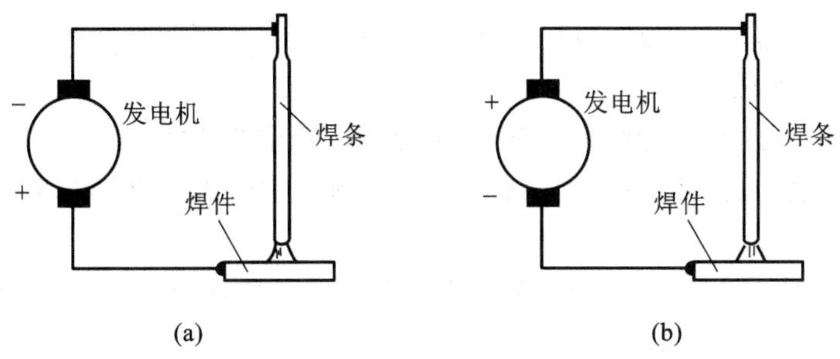

图 5-7 直流弧焊机的不同接线法

(a)正接;(b)反接

2.弧焊机的主要技术参数

手弧焊机的主要技术参数标明在焊机的铭牌上,主要有初级电压、空载电压、工作电压、输入容量、电流调节范围和负载持续率等。

1)初级电压是指弧焊机所要求的电源电压。一般交流弧焊机的初级电压为 220 V(单相)或 380 V,直流弧焊机的初级电压为 380 V(三相)。

2)空载电压是指弧焊机在未焊接时的输出端电压。一般交流弧焊机的空载电压为 60~80 V,直流弧焊机的空载电压为 50~90 V。

3)工作电压是指弧焊机在焊接时的输出端电压。一般弧焊机的工作电压为 20~40 V。

4)输入容量是指由网路输入弧焊机的电流与电压的乘积,它表示弧焊变压器传递电功率的能力,其单位是 kVA。

功率是旋转式直流弧焊机的一个主要参数,通常是指弧焊发电机的输出功率,单位是 kW。

5)电流调节范围是指弧焊机在正常工作时可提供的焊接电流范围。按弧焊机的结构不同,调节弧焊机的焊接电流有时分为粗调节和细调节两步来进行;有时则不分。

6)负载持续率(即暂载率)是指 5 min 内有焊接电流的时间所占的平均百分数。

BX1-250 型弧焊机的主要参数如表 5-1 所示。

表 5-1 BX1-250 型弧焊机的技术参数

初级电压 /V	空载电压 /V	工作电压 /V	额定输入容量 /kVA	电流调节范围 /A	额定暂载率 /%
380(单相)	70~78	22.5~32	20.5	62~300	60

3. 电焊条

电焊条(简称焊条)是手弧焊时的焊接材料(焊接时所消耗的材料统称为焊接材料)。它由焊芯和药皮两部分组成,如图 5-8 所示。

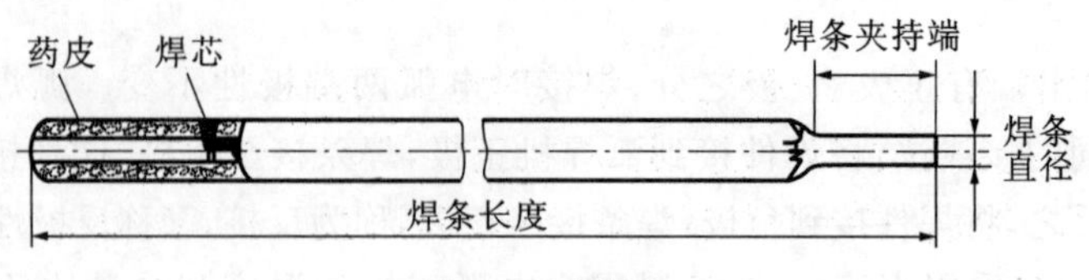

图 5-8　电焊条

焊芯是焊条内的金属丝,它具有一定的直径和长度。焊接时焊芯有两个作用:一是作为电极传导电流,产生电弧;二是熔化后作为填充金属,与熔化母材一起组成焊缝金属。

药皮是压涂在焊芯表面上的涂料层,它由矿石粉、铁合金粉和黏结剂等原料按一定比例配制而成。它的主要作用如下。

1)改善焊条工艺性:如使电弧容易引燃,保持电弧稳定燃烧等。

2)机械保护作用:在电弧的高温作用下,药皮分解产生大量气体并形成熔渣,对熔化金属起保护作用。

3)冶金处理作用:通过熔池中的冶金反应去除有害杂质(如氧、氢、硫、磷等),同时添加有益的合金元素,以改善焊缝质量。

焊条的直径和长度是指焊芯的直径和长度。表 5-2 所示是部分碳钢焊条的直径和长度规格。

表 5-2　部分碳钢焊条的直径和长度规格

焊条直径/mm	2.0	2.5	3.2	4.0	5.0	5.8
焊条长度/mm	250 300	250 300	350 400	350 400	400 450	400 450

焊条有多种类型,按熔渣的化学性质不同可分为酸性焊条和碱性焊条两大类。药皮中含有多量酸性氧化物的焊条,熔渣呈酸性,称为酸性焊条,常用牌号 J422、J502 等;药皮中含有多量碱性氧化物的焊条称为碱性焊条,常用牌号有 J427、J507 等。

以“J422”牌号举例:“J”表示结构钢焊条;“42”表示熔敷金属抗拉强度等级,分别为 420 MPa 或 490 MPa,第三位数字表示药皮类型和焊接电源种类,例如此例中的“2”表示氧化钛钙型药皮,用交流或直流电源均可。

4. 焊接接头型式和坡口型式

1)接头型式:常用的焊接接头型式有对接接头、搭接接头、角接接头和 T 形接头等,如图 5-9 所示。

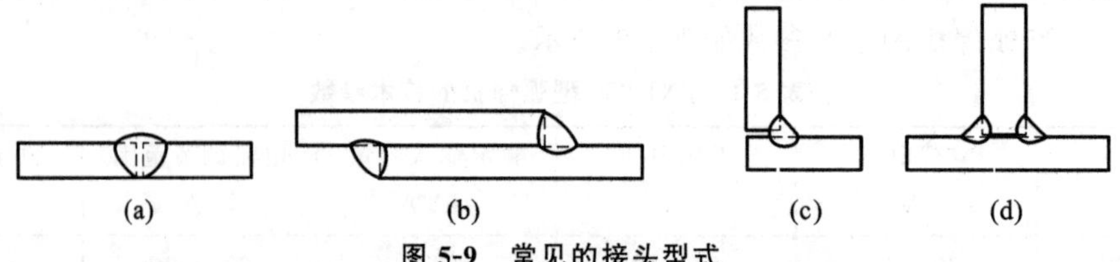

图 5-9　常见的接头型式

(a)对接接头;(b)搭接接头;(c)角接接头;(d)T 形接头

2)坡口形式:当焊件较薄时,在焊件接头处要留一定的间隙,就能保证焊透。焊件较厚时,为了保证焊透,焊接前要把两个焊件间的待焊处加工成所需的几何形状,称为坡口。对接接头是各种结构中采用得最多的一种接头型式,这种接头常见的坡口型式如图 5-10 所示。

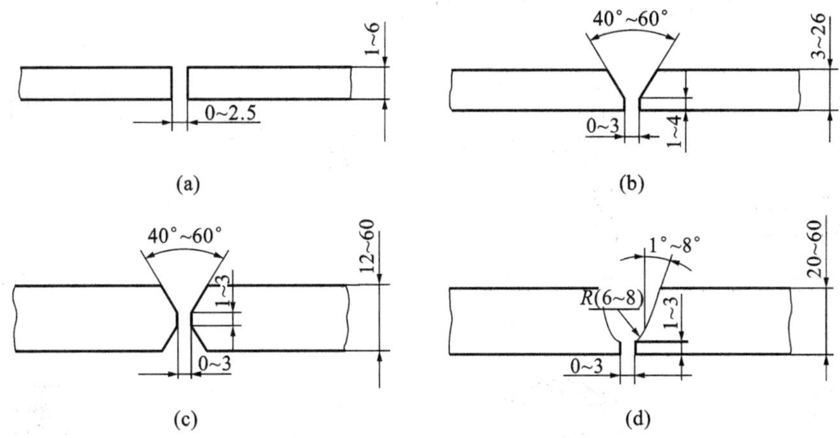

图 5-10 对接接头的坡口形式(单位:mm)

(a)I 形坡口;(b)Y 形坡口;(c)双 Y 形坡口;(d)带钝边 U 形坡口

施焊时,对 I 形坡口、Y 形坡口和带钝边 U 形坡口均可根据实际情况,采用单面焊或双面焊(图 5-11),但对双 Y 形坡口则必须采用双面焊。

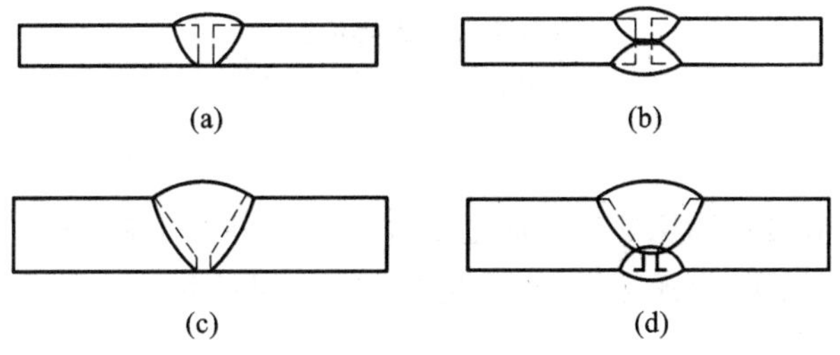

图 5-11 单面焊和双面焊

(a)I 形坡口单面焊;(b)I 形坡口双面焊;(c)Y 形坡口单面焊;(d)Y 形坡口双面焊

坡口的加工可以采用机械、火焰或电弧(等离子弧)。加工坡口时,通常在其根部留有直边(称为钝边,见图 5-10),其作用是为了防止烧穿。接头组装时,往往留有间隙,这是为了保证焊透。

厚板焊接时,为了焊满坡口,要采用多层焊或多层多道焊,如图 5-12 所示(数字表示多层焊接的层次顺序)。

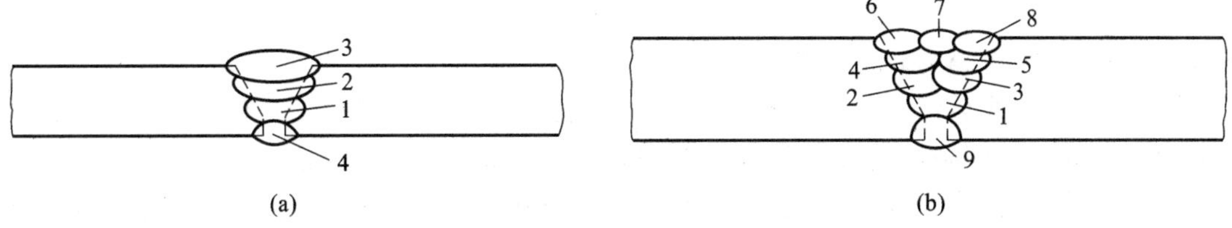

图 5-12 对接 Y 形坡口的多层焊

(a)多层焊;(b)多层多道焊

5. 焊接位置

在实际生产中，焊缝可以在空间不同的位置施焊。对接接头和角接接头的各种焊接位置，如图 5-13 所示，其中以平焊位置最为合适。平焊时操作方便、劳动条件好、生产效率高，焊缝质量容易保证。立焊、横焊位置次之，仰焊位置最差。

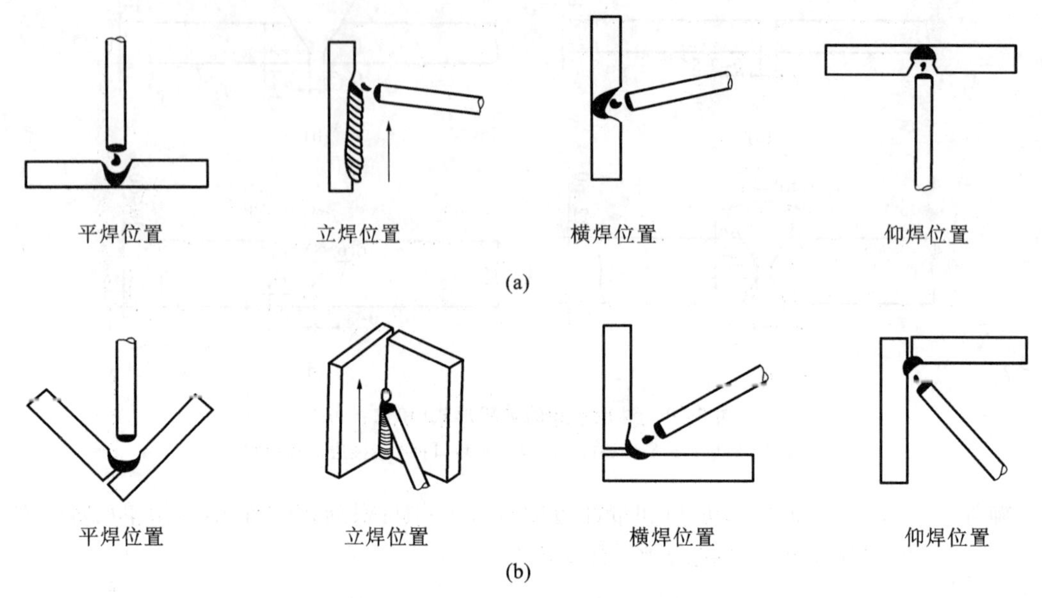

图 5-13　焊接位置

(a)对接接头；(b)角接接头

6. 焊接工艺参数

焊接工艺参数是焊接时为保证焊接质量而选定的诸物理量的总称。手弧焊的焊接工艺参数包括焊条直径、焊接电流、电弧电压、焊接速度和焊接层数等。

1)焊接工艺参数的选择

可根据焊件厚度选择焊条直径(表 5-3)。多层焊的第一层焊缝和在非水平位置施焊时，应采用直径较小的焊条。

表 5-3　焊条直径对照表

焊件厚度/mm	2	3	4～7	8～12	≥13
焊条直径/mm	1.6～2.0	2.5～3.2	3.2～4.0	4.0～5.0	4.0～5.8

然后，根据焊条直径选择焊接电流。焊接低碳钢时，可根据下面的经验公式选择焊接电流：

$$I=(30-55)d$$

式中，I 是焊接电流(A)；d 是焊条直径(mm)。

应当指出，上式只提供了一个大概的焊接电流范围。实际生产中，还要根据焊件厚度、接头形式、焊接位置、焊条种类等因素，通过试焊来调整和确定焊接电流大小。

电弧电压由电弧长度决定。电弧长，电弧电压高；电弧短，电弧电压低。电弧过长时，燃烧不稳定，熔深减少，并且容易产生焊接缺陷。因此，焊接时须采用短电弧，一般要求电弧长度不超过焊条直径。

焊接速度是指单位时间内完成的焊缝长度。手弧焊时，焊接速度由焊工凭经验掌握。

2)工艺参数对焊缝成形的影响

焊接工艺参数是否合适，对焊接质量有很大影响：

(1)焊接电流和焊接速度合适时，焊缝形状规则，焊波均匀并呈椭圆形，焊缝到母材过渡平滑，焊缝外形尺寸符合要求，如图 5-14(a)所示。

(2)焊接电流太小时，电弧不易引出，燃烧也不稳定，弧声变弱，焊波呈圆形，而且余高增大，熔宽和熔深都减小，如图 5-14(b)所示。

(3)焊接电流太大时，弧场强、飞溅增多，焊条往往变得红热，焊波变尖，熔宽和熔深都增加，如图 5-14(c)所示。焊薄板时，有烧穿的可能。

(4)焊接速度太慢时，焊波变圆而且余高、熔宽和熔深都增加，如图 5-14(d)所示。焊薄板时，有烧穿的可能。

(5)焊接速度太快时，焊波变小，焊缝形状不规则，而且余高、熔宽和熔深都减小，如图 5-14(e)所示。

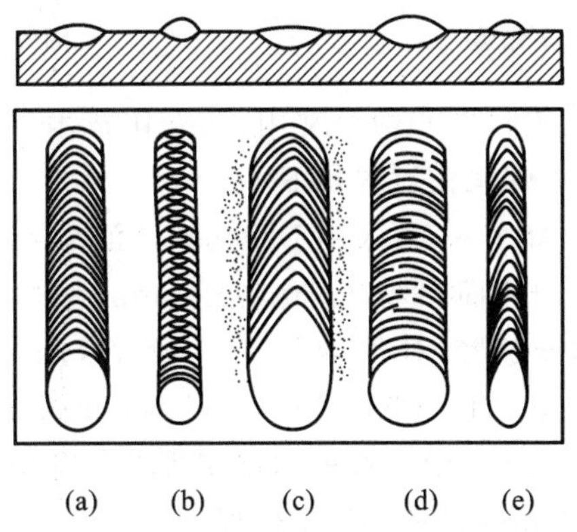

图 5-14　焊接电流和焊接速度对焊缝成形的影响

(a)标准；(b)电流小；(c)电流大；(d)速度慢；(e)速度快

7. 基本操作技术

1)引弧：就是使焊条和焊件之间产生稳定的电弧。引弧时，首先将焊条末端与焊件表面接触，形成短路，然后迅速将焊条向上提起 2～5 mm 的距离，电弧即引燃。引弧方法有两种，即敲击法和摩擦法，如图 5-15 所示。

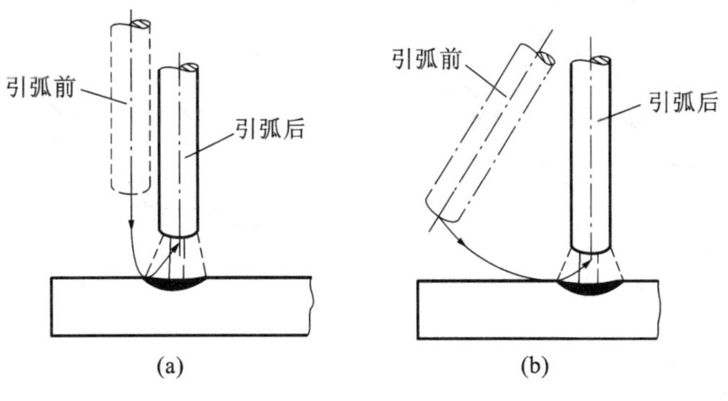

图 5-15　引弧方法

(a)敲击法；(b)摩擦法

2)堆平焊波:就是在平焊位置的焊件上堆焊焊缝。这是手弧焊最基本的操作。初学者练习时,关键是掌握好焊条角度(图 5-16)和运条基本动作(图 5-17),保持合适的电弧长度和均匀的焊接速度。

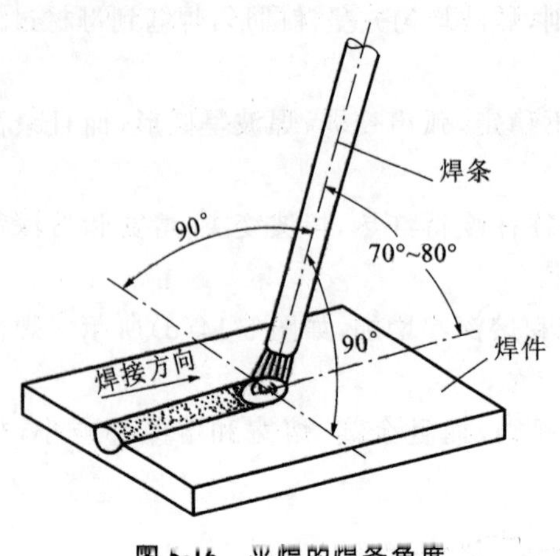

图 5-16　平焊的焊条角度

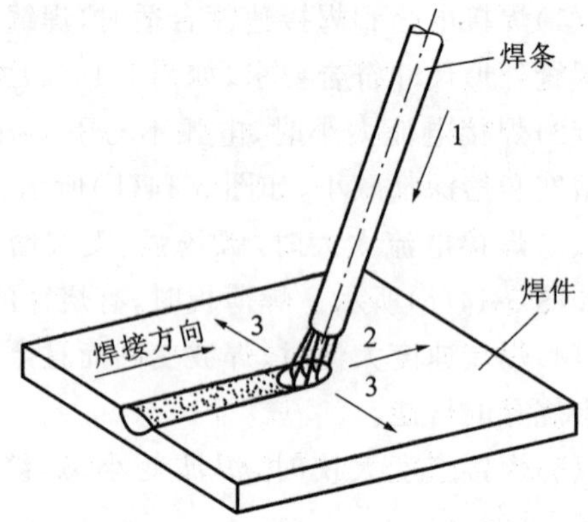

1—向下送进;2—沿焊接方向移动;3—横向摆动

图 5-17　运条基本动作

3)对接平焊:对接平焊在实际生产中最常用,其操作技术和堆平焊波基本相同。厚度为 4～6 mm 的低碳钢板的对接平焊操作过程如下。

(1)坡口准备。钢板厚 4～6 mm,可采用 I 形坡口双面焊。调直钢板,保证接口处平整。

(2)焊前清理。焊件的坡口表面和坡口两侧各 20 mm 范围内,要清除铁锈、油污、水分等。

(3)组对。将两块钢板水平放置,对齐,如图 5-18 所示。两块钢板留 1～2 mm 间隙。

(4)定位焊。在钢板两端先焊上一小段长 10～15 mm 的焊缝,以固定两块钢板的相对位置,焊后把渣清除干净,如图 5-19 所示。这种固定待焊焊件相对位置的焊接称为定位焊。若焊件较长,则可间隔 200～300 mm 进行一次定位焊。

(5)焊接。选择合适的工艺参数进行焊接。先焊定位焊缝的反面,焊后除渣;再翻转焊件焊另一面,焊后除渣。

(6)焊后清理。除上述清除渣壳以外,还应将焊件表面的飞溅物等清理干净。

(7)检查焊缝质量。检查焊缝外形和尺寸是否符合要求,有无焊接缺陷。

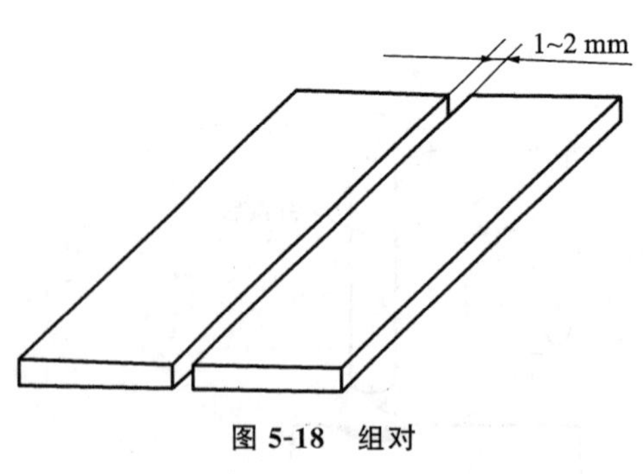

图 5-18　组对

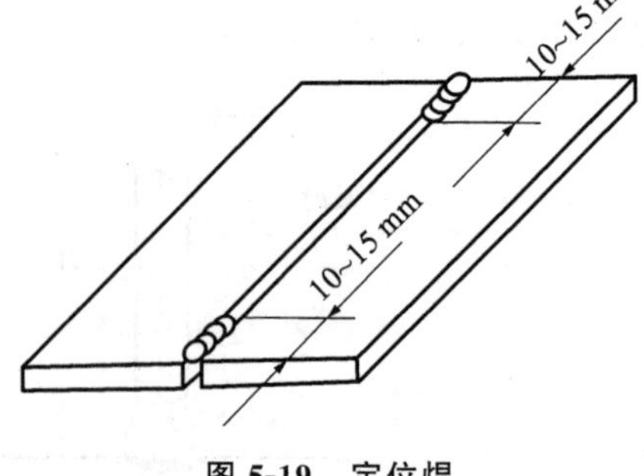

图 5-19　定位焊

四、气焊和气割

气焊是利用气体火焰作为热源来熔化母材和填充金属的一种焊接方法,其焊接过程如图

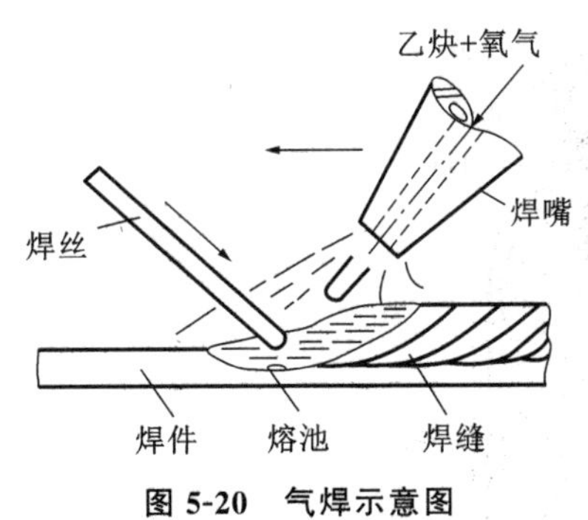

图 5-20　气焊示意图

5-20 所示。

气焊通常使用的气体是乙炔和氧气。乙炔和氧气混合燃烧形成的火焰称为氧乙炔焰。气焊的焊丝只作为填充金属，和熔化的母材一起组成焊缝。气焊铸铁、不锈钢、铝、铜等材料时，还应使用气焊熔剂，以去除焊接过程中形成的氧化物，改善液态金属流动性，并起保护作用，促使获得致密的焊缝。

与电弧焊相比，气焊热源的升温较快，热量分散，加热缓慢，生产效率低，焊件变形严重。但是，气焊火焰易于控制，操作简便，灵活性强，气焊设备不需电源。

气焊一般应用于厚度在 3 mm 以下的低碳钢薄板和管子的焊接、铸铁件的焊补。对焊接质量要求不高的不锈钢、铜和铝及其合金，也可采用气焊进行焊接。

1. 气焊设备

气焊所用的设备及气路连接如图 5-21 所示。

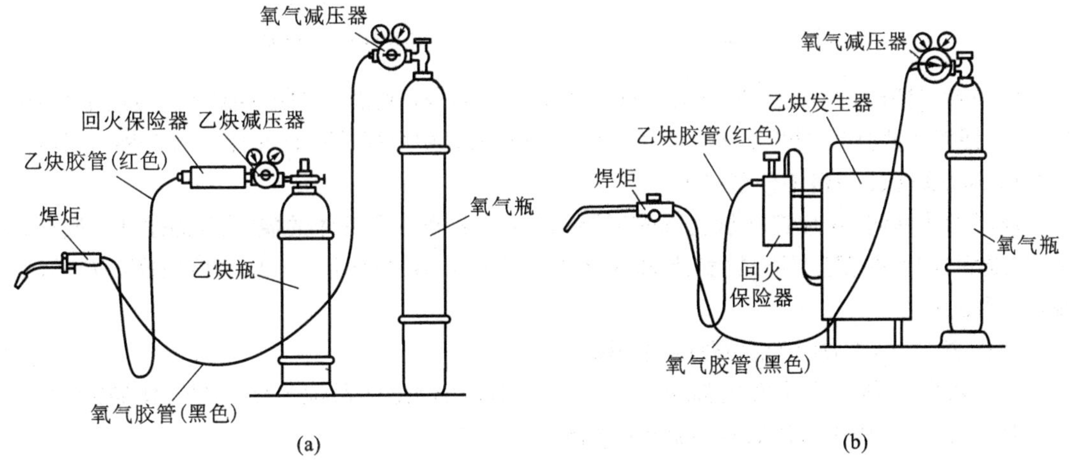

图 5-21　气焊设备及其连接

(a)由乙炔瓶提供乙炔时；(b)由乙炔发生器提供乙炔时

1)氧气瓶。氧气瓶是运送和贮存高压氧气的容器(图 5-22)，其容积一般为 40 L，工作压力为 15 MPa。按照规定，氧气瓶外表漆成天蓝色，并用黑漆标明“氧气”字样。

应该正确地保管和使用氧气瓶，否则有发生爆炸的危险。放置氧气瓶必须平稳可靠，不应与其他气瓶混在一起；操作中氧气瓶距离乙炔发生器、明火或热源应大于 5 m；禁止撞击氧气瓶；严禁沾染油脂；夏天要防止暴晒，冬天瓶阀冻结时严禁火烤，应当用热水解冻。

2)乙炔瓶。乙炔瓶是贮存和运送乙炔的容器(图 5-23)，其外形与氧气瓶相似，外表漆成白色，并用红漆写上“乙炔”“不可近火”等字样。

乙炔瓶的工作压力为 1.5 MPa。在瓶体内装有浸满丙酮的多孔性填料，可使乙炔稳定又安全地贮存在瓶内。丙酮有很强的溶解乙炔的能力，在 15 ℃和常压下，1 L 丙酮可溶解 23 L 乙炔，其溶解度随压力提高而增大，随温度升高而降低。

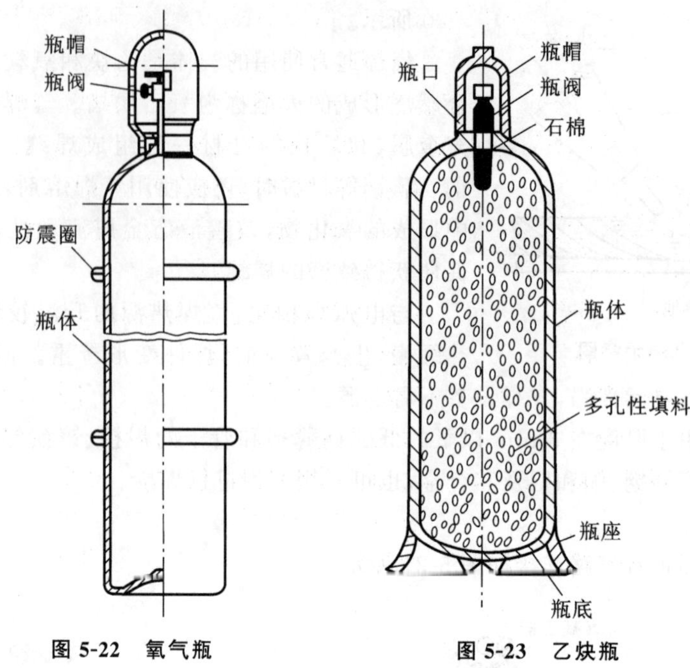

图 5-22　氧气瓶　　图 5-23　乙炔瓶

使用时，打开瓶阀，溶解在丙酮内的乙炔就分解出来，通过乙炔瓶阀流出。而丙酮仍留在瓶内，以便溶解再次压入的乙炔。乙炔瓶阀下面的填料中心部分的长孔内放着石棉，其作用是帮助乙炔从多孔性填料中分解出来。

使用乙炔瓶时，除应遵守氧气瓶使用要求外，还应该注意瓶体的温度不能过高。搬运、装卸、存放和使用时都应竖立放稳，严禁在地面上卧放并直接使用。一旦要使用已卧放的乙炔瓶，必须先直立。

静止 20 min，再连接乙炔减压器使用。

3）乙炔发生器。乙炔发生器是能使水与电石进行化学反应产生乙炔气体的装置。图 5-24 所示为排水式中压乙炔发生器的工作情形。

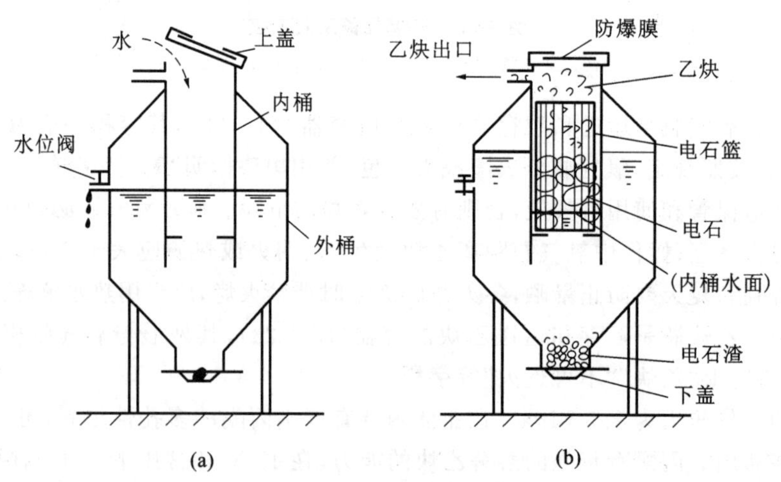

图 5-24　乙炔发生器工作示意图

(a)使用前加水；(b)产生乙炔

使用前向发生器内加水，将盛有电石的电石篮放入内桶，电石与水作用即产生乙炔，其化学反应式如下：

$$CaC_2 + 2H_2O \xlongequal{\quad} C_2H_2 \uparrow + Ca(OH)_2 + 127\ kJ/mol$$

$$电石 + 水 \longrightarrow 乙炔 \uparrow + 电石$$

乙炔是易燃易爆气体，为了安全，乙炔发生器上部装有防爆膜。桶内压力过大时，防爆膜即自行破裂，以防止乙炔发生器爆炸。

遵守乙炔发生器的安全规程十分重要，否则会引起严重的后果。设备必须由专人保管和使用；严禁接近明火；气焊工作地要距乙炔发生器 10 m 以外；禁止敲击和碰撞乙炔发生器；夏天要防止暴晒，冬天应防止冻结；要定期清洗和检查。

4)减压器。减压器是将高压气体降为低压气体的调节装置。对不同性质的气体，必须选用符合各自要求的专用减压器。

通常气焊时所需的工作压力一般都比较低，如氧气压力一般为 0.1～0.4 MPa，乙炔压力最高不超过 0.05 MPa。因此，必须将气瓶内输出的气体压力降压后才能使用。减压器的作用是降低气体压力，并使输送给焊炬的气体压力稳定不变，以保证火焰能够稳定燃烧。

常用的氧气减压器(又称氧气表)的构造和工作情形如图 5-25 所示。从氧气瓶来的高压气体进入高压室后，由高压表指示瓶内的氧气压力。

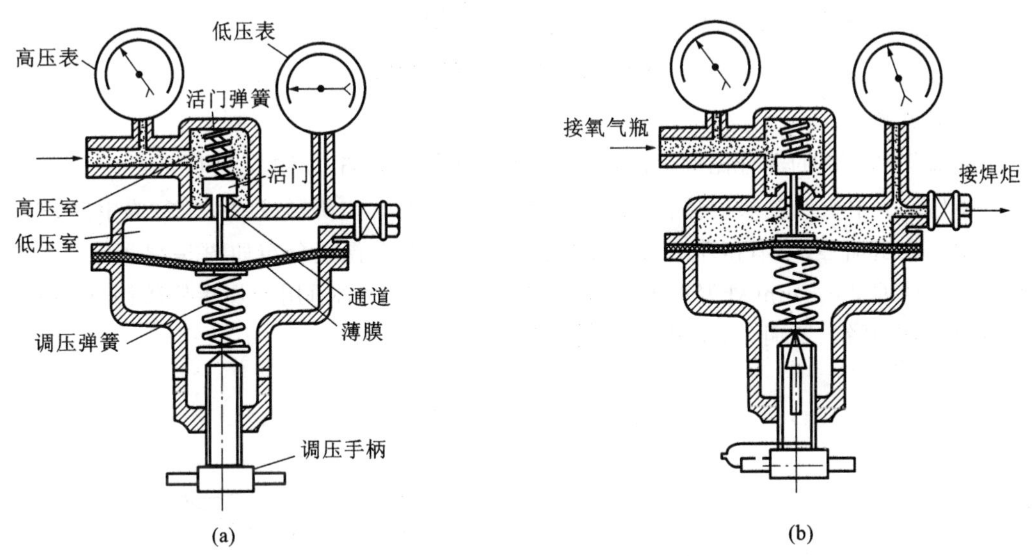

图 5-25　氧气表

(a)减压器不工作时；(b)减压器工作时

减压器不工作时[图 5-25(a)]，应放松调压弹簧，使活门被活门弹簧压下，关闭通道。通道关闭后，高压气体就不能进入低压室。

减压器工作时[图 5-25(b)]，应按顺时针方向把调压手柄旋入，使调压弹簧受压，活门被顶开，高压气体经通道进入低压室。随着低压室内气体压力的增加，压迫薄膜及调压弹簧，使活门的开启度逐渐减小。当低压室内气体压力达到一定数值时，又会将活门关闭。低压表指示出减压后气体的压力。控制调压手柄的旋入程度，可改变低压室的压力，获得所需的工作压力。

焊接时，随着气体的输出，低压室中气体压力降低。此时薄膜上鼓，使活门重新开启，高压室内的气体又流入低压室，以补充输出的气体。当活门的开启度恰好使流入低压室的高压气体流量与输出的低压气体流量相等时，即稳定地进行工作。当输出的气体流量增大或减小时，活门的开启度也会相应地增大或减小，以自动保持输出的压力稳定。

减压器在专用气瓶上应安装牢固。各种气体专用的减压器，禁止换用或替用。

5）回火保险器。正常气焊时，火焰在焊炬的焊嘴外面燃烧，但当气体供应不足、焊嘴阻塞、焊嘴太热或焊嘴离焊件太近时，火焰会沿乙炔管路往回燃烧。这种火焰进入喷嘴内逆向燃烧的现象称为回火。如果回火蔓延到乙炔发生器，就可能引起爆炸事故。回火保险器的作用就是截留回火气体，保证乙炔发生器的安全。常用的回火保险器是止回阀式。

6）焊炬。焊炬的作用是将乙炔和氧气按一定比例均匀混合，由焊嘴喷出，点燃后燃烧，产生气体火焰。常用的氧乙炔射吸式焊炬如图 5-26 所示。各种型号的焊炬均配备 3～5 个大小不同的焊嘴，以便焊接不同厚度的焊件时使用。

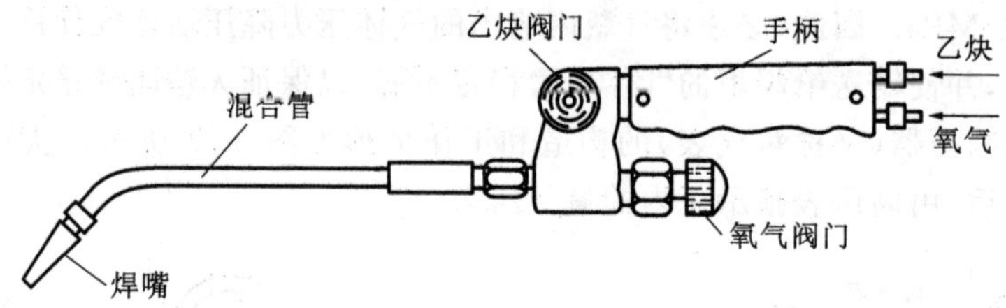

图 5-26　氧乙炔射吸式焊炬

2. 气焊火焰

改变氧气和乙炔的混合比例，可获得三种不同性质的火焰，如图 5-27 所示。

1）中性焰。氧气和乙炔的体积混合比为 1.1～1.2 时燃烧所形成的火焰称为中性焰，又称为正常焰。它由焰心、内焰和外焰三部分构成。火焰各部分温度分布如图 5-28 所示。中性焰在距离焰心前面 2～4 mm 处温度最高，可达 3150 ℃。中性焰适用于焊接低碳钢、中碳钢、普通低合金钢、不锈钢、紫铜、铝及铝合金等金属材料。

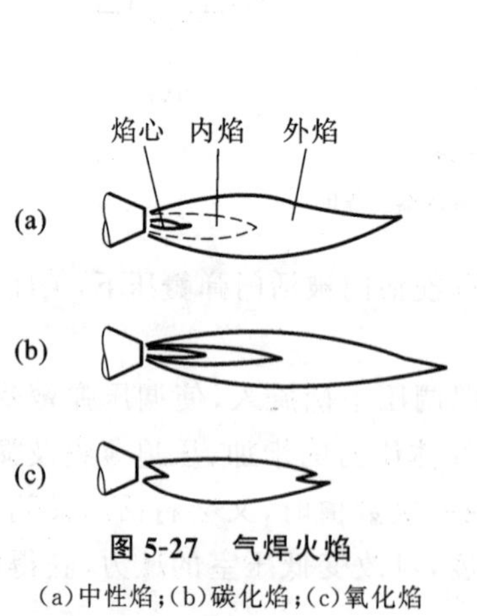

图 5-27　气焊火焰

(a)中性焰；(b)碳化焰；(c)氧化焰

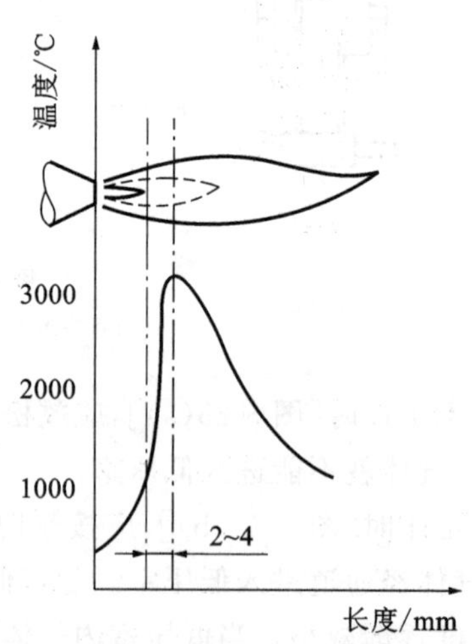

图 5-28　中性焰的温度分布

2)碳化焰。氧和乙炔的体积混合比小于1.1时燃烧所形成的火焰称为碳化焰。由于氧气较少,燃烧不完全,过量乙炔分解为碳和氢,其中碳会渗到熔池中造成焊缝增碳。碳化焰比中性焰的火焰长,也由焰心、内焰和外焰构成,其明显特征是内焰呈乳白色。碳化焰的温度可达2700~3000 ℃。碳化焰适用于焊接高碳钢、铸铁和硬质合金等材料。

3)氧化焰。氧和乙炔的体积混合比大于1.2时燃烧所形成的火焰称为氧化焰。氧化焰比中性焰的火焰短,分为焰心和外焰两部分。由于火焰中有过量的氧,对熔池金属有强烈的氧化作用,一般气焊时不宜采用。只有在气焊黄铜、镀锌铁板时才采用轻微氧化焰,以利用其氧化性,在熔池表面形成一层氧化物薄膜,减少低沸点的锌的蒸发。氧化焰的温度可达3100~3300 ℃。

3.气焊基本操作技术

1)点火、调节火焰与灭火

点火时,先微开氧气阀门,再打开乙炔阀门,随后点燃火焰。这时的火焰是碳化焰。然后,逐渐开大氧气阀门,将碳化焰调整成中性焰。同时,按需要把火焰大小也调整合适。

灭火时,应先关乙炔阀门,后关氧气阀门。

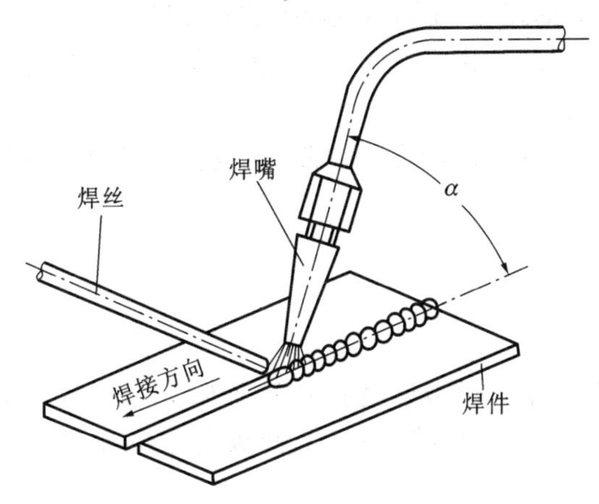

图 5-29 焊炬角度示意图

2)气焊基本动作

气焊时,一般用左手拿焊丝,右手拿焊炬。两手的动作要协调,沿焊缝向左或向右焊接。焊嘴轴线的投影应与焊缝重合,同时要注意掌握好焊嘴与焊件的夹角 α(图 5-29)。焊件愈厚,α 愈大。在焊接开始时,为了较快地加热焊件和迅速形成熔池,α 应大些。正常焊接时,一般保持 α 在 30°~50°范围内。当焊接结束时,α 应适当减小,以便更好地填满熔池和避免焊穿。

焊炬向前移动的速度应能保证焊件熔化并保持熔池具有一定的大小。焊件熔化形成熔池后,再将焊丝适量地点入熔池内熔化。

4.氧气切割

氧气切割简称气割,是根据铁等金属在氧化流中能够剧烈氧化(即燃烧)的原理,利用割炬来进行切割的。

气割时用割炬代替焊炬,其余设备与气焊相同。割炬的外形如图 5-30 所示。

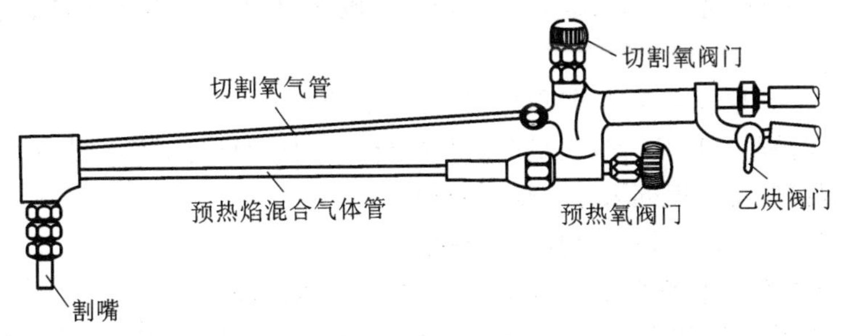

图 5-30 割炬

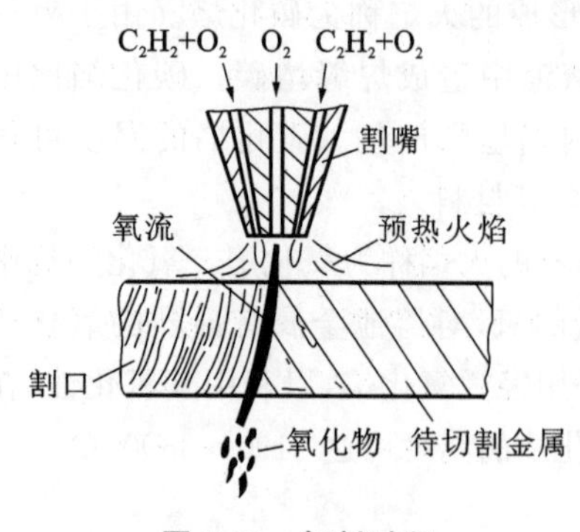

图 5-31 气割过程

1)氧气切割过程。氧气切割的过程如图 5-31 所示。开始时,用氧乙炔火焰将割口始端附近的金属预热到燃点(约 1300 ℃,呈黄白色)。然后打开切割氧阀门,氧气射流使高温金属立即燃烧,生成的呈熔融状态的氧化铁同时被氧流吹走。金属燃烧时产生的热量和氧乙炔火焰一起又将邻近的金属预热到燃点,沿切割线以一定的速度移动割炬,即可形成割口。

2)金属氧气切割的条件。金属材料只有满足下列条件才能采用氧气切割。

(1)金属材料的燃点必须低于其熔点。这是保证切割在燃烧过程中进行的基本条件。否则,切割时金属会先熔化变为熔割过程,使割口过宽,而且不整齐。

(2)燃烧生成的金属氧化物的熔点,应低于金属本身的熔点,同时流动性要好。否则,就会在割口表面形成固态氧化物,阻碍氧流与下层金属的接触,使切割过程不能正常进行。

(3)金属燃烧时能放出大量的热,而且金属本身的导热性要低。这是为了保证下层及割口附近的金属有足够的预热温度,使切割过程能连续进行。

满足上述条件的金属材料有纯铁、低碳钢、中碳钢和普通低合金钢。而高碳钢、铸铁、高合金钢、铜、铝、铜铝合金等,均难以进行氧气切割。

五、焊接变形和焊接缺陷

1. 焊接变形

焊接时,焊件受到局部的不均匀加热,焊缝及其附近的金属温度分布很不均匀,受热膨胀和冷却收缩都受到相邻金属的牵制而不自由。因此,冷却后焊件将会发生纵向(沿焊缝长度方向)和横向(垂直焊缝方向)的变形。

焊接变形的基本形式有缩短变形(纵向缩短和横向缩短)、角变形、弯曲变形、波浪形变形等,如图 5-32 所示。

焊接变形降低了焊接结构的尺寸精度,严重的变形还会造成焊件报废。为防止和矫正焊接变形要采取一系列工艺措施,这也增加了制造成本。

2. 焊接缺陷及其检验

1)焊接缺陷

常见的焊接缺陷有焊缝尺寸及形状不符合要求、咬边、焊瘤、未焊透、夹渣、气孔和裂纹等,如图 5-33 所示。

咬边是焊缝表面与母材交界处附近产生的沟槽或凹陷。

焊瘤是在焊接过程中,熔化金属流淌到焊缝之外未熔化的母材上所形成的金属瘤。

未焊透是指焊接时接头根部未完全熔透的现象。

夹渣是指焊接熔渣残留于焊缝金属中的现象。

气孔是指熔池中的气体在凝固时未能逸出残留下来所形成的空穴。

裂纹是指焊接接头中局部地区的金属原子结合力遭到破坏而形成的新界面所产生的缝隙。

焊接裂纹产生的原因主要是材料(包括母材和焊接材料)选择不当、焊接工艺不正确等。

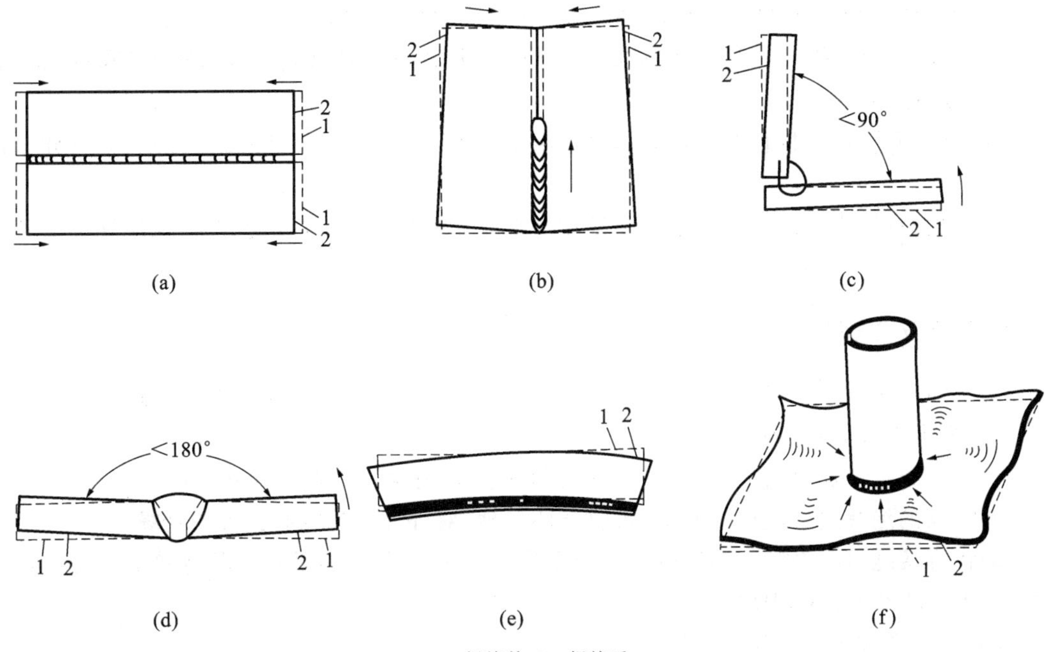

1—焊接前;2—焊接后

图 5-32 焊接变形的基本形式

(a)纵向缩短;(b)横向缩短;(c)角度的角变形;

(d)对接的角变形;(e)弯曲变形;(f)波浪形变形

其他焊接缺陷产生的原因一般是焊前准备工作(坡口加工、清理、组装、焊条烘干等)做得不好,焊接工艺参数不合适和操作技术掌握得不好等。

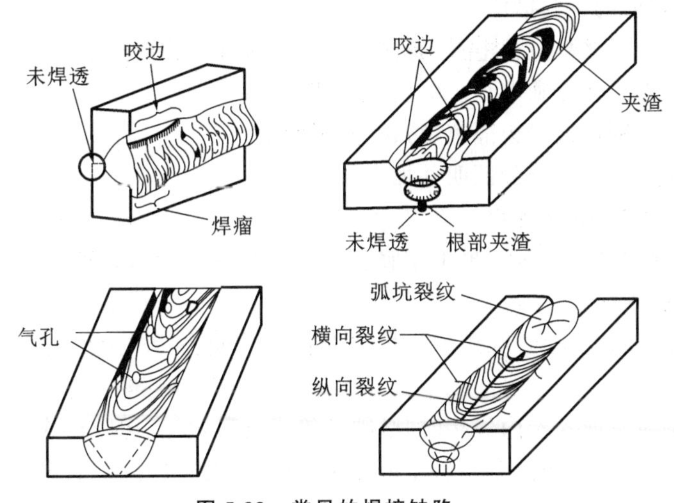

图 5-33 常见的焊接缺陷

2)焊接检验

常用的检验方法有外观检验、无损探伤(包括着色检验、磁粉探伤、射线探伤和超声波探伤)和水压试验等。

外观检验是用肉眼观察或借助标准样板、量规等,必要时利用低倍放大镜检查焊缝表面缺陷和尺寸偏差。

着色检验是利用清洗剂、渗透剂(着色剂)和显示剂来检查焊接接头表面微裂纹。

磁粉探伤是利用磁粉在处于磁场中的焊接接头中的分布特征,检查铁磁性材料的表面微裂纹和近表面缺陷。

射线探伤和超声波探伤都用来检查焊接接头的内部缺陷,如内部裂纹、气孔、夹渣和未焊透等。

水压试验是用来检查受压容器的强度和焊缝致密性的,一般是超载检查,试验压力是工作压力的 1.25～1.5 倍。

六、焊接安全知识

1.电弧焊的安全操作知识

1)预防触电的安全措施

(1)隔离防护:电焊设备应有良好的隔离防护装置,避免人与带电导体接触。

(2)良好的绝缘:电焊设备和线路带电导体对地、对外壳都必须有良好的绝缘。

(3)良好接地接零系统:一旦漏电,不至于发生触电事故,在接零线上不允许装置熔断器或开关,以保证零线回路不中断。

2)防止火灾和爆炸的主要措施

(1)高空作业要注意火花的飞溅方向,焊接场地周围不得有易燃、易爆物质存在。

(2)严禁在有压力的容器上进行焊割作业。

(3)储盛过易燃、易爆物品的盛器和仓柜必须清洗干净,测爆合格后才能焊割。

(4)严禁将易燃、易爆管道作焊接回路使用。

(5)禁火区内动火必须要经过安全、消防等部门审核批准后才能施工。

3)防止电弧辐射的主要措施

(1)在焊接作业区严禁直视电弧,操作者及辅助工在操作时要戴好面罩。

(2)要穿好电焊工作服和电焊皮鞋,戴好电焊手套。

(3)工作场所周围用遮光板隔离,防止伤害他人。

(4)电焊场所必须有充分的照明并加强通风。

4)电弧焊接的安全操作规程

除了按劳动保护规定穿戴防护工作服、绝缘鞋和防护手套,并保持干燥和清洁外,在操作中还应注意如下事项。

(1)焊接工作前,应先检查焊机和工具是否完好,如焊钳和电缆的绝缘有无损坏,焊机外壳接地是否良好等。

(2)在狭小的舱室或容器内焊接时,必须穿绝缘套鞋,垫上橡胶板或其他绝缘衬垫;要两人轮换工作,以便互相照顾,或设有一名监护人员,随时注意操作人的安全动态,遇有危险时可立即切断电源进行抢救。

(3)身体出汗衣服潮湿时,切勿靠在带电的钢板或工件上。

(4)在潮湿地点焊接作业时,地面应铺上橡胶板和其他绝缘材料。

(5)更换焊条时一定要戴橡皮手套,不要赤手操作。

(6)在带电情况下,不要将焊钳夹在腋下而去搬弄被焊工件,或将电缆软线绕挂在脖颈上。

(7)推拉闸刀时,头部不要正对电闸,防止短路所造成的电弧火花烧伤面部。

(8)进行下列操作时应切断电源开关:

①改变焊机接头时;

②更换焊件需要改接二次回线时;

③转移工作地点时;

④焊机发生故障要检修时;

⑤更换保险丝时。

2.气焊与气割操作安全须知

1)操作前要穿好工作服,戴上安全帽、防护手套及防护眼镜,高空作业时还必须扎带安全带。

2)操作者未经安全技术知识教育、不懂得安全操作规程的,不允许从事这项工作。

3)重点要害部门和重要场所,或明文规定未经许可不得进行焊(割)的地方,没有经过有关安全技术部门的批准,不能进行气焊和气割。

4)不了解工作场地情况,不要进行气焊和气割。

5)不了解焊、割物体的使用情况和构造的,不要进行操作。

6)焊、割场地的附近,有易燃物及易燃气体等,未作清除或未进行覆盖、隔离,不能进行焊割。

7)用可燃材料作为保温层、隔热、隔音设备的部位,未采取切实可靠的安全措施的,不能进行焊割。

8)盛装过易燃液体、气体的容器若未经彻底清洗并确保消除火灾、爆炸等危险因素,不能进行焊割。

9)有压力的管道和容器设备,不能进行焊割。

10)在一定距离内,有与焊、割明火作业相抵触的工作,不能进行焊、割。

11)在船舶上进行气焊与气割操作时,必须现场保持有两人以上才能进行。

12)操作结束后,一定要检查有关设备、器具及工作场所,在确实没有发生事故危险的情况下,才能离开工作岗位。

七、钢板对接电弧焊操作实例

1)拟定加工零件规格,参考图 5-34。

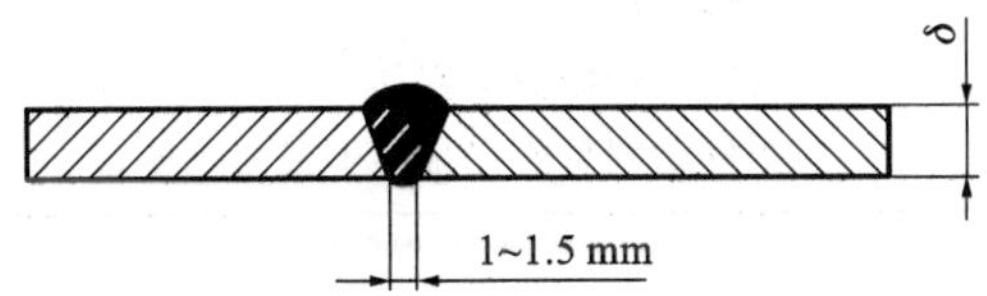

图 5-34　钢板对接电弧焊加工零件规格

2)设备和工具:电焊机等。

3)零件材料:低碳钢。

4)拟定加工时间:80 min。

5)操作具体步骤与评估要点见表 5-4。

表 5-4　钢板对接电弧焊操作步骤及评估要点

序号	项目	内容与要求
1	安全操作	1. 安全措施 2. 安全操作
2	焊接前准备	1. 坯料检查及清理 2. 焊接规范 3. 焊件定位及设施准备
3	焊接质量	1. 焊接件无严重变形 2. 焊缝宽度均匀 3. 焊缝高低均匀合适 4. 无气孔、咬边、夹渣、未焊透等焊接缺陷

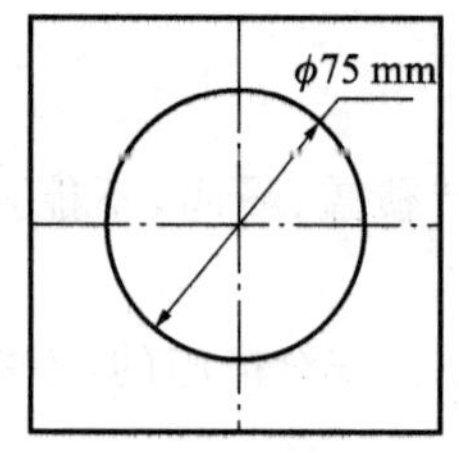

图 5-35　碳钢气割加工零件规格

八、碳钢气割操作

1)拟定加工零件规格，参考图 5-35。

2)设备和工具：气割设备与割矩等。

3)零件材料：低碳钢。

4)拟定加工时间：80 min。

5)操作具体步骤与评估要点见表 5-5。

表 5-5　碳钢气割操作步骤及评估要求

序号	项目	内容与要求
1	安全操作	1. 安全措施 2. 安全操作
2	切割前准备	1. 工件清洁 2. 划线正确 3. 气割设备的安装与调节 4. 割嘴选择、检查与火焰调整
3	切割质量	1. 尺寸误差＋5 mm 2. 割缝与底面垂直 3. 气割氧化物清除容易 4. 割件切割后能轻敲落下或自动坠落

九、管子气焊补漏操作

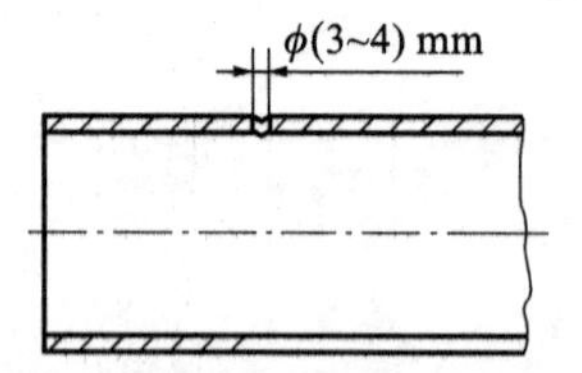

图 5-36　管子气焊补漏加工零件规格

1)拟定加工零件规格，参考图 5-36。

2)设备和工具：气焊设备等。

3)零件材料：低碳钢。

4)拟定加工时间：80 min。

5)操作具体步骤与评估要点见表 5-6。

表 5-6 管子气焊补漏操作步骤及评估要点

序号	项目	内容与要求
1	安全操作	1. 安全措施 2. 安全操作
2	气焊前的准备	1. 焊件清洁 2. 气焊设备的安装与调节 3. 火焰调节
3	焊接质量	1. 补焊处焊透、敷焊金属与母材结合良好 2. 敷焊金属与母材过渡自然 3. 管材内壁无较大焊瘤 4. 无气孔、咬边等焊接缺陷

第二节 车工工艺

一、评估要点

1)熟悉车床的主要结构及工作原理；

2)熟悉各种车刀的使用及刃磨方法；

3)熟悉车削外圆及端面的基本方法；

4)熟悉车削螺纹的基本方法。

二、车床简介

车床上主要加工回转表面，包括内外圆柱面、内外圆锥面、内外螺纹、成形面、端面、沟槽以及滚花等。车削加工时，工件的旋转运动为主运动，车刀相对工件的移动为进给运转。图5-37 表示适宜在车床上加工的零件。图 5-38 表示车床上能完成的工作。

车床的种类很多，主要有卧式车床、立式车床、多刀车床、自动及半自动车床、仪表车床、数控车床等。一般车床加工的公差等级为 IT9～IT7。

随着生产的发展，高效率、自动化和高精度的车床不断出现，为车削加工提供了广阔的前景，但卧式车床仍是各类车床的基础。

1. 卧式车床的编号

车工实习常用的卧式车床有 C6136、C6132 等几种型号，现以 C6132 的编号为例介绍。其中 C 是“车床”汉语拼音的第一个字母(大写)，为车削类机床的代号；6 代表组别代号，为落地及卧式车床组；1 代表系别代号，为卧式车床；32 代表车床的基本参数，即最大工件直径的 1/10，此为 320 mm。以上是 1986 年颁布的《金属切削机床型号编制方法》(JB 1838—85)规定的。

C6132 车床可加工工件的最大长度为 750 mm。

2. 卧式车床的组成部分

卧式车床的组成部分有床身、床头箱(也叫主轴箱)、进给箱(也叫走刀箱)、光杠、丝杠、溜板箱、刀架、尾架及床腿等。图 5-39 所示是 C6132 车床的示意图。

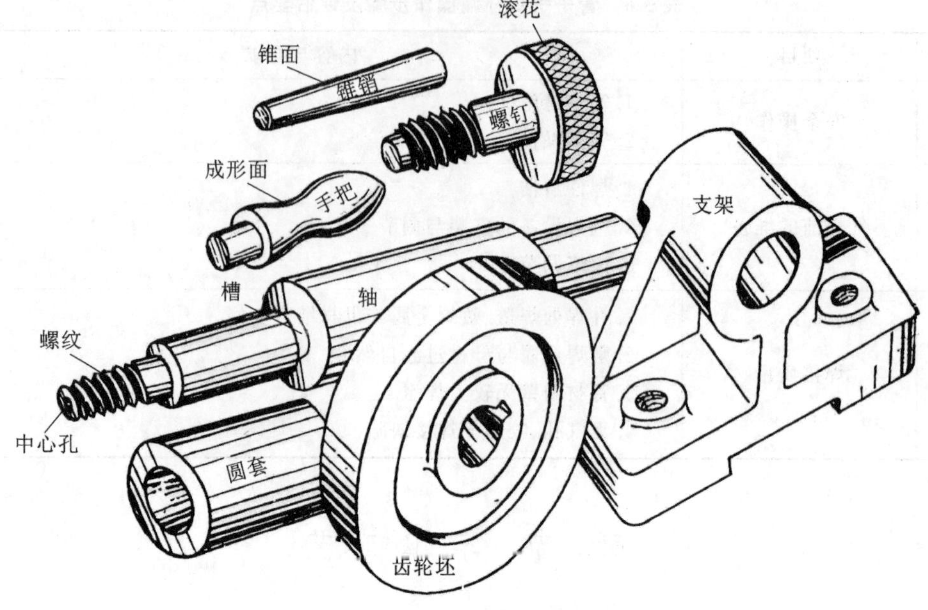

图 5-37　车床加工的零件举例

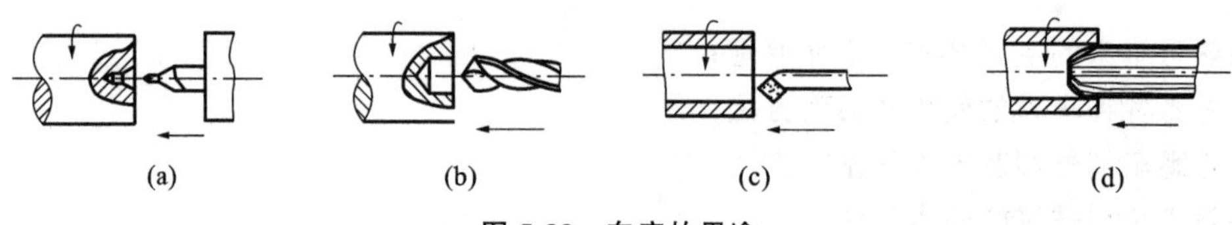

图 5-38　车床的用途

(a)钻中心孔;(b)钻孔;(c)镗孔;(d)铰孔

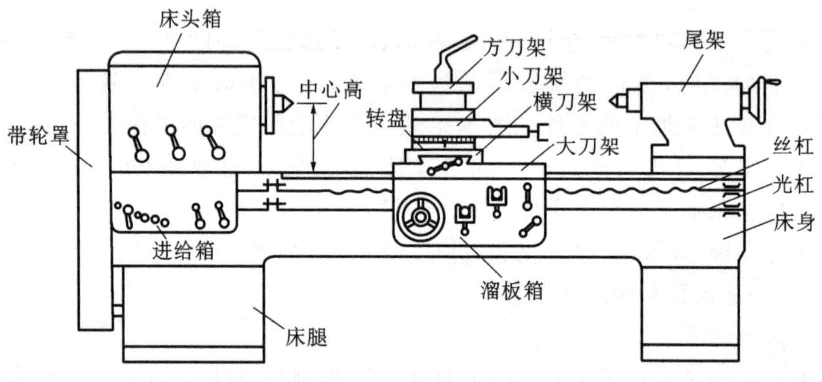

图 5-39　C6132 车床示意图

床身。是车床的基础零件,用以连接各主要部件并保证各个部件之间有正确的相对位置。床身上的导轨用以引导刀架和尾架相对于床头箱进行正确的移动。

床头箱。内装主轴和主轴变速机构。电动机的运动传动给床头箱,通过变速机构使主轴得到不同的转速。主轴又通过传动齿轮带动挂轮旋转,将运动传给进给箱。

主轴为空心结构,如图 5-40 所示。前部外锥面安装附近(如卡盘等)来夹持工件,前部内锥面用来安装顶尖,细长孔可穿入长棒料。

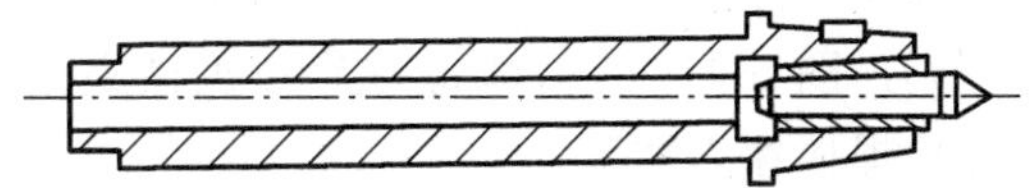

图 5-40　C6132 **车床主轴结构示意图**

进给箱。内装进给运动的变速机构，可按所需要的进给量或螺距调整其变速机构，改变进给速度。

光杠、丝杠。将进给箱的运动传给溜板箱。自动走刀用光杠，车削螺纹用丝杠。

溜板箱。溜板箱是车床进给运动的操纵箱。它可将光杠传来的旋转运动变为车刀需要的纵向或横向直线运动，也可操纵对开螺母，使刀架由丝杠直接带动车削螺纹。

刀架。用来夹持车刀使其作纵向、横向或斜向进给运动，由大刀架、横刀架、转盘、小刀架和方刀架组成。

大刀架(也叫大拖板)。与溜板箱连接，带动车刀沿床身导轨作纵向移动。

横刀架(也叫中滑板)。带动车刀沿大刀架上面的导轨作横向移动。

转盘。与横刀架用螺栓紧固。松开螺母，便可在水平面内扳转任意角度。

小刀架(也叫小拖板)。可沿转盘上面的导轨作短距离移动。将转盘扳转若干角度后，小刀架带动车刀可作相应的斜向移动。

方刀架。用于装卡刀具，可同时安装四把车刀。

尾架。安装于床身导轨上。在尾架的套筒内装上顶尖可用来支承工件，也可装上钻头、铰刀在工件上钻孔、铰孔。

床腿。支承床身，并与地基联接。

3. 卧式车床的传动系统

1)车床的主运动系统

C6132 车床主轴共有 8 种转速，范围为 42～980 r/min。

2)车床的进给传动系统

车床做一般进给时，刀架由光杠经过溜板箱中的传动机构来带动。为适应各种不同的加工要求，车床的进给量能做相应的改变。进给箱通过左端的挂轮与床头箱相联接，对于每一组挂轮，进给箱都可相应变化 12 种不同的进给量。C6132 车床进给量的范围是：

纵向进给量 $f_{纵}$ 为 0.043～2.37 mm/r；横向进给量 $f_{横}$ 为 0.038～2.1 mm/r。

加工螺纹时，车刀的纵向进给运动由丝杠带动溜板箱上的对开螺母，通过拖动刀架来实现。

C6132 车床主轴共有 12 种转速，为 45～1980 r/min。

C6132 车床对于每一组挂轮，进给箱可变化 20 种进给量。进给量的范围是：

纵向进给量 $f_{纵}$ 为 0.06～3.34 mm/r；横向进给量 $f_{横}$ 为 0.04～2.45 mm/r。

三、车刀及其使用

虽然车刀的种类及形状多种多样，但其组成、角度、刃磨及安装基本相似，下面分别叙述之。

1. 车刀的组成

车刀由刀头和刀体(通称刀杆)两部分组成。刀头用于切削，称切削部分。刀体用于支承刀头，并便于安装在刀架上，称夹持部分。常用车刀有三种形式：整体车刀[图 5-41(a)]，即刀头和刀体做成一整体；机夹车刀[图 5-41(b)]，即将刀片用机械夹固的方法紧固在刀体上；焊接车刀[图 5-41(c)]，即将刀片焊接在刀体上。

车刀的切削部分一般由三面、二刃、一尖组成[图 5-41(a)]：

前刀面。指切屑沿着它流动的面，也就是车刀的上面。

主后刀面。指与工件切削表面相对的那个面。

副后刀面。指与工件已加工表面相对的那个面。

主切削刃。指前刀面和主后刀面的交线，它担负着主要的切削任务。

副切削刃。指前刀面和副后刀面的交线，它担负着少量的切削任务。

刀尖。指主切削刃和副切削刃的相交部分，通常磨成一小段过渡圆弧。

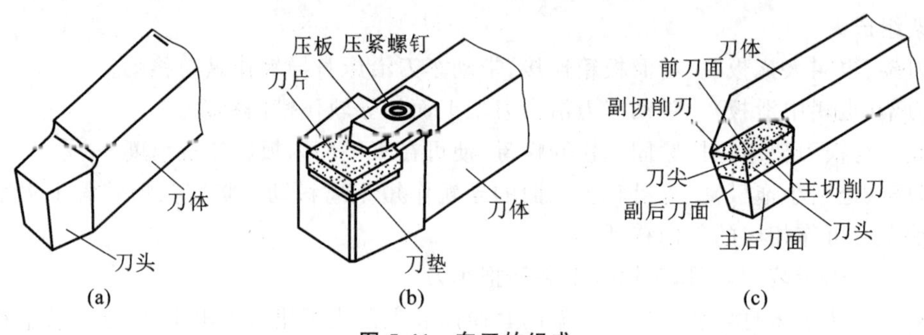

图 5-41　车刀的组成

(a)整体车刀；(b)机夹车刀；(c)焊接车刀

2. 车刀的主要角度及其作用

车刀切削部分的主要角度有前角 γ_o、主后角 α_o、主偏角 κ_r、副偏角 κ_r' 和刃倾角 λ_s，见图 5-42。

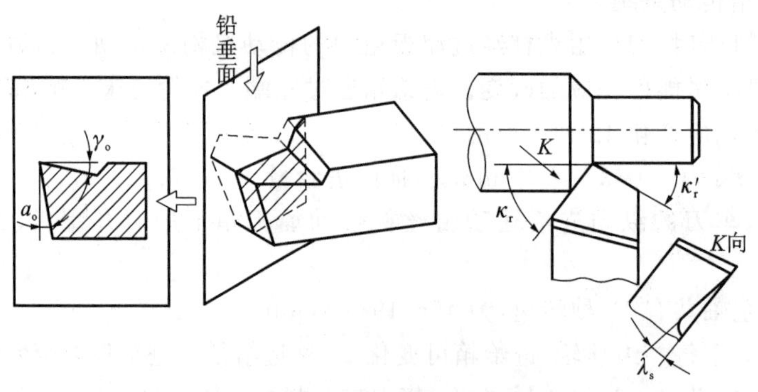

图 5-42　外圆车刀的切削角度

1)前角 γ_o　在主剖面中测量的水平面与前刀面之间的夹角。其作用是使刀刃锋利，便于切削。但前角过大会削弱刀刃的强度。前角 γ_o 一般为 5°～20°，加工塑性材料选较大值，加工脆性材料选较小值。

2)主后角 α_o　是包含主切削刃的铅垂面与主后刀面之间的夹角。其作用是减小车削时主后刀面与工件的摩擦。主后角一般为 3°～12°，粗加工时选较小值，精加工时选较大值。

3)主偏角 κ_r　是进给方向与主切削刃之间的夹角。主偏角减小，刀尖强度增加，切削条件得到改善。但主偏角减小，工件的径向力增大(图 5-43)。故车削细长时，为减少径向力，常用 $\kappa_r=75°$或 90°的车刀。车刀常用的主偏角有 45°、60°、75°、90°几种。

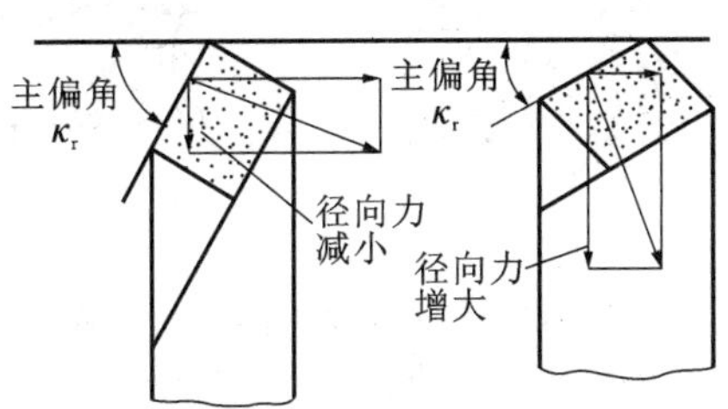

图 5-43　主偏角改变时，径向力的变化

4)副偏角 κ_r'　是进给运动的反方向与主切削刃之间的夹角。其主要作用是减小副切削刃与已加工表面之间的摩擦，以改善加工表面的粗糙度。

由图 5-44 可知，在同样吃刀深度和进给量的情况下减小副偏角，可以减少车削后的残留面积，使表面粗糙度降低。一般选取 $\kappa_r'=5°\sim15°$。

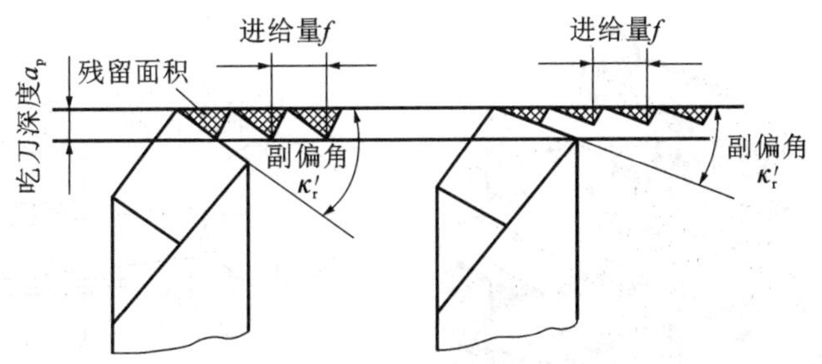

图 5-44　不同的副偏角对残留面积的影响

5)刃倾角 λ_s　是主切削刃与水平面之间的夹角。其作用是控制屑片流动的方向及改变刀尖强度。一般选取 $\lambda_s=-5°\sim5°$。

3. 车刀刃磨

一把车刀用钝后，必须重新刃磨(指整体车刀与焊接车刀)，以恢复车刀原来的形状和角度。车刀是在砂轮机上刃磨的。磨高速钢车刀或磨硬质合金车刀的刀体部分用氧化铝砂轮(白色)，磨硬质合金刀头用碳化硅砂轮(绿色)。车刀刃磨的步骤如图 5-45 所示。

1)磨前刀面。目的是磨出车刀的前角 γ_o 及刃倾角 λ_s。

2)磨主后刀面。目的是磨出车刀的主偏角 κ_r 和主后角 α_o。

3)磨副后刀面。目的是磨出车刀的副偏角 κ_r'和副后角 α_o'。

4)磨刀尖圆弧。在主刀刃与副刀刃之间磨刀尖圆弧，以提高刀尖强度和改善散热条件。

磨刀时，人要站在砂轮侧面，双手拿稳车刀，用力要均匀，倾斜角度应合适，要在砂轮圆周面的中间部件磨，并左右移动。磨高速钢车刀，刀头磨热时，应放入水中冷却，以免刀具因温升过高而软化。磨硬质合金车刀，刀头磨热后应将刀杆置于水内冷却，避免刀头过热沾水急冷而产生裂纹。

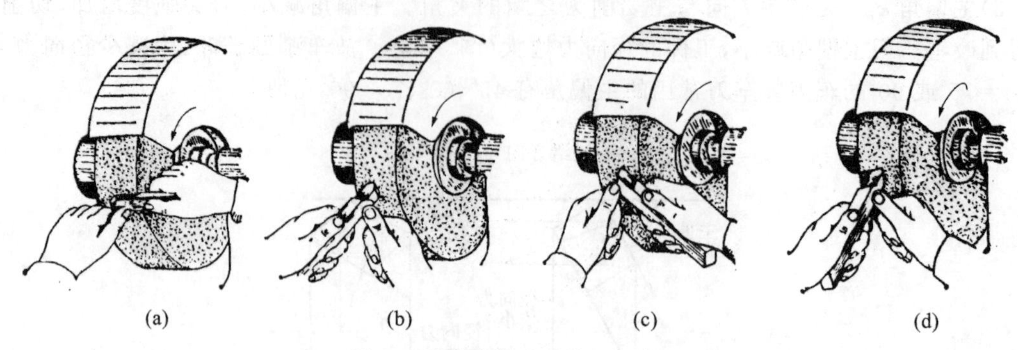

图 5-45　磨外圆尖刀的一般步骤

(a)磨前刀面;(b)磨主后刀面;(c)磨副后刀面;(d)磨刀尖圆弧

在砂轮机上将车刀各面磨好之后,还应该用油细磨车刀的各面,进一步降低各切削刃及各面的表面粗糙度,从而提高车刀的耐用度和加工表面的质量。

4. 车刀的安装

车刀安装在方刀架上,刀尖一般应与车床中心等高。此外,车刀在方刀架上伸出的长短要合适,垫刀片要放得平整,车刀与方刀架都要锁紧。车刀的安装如图 5-46 所示。

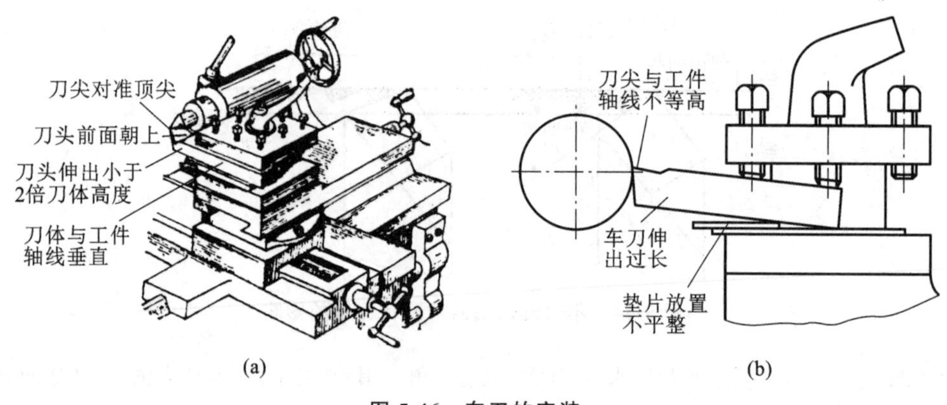

图 5-46　车刀的安装

(a)正确的安装;(b)错误的安装

四、卡盘及附件和工件的安装

车床主要用于加工回转表面。安装工件时,应该使要加工表面回转中心和车床主轴的中心线重合,以保证工件位置准确;同时,还要把工件卡紧,以承受切削力,保证工作时安全。在车床上常用的装卡附件有三爪卡盘、四爪卡盘、顶尖、中心架、跟刀架、心轴、花盘和弯板等。

1. 用三爪卡盘安装工件

三爪卡盘是车床上最常用的附件。三爪卡盘构造如图 5-47 所示。

当转动小锥齿轮时,可使与它相啮合的大锥齿轮随之转动,大锥齿轮背面的平面螺纹就使三个卡爪同时缩向中心或胀开,以夹紧不同直径的工件。由于三个卡爪同时移动并能自行对中(对中精度为 0.05～0.15 mm),三爪卡盘适用于快速夹持截面为圆形、正三角形、正六边形的工件。

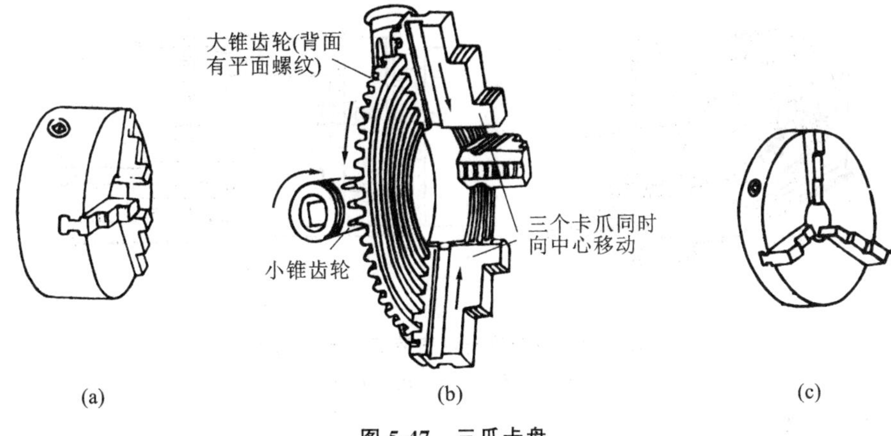

图 5-47　三爪卡盘

(a)三爪卡盘外形;(b) 三爪卡盘结构;(c)反三爪卡盘

三爪卡盘还附带三个“反爪”,换到卡盘体上即可用来夹持直径较大的工件[图 5-47(c)]。

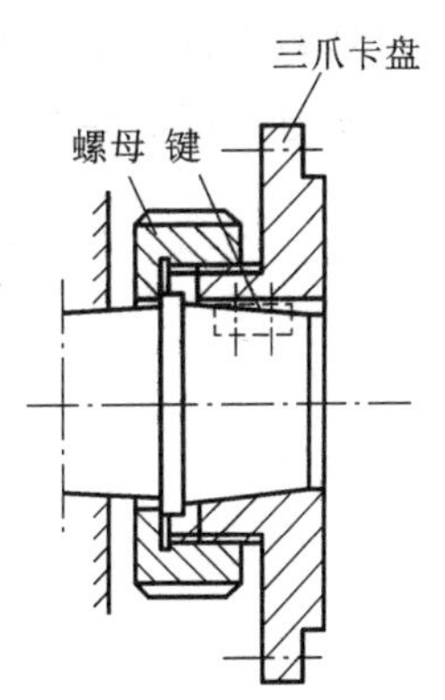

图 5-48　C6136 车床三爪卡盘和主轴的联接

C6136 车床三爪卡盘和主轴的联接如图 5-48 所示。主轴前部的外锥面和卡盘的锥孔配合起定心作用,键用来传递扭矩,螺母将卡盘锁紧在主轴上。安装时,要擦净主轴的外锥面和卡盘的锥孔,在床面上垫以木板,防止卡盘掉下来砸坏床面。

2. 用四爪卡盘安装工件

四爪卡盘外形如图 5-49 所示。它的四个卡爪通过四个调整螺杆独立移动,因此用途广泛。它不但可以安装截面是圆形的工件,还可以安装截面是方形、长方形、椭圆或其他不规则形状的工件,如图 5-50 所示。在圆盘上车偏心孔也常用四爪卡盘安装。此外,四爪卡盘较三爪卡盘的卡紧力大,所以也用来安装较重的圆形截面工件。如果把四个卡爪各自调头安装到卡盘体上,起到“反爪”作用,即可安装较大的工件[图 5-51(a)]。

由于四爪卡盘的四个卡爪是独立移动的,在安装工件时须进行仔细的找正工作。一般用划针盘按工件外圆表面或内孔表面找正,也常按预先在工件上划的线找正[图 5-51(a)]。如零件的安装精度要求很高,三爪卡盘不能满足安装精度要求,也往往在四爪卡盘上安装。此时,必须用百分表找正[图 5-51(b)],安装精度可达 0.01 mm。

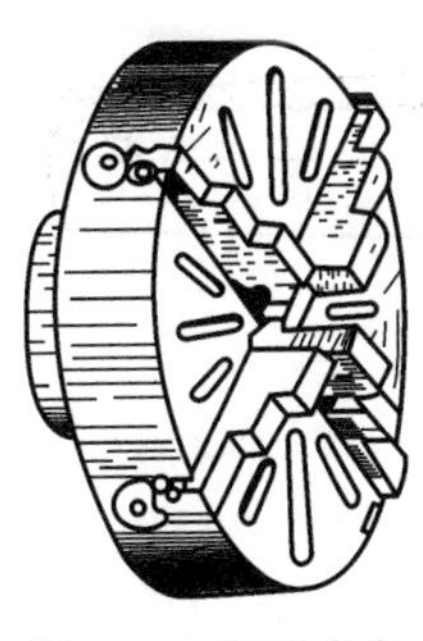

图 5-49　四爪卡盘

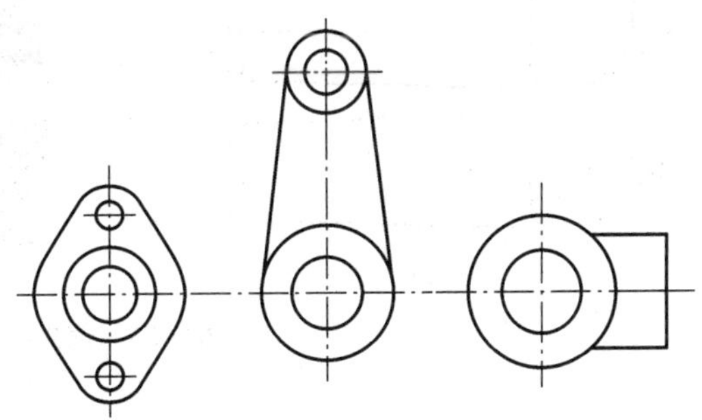

图 5-50　适合用四爪卡盘安装的零件举例

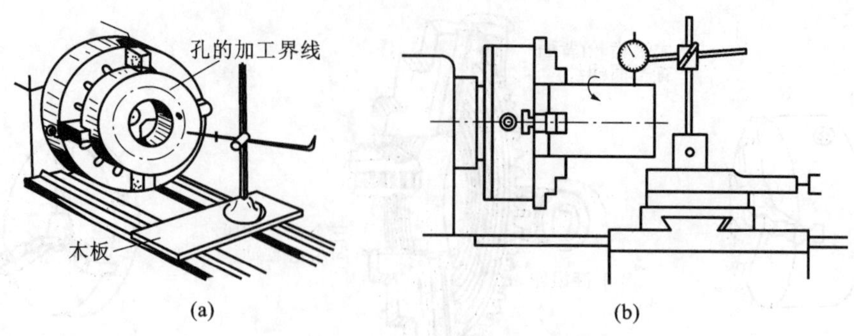

图 5-51　用四爪卡盘安装工件时的找正

(a)用划针盘找正；(b)用百分表找正

3. 用顶尖安装工件

在车床上加工轴类工件时，往往用顶尖来安装工件，如图 5-52 所示。把轴架在前后两个顶尖上，前顶尖装在主轴的锥孔内，并和主轴一起旋转，后顶尖装在尾架套筒内，前后顶尖就确定了轴的位置。将卡箍卡紧的轴端上，卡箍的尾部伸入拨盘的槽中，将拨盘安装在主轴上(安装方式与三爪卡盘相同)并随主轴一起转动，通过拨盘带动卡箍即可使轴转动。

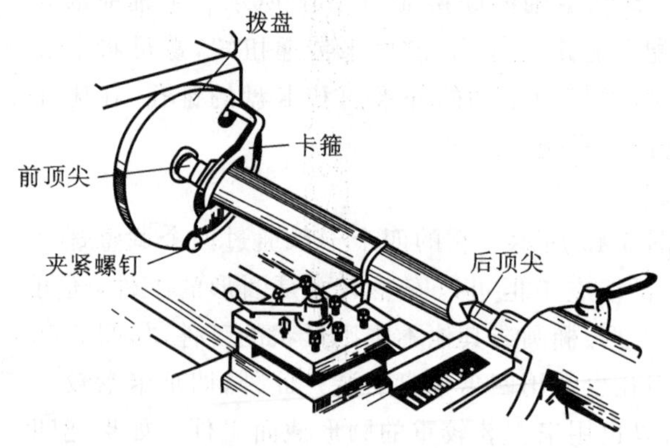

图 5-52　用顶尖安装工件

常用的顶尖有死顶尖和活顶尖两种，其形状如图 5-53 所示。前顶尖常用死顶尖，而在高速切削时，为了防止后顶尖与中心孔由于摩擦发热过大而磨损或烧坏，常采用活顶尖。活顶尖由于准确度不如死顶尖的高，一般用于轴的粗加工或半粗加工。

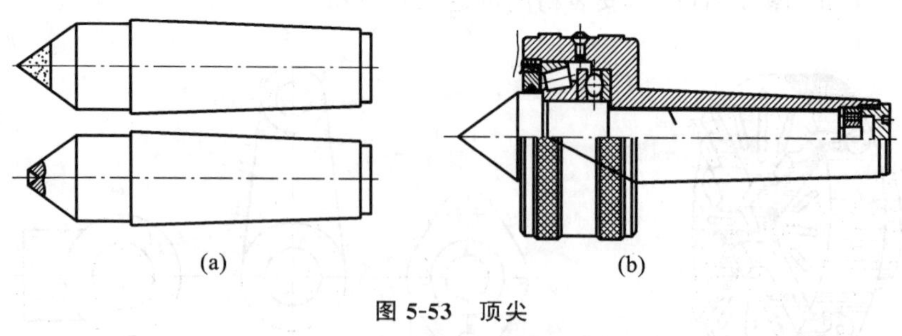

图 5-53　顶尖

(a)死顶尖；(b)活顶尖

轴的精度要求比较高时，后顶尖也应使用死顶尖，但要合理选择切削速度。用顶尖安装轴类工件的步骤如下。

1)在轴的两端打中心孔。中心孔的形状如图 5-54 所示,有加工普通中心孔和加工双锥面中心孔两种。

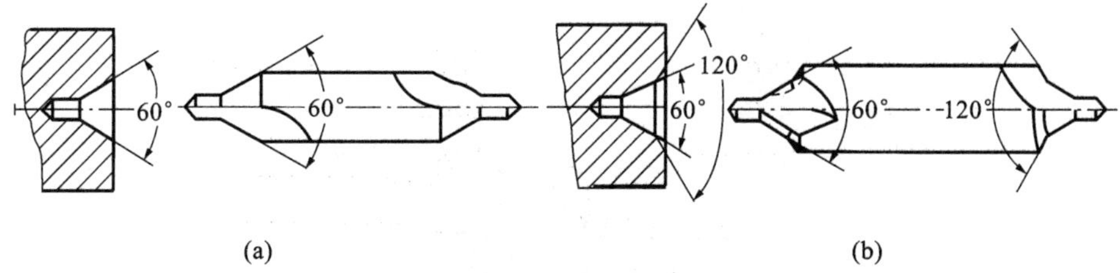

图 5-54　中心孔的形状

(a)加工普通中心孔;(b)加工双锥面中心孔

中心孔的锥面(60°)是和顶尖(也是 60°)相配合的。前面的小圆孔是为了保证顶尖与锥面紧密地接触,此外还可以存留少量润滑油。双锥面的 120°锥面又叫保护锥面,是防止 60°的锥面被碰坏而不能与顶尖紧密地接触。另外,也便于在顶尖上加工轴的端面。

中心孔多用中心钻在车床上或钻床上钻出,在加工前一般先把轴的端面车平。

2)安装校正顶尖。顶尖是借尾部锥面与主轴或尾架套筒锥孔的配合而装紧的,因此安装顶尖时,必须先擦净配合面,然后用力推紧。否则装不牢或装不正。

校正时,把尾架移向床头箱,检查前后两个顶尖的轴线是否重合。如果发现不重合,则必须将尾架体作横向调节,使之符合要求,如图 5-55 所示。

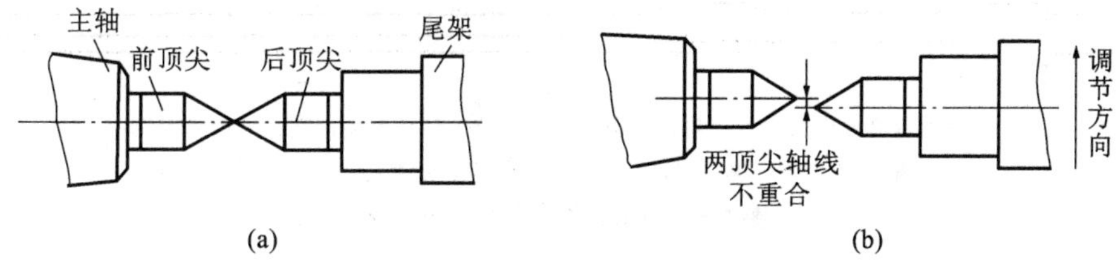

图 5-55　校正顶尖

(a)两顶尖轴线必须重合;(b)横向调节尾架体,使顶尖轴线重合

对于精度要求较高的轴,加工前只凭肉眼观察来对准顶尖是不行的。要边加工、边度量、边调整,见图 5-56。否则会出现图 5-57 所示的情况,即轴被加工成锥体。

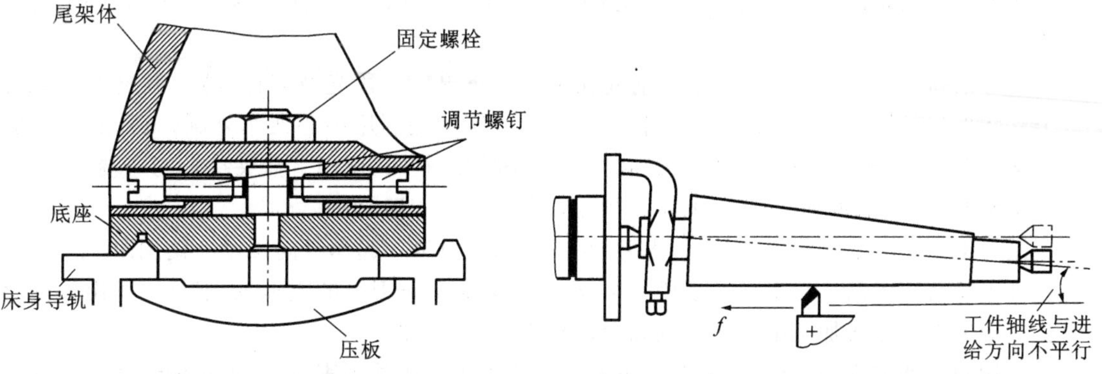

图 5-56　尾架体的横向调节　　**图 5-57　两顶尖的轴线不重合,将会车出锥体**

3)安装工件。首先在轴的一端安装卡箍(图 5-58),稍微拧紧卡箍的螺钉;另一端的中心孔上黄油。如用活顶尖,就不必涂黄油。对于已加工表面,装卡箍时应该垫上一个无缝的小套或包上薄铁皮,以免夹伤工件。轴在顶尖上的安装步骤如图 5-59 所示。

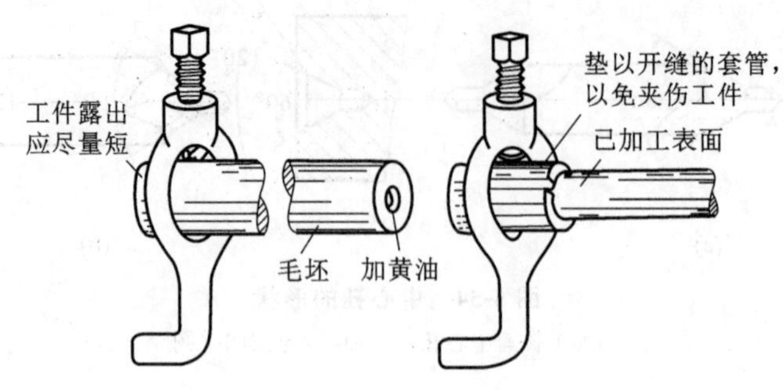

图 5-58 安装卡箍

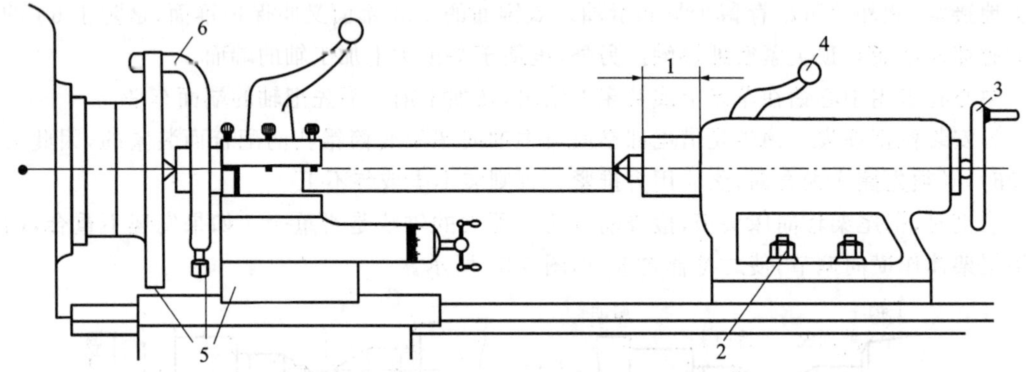

1—调整套筒伸出长度;2—将尾架固定;3—调节工件与顶尖松紧;4—锁紧套筒;
5—刀架移至车削行程左端,用手转动拨盘,检查是否会碰撞;6—拧紧卡箍

图 5-59 轴在顶尖上的安装步骤

在顶尖上安装轴类工件,由于两端都是锥面定位,其定位的准确度比较高,即使多次装卸与调头,零件的轴线始终是两端锥孔中心的连线,即保持了轴的中心线位置不变,因而能保证在多次安装中所加工的各个外圆面有较高的同轴度。

4. 用中心架与跟刀架安装工件

加工细长轴时,为了防止轴受切削力的作用而产生弯曲变形,往往需要加用中心架或跟刀架。

中心架固定于床面上。支承工件前先在工件上车出一小段光滑表面,然后调整中心架的三个支承爪与其接触,再分段进行车削。图 5-60(a)所示是利用中心架车外圆,工件的右端加工完毕后调头再加工另一端。加工长轴的端面和轴端的孔时,可用卡盘夹持轴的一端,用中心架支承轴的另一端,如图 5-60(b)所示。中心架多用于加工阶梯轴。

跟刀架与中心架不同,它固定于大刀架上,并随大刀架一起作纵向移动。使用跟刀架需先在工件上靠后顶尖的一端车出一小段外圆,根据它来调节跟刀架的支承爪,然后再车出工件的全长。跟刀架多用于加工细长的光轴和长丝杠等工件,见图 5-61。

应用跟刀架或中心架时,工件被支承部分应是加工过的外圆表面,要加机油润滑。工件的转速不能很高,以免工件与支承爪之间摩擦过热而烧坏或磨损支承爪。

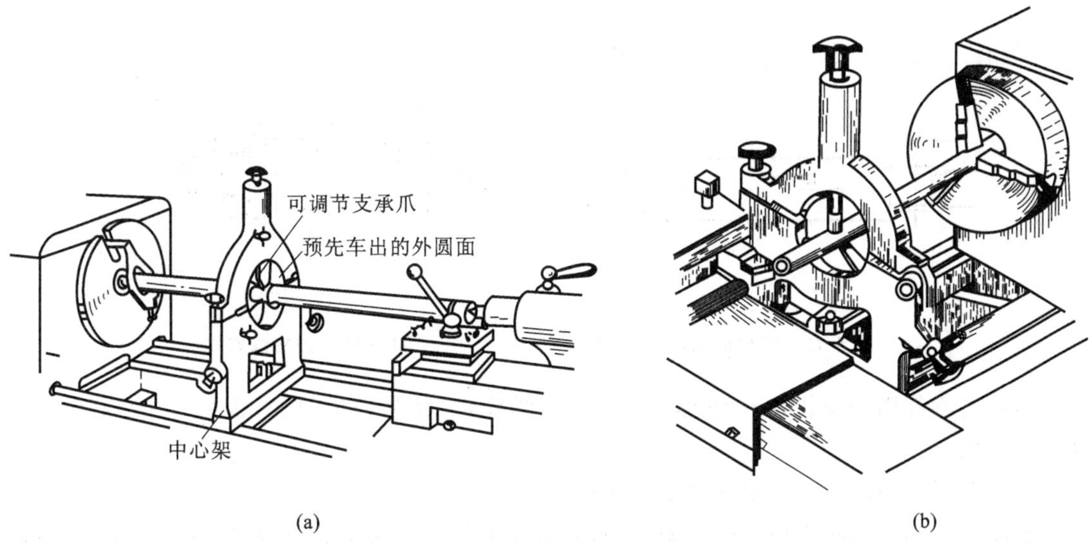

图 5-60　中心架的应用

(a)用中心架车外圆;(b) 用中心架车端面

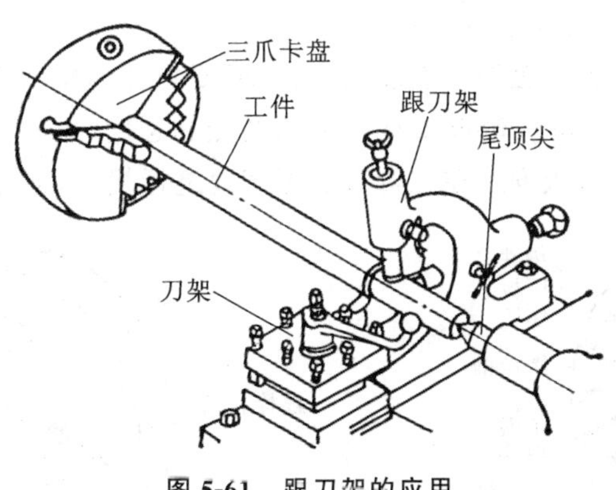

图 5-61　跟刀架的应用

5. 用心轴安装工件

盘套类零件在卡盘上加工时,其外圆、孔和两上端面无法在一次安装中全部加工完。如果把零件调头安装再加工,往往无法保证零件的径向跳动(外圆与孔)和端面跳动(端面与孔)的要求。因此,需要利用已精加工过的孔把零件装在心轴上,再把心轴安装在前后顶尖之间来加工外圆或端面。

心轴种类很多,常用的有锥度心轴和圆柱体心轴。

在图 5-62 中,心轴 1 为锥度心轴,锥度一般为 1∶2000～1∶5000。工件 2 压入后靠摩擦力与心轴固紧。这种心轴装卸方便,对中准确,但不能承受较大的切削力,多用于精加工盘套类零件。

在图 5-63 中,心轴 1 为圆柱体心轴,其对中准确度较前者差。工件 4 装入后加上垫圈 3,用螺母 2 锁紧。其夹紧力较大,多用于加工盘类零件。用这种心轴,工件的两个端面都需要和孔垂直,以免当螺母拧紧时,心轴弯曲变形。

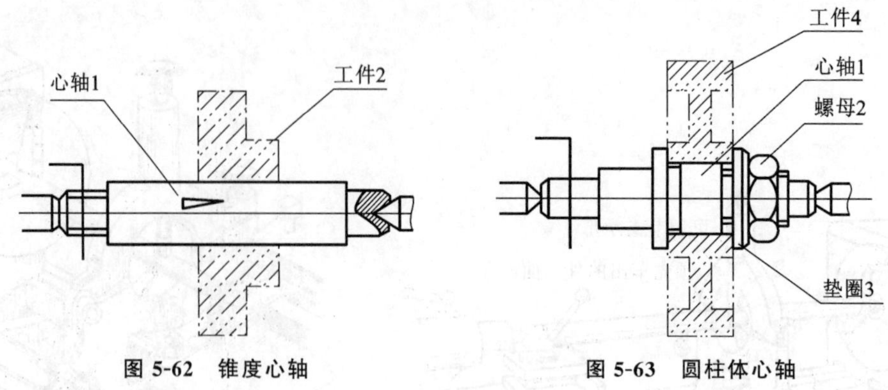

图 5-62　锥度心轴　　　图 5-63　圆柱体心轴

盘套类零件用于安装心轴的孔，应有较高的精度，一般为 IT9～IT7，否则零件在心轴上无法准确定位。

6. 用花盘、弯板及压板、螺栓安装工件

在车床上加工形状不规则的大型工件，为保证加工平面与安装平面的平行，或加工外圆、孔的轴线与安装面的垂直，可以把工件直接压在花盘上加工。花盘是安装在车床主轴上的一个大圆盘，盘面上的许多长槽用以穿放螺栓，如图 5-64 所示。花盘的端面必须平整，且跳动量很小。用花盘安装工件时，需经过仔细找正。

有些复杂的零件要求孔的轴线与安装面平行，或要求孔的轴线垂直相交，此时可用花盘、弯板安装工件，如图 5-65 所示。弯板要有一定的刚度和强度，用于贴靠花盘和安放工件的两个面应有较高的垂直度。弯板安装在花盘上要仔细地进行找正，工件紧固于弯板上也须找正。

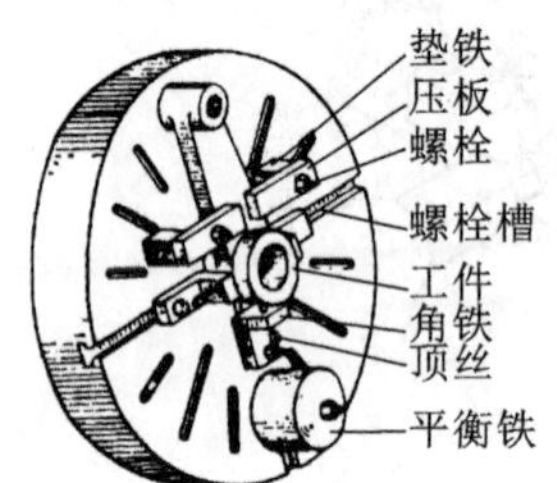

图 5-64　在花盘上安装零件

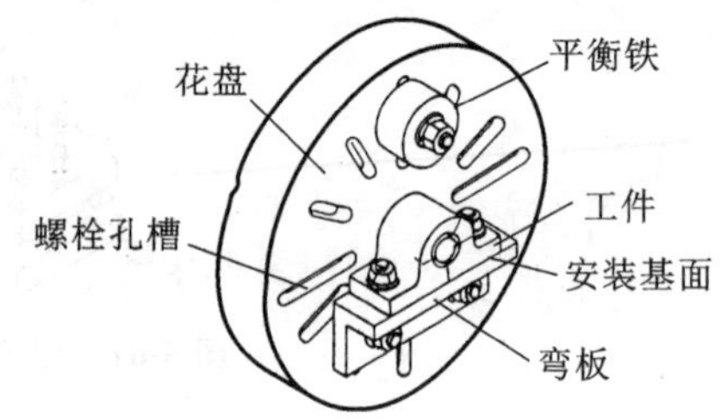

图 5-65　在花盘弯板上安装零件

用花盘或花盘、弯板安装工件时，由于重心常偏向一边，需要在另一边上加平衡铁予以平衡，以减小旋转时的振动。

五、车床操作要点

1. 刻度盘和刻度盘手柄的使用

在车削工件时，要准确、迅速地掌握切深，必须熟练地使用横刀架和小刀架的刻度盘。

横刀架的刻度盘紧固在丝杠轴头上，横刀架和丝杠螺母紧固在一起。当横刀架手柄带着刻度盘转一周时，丝杠也转一周，这时螺母带着横刀架移动一个螺距。所以，横刀架移动的距离可根据刻度盘上的格数来计算：

$$\text{刻度盘每转一格，横刀架移动的距离}=\frac{\text{丝杠螺距}}{\text{刻度盘格数}}\text{（单位：mm）}$$

例如，C6136车床横刀架丝杠螺距4 mm。横刀架的刻度盘等分为200格，故每转1格，横刀架移动的距离为4÷200＝0.02 mm。

刻度盘转一格，刀架带着车刀移动0.02 mm。由于工件是旋转的，所以工件上被切下的部分是车刀切深的2倍，也就是工件直径改变了0.04 mm。圆形截面的工件，其圆周加工余量都是相对直径而言的，测量工件尺寸也是看其直径的变化，所以我们用横刀架刻度盘进刀切削时，通常将每格读作0.04 mm。

进刻度时，如果刻度盘手柄转过了头，或试切后发现尺寸不对而需将车刀退回时，由于丝杠与螺母之间有间隙，刻度盘不能直接退回到所要的刻度，应按图5-66所示的方法纠正。

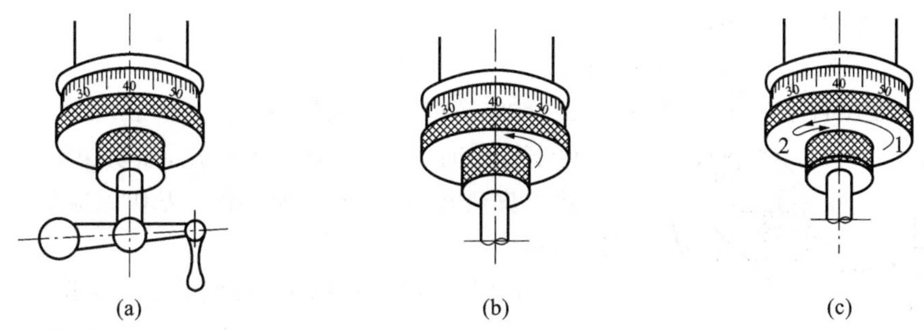

图5-66　手柄摇过头后的纠正方法

(a)要求手柄转至30，但摇过头成40；(b)错误，直接退至30；(c)正确，反转约一周后再转至所需位置30

小刀架刻度盘的原理及其使用和横刀架相同。

小刀架刻度盘主要用于控制工件长度方向的尺寸。与加工圆柱面不同的是，小刀架移动了多少，工件的长度尺寸就改变了多少。

2. 试切的方法与步骤

工件在车床上安装以后，要根据工件的加工余量决定走刀次数和每次走刀的切深。半精车和精车时，为了准确地走切深，保证工件加工的尺寸精度，只靠刻度盘来送刀是不行的。因为刻度盘和丝杠都有误差，往往不能满足半精车和精车的要求，这就需采用试切的方法。试切的方法与步骤如图5-67所示。

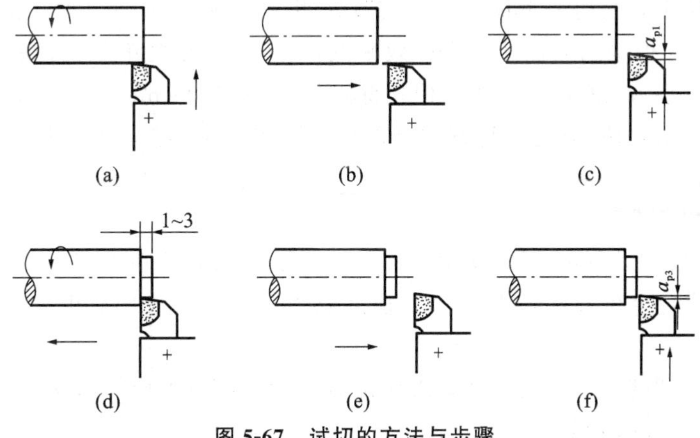

图5-67　试切的方法与步骤

(a)开车对刀，使车刀与工件表面轻微接触；(b)向右退出车刀；(c)横向进刀a_{p1}；

(d)切削1～3 mm；(e)退出车刀，进行度量；(f)如果尺寸不到，再进刀a_{p3}

其中(a)～(e)项是试切的一个循环。如果尺寸合格了，就按这个切深将整个表面加工完毕。如果尺寸还大，就要自第(f)项重新进行试切，直到尺寸合格才能继续车下去。

3.粗车

粗车的目的是尽快地从工件上切去大部分加工余量，使工件接近最后的形状和尺寸。粗车要给精车留有合适的加工余量，而精度和表面质量要求都很低。在生产中，加大切深对提高生产率最有利，而对车刀的寿命影响又最小。因此，粗车时要优先选用较大的切深，再根据情况，适当加大进给量，最后确定切削速度。切削速度一般采用中等或中等偏低的数值。

粗车的切削用量推荐如下：

切深 a_p：取 2～4 mm；

进给量 f：取 0.15～0.4 mm/r；

切速 v：硬质合金车刀切钢可取 50～70 m/min，切铸铁可取 40～60 m/min。

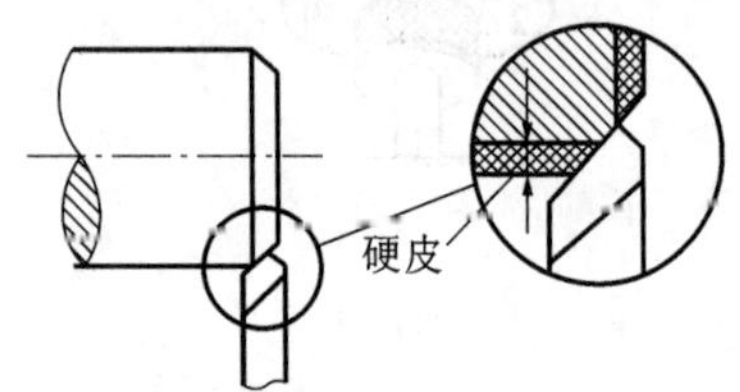

图 5-68 粗车铸件的切深

粗车铸件时，因工件表面有硬皮，如切深很小，刀尖反而容易被硬皮碰坏或磨损，因此，第一刀切深应大于硬皮厚度(图 5-68)。

选择切削用量时，还要看工件安装是否牢靠。若工件夹持的部分，长度较短或表面凹凸不平时，切削用量也不宜过大。

4.精车

粗车给精车(或半精车)留的加工余量一般为 0.5～2 mm，加大切深对精车来说并不重要。精车的目的是要保证零件的尺寸精度和表面粗糙度的要求。

精车的公差等级一般为 IT8～IT7，其尺寸精度主要是依靠准确地度量、准确地进刻度并加以试切来保证的。因此操作时要细心、认真。

精车时表面粗糙度 Ra 的数值一般为 3.2～1.6 μm，其保证措施主要有以下几点：

1)选择的车刀几何形状要合适。当采用较小的主偏角 κ_r 或副偏角 κ_r'，或刀尖磨有小圆弧时，都会减小残留面积，使 Ra 值减小。

2)选用较大的前角 γ_o 并用油石把车刀的前刀面和后刀面打磨得光一些，亦可使 Ra 值减小。

3)合理选择精车时的切削用量。生产实践证明，较高的切速(v＝100 m/min 以上)都可获得较小的 Ra 值。但采用低速切削生产效率低，一般只有在精车小直径的工件时使用。选用较小的切深对减小 Ra 值较为有利。但切深过小(a_p＜0.05 mm)，工件上原来凹凸不平的表面可能没有完全切除掉，也达不到满意的效果。采用较小的进给量可使残留面积减小，因而有利于减小 Ra 值。

精车的切削用量推荐为：

切深 a_p 取 0.3～0.5 mm(高速精车)或 0.05～0.10 mm(低速精车)；进给量 f 取 0.05～0.2 mm/r；用硬质合金车刀高速精车时，切速 v 取 100～200 m/min(切钢)或 60～100 m/min(切铸铁)。

4)合理地使用切削液也有助于降低表面粗糙度。低速精车钢件时使用乳化液，低速精车铸铁件时常用煤油作为切削液。

5.车床的安全操作规程

1)开车前检查机床各手柄是否处于正常位置，传动带、齿轮安全罩是否装好，加润滑油。

2)安装时工件要夹正、夹牢,工件安装或拆卸完后应随手取下卡盘扳手。安装、拆卸大工件时,应该用木板保护床面。

3)安装刀具时刀具要垫好、放正、夹牢;装卸刀具后要切记先锁紧方刀架;装好工件和刀具后,要进行极限位置检查。

4)开车后不能改变主轴转速;不能度量工件尺寸;不能用手触摸旋转着的工件;不能用手触摸切屑;切削时要戴好防护眼镜;切削时要精力集中,不允许离开机床。

5)下班时要擦净机床、清理场地、关闭电源;擦拭机床时要防止刀尖、切屑等物划伤手;并防止溜板箱、刀架、卡盘、尾架等相碰撞。

6)若发生事故应立即停车,关闭电源;保护好现场;及时向有关人员汇报,以便分析原因,总结经验教训。

六、基本车削方法

1. 车外圆和台阶

外圆车削是车削加工中最基本,也是最常见的工作。外圆车削主要有以下几种(图 5-69)。

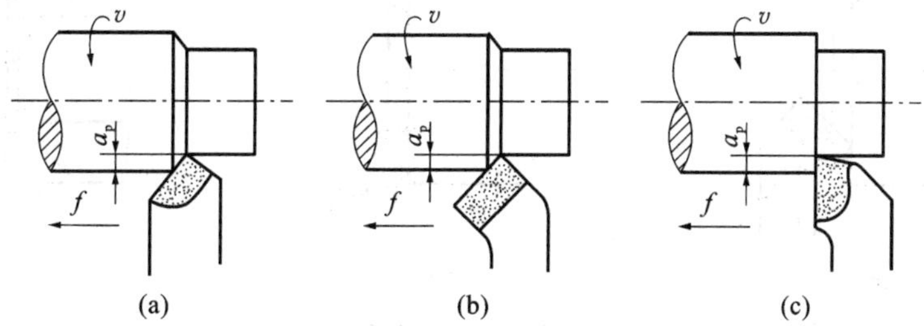

图 5-69　常见的外圆车削

(a)尖刀车外圆;(b)弯头刀车外圆;(c)偏刀车外圆

尖刀主要用于粗车外圆和车没有台阶或台阶不大的外圆;弯头刀用于车外圆、端面、倒角和有 45°斜面的外圆;偏刀的主偏角为 90°,车外圆时径向力很小,常用来车有垂直台阶的外圆的车细长轴。

车高度在 5 mm 以下的台阶时,可在车外圆时同时车出(图 5-70)。为了使车刀的主切刃垂直于工件的轴线,可在先车好的端面上对刀,使主切刃和端面贴平。

为使台阶长度符合要求,可用钢尺确定台阶长度,如图 5-71 所示。车削时先用刀尖刻出线痕,以此作为加工界线。这种方法不太准确,一般线痕所定的长度应比所需的长度略短,以留有余地。

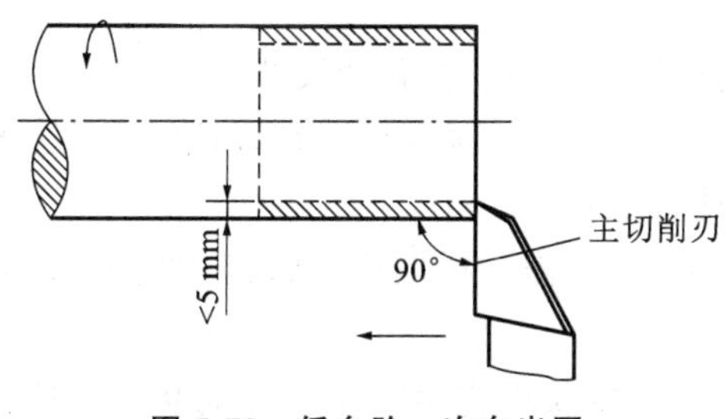

图 5-70　低台阶一次车出图

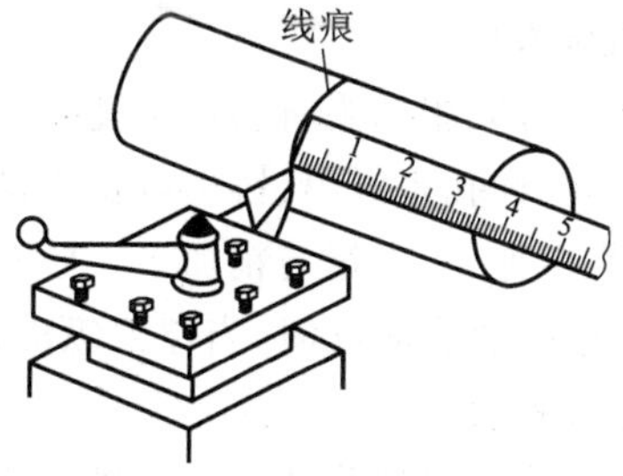

图 5-71　用钢尺确定台阶长度

车高度在 5 mm 以上的台阶时，应分层进行切削(图 5-72)。

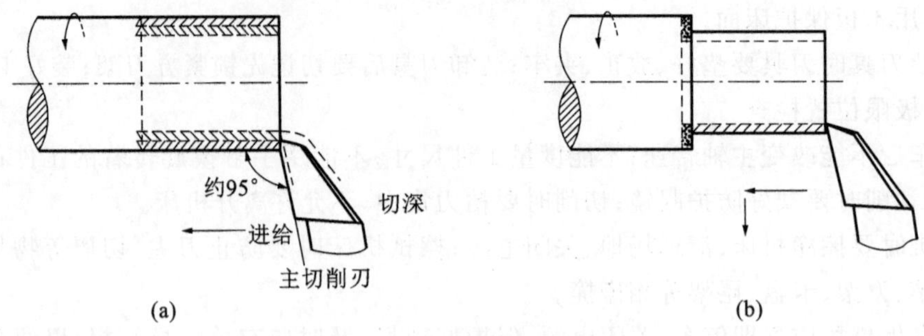

图 5-72 高台阶分层车出

(a)偏刀主切削刃和工件轴线约成 95°，分多次纵向进给；(b)在末次纵向送进后，车刀横向退出，车削车出 90°台阶

2. 车端面

常用的端面车刀和车端面的方法如图 5-73 所示。

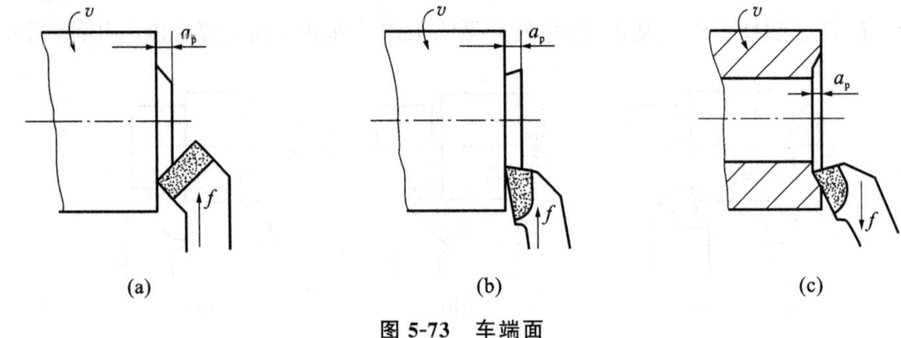

图 5-73 车端面

(a)弯头刀车端面；(b) 偏刀车端面(由外向中心)；(c) 偏刀车端面(由中心向外)

车端面时应注意以下几点：

1)车刀的刀尖应对准工件中心，以免车出的端面中心留有凸台。

2)偏刀车端面，当切深较大时，容易扎刀。而且到工件中心时是将凸台一下子车掉的，因此也容易损坏刀尖。弯头刀车端面，凸台是逐渐车掉的，所以车端面用弯头刀较为有利。

3)端面的直径从外到中心是变化的，切削速度也在改变，不易车出较低的粗糙度，因此工件转速可比车外圆时选择得高一些。为降低端面粗糙度，可由中心向外切削[图 5-73(c)]。

4)车直径较大的端面，若出现凹心或凸肚时，应检查车刀和方刀架是否锁紧，以及大刀架的松紧程度。为使车刀准确地横向进给而无纵向松动，应将大刀架锁紧在床面上，此时可用小刀架调整切深。

3. 孔加工

车床上可以用钻头、镗刀、扩孔钻、铰刀进行钻孔、镗孔、扩孔和铰孔。

1)镗孔：镗孔是锻出、铸出或钻出的孔的进一步加工。镗孔可以较好地纠正原来孔轴线的偏斜，可作粗加工、半精与精加工。镗孔工作见图 5-74。

镗不通孔或台阶孔时，当镗刀纵向进给至末端时，需作横向进给加工内端面，以保证内端面与孔轴线垂直。

镗刀杆应尽可能粗些。安装镗刀时，伸出刀架的长度应尽量小。刀尖装得要略高于主轴中心，以减少颤动和扎刀现象。此外，如刀尖低于工件中心，也往往会使镗刀下部碰坏孔壁。

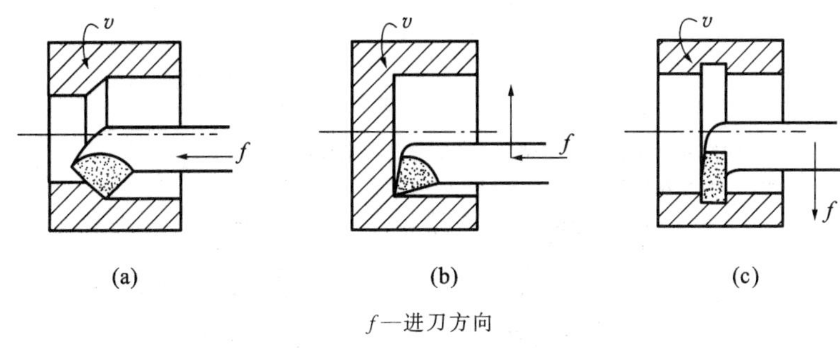

f—进刀方向

图 5-74　镗孔工作

(a)镗通孔;(b)镗不通孔;(c)镗槽

由于镗刀刚性较差,容易产生变形与振动,镗孔时往往需要较小的进给量 f 和切深 a_p,进行多次走刀,因此生产效率较低。但镗刀制造简单,大直径和非标准直径的孔加工都可使用,通用性强。

2)钻孔、扩孔、铰孔:在车床上进行孔加工,若工件上无孔,需用钻头钻出孔来。钻孔的公差等级为 IT10 以下,表面粗糙度 Ra 为 12.5 μm,多用于粗加工孔。

扩孔是用扩孔钻作钻孔后的半粗加工,公差等级可达 IT10～IT9,表面粗糙度 Ra 为 6.3～3.2 μm。扩孔的余量与孔径大小有关,为 0.5～2 mm。

铰孔是用铰刀作扩孔后或半粗镗孔后的精加工。铰孔的余量一般为 0.1～0.2 mm,公差等级一般为 IT8～IT7,表面粗糙度 Ra 为 1.6～0.8 μm。在车床上加工直径较小而精度和表面粗糙度要求较高的孔,通常采用钻、扩、铰的方法。

在车床上钻孔如图 5-75 所示(扩孔、铰孔与钻孔相似),工件旋转,钻头只作纵向进给,这一点与在钻床上钻孔是不同的。

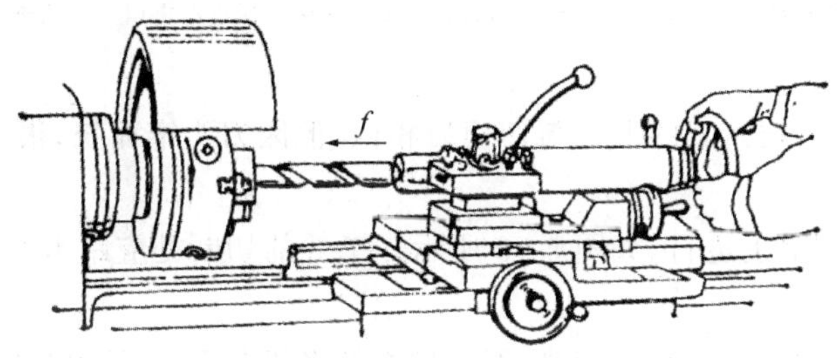

图 5-75　在车床上钻孔

锥柄钻头,装入尾架套筒内,如果钻头的锥柄号数小,可加过渡套筒。柱柄钻头则卡于钻头中,钻卡头再装入尾架套筒内。

在车床上钻孔、扩孔或铰孔时,要将尾架固定在合适的位置,用手摇尾架套筒进行进给。钻孔前必须先车平端面。为了防止钻头偏斜,可先用车刀划一个坑或先用中心钻钻中心孔作为引导。钻孔时,应加冷却液。

4. 切槽与切断

1)切槽

使用切槽刀时,原理与车端面很相似。切槽刀如同右偏刀和左偏刀并在一起组合而成,可同时车削左、右两个端面(图 5-76)。

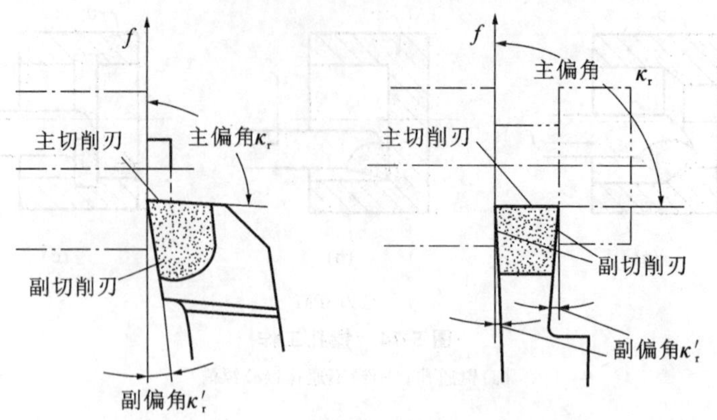

图 5-76　切刀与偏刀切削角度的对比

切削 5 mm 以下窄槽，可以主切刃和槽等宽，一次切出。切削宽槽时可按图 5-77 所示的方法切削。末一次精车的顺序如图 5-77(c)所示，其中数字代表进刀顺序。

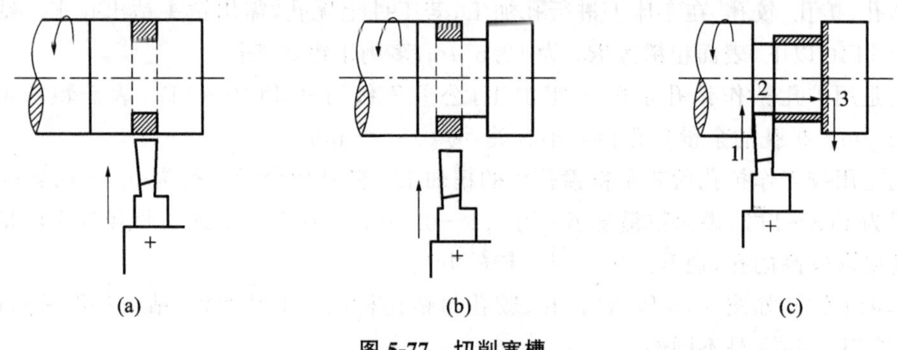

图 5-77　切削宽槽

(a)第一次横向送进；(b)第二次横向送进；(c)末一次横向送进后再以纵向送进精车槽底

2)切断

切断要用切断刀。切断刀的形状与切槽刀相似，但因刀头窄而长，很容易折断。切断时应注意以下几点：

(1)切断一般在卡盘上进行，如图 5-78 所示。工件的切断处应距卡盘近些，避免在顶尖安装的工件上切断。

(2)切断刀刃尖必须与工件中心等高，否则切断处将留有凸台，且刀头也容易损坏(图 5-79)。切断刀伸出刀架的长度不要过长。

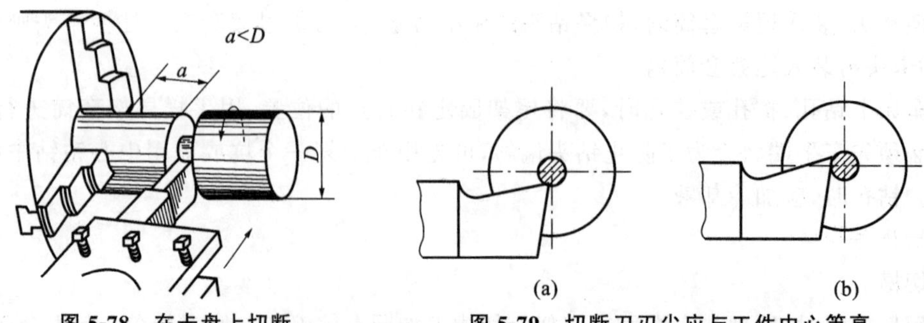

图 5-78　在卡盘上切断

图 5-79　切断刀刃尖应与工件中心等高

(a)切断刀安装过低；(b)切断刀安装过高

(3)要尽可能减小主轴以及刀架滑动部分的间隙,以免工件和车刀振动,使切削难以进行。

(4)用手进给时一定要均匀,即将切断时,须放慢进给速度,以免刀头折断。

5. 车锥度

在机械制造工业中,除了采用圆柱体和圆柱孔作为配合表面外,还广泛采用圆锥体和圆锥孔作为配合表面,如车床的主轴锥孔、顶尖、钻头和铰刀的锥柄等。这是因为圆锥面配合紧密、拆卸方便,而且多次拆卸仍能保持精确的定心作用。

1)圆锥各部分名称、代号及计算公式

圆锥体和圆锥孔的各部分名称、代号及计算公式均相同。圆锥体的主要尺寸如图 5-80 所示。

大端直径　$D = d + 2L\tan\alpha$

小端直径　$d = D - 2L\tan\alpha$

锥度　$K = \dfrac{D-d}{l} = 2\tan\alpha$

斜度　$M = \dfrac{D-d}{2l} = \tan\alpha = \dfrac{K}{2}$

2)车锥度的方法

车锥度的方法有四种:小刀架转位法、锥尺加工法(也叫靠模法)、尾架偏移法和样板刀法(也叫宽刀法)。这里仅介绍小刀架转位法。

如图 5-81 所示,根据零件的锥角 2α,将小刀架扳转 α 角,即可加工。这种方法操作简单,能保证一定的加工精度,而且还能车内锥面和锥角很大的锥面,因此应用较广。但由于受小刀架行程的限制,并且不能自动走刀,所以适用于加工短的圆锥工件。

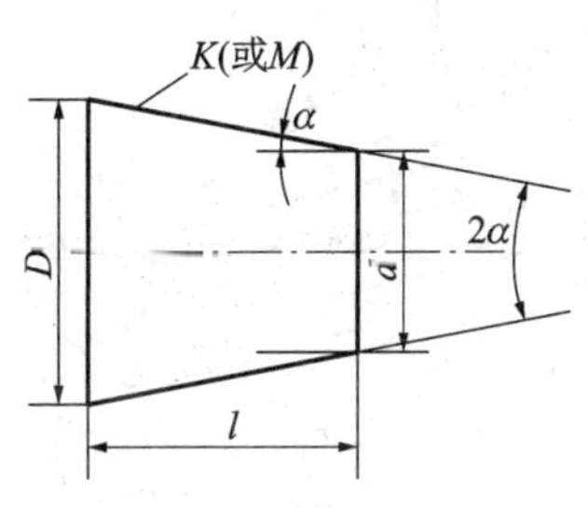

图 5-80　圆锥体的主要尺寸

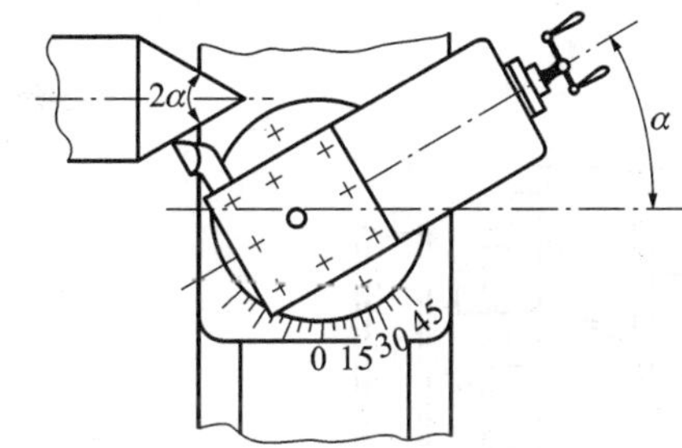

图 5-81　小刀架转位法加工精度

6. 车成形面

有些零件如手柄、手轮、圆球等,它们的表面不是平直的,而是由曲面组成的,这类零件的表面叫作成形面(也叫特形面)。下面介绍三种加工成形面的方法。

1)用普通车刀车削成形面

如图 5-82 所示。首先用外圆车刀 1 把工件粗车出几个台阶[图 5-82(a)],然后双手控制车刀 2 依纵向和横向的综合进给车掉台阶的峰部,得到大致的成形轮廓,再用精车刀 3 按同样的方法作成形面的精加工[图 5-82(b)],最后用样板检验成形面是否合格[图 5-82(c)]。一般需经多次反复度量修整,才能得到所需的精度及表面粗糙度。这种方法操作技术要求较高,但由于不需要特殊的设备,生产中仍被普遍采用,多用于单件、小批生产。

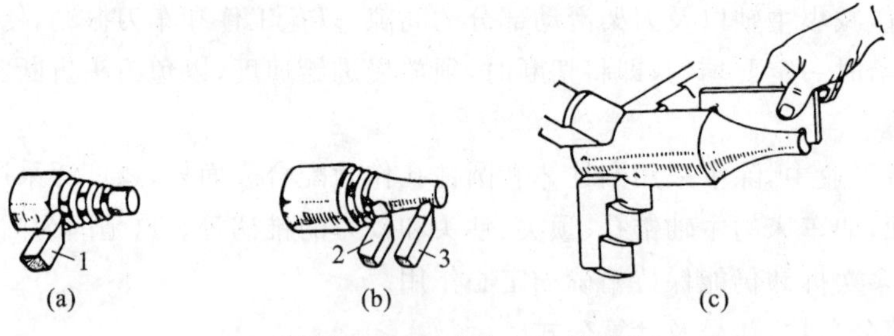

1—外圆车刀 1;2—车刀 2;3—精车刀 3

图 5-82　用普通车刀车成形面

(a)粗车台阶;(b)车成形轮廓;(c)用样板度量

2)用样板刀车成形面

车成形面的样板刀刃是曲线,与零件的表面轮廓相一致,如图 5-83 所示。由于样板刀的刀刃不能太宽,刃磨的曲线形状也不十分准确,因此常用于加工形状比较简单、形面不太精确的成形面。

3)用靠模车成形面

图 5-84 表示用靠模加工手柄的成形面 2。此时刀架的横向滑板已经与丝杠脱开,其前端的拉杆 3 上装有滚柱 5。当大拖板纵向走刀时,滚柱 5 即在靠模 4 的曲线槽内移动,从而使车刀刀尖也随之作曲线移动,同时用小刀架控制切深,即可车出手柄的成形面。这种方法加工成形面,操作简单、生产效率较高,因此多用于成批生产。当靠模 4 的槽为直槽时,将靠模 4 扳转一定角度,即可用于车削锥度。

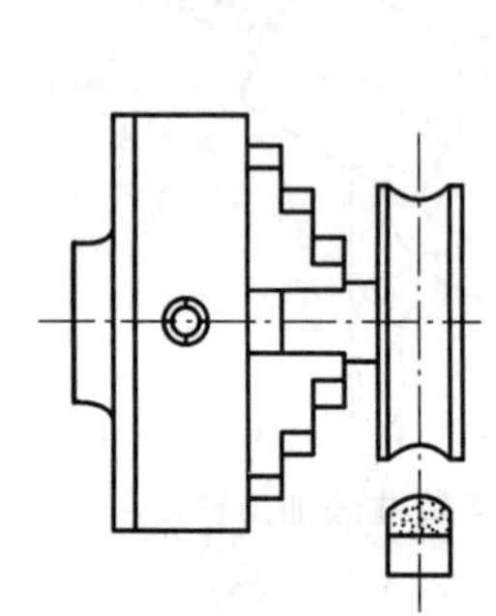

图 5-83　用样板刀车成形面

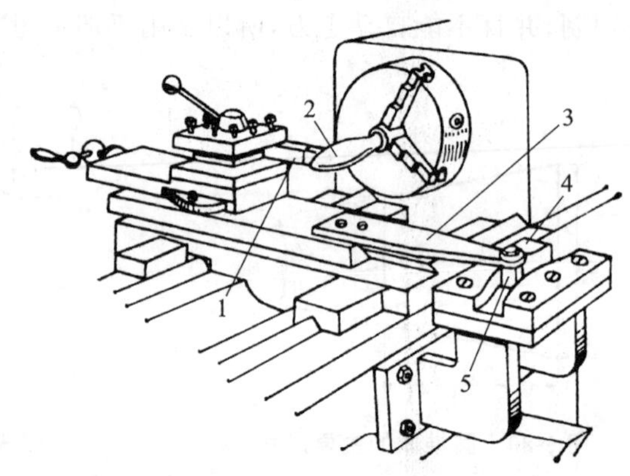

1—车刀;2—手柄成形面;3—拉杆;4—靠模;5—滚柱

图 5-84　用靠模车成形面

7. 车螺纹

在机械制造工业中,螺纹的应用很广泛。例如,车床的主轴与卡盘的联接,方刀架上螺钉对刀具的紧固,丝杠与螺母的传动等。螺纹的种类很多,有米制螺纹与英制螺纹,而按牙型分,有三角形螺纹、梯形螺纹、方牙螺纹等(图 5-85)。其中,普通米制三角螺纹应用得最广。

1)普通螺纹的基本牙型

普通螺纹的基本牙型见图 5-86。

决定螺纹的基本要素有以下三个:

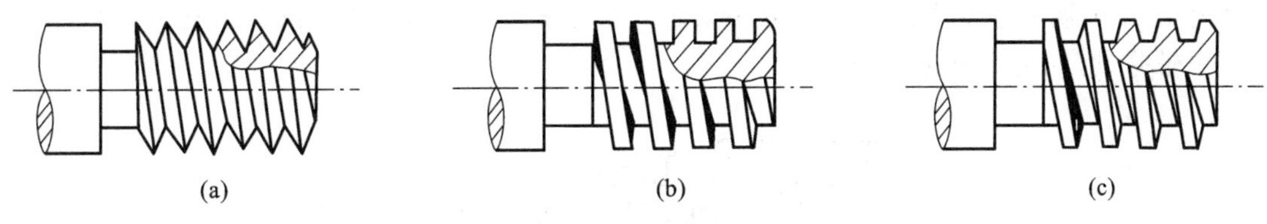

图 5-85 螺纹的种类

(a)三角形螺纹;(b)方牙螺纹;(c)梯形螺纹

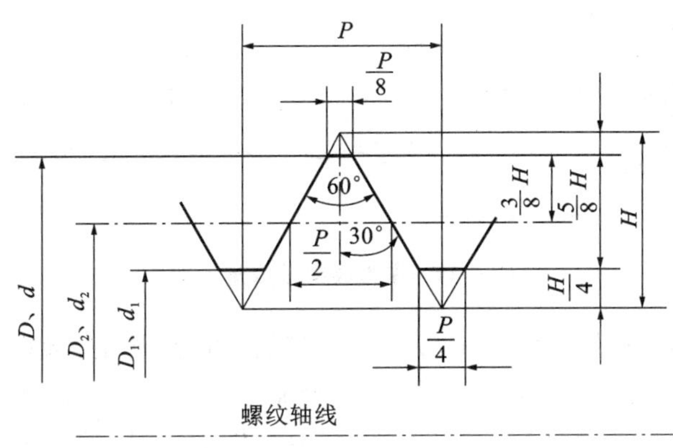

图 5-86 普通螺纹的基本牙型

(1)牙型角 α。牙型角是在通过螺纹轴线的剖面上,螺纹两侧面间的夹角。普通螺纹米制 $\alpha=60°$,英制 $\alpha=55°$。

(2)螺距 P。相邻两牙在中径圆柱的母线上对应两点间的轴向距离。米制螺纹的螺距以毫米为单位;英制螺纹的螺距以每英寸牙数来表示。

(3)螺纹中径 $d_2(D_2)$。一个假想圆柱的直径,在中径处螺纹牙宽与槽宽相等。只有当内外螺纹的中径一致时,两者才能很好地配合。

车削螺纹时,必须使上述三个要素都符合要求,螺纹才是合格的。

2)螺纹的车削加工

各种螺纹车削的基本规律都是相同的。现以车削普通螺纹为例加以说明。

(1)保证正确的牙型

①车刀的刀尖角等于牙型角 α,车刀切削部分的形状应与螺纹截面形状相吻合。为了保证这一要求,又使车刀刃磨方便,常取前角 $\gamma_o=0°$。粗车螺纹为了改善切削条件,可用有正前角的车刀。

②正确地安装车刀。车刀刀尖必须与工件中心等高,否则螺纹的截面将有改变。此外,车刀刀尖角的等分线必须垂直于工件回转中心线。为了保证这一要求,应用对刀样板来安装车刀,如图 5-87 所示。

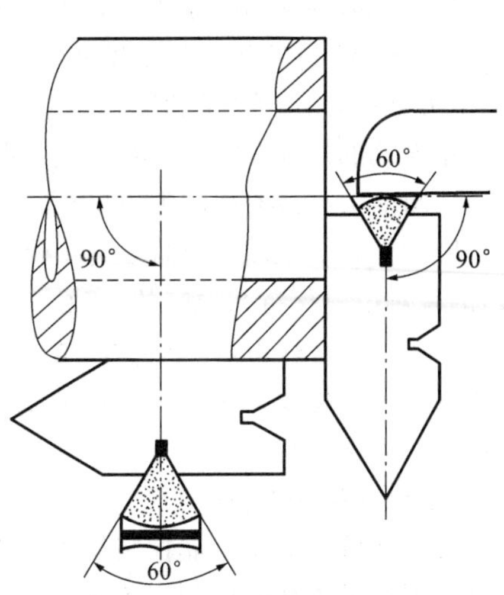

图 5-87 螺纹车刀的形状

(2)保证工件的螺距 $P_{工}$

①调整车床和配换齿轮。为了获得所需要的工

件螺距 $P_{工}$，必须调整车床和配换齿轮以保证工件与车刀的正确运动关系。如图 5-88 所示，工件由主轴带动，车刀由丝杠带动。

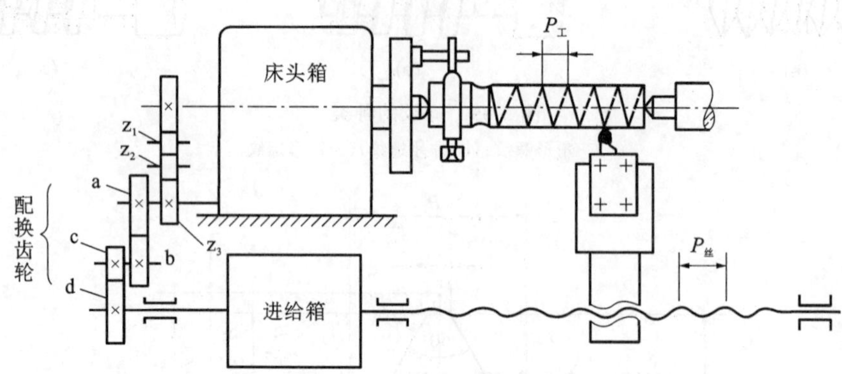

图 5-88　车螺纹时车床传动图

主轴与丝杠之间是通过"三星轮"z_1、z_2、z_3（或其他换向机构），配换齿轮 a、b、c、d 和进给箱联接起来的。三星轮可改变丝杠旋转方向，通过调整它可车左旋螺纹或车右旋螺纹。在这一传动系统中，必须保证主轴带动工件转一转时，丝杠要转 $P_{工}/P_{丝}$ 转。车刀纵向移动的距离等于丝杠转过的转数乘以丝杠螺距，即 $S=(P_{工}/P_{丝})\cdot P_{丝}=P_{工}$，正好是所需要的工件螺距。关键是要得到丝杠与主轴的转速比 $P_{工}/P_{丝}$，这取决于配换齿轮 a、b、c、d 齿数和进给箱里传动齿轮的齿数。若将配换齿轮 a、b、c、d 的齿数分别记为 z_a、z_b、z_c、z_d，则有如下计算公式：

$$i=\frac{n_{丝杠}}{n_{主轴}}=i_{配}\times i_{进}=\frac{z_a}{z_b}\times\frac{z_c}{z_d}\times i_{进}=\frac{P_{工}}{P_{丝}}$$

一般加工前根据工件的螺距 P，查机身上的标牌，然后调整进给箱上的手柄位置及配换齿轮的齿数即可。

②避免乱扣。车螺纹时，需经过多次走刀才能切成。在多次切削中，必须保证车刀总是落在已切出的螺纹槽内，否则就叫"乱扣"。如果乱扣，工件即成废品。

如果车床丝杠的螺距 $P_{丝}$ 是工件螺距 $P_{工}$ 的整数倍时（$P_{丝}/P_{工}=N$，N 为整数），可任意打开对开螺母，当再合上对开螺母时，车刀会切入原来已切出的螺纹槽内，不会乱扣。若 $P_{丝}/P_{工}$ 不为整数，则产生"乱扣"。

车螺纹的过程中，为了避免乱扣现象，需注意以下几点：

a. 调整中小刀架的间隙（调镶条），不要过紧或过松，以移动均匀、平稳为好。

b. 如从顶尖上取下工件度量，不能松开卡箍。在重新安装工件时要使卡箍与拨盘（或卡盘）的相对位置保持与原来的一致。

c. 在切削过程中，如果换刀，则应重新对刀。"对刀"是指闭合对开螺母，移动小刀架，使车刀落入原来的螺纹槽中。由于传动系统有间隙，所以对刀须在车刀沿切削方向走一段以后，平稳地停车后再进行。

(3)保证螺纹中径

螺纹中径的大小是靠控制切削过程中多次进刀的总切深来达到的。进刀的总深度可根据计算的螺纹工作牙高由刻度盘来做大致控制，一般还要借助于螺纹量规来测量。测量外螺纹用螺纹环规，测量内螺纹用螺纹塞规（图 5-89）。

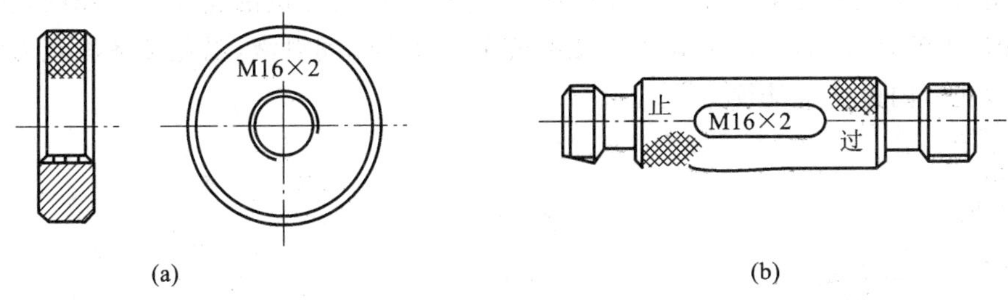

图 5-89　螺纹量规

(a)螺纹环规;(b)螺纹塞规

根据螺纹中径的公差,每种量规有过规、止规(塞规一般做在一根轴上,有过端、止端)。如果过规能旋入,而止规不能旋入,则说明所加工的螺纹合格。

(4)车削螺纹的方法与步骤

以车外螺纹为例,车削螺纹的方法如图 5-90 所示。

车内螺纹的方法、步骤与车外螺纹差不多。先车出螺纹小径 D_1,再车螺纹。对于公称直径较小的内螺纹,也可以在车床上用丝锥攻出。

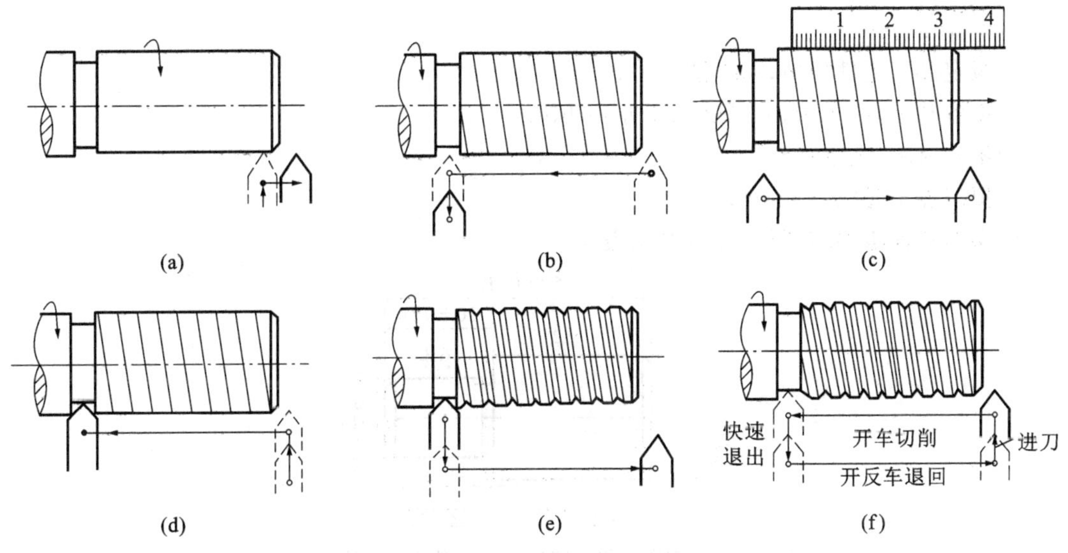

图 5-90　螺纹切削方法与步骤

(a)开车,使车刀与工件轻微接触,记下刻度盘读数,向右退出车刀;

(b)合上对开螺母,在工件表面上车出一条螺旋线,横向退出车刀,停车;

(c)开反车使车刀退到工件右端,停车,用钢尺检查螺距是否正确;(d)利用刻度盘调整切深,开车切削;

(e)车刀将至行程终点时,应做好退刀停车准备,先快速退出车刀,然后停车,开反车退回刀架;

(f)再次横向进切深,继续切削,其切削过程的路线如图所示

8. 滚花

各种工具和机器零件的手握部分,为了便于握持和增加美观,常常在表面上滚出各种不同的花纹。如百分尺的套管,绞杠扳手以及螺纹量规等。这些花纹一般是在车床上用滚花刀滚压而形成的(图 5-91)。花纹有直纹和网纹两种,滚花刀也分直纹滚花刀[图 5-92(a)]和网纹滚花刀[图 5-92(b)、图 5-92(c)]。

滚花是用滚花刀来挤压工件,使其表面产生塑性变形而形成的花纹。滚花的径向挤压力很大,因此加工时,工件的转速要低些。需要充分供给冷却润滑液,以免破坏滚花刀和防止细屑滞塞在滚花刀内而产生乱纹。

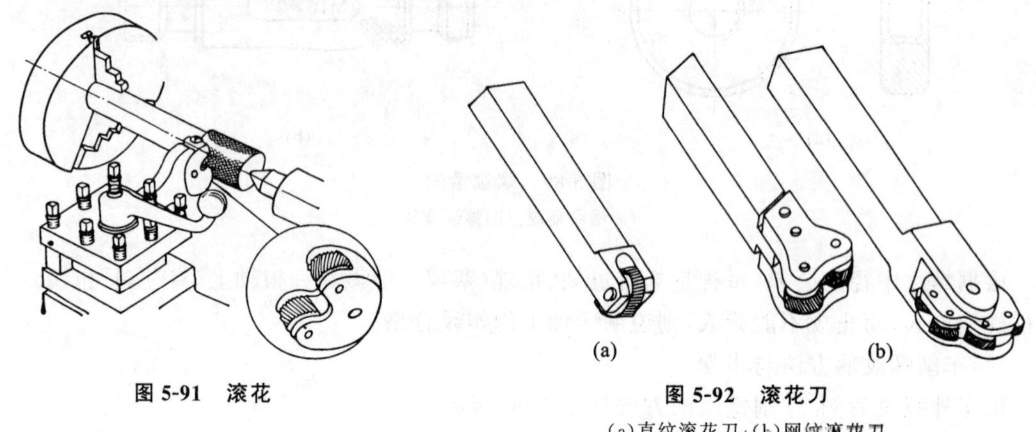

图 5-91　滚花

图 5-92　滚花刀

(a)直纹滚花刀;(b)网纹滚花刀

七、车削操作实例

1. 车外圆与切槽

1)拟定加工零件规格,参考图 5-93;

2)设备和工具:车床,外圆车刀,切断刀等;

3)零件材料:碳钢;

4)拟定加工时间:80 min;

5)操作具体步骤与评估要点,参见表 5-7。

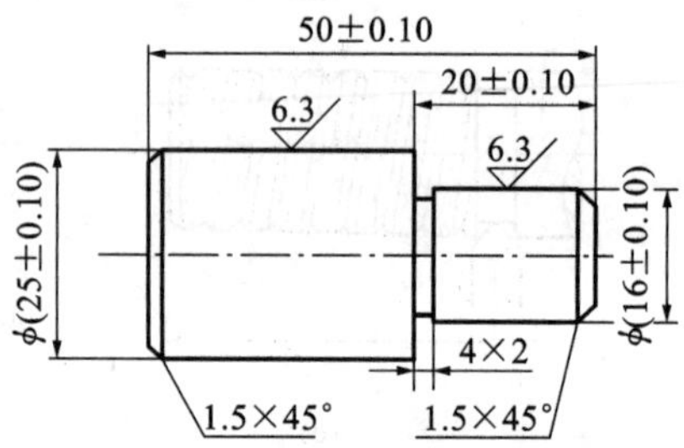

图 5-93　拟定车外圆与切槽加工零件规格(单位:mm)

表 5-7　车外圆与切槽具体步骤与评估要点

序号	项目	内容与要求
1	安全操作	1. 安全措施 2. 正确操作与变速
2	工艺过程	1. 工件装夹 2. 车刀装夹 3. 测量 4. 加工方法及顺序 5. 切削用量

续表5-7

序号	项目	内容与要求
3	尺寸公差	1. 车端面 2. 外圆 $\phi(25\pm0.1)$ mm 3. 外圆 $\phi(16\pm0.1)$ mm 4. 切槽 4 mm×2 mm 5. 长度(50 ±0.1) mm 6. 倒角 1.5 mm×45°
4	表面粗糙度	1. 外圆 Ra6.3 μm 2. 槽 Ra6.3 μm 3. 端面 Ra6.3 μm

2. 外圆及圆锥面

1)拟定加工零件规格，参考图 5-94；

2)设备和工具：车床、外圆车刀等；

3)零件材料：碳钢；

4)拟定加工时间：80 min；

5)操作具体步骤与评估要点，参见表 5-8。

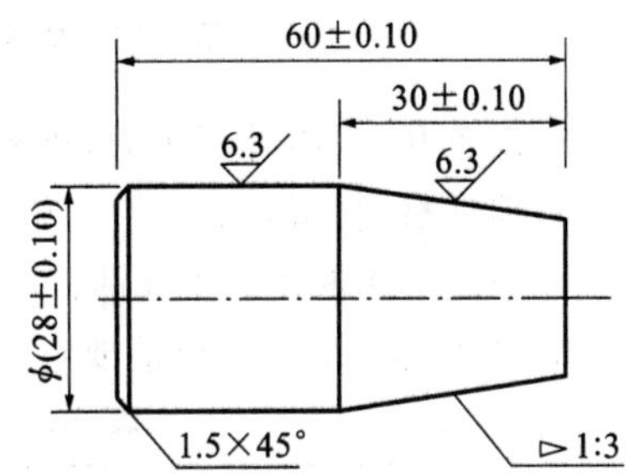

图 5-94 拟定外圆及圆锥面加工零件规格(单位：mm)

表 5-8 外圆及圆锥面具体步骤与评估要点

序号	项目	内容与要求
1	安全操作	1. 安全措施 2. 正确操作与变速
2	工艺过程	1. 工件装夹 2. 车刀装夹 3. 测量 4. 加工方法及顺序 5. 车床转速
3	尺寸公差	1. 车端面 2. 外圆 $\phi(30\pm0.1)$ mm 3. 锥度 1∶3 4. 长度(60+0.1) mm 5. 倒角 1.5 mm×45°
4	表面粗糙度	1. 外圆 Ra 6.31 μm 2. 圆锥面 Ra 6.3 μm 3. 端面 Ra 6.3 μm

3. 外圆车削及孔钻

1)拟定加工零件规格,参考图 5-95;

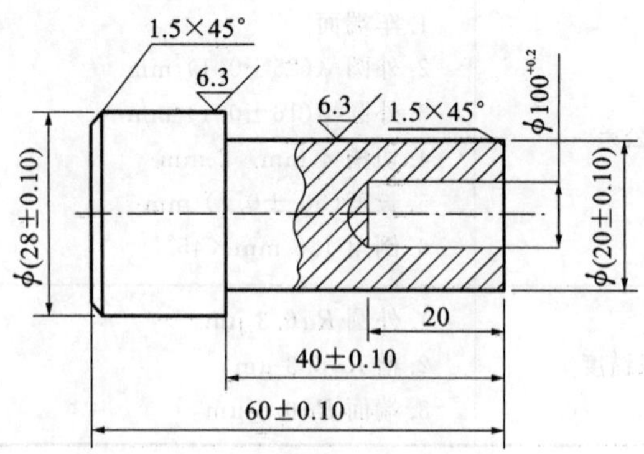

图 5-95　拟定外圆车削及孔钻加工零件规格(单位:mm)

2)设备和工具:外圆车刀,锥柄钻头等;

3)零件材料:碳钢;

4)拟定加工时间:80 分钟;

5)操作具体步骤与评估要点,参见表 5-9。

表 5-9　外圆车削及孔钻具体步骤及评估要点

序号	项目	内容与要求
1	安全操作	1. 安全措施 2. 正确操作与变速
2	工艺过程	1. 工件装夹 2. 车刀装夹 3. 测量 4. 加工方法及顺序 5. 切削用量
3	尺寸公差	1. 车端面 2. 外圆 ϕ(30±0.1) mm 3. 外圆 ϕ(20±0.1) mm 4. 钻孔 ϕ(10+0.2) mm 5. 长度(60±0.1) mm 6. 长度(40±0.1) mm 7. 倒角 1.5 mm×45°
4	表面粗糙度	1. 外圆 *Ra* 6.3 μm 2. 孔 *Ra* 6.3 μm 3. 端面 *Ra* 6.3 μm

第三节　钳 工 工 艺

一、评估要点

1)熟悉手工划线的基本方法;
2)熟悉手工锯切的基本方法;
3)熟悉錾削的基本方法;
4)熟悉锉削的基本方法;
5)熟悉钻孔的基本方法;
6)熟悉手工攻丝的基本方法;
7)熟悉管法兰拆装的基本方法;
8)熟悉端头螺栓的拆卸方法。

二、钳工简介

钳工是手持工具对金属进行加工的方法,其基本操作有划线、锯切、錾削、锉削、钻孔、铰孔、攻丝、套扣、刮削及研磨等,这些操作大多是在虎钳上进行的。钳工的工作还包括对机器的装配和修理。

1.钳工的应用范围:

1)加工前的准备工作,如清理毛坯、在工件上划线等。

2)在单件或小批生产中,制造一般的零件。

3)加工精密零件,如样板、模具的精加工,刮削或研磨机器和量具的配合表面等。

4)装配、调整和修理机器等。

钳工工具简单、操作灵活,可以完成用机械加工不方便或难以完成的工作。因此,尽管钳工大部分是手工操作,劳动强度大,对工人的技术要求较高,但在机械制造和修配工作中,仍是不可缺少的重要工种。

2.钳工的工作平台

1)钳工工作台(图 5-96)一般是用坚实木材制成的,也有用铸铁件或钢板制成的,要求牢固和平稳,台面高度为 800～900 mm,其上装有防护网。

2)台钳是夹持工件的主要工具,其大小用钳口的宽度表示,常用的宽度为 100～150 mm。台钳通常固定在工作台面上,如图 5-96 所示。台钳具体结构如图 5-97 所示,松开回转底座的夹紧手柄,台钳便可在底盘上转动,从而变更钳口方向,便于操作。

使用台钳时,应注意下列事项:

(1)工件应夹在虎钳钳口中部,使钳口受力均匀。

(2)当转动手动柄来夹紧工件时,手柄上不允许套上管子或用锤敲击,以免虎钳丝杠或螺母上的螺纹损坏。

(3)夹持工件的光洁表面时,应垫铜皮加以保护。

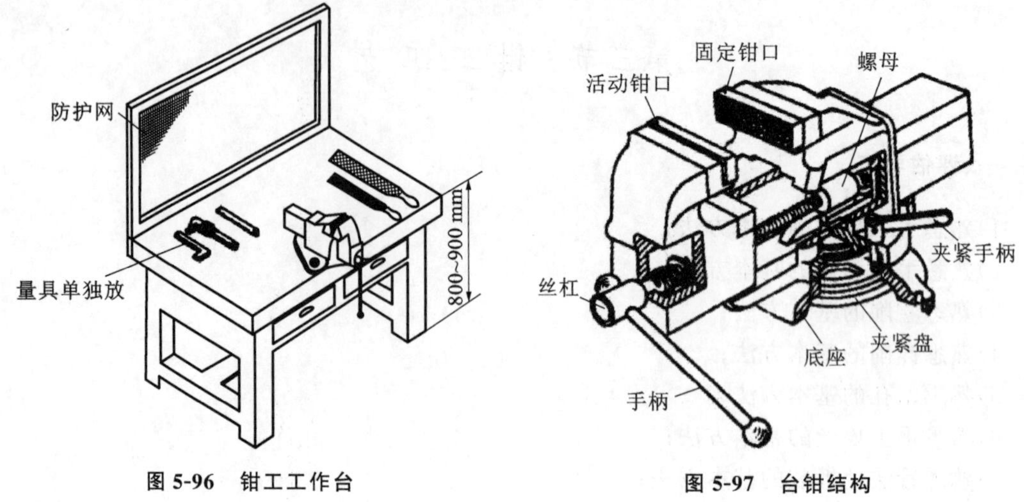

图 5-96 钳工工作台　　图 5-97 台钳结构

3. 划线工具

划线是根据图纸要求，在毛坯或半成品上划出加工界线的一种操作。常用的划线工具有如下几种。

1)划线平板。划线平板是划线的基准平台，如图 5-98 所示。

图 5-98 划线平板

它通常由铸铁制成，其上平面是划线用的基准平面，所以要求非常平直和光洁。平板要安放牢固，上平面应保持水平，以便稳定地支承工件。平板不允许碰撞和用锤敲击，以免使其精度降低。平板若长期不用时，应涂油防锈并用木板护盖。

2)千斤顶。千斤顶是在划线平板上支承较大及不规则工件用的，其高度可以调整，以便找正工件。通常用三个千斤顶支承工件(图 5-99)。

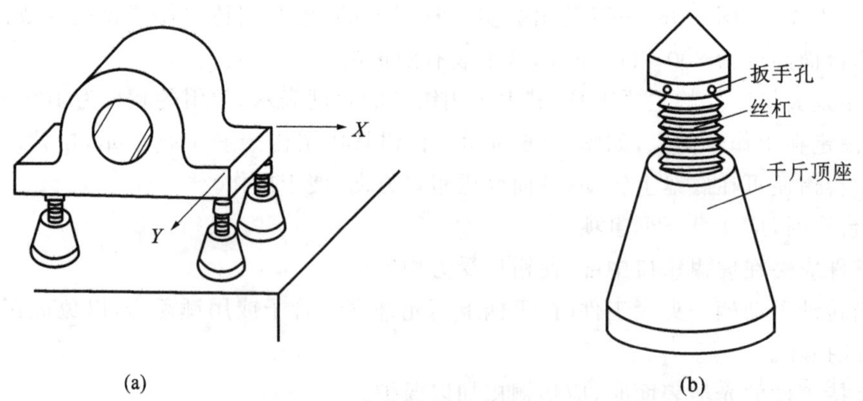

图 5-99 用千斤顶支承工件

(a)1、2 支点连线与 Y 方向平行；(b)千斤顶

3)V 形铁。如图 5-100 所示,V 形铁用于支承圆柱形工件,使工件轴线与平板平行。

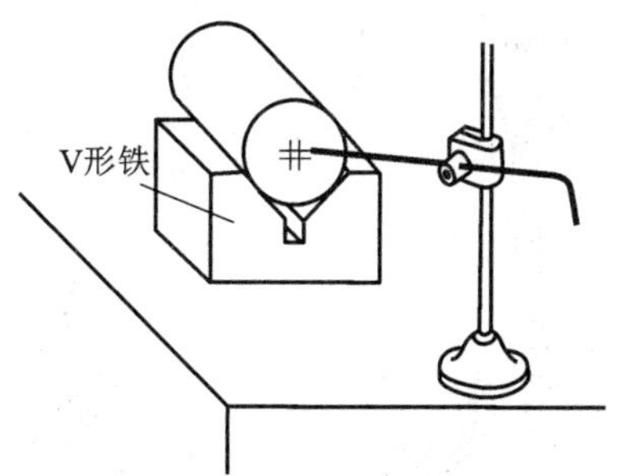

图 5-100　用 V 形铁支承工件

4)方箱。如图 5-101 所示,方箱用于夹持较小的工件,方箱上各相邻的两面均相互垂直,通过翻转方箱,便可以在工件表面上划出互相垂直的线。

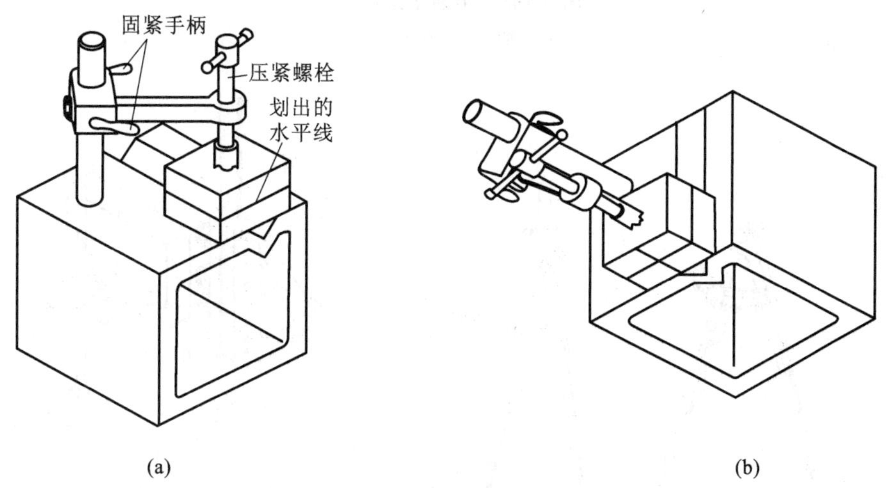

图 5-101　用方箱夹持工件

(a)将工件压紧在方箱上,划出水平线;(b)方箱翻转 90°,划出垂直线

5)划针。划针是用来在工件表面上划线的。图 5-102 所示为划针的用法。

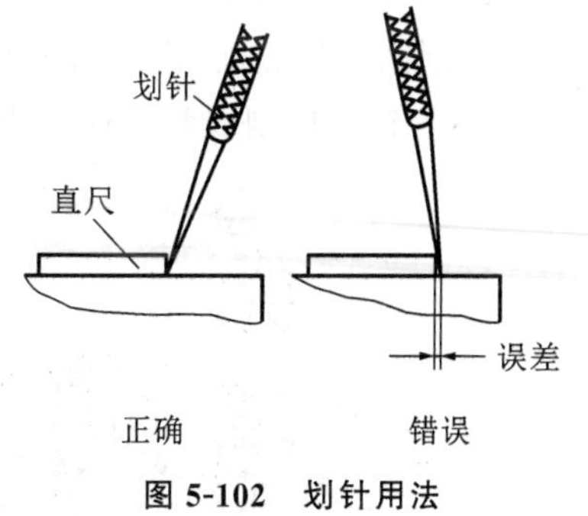

图 5-102　划针用法

6)划卡。划卡主要是用来确定轴和孔的中心位置的,如图 5-103 所示。

7)划规。划规是平面划线作图的主要工具(图 5-104)。

8)划针盘。划针盘是用于立体划线的主要工具。调节划针到一定高度,并在平板上移动划针盘,即可在工件上划出与平板平行的线(图 5-105)。

9)高度游标尺。高度游标尺是由高度尺和划针盘所组合的。它是精密工具,用于半成品(光坯)划线,不允许用它来划毛坯。要防止碰坏硬质合金划线脚。

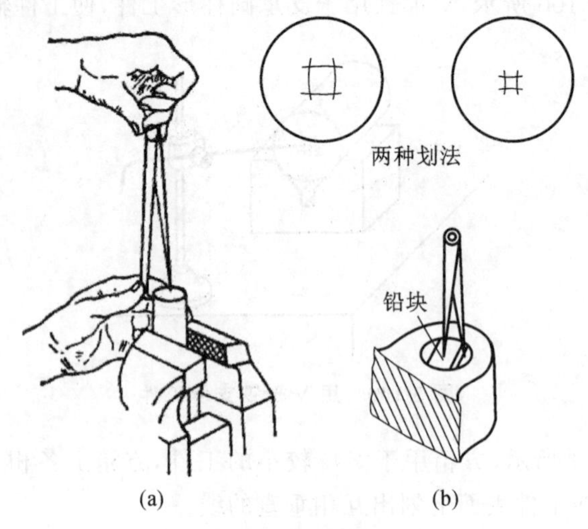

图 5-103　用划卡定中心

(a)定轴心；(b)定孔中心

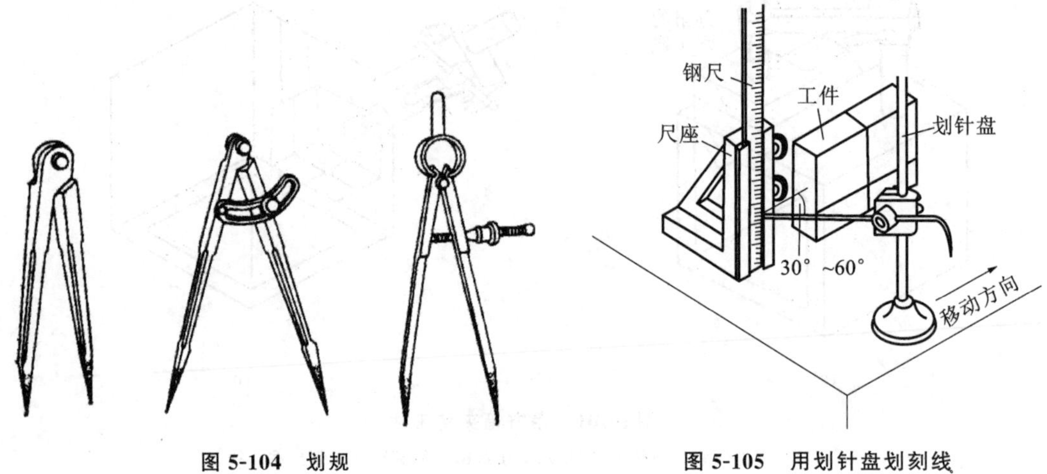

图 5-104　划规　　**图 5-105　用划针盘划刻线**

10)样冲。样冲是用来在工件的划线上打出样冲眼，以备所划的线模糊后，仍能找到原线位置，在划圆及钻孔前，也应在其中心打定中心样冲眼。图 5-106 所示为样冲的用法。图 5-107 所示为钻孔的划线和打样冲眼。

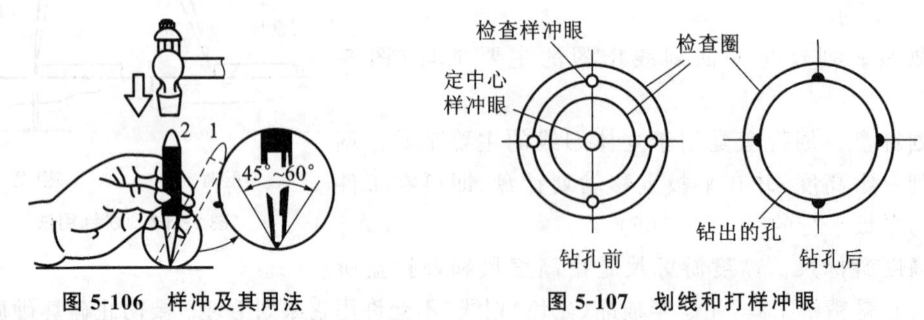

图 5-106　样冲及其用法　　**图 5-107　划线和打样冲眼**

11)量具。划线常用的量具有钢尺、高度尺(包括钢尺与尺座，见图 5-105)及直角尺。

三、钳工基本操作方法

1. 划线

划好的线可作为加工工件或安装工件的根据。在单件和小批生产中，常借划线来检查毛坯的形状和尺寸，并合理分配加工表面的余量。

划线分为平面划线和立体划线。平面划线是指在工件的一个平面上划线[图 5-108(a)]；立体划线是指在工件的几个表面上划线，亦即在长、宽、高三个方向上划线[图 5-108(b)]。

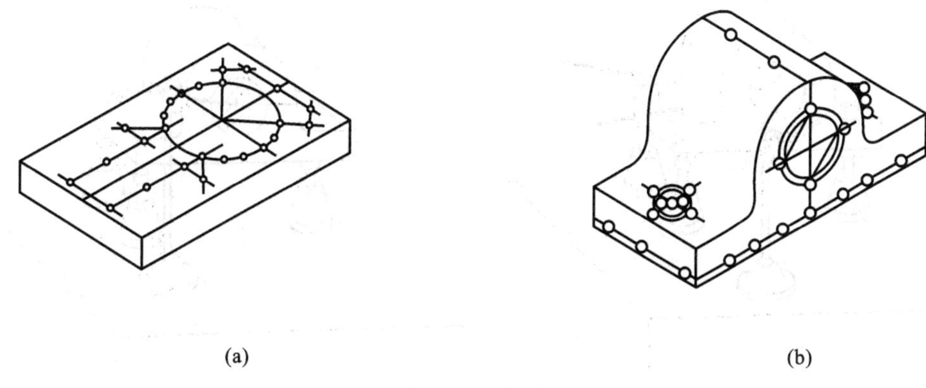

图 5-108 划线
(a)平面划线；(b)立体划线

划线首先要划好基准线。用划针盘划各水平线时，应选定某一基准作为依据，并以此来调节每次划针的高度，这个基准称为划线基准。

一般选重要孔的中心线[图 5-109(a)]为划线基准，或选零件图上尺寸标注基准线为划线基准。若工件上个别平面已加工过，则应以加工过的平面为划线基准[图 5-109(b)]。

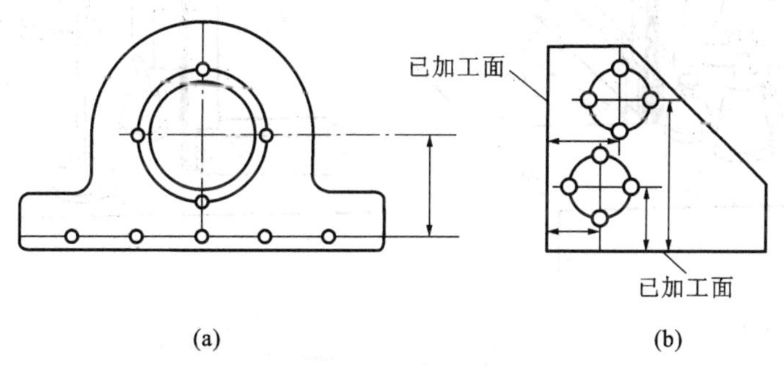

图 5-109 划线基准
(a)以孔的轴线为基准；(b)以已加工面为基准

立体划线步骤如下。

1)研究图纸，确定划线基准，检查毛坯是否合格。

2)清理毛坯上的疤痕和毛刺等。在划线部分涂上涂料，铸件、锻件用大白浆，已加工面用紫色(甲紫加虫胶和酒精)或绿色(孔雀绿加虫胶和酒精)。用铅块或木块堵孔，以便定孔的中心位置。

3)支承及找正工件[图 5-110(a)]。

4)划出划线基准,再划出其他水平线[图 5-110(b)]。

5)翻转工件,找正,划出互相垂直的线[图 5-110(c)、图 5-110(d)]。

6)检查划出的线是否正确,最后打样冲眼。

7)划线操作时应注意以下事项:

(1)工件支承要稳妥,以防滑倒或移动。

(2)在一次支承中,应把需要划出的平行线划全,以免再次支承补划,造成误差。

(3)应正确使用划针、划针盘、高度游标尺,以及直角尺等划线工具,以免产生误差。

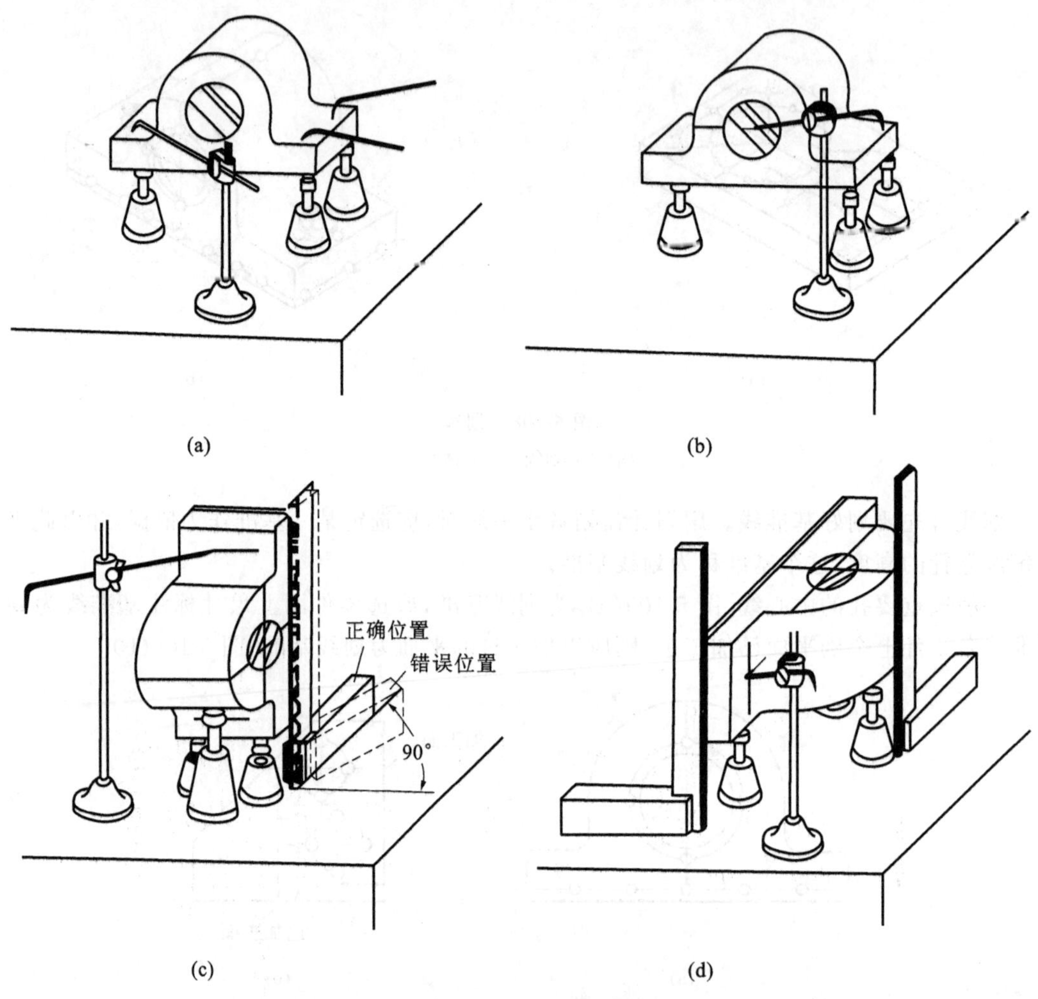

图 5-110　立体划线实例

(a)找正:根据孔中心及上面,调节千斤顶,使工件水平;(b)划出各水平线;

(c)翻转 90°,用直角尺找正划线;(d)翻转 90°,用直角尺在两个方向找正,划线

2. 錾削

錾削是用手锤锤击錾子对金属进行切削加工的操作。錾削可加工平面、沟槽,切断金属,清理铸件、锻件上的毛刺等。每次錾削金属层的厚度为 0.5～2 mm。

1)錾削工具及錾削方法

(1)錾子和手锤。常用的錾子有平錾、槽錾及油槽錾(图 5-111)。平錾用于錾平面和錾断金属，它的刃宽一般为 10～15 mm；槽錾用于錾槽，它的刃宽约为 5 mm；油槽錾用于錾油槽，它的錾刃磨成与油槽形状相符的圆弧形。錾子全长 125～150 mm。錾子多用碳素工具钢锻成，刃部经淬火和回火处理后刃磨而成。錾刃楔角应根据所加工材料不同而异，錾削铸铁时为 70°，钢为 60°，铜、铝不超过 50°。

錾削用的手锤，其大小用锤头的质量表示，常用的约 0.5 kg。手锤的全长约为 300 mm。锤头多用碳素工具钢锻成，并经淬火和回火处理。

(2)錾子和手锤的握法。錾子应松动自如地握着，主要是用中指夹紧，錾头伸出 20～25 mm(图 5-112)。握手锤主要是靠拇指和食指，其余各指仅在锤击下时才握紧，柄端只能伸出 15～30 mm(图 5-113)。

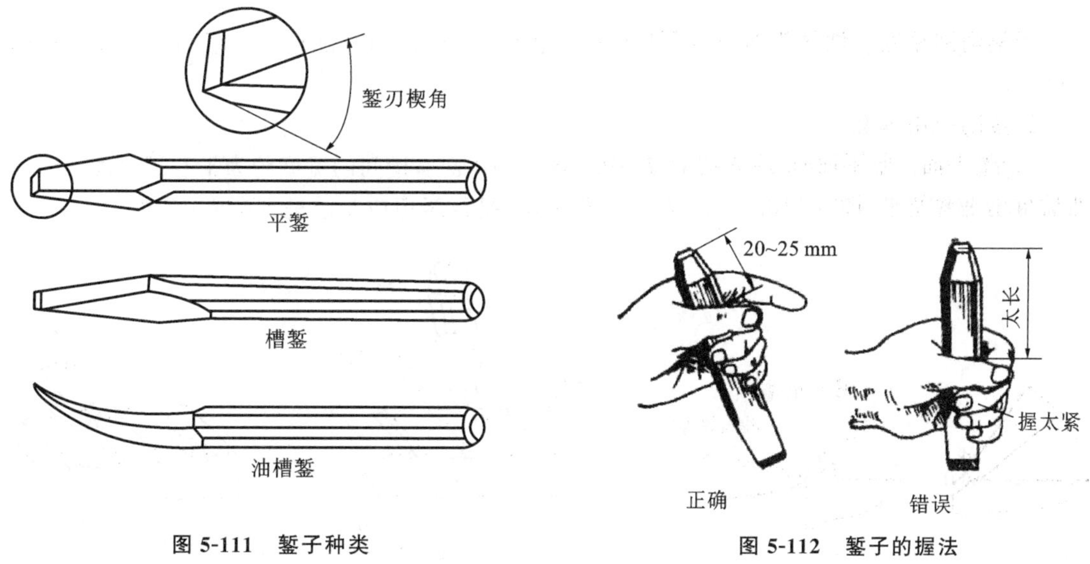

图 5-111　錾子种类　　　图 5-112　錾子的握法

(3)錾削时的姿势。錾削时的姿势应便于挥锤，不易疲倦，如图 5-114 所示。同时，挥锤要自然，眼睛应注视錾刃，而不是錾头。

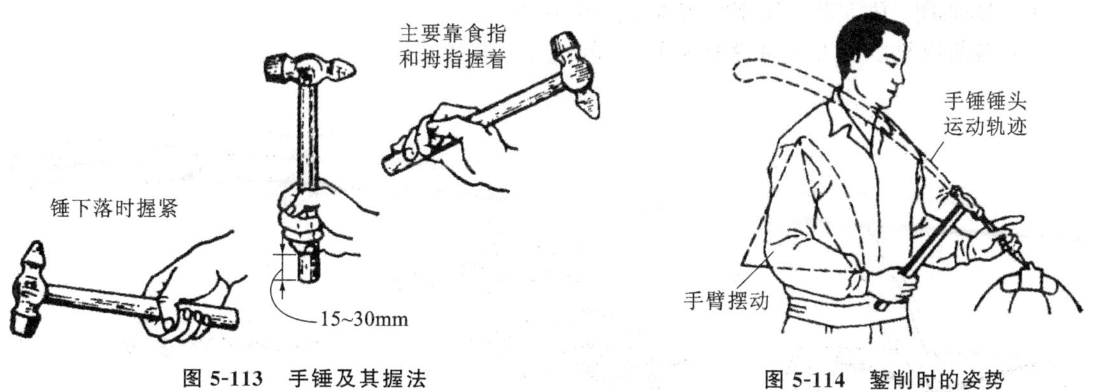

图 5-113　手锤及其握法　　　图 5-114　錾削时的姿势

(4)錾削方法。起錾时，应将錾子握平或使錾头稍向下倾(图 5-115)，以便錾刃切入工件。錾削时，錾子与工件夹角如图 5-116 所示。粗錾时，錾刃表面与工件夹角 α 为 3°～5°；细錾时，α 角略大些。

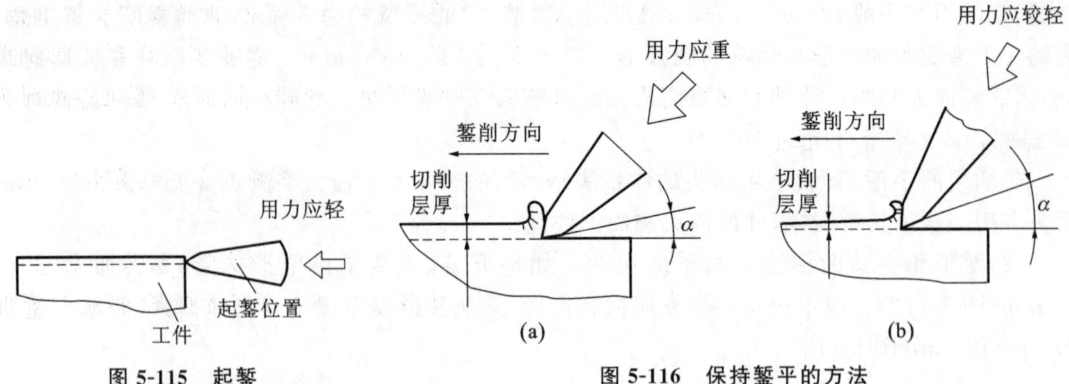

图 5-115　起錾　　图 5-116　保持錾平的方法

当錾削到靠近工件尽头时，应调转工件，从另一端錾掉剩余部分，以免工件棱角损坏(图 5-117)。

2)錾削应用举例

(1)錾平面．錾平面时，应先用槽錾开槽[图 5-118(a)]，槽间的宽度约为平錾刃宽度的 3/4，然后再用平錾錾平[图 5-118(b)]。为了易于錾削，平錾錾刃应与前进方向成 45°角。

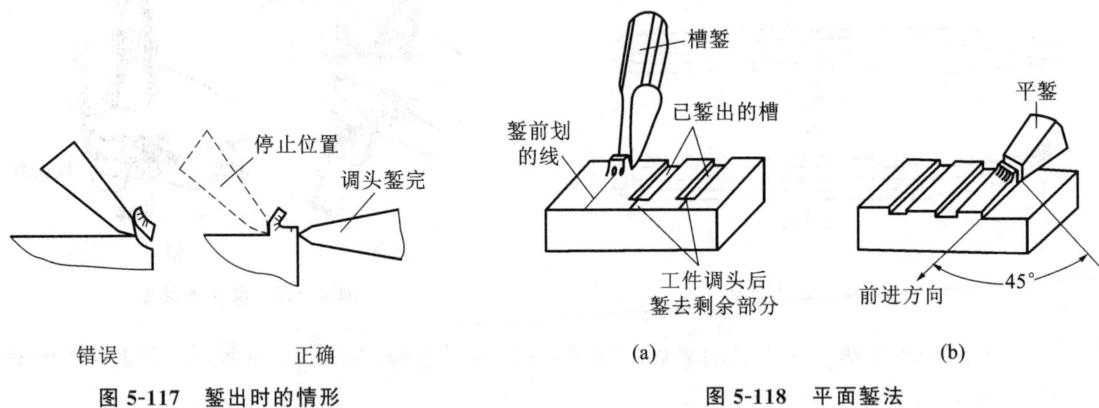

图 5-117　錾出时的情形　　图 5-118　平面錾法

(2)錾油槽。在工件上按划线錾油槽(图 5-119)。

(3)錾断板料。对于小而薄的板料，可在虎钳上錾断(图 5-120)。

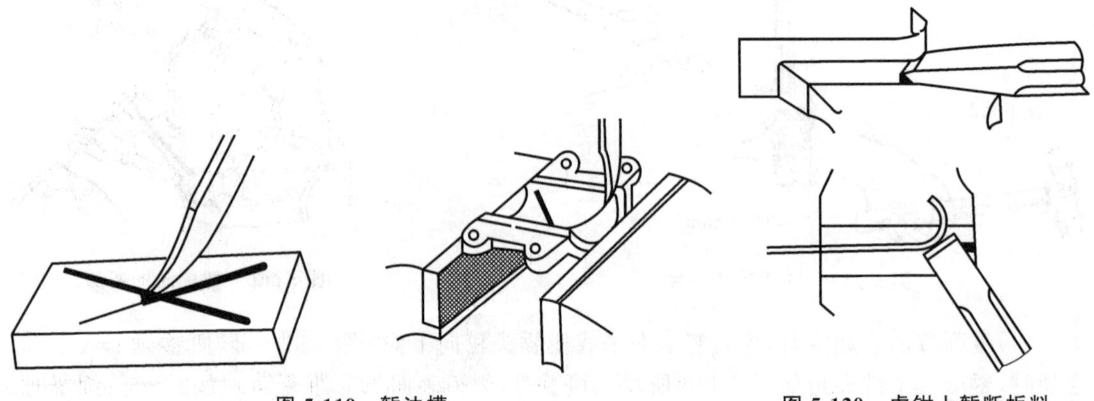

图 5-119　錾油槽　　图 5-120　虎钳上錾断板料

(4)錾削操作时应注意以下事项：

①工件应夹持牢固，以免錾削时松动。

②錾头如有毛边，应在砂轮机上磨掉，以免錾削时手锤偏斜而伤手。

③勿用手摸錾头端面，以免沾油后锤击时打滑。

④手锤锤头与锤柄之间不应松动。如有松动，应将锤头楔铁打紧。挥锤时应注意不要伤人。

⑤錾削用工作台必须有防护网，以免錾屑伤人。

3. 锯切

1)手锯的构造

手锯是由锯弓和锯条两部分构成的。锯弓是用来夹持拉紧锯条的工具，有固定式和可调式两种，图 5-121 所示为可调式锯弓。锯条是由碳素工具钢制成的。常用的锯条长约 300 mm，宽约 12 mm，厚约 0.8 mm。锯齿的形状如图 5-122 所示。锯齿按齿距 t 大小可分为粗齿(t=1.6 mm)、中齿(t=1.2 mm)及细齿(t=0.8mm)三种。

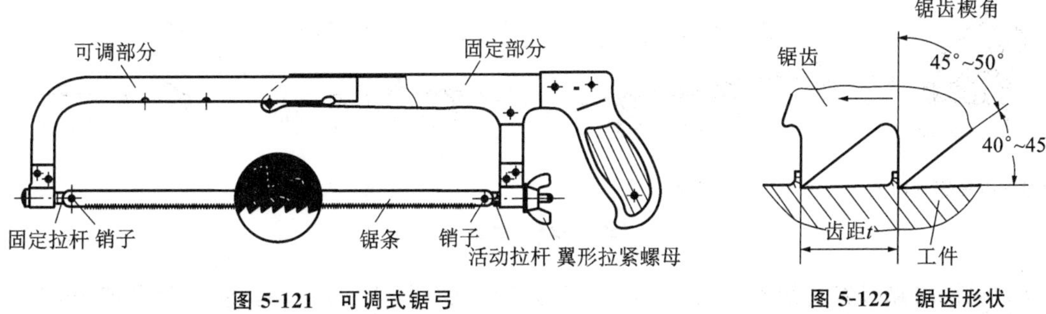

图 5-121　可调式锯弓　　图 5-122　锯齿形状

粗齿锯条适用于锯铜、铝等软金属及厚的工件。细齿锯条适用于锯硬钢、板料及薄壁管子等。加工软钢、铸铁及中等厚度的工件多用中齿锯条。图 5-123 所示为锯齿粗细对锯切的影响。

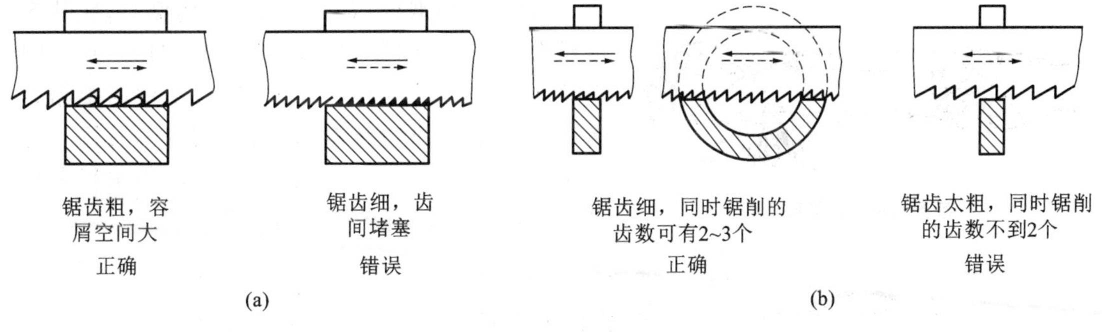

图 5-123　锯齿粗细要合适

(a)厚工件要用粗齿；(b)薄工件要用细齿

锯齿的排列多为波形(图 5-124)，以减少锯口两侧与锯条间的摩擦。

2)锯切的步骤和方法

(1)根据工件材料及厚度选择合适的锯条。

(2)将锯条安装在锯弓上，锯齿应向前。锯条松紧要合适，否则锯削时易折断锯条。

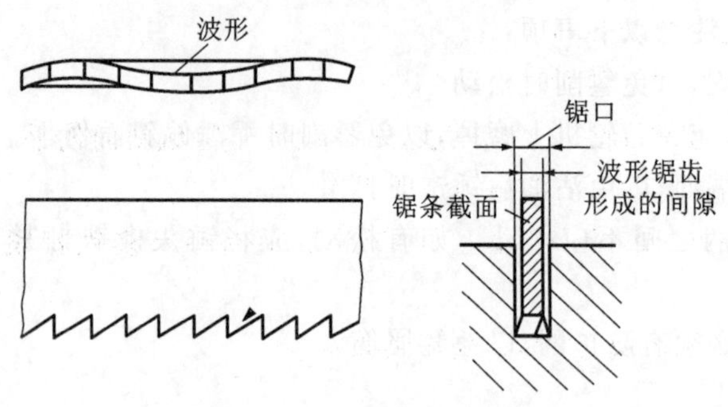

图 5-124 锯齿波形排列

(3)工件应尽可能夹在虎钳左边,以免操作时碰伤左手。工件伸出长度要短,否则锯削时要颤动。

(4)起锯时以左手拇指靠住锯条,右手稳推手柄,起锯角度稍小于 15°(图 5-125)。锯弓往复行程应短,压力要轻,锯条要与工件表面垂直。锯成锯口后,逐渐将锯弓改至水平方向。

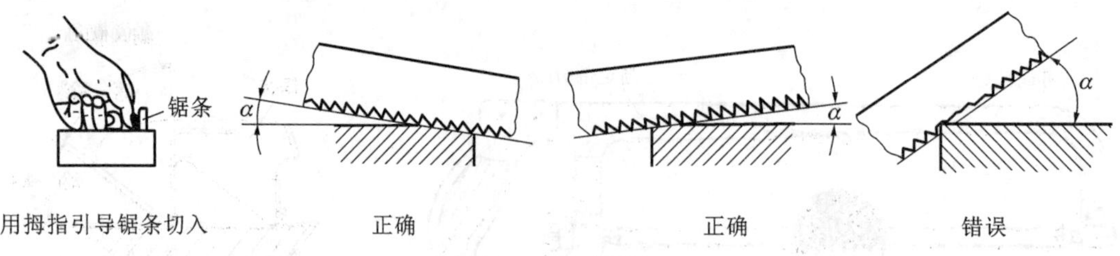

图 5-125 起锯

(5)锯削时锯弓握法如图 5-126 所示。锯弓应直线往复,不可摆动。前推时应加压,用力应均匀;返回时从工件应轻轻滑过。锯削速度不宜过快,通常每分钟往复 30～60 次。锯削时用锯条全长工作,以免锯条中间部分迅速磨钝,锯钢料时应加机油润滑。快锯断时,用力应轻,以免碰伤手臂。

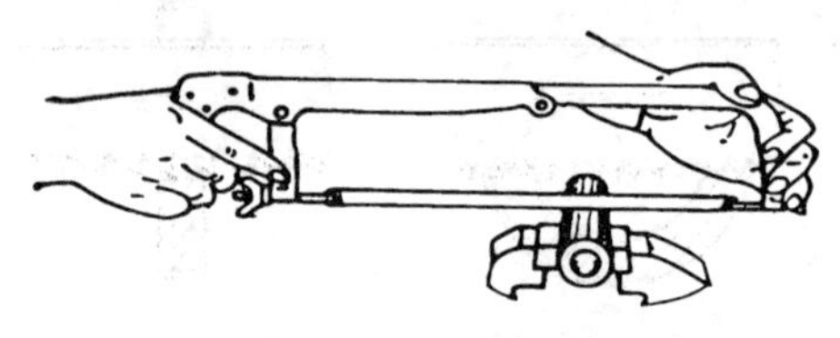

图 5-126 手锯握法

(6)锯切圆钢时,为了得到整齐的锯缝,应从起锯开始以一个方向锯到结束[图 5-127(a)];锯切圆管时,应只锯到管子的内壁处,然后工件向推锯方向转一定角度,再继续锯切[图 5-127(b)];锯切薄板时,为防止工件产生振动和变形,可用木板夹住薄板两侧进行锯切[图 5-127(c)]。

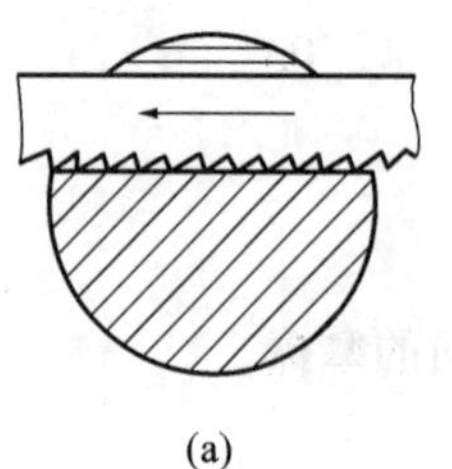

(a)

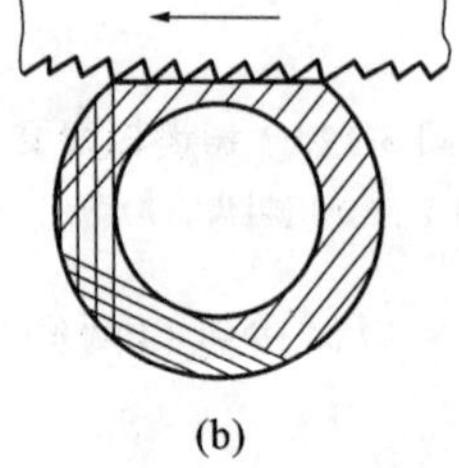

(b)

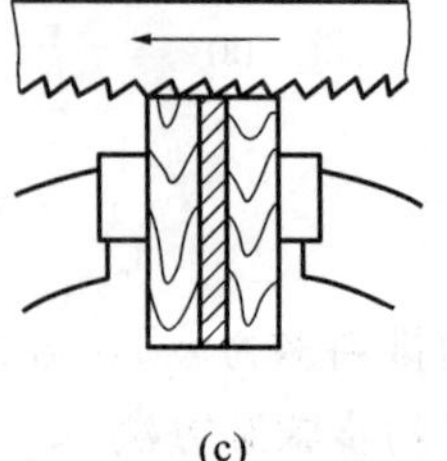

(c)

图 5-127 锯切圆钢、圆管、薄板的方法

(a)锯切圆钢;(b)锯切圆管;(c)锯切薄板

4. 锉削

锉削是用锉刀对工件表面进行加工的操作，多用于锯切或錾削之后，所加工出的表现粗糙度 Ra 可达 0.8～1.6 μm。锉削是钳工中最基本的操作。

1)锉刀及其使用方法

(1)锉刀的构造及种类。锉刀各部分如图 5-128 所示，其大小以工作部分的长度表示。锉刀的锉齿多是在剁锉机上剁出的，其形状如图 5-129 所示。

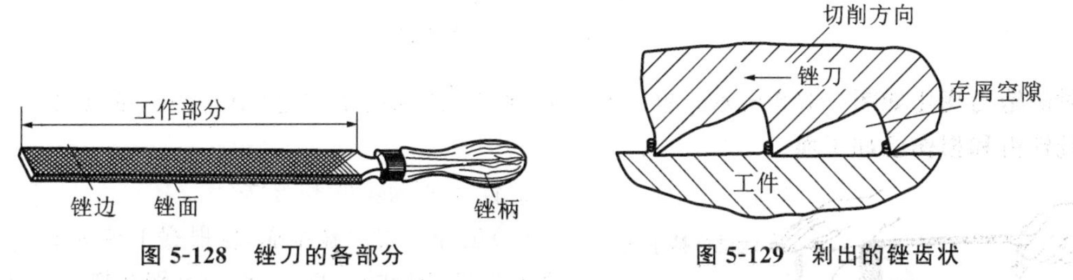

图 5-128　锉刀的各部分　　图 5-129　剁出的锉齿状

锉刀的锉纹多制成双纹，以便锉削时省力，锉面不易堵塞。锉刀的粗细，是以每 10 mm 长的锉面上，锉齿齿数来划分。粗锉刀(4～12 齿)，齿间大，不易堵塞，适用于粗加工或锉铜和铝等软金属；细锉刀(13～24 齿)，适用于锉钢和铸铁等；光锉刀(30～40 齿)，又称油光锉，只用于最后修光表面。锉刀愈细，锉出工件表面愈光，但生产效率也愈低。

根据形状不同，锉刀可分平锉(亦称板锉)、半圆锉、方锉、三角锉及圆锉等(图 5-130)。其中平锉用得最多。

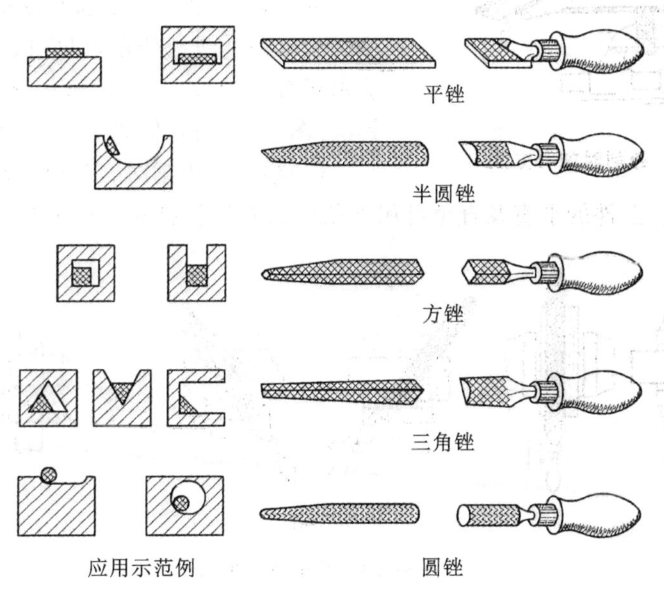

图 5-130　锉刀的种类

(2)锉刀的使用方法。锉削时必须正确地掌握握锉方法，以及施力变化。

使用大型平锉时，应右手握锉柄，左手压在锉端上，使锉刀保持水平[图 5-131(a)]。用中型平锉时，因用力较小，左手的大拇指和食指捏着锉端，引导锉刀水平移动[图 5-131(b)]。锉

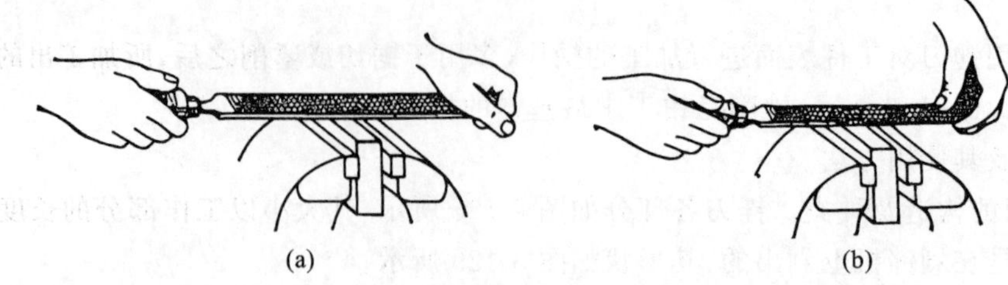

图 5-131　握锉方法

(a)大型平锉;(b)中型平锉

削时的施力变化如图 5-132 所示。锉刀前推时加压,并保持水平返回时,不宜紧压工件,以免磨钝锉齿和损伤已加工面。

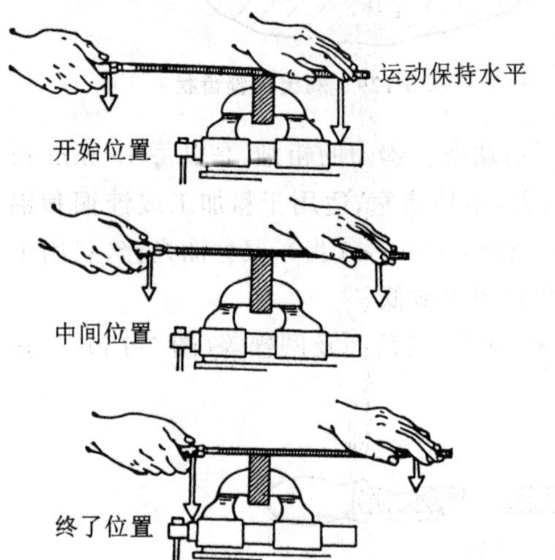

图 5-132　锉削时施力方法

2)锉平面的步骤和方法

(1)选择锉刀。锉削前,应根据工件的软硬、加工表面和加工余量的大小、工件的表面粗糙度要求等来选择锉刀。加工余量小于 0.2 mm 时,宜用细锉。

(2)装夹工件。工件必须牢固地夹在虎钳钳口的中部,并略高于钳口。夹持已加工表面时,应在钳口与工件间垫以铜片或铝片。

(3)锉削。粗锉时可用交叉锉法[图 5-133(b)],这样不仅锉得快,而且可利用锉痕判断加工部分是否锉到所需尺寸。平面基本锉平后,可以用顺锉法[图 5-133(a)]进行锉削,以降低工件表面粗糙度,并获得正直的锉纹。最后,可用细锉刀或光锉刀以推锉法[图 5-133(c)]修光。

(4)检验。锉削时,工件的尺寸可用钢尺和卡钳(或用卡尺)检查。工件的平直及直角可用直角尺根据是否能透过光线来检查(图 5-134)。

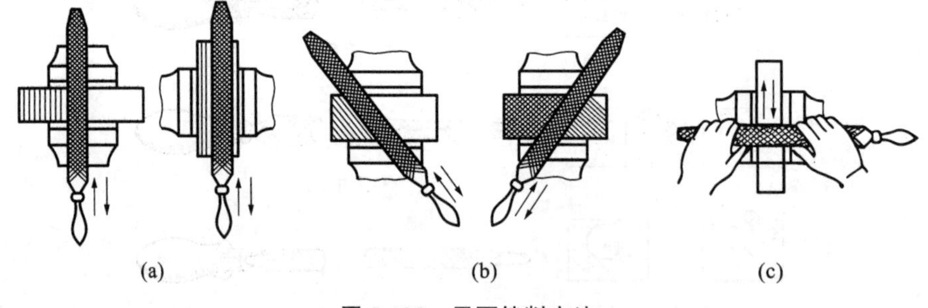

图 5-133　平面锉削方法

(a)顺锉法;(b)交叉锉法;(c)推锉法

3)圆弧面的锉法

圆弧面的锉削采用滚锉法(图 5-135)。锉削外圆弧面时,锉刀除向前运动外,同时还要沿被加工圆弧面摆动;锉削内圆弧面时,锉刀除向前运动,锉刀本身同时还要作一定的旋转和向左或向右的移动。

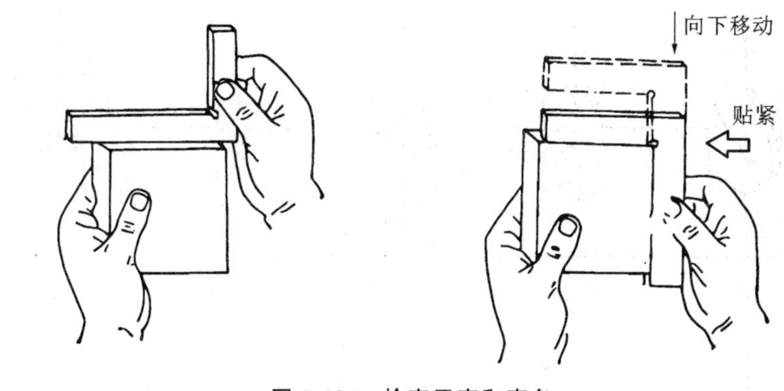

图 5-134　检查平直和直角

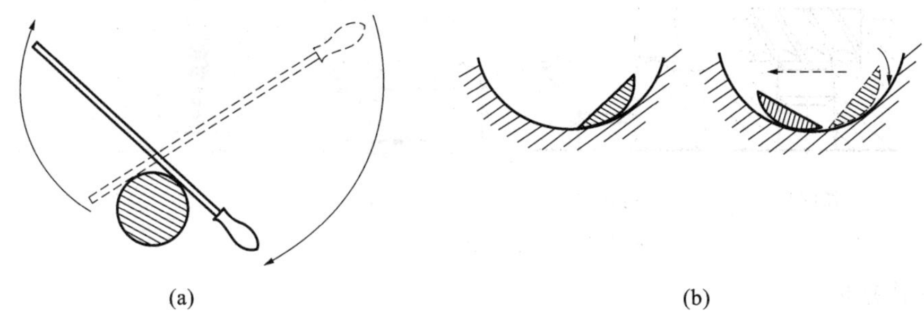

图 5-135　圆弧面锉削方法

(a)锉削外圆弧面；(b)锉削内圆弧面

锉削操作时应注意以下事项：

(1)锉刀必须装柄使用，以免刺伤手心。

(2)不要用新锉刀锉硬金属、白口铸铁和已淬火的钢。

(3)铸件上的硬皮或粘砂，应先用砂轮磨去或錾去，然后再锉削。

(4)锉削时不要用手摸工件表面，以免再锉时打滑。

(5)锉刀堵塞后，用钢丝刷顺着锉纹方面刷去切屑。

(6)锉刀放置时，不应伸出工作台台面以外，以免碰落摔断或砸伤人脚。

5. 钻孔、扩孔和铰孔

1)钻床

机器零件上分布着很多大小不同的孔，其中那些数量多、直径小、精度不太高的孔，都是在钻床上加工出来的。

钻床上可以完成的工作很多，如钻孔、扩孔、铰孔、锪端面、攻丝等，如图 5-136 所示。钻床的种类很多，常用的有台式钻床、立式钻床、摇臂钻床等。

(1)台式钻床

台式钻床(图 5-137)简称台钻，它是一种放在台桌上使用的小型钻床，其钻孔直径一般在 12 mm 以下，最小可以加工小于 1 mm 的孔。由于加工的孔径较小，台钻的主轴转速一般较高，最高的转速接近每分钟万转。主轴的转速可用改变三角胶带在带轮上的位置来调节。台钻主轴的进给是手动的。台钻小巧灵活、使用方便，主要用于加工小型零件上的各种小孔，在仪表制造、钳工和装配中用得最多。

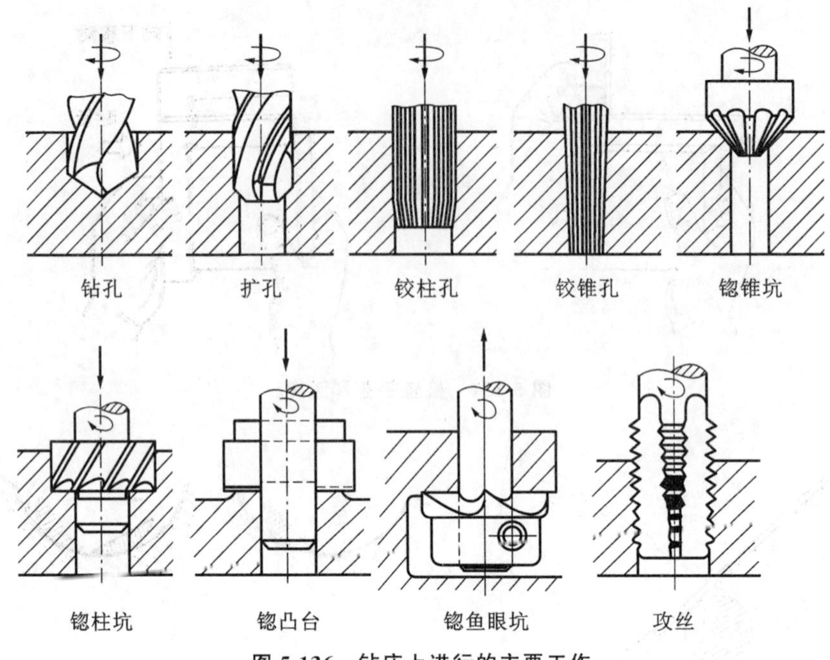

图 5-136　钻床上进行的主要工作

(2)立式钻床

立式钻床(图 5-138)简称立钻。这类钻床的最大钻孔直径有 25 mm、35 mm、40 mm 和 50 mm 等几种,其规格用最大钻孔直径表示。

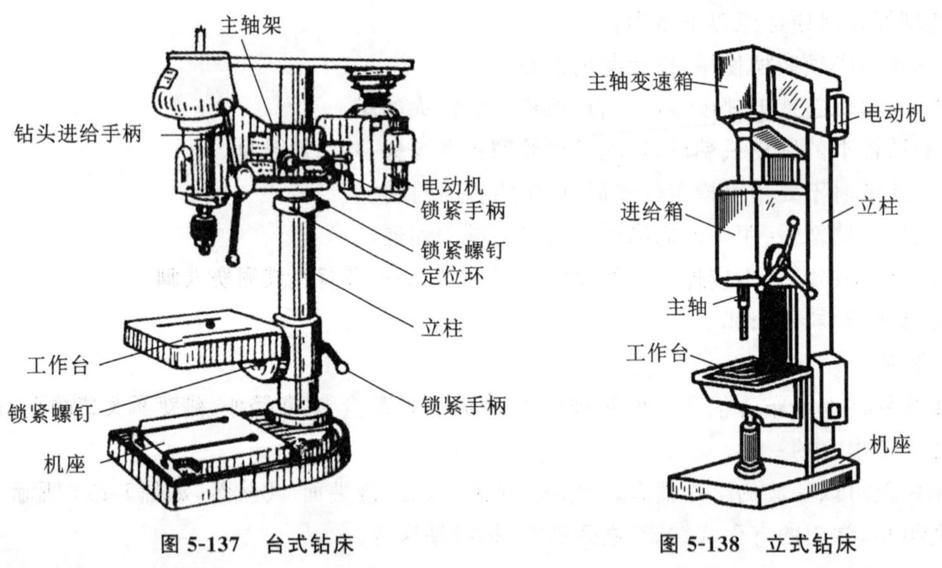

图 5-137　台式钻床　　**图 5-138　立式钻床**

立钻主要由主轴、主轴变速箱、进给箱、立柱、工作台和机座所组成。电动机的运动通过主轴变速箱使主轴获得需要的各种转速,主轴变速箱与车床的变速箱相似。钻小孔时转速需要高些,钻大孔时转速应低些。主轴的向下进给既可手动也可自动。

在立钻上加工一个孔后,再钻另一个孔时,必须移动工件,使钻头对准另一个孔的中心,这对一些较大的工件移动起来就比较麻烦。因此,立式钻床适用于加工中小型工件。

(3)摇臂钻床

图 5-139 所示为摇臂钻床外形图。它有一个能绕立柱旋转的摇臂,摇臂带有主轴箱可沿立柱垂直移动,同时主轴箱还能在摇臂上作横向移动。由于摇臂钻床结构上的这些特点,操作时能很方便地调整刀具的位置,以对准被加工孔的中心而无须移动工件来进行加工,因此适用于在一些笨重的大工件以及多孔的工件上加工,比起在立钻上加工要方便得多。它广泛地应用于单件和成批生产中。

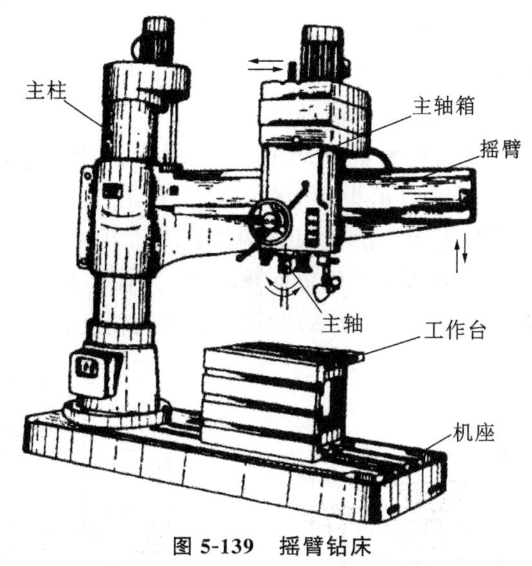

图 5-139　摇臂钻床

2)钻孔

用钻头在实体材料上加工孔叫作钻孔。在钻床上钻孔时,工件固定不动,钻头旋转(主运动)并作轴向移动(进给运动),如图 5-140 所示。钻孔时,由于钻头结构上存在着一些缺点(主要是刚性差),会影响加工质量。钻孔加工的公差等级一般为 IT12 左右,表面粗糙度 Ra 为 12.5 μm 左右。

(1)麻花钻头

钻孔用的刀具主要是麻花钻头。麻花钻的组成部分如图 5-141 所示。麻花钻的前端为切削部分(图 5-142),有两个对称的主切削刃,两刃之间的夹角 2φ 通常为 116°～118°,称为锋角。钻头顶部有横刃,即两主后刀面的交线,它的存在使钻削时的轴向力增加,所以常采取修磨横刃的办法来缩短横刃。导向部分上有两条刃带和螺旋槽,刃带的作用是引导钻头,螺旋槽的作用是向孔外排屑。

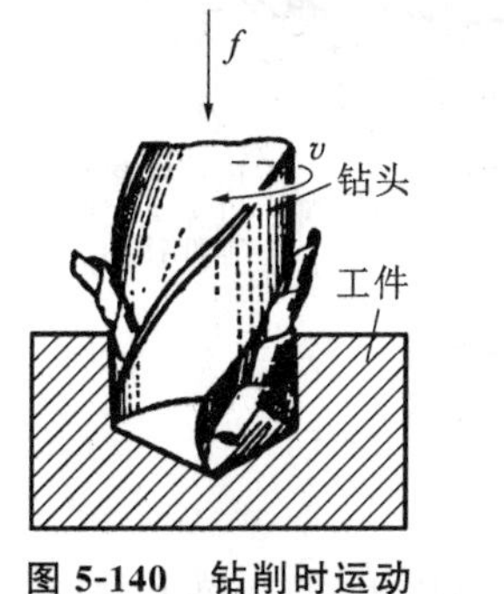

图 5-140　钻削时运动

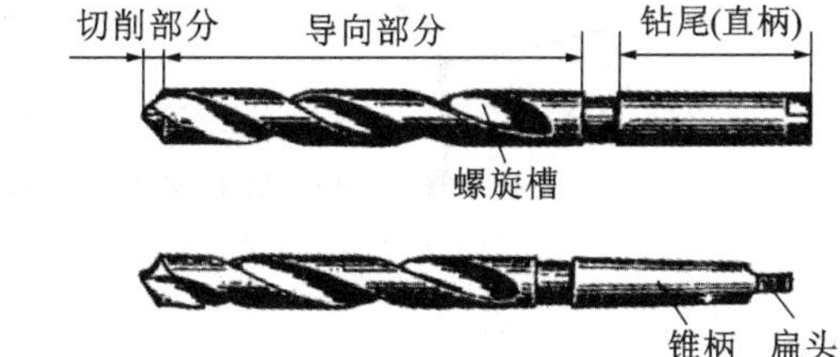

图 5-141　麻花钻的组成

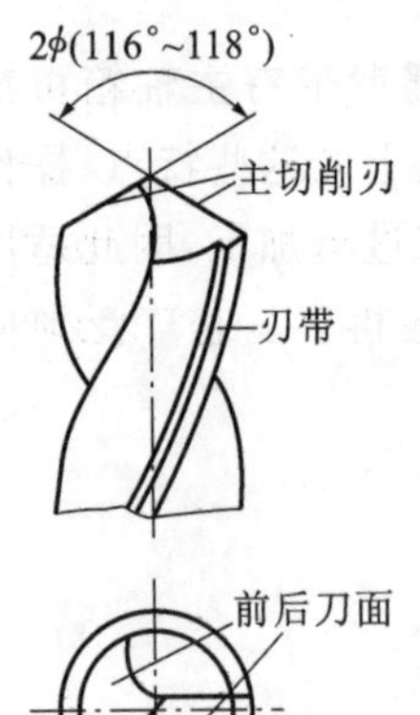

图 5-142 麻花钻的切削部分

(2)钻孔用附件

麻花钻头按尾部形状不同,有不同的安装方法。锥柄钻头可以直接装入机床主轴的锥孔内。

当钻头的锥柄小于机床主轴锥孔时,则需用过渡套筒(图 5-143)。因为过渡套筒要和各种规格的麻花钻安装在一起,所以套筒一般需要数只。柱柄钻头通常用钻头安装(图 5-144)。

在立钻或台钻上钻孔时,工件通常用平口钳[图 5-145(a)]安装。有时把工件直接安装在工作台上,用压板、螺栓夹紧[图 5-145(b)],夹紧前先按划线标志的孔位进行找正。

在成批和大量生产中,钻孔时广泛应用钻模夹具。钻模的形式很多,图 5-146 所示为其中的一种。在工件 1 上装夹着钻模 2。在钻模上装上淬过火的耐磨性很高的的钻套 3 用来引导钻头。钻套的位置是根据工件要求钻孔的位置而确定的,因而应用钻模钻孔时,可以免去划线工作,提高了生产效率,并可提高孔的精度,降低表面粗糙度。

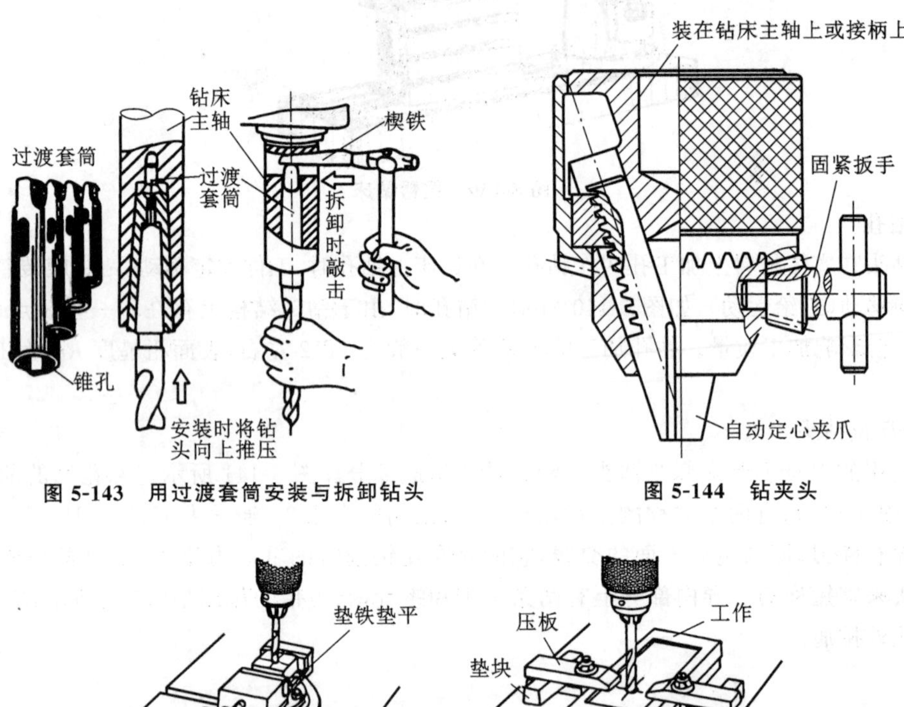

图 5-143 用过渡套筒安装与拆卸钻头

图 5-144 钻夹头

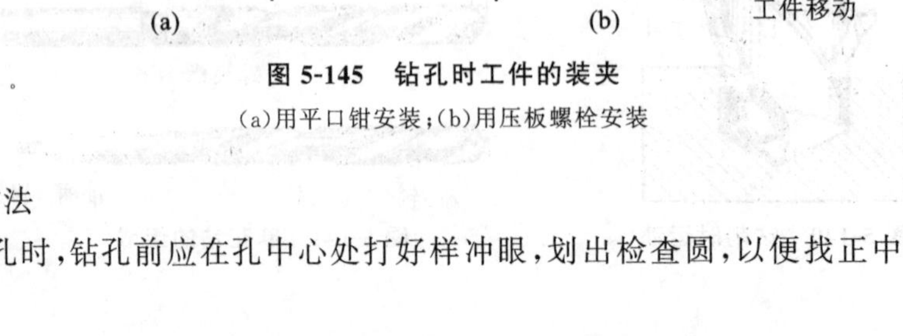

图 5-145 钻孔时工件的装夹

(a)用平口钳安装;(b)用压板螺栓安装

(3)钻孔方法

按划线钻孔时,钻孔前应在孔中心处打好样冲眼,划出检查圆,以便找正中心,便于引钻。

然后钻一浅坑，检查并判断是否对中。若偏得较多，可用样冲在应钻掉的位置錾出几条槽，以把钻偏的中心纠正过来(图 5-147)。

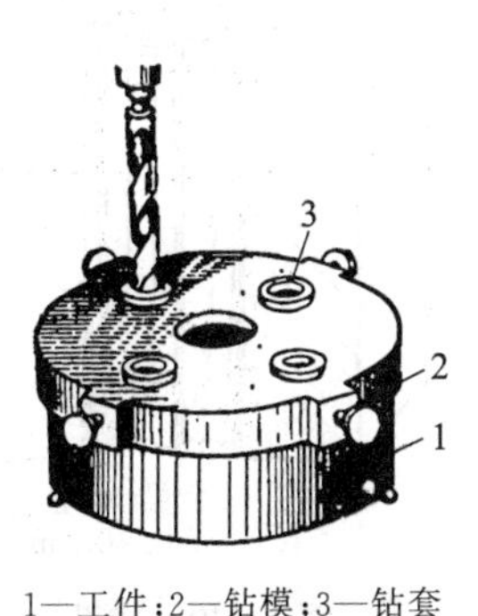

1—工件；2—钻模；3—钻套

图 5-146 钻模

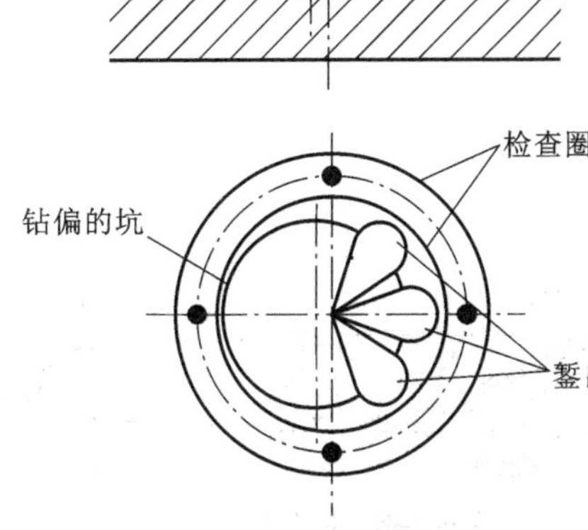

图 5-147 钻偏时纠正方法

用麻花钻头钻较深的孔时，要经常退出钻头以排出切屑和进行冷却，否则可能使切屑堵塞在孔内卡断钻头，或由于过热而增加钻头的磨损。

钻孔时为了降低切削温度而提高钻头的耐用度，要加冷却润滑液。

直径大于 30 mm 的孔，由于有较大的轴向抗力，很难一次钻出。这时可先钻出一个直径较小的孔(为加工孔径的 1/5～2/5)，然后用第二把钻头将孔扩大到所要求的直径。

3)扩孔

扩孔用于扩大已加工出的孔(铸出或钻出的孔)。它可以校正孔的轴线偏差，并使其获得较正确的几何形状与较低的表面粗糙度。扩孔的公差等级一般为 IT10，表面粗糙度 Ra 一般为 6.3 μm。扩孔可作为孔加工的最后工序，也可作为铰孔前的准备工序。扩孔加工余量 0.5～4 mm。

扩孔钻的形状与麻花钻相似，不同的是扩孔钻有三个至四个切削刃，且没有横刃。扩孔钻的钻心大，刚性较好、导向性好，切削平稳。扩孔钻如图 5-148 所示。

4)铰孔

铰孔是用铰刀对孔进行最后精加工，如图 5-149 所示，铰孔的公差等级为 IT7～IT6，表面粗糙度 Ra 为 0.8～1.6 μm。铰孔时加工余量很小(粗铰 0.15～0.5 mm，精铰 0.05～0.25 mm)。铰刀的形状类似扩孔钻，不过它有着更多的切削刃(6～12 个)和较小的顶角，铰刀每个切削刃上的负荷明显地小于扩孔钻，这些因素都使铰出的孔的公差等级大为提高，也使表面粗糙度 Ra 值降低不少。铰刀的刀刃多做成偶数，并成对地位于通过直径的平面内，目的是便于测量直径的尺寸。图 5-150 所示为机铰刀结构图。图 5-151 所示为手铰刀结构图。

机铰刀多为锥柄，装在钻床或车床上进行铰孔。铰孔时选较低的切削速度，并选用合适的冷却液，以降低孔的表面粗糙度。

手铰刀切削部分较长，导向作用好，易于铰削时垂直下切。

(1)铰圆柱孔

铰孔前要用千分尺检查铰刀直径是否合适，铰孔时，铰刀应垂直放入孔中，然后用铰杠(图 5-152 所示为可调式铰杠，转动调节手柄，即可调节方孔大小)转动铰刀并轻压进给即可进行铰孔。铰孔时，铰刀不可倒转，以免崩刃。铰钢件时应加机油润滑，铰削带槽孔时应选螺旋刃铰刀。

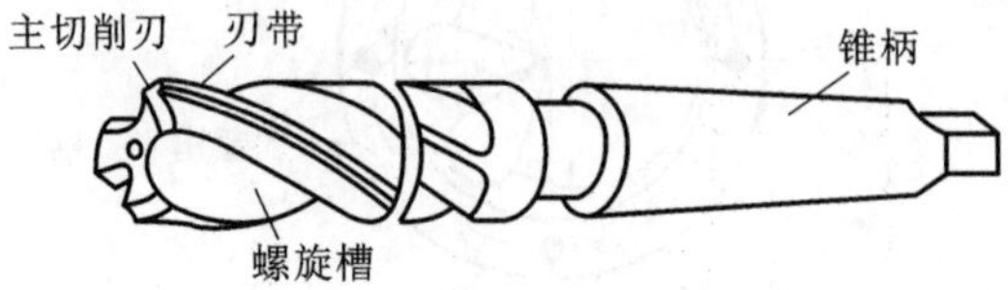

图 5-148　扩孔钻

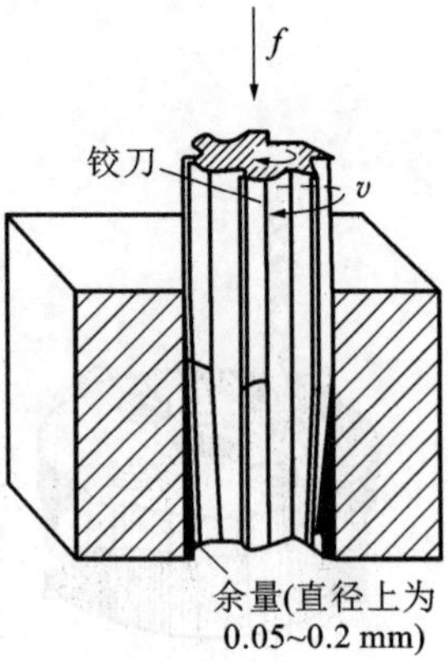

图 5-149　铰孔

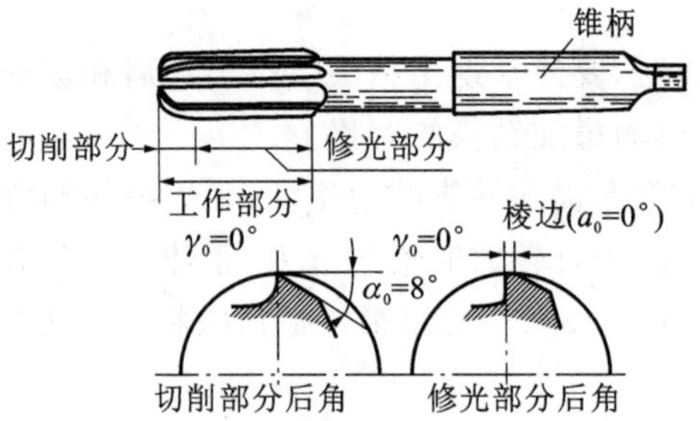

图 5-150　机铰刀

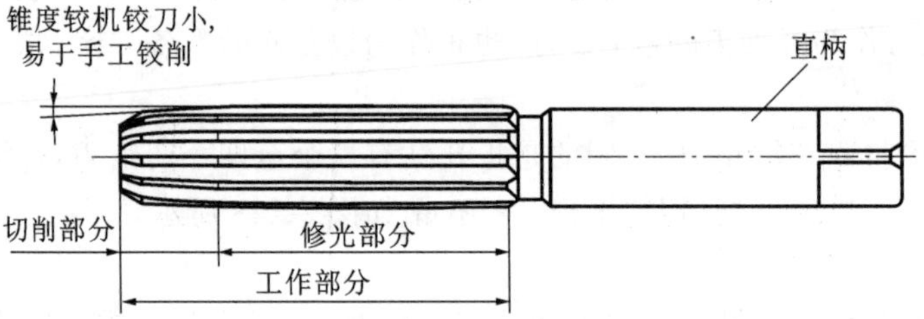

图 5-151　手铰刀

(2)铰圆锥孔(以钳工常铰削的锥销孔为例)

圆锥形铰刀(图 5-153)是用来铰圆锥孔的，其切削部分的锥度是 1/50，与圆锥销相符。尺寸较小的圆锥孔，可先按小头直径钻出圆柱孔，然后用圆锥铰刀铰削即可。对于尺寸和深度较大的孔，铰孔前首先钻出阶梯孔，然后再用铰刀铰削。在铰削过程中，要经常用相配的锥销来检查尺寸(图 5-154)。

图 5-152　铰杠

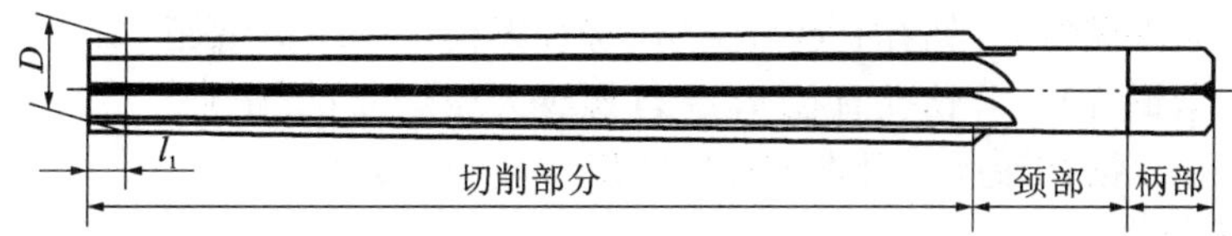

图 5-153 圆锥形铰刀

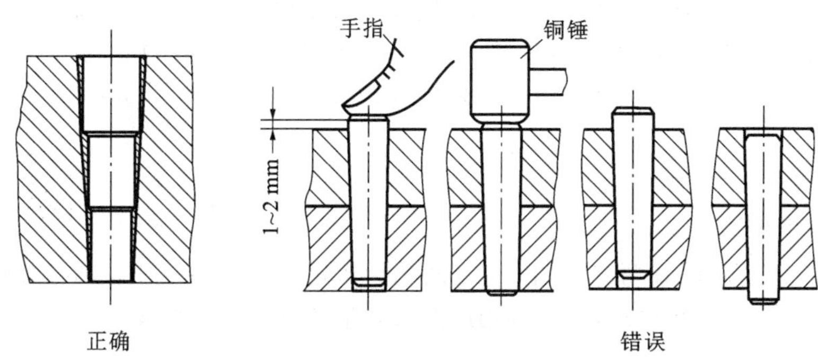

图 5-154 铰圆孔及其检查

6. 攻丝和套丝

用丝锥加工内螺纹的方法叫攻丝(图 5-155),用板牙加工外螺纹的方法叫套丝(图 5-156)。

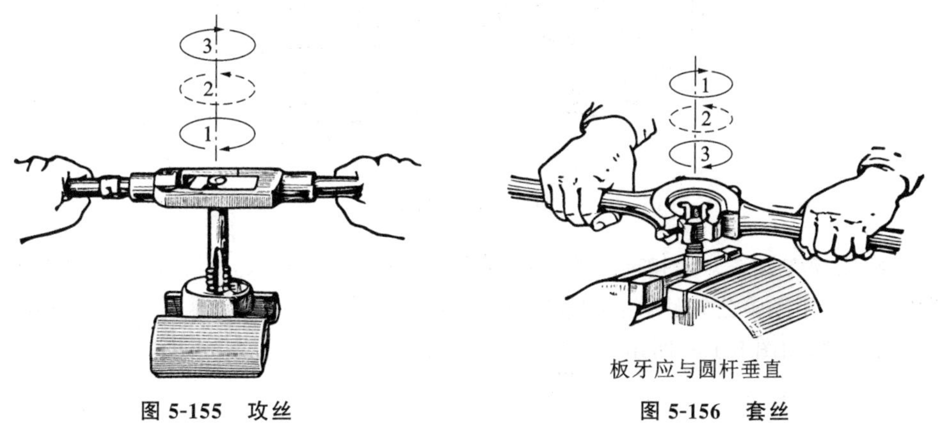

图 5-155 攻丝　　图 5-156 套丝

1)攻丝

(1)丝锥

丝锥是专门用来攻丝的刀具。M3～M20 手用丝锥多为二支一组,称头锥、二锥。

每个丝锥的工作部分是由切削部分和校准部分组成的。切削部分(即不完整的牙齿部分)是切削螺纹的主要部分,其作用是切去孔内螺纹牙间的金属。头锥有 5～7 个不完整的牙齿,二锥有 1～2 个不完整的牙齿,校准部分的作用是修光螺纹和引导丝锥(图 5-157)。

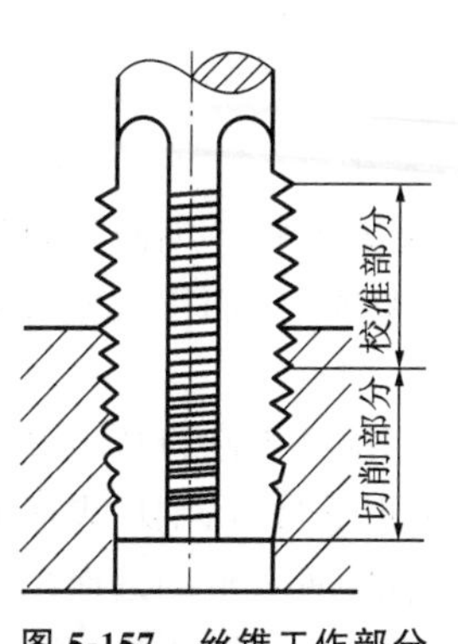

图 5-157 丝锥工作部分

(2)攻丝的操作方法

①钻螺纹底孔

底孔的直径可查手册或按下面的经验公式计算:

脆性材料(铸铁、青铜等)　钻孔直径 $d_0=d$(螺纹大径)$-1.1p$(螺距)

韧性材料(钢、紫铜等)　钻孔直径 $d_0=d$(螺纹大径)$-p$(螺距)

钻孔深度＝要求的螺纹长度$+0.7d$(螺纹大径)

②用头锥攻螺纹

开始时,要将丝锥垂直放在工件孔内,然后用铰杠轻轻旋入 1～2 圈,用目测或直角尺在两个互相垂直的方向上检查,并及时纠正丝锥,使其与端面保持垂直。待丝锥切入 3～4 圈后,即可只转动,不加压,每转动 1～2 周应反转 1/4 周,使切削断落。图 5-156 中第二周用虚线表示要反转。攻钢料螺纹时应加机油润滑。攻铸铁件螺纹时可加煤油。攻通孔螺纹时,只用头锥攻穿即可。

2)套扣(套丝)

(1)板牙和板牙架

板牙有固定式和开缝式两种。图 5-158 所示为常用固定式圆板牙。圆板牙螺纹的两端有 40°的锥度部分,是板牙的切削部分。套扣用的板牙架如图 5-159 所示。

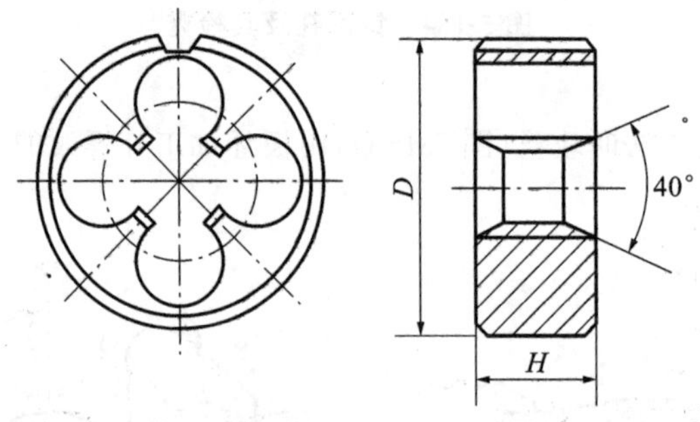

图 5-158　圆板牙

(2)套扣的操作方法。套扣前应检查圆杆直径,太大难以套入,太小套出的螺纹牙齿不完整。圆杆直径可用经验公式计算:圆杆直径$=d$(螺纹大径)$-0.2p$(螺距)。要套扣的圆杆必须有合适的倒角,如图 5-160 所示。

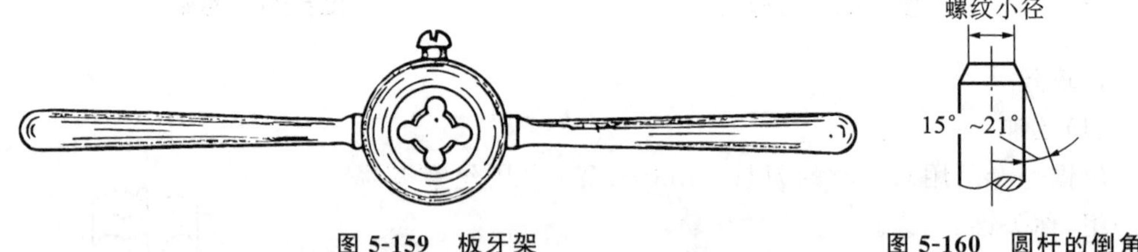

图 5-159　板牙架　　**图 5-160　圆杆的倒角**

套扣时板牙端面与圆杆应严格地保持垂直。开始转动板牙架时,要稍加压力;套入几扣以后,只转动,不加压。要时常倒转,以便断屑,应加机油润滑。

7. 刮削

刮削是用刮刀从工件表面上刮去一层很薄的金属的操作。刮削一般均在机械加工(车、铣或刨)以后进行,刮后表面的精度较高、粗糙度较低,因此属于精密加工。刮削常用于零件上互相配合的重要滑动表面(如机床导轨、滑动轴承等),以便彼此均匀接触。

刮削生产效率低、劳动强度大,因此,常用磨削等机械加工方法代替。

1)刮刀及其用法

平面刮刀如图 5-161 所示,其端部要在砂轮上刃磨出刃口,然后再用油石磨光。刮刀的握法如图 5-162 所示。右手握刀柄,推动刮刀;左手放在靠近端部的刀体上,引导刮刀刮削方向及加压。刮刀应与工件保持 25°～30°角。刮削时,用力要均匀,刮刀要拿稳,以免刮刀刃口两端的棱角将工件划伤。

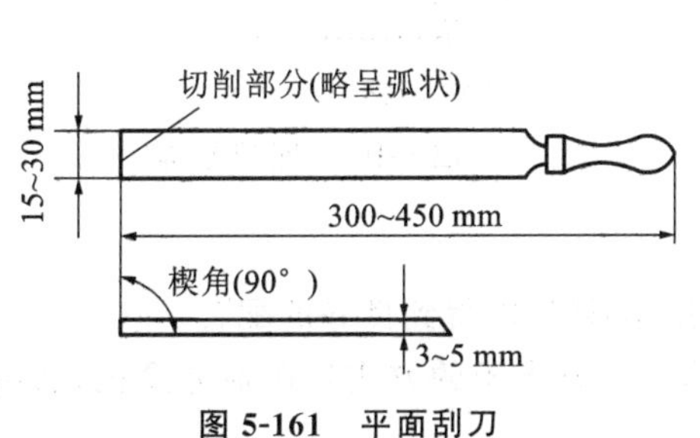

图 5-161　平面刮刀

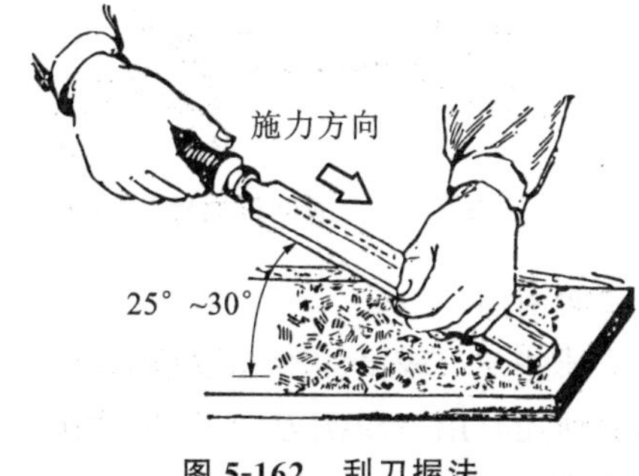

图 5-162　刮刀握法

2)刮削质量的检验

刮削后的平面可用检验平板或平尺进行检验。检验平板由铸铁制成,应能保证刚度好、不变形(图 5-163)。检验平板的上平面必须非常平直和光洁。

用检验平板检查工件的方法如下:将工件擦净,并均匀地涂上一层很薄的红丹油(红丹粉与机油的混合剂);然后将工件表面与擦净的检验平板稍加压力配研[图 5-164(a)]。配研后,工件表面上的高点(与平板的贴合点)便因磨去红丹油而显示出亮点来[图 5-164(b)]。这种显示高点的方法常称为研点子(图 5-164)。

图 5-163　检验平板和平尺

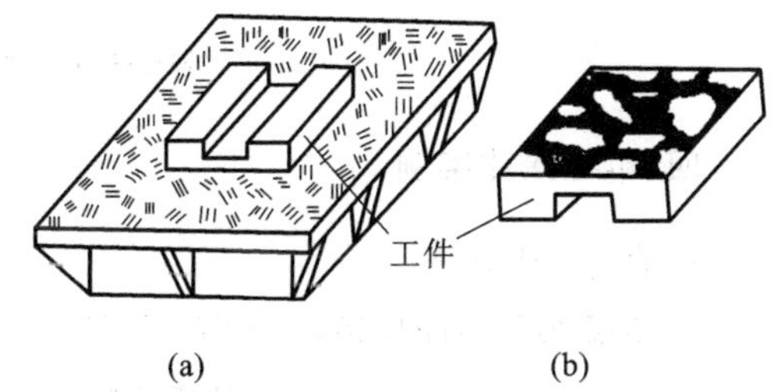

图 5-164　研点子

(a)配研;(b)配研后的检查

刮削表面的精度是以 25 mm×25 mm 的面积内,均匀分布的贴合点的点数来表示的(图 5-165)。普通机床的导轨面为 8～10 点,精密机床的导轨面为 12～15 点。

3)平面刮削

(1)粗刮。若工件表面比较粗糙,应先用刮刀将其全部粗刮一次,使表面较为平滑,以免研点子时划伤检验平板。粗刮的方向不应与机械加工留下的刀痕垂直,以免因刮刀颤动而将表面刮出波纹。一般刮削的方向与刀痕约成 45°角(图 5-166),各次刮削方向应交叉。刀痕刮除后,即可研点子,并按显示的高点刮削。

粗刮时选用较长的刮刀,这种刮刀用力较大,刮痕长(10～15 mm),刮去金属多。当工件表面上的贴合点增至每 25 mm×25 mm 面积内 4 个点时,可开始细刮。

(2)细刮。细刮时选用较短的刮刀,这种刮刀用力小,刀痕较短(3～5 mm)。经过反复刮削后,点数逐渐增多,直到最后达到要求为止。

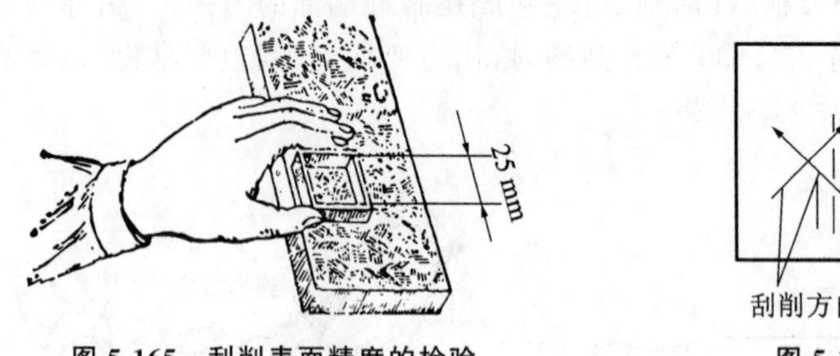

图 5-165　刮削表面精度的检验

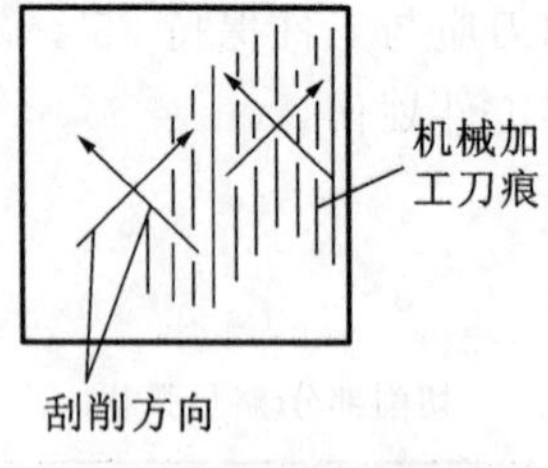

图 5-166　粗刮方向

4)曲面刮削

对于某些要求较高的滑动轴承的轴瓦,也要进行刮削,以得到良好的配合。

刮削轴瓦时用三角刮刀,其用法如图 5-167 所示。研点子的方法是在轴上涂色,然后用其与轴瓦配研。

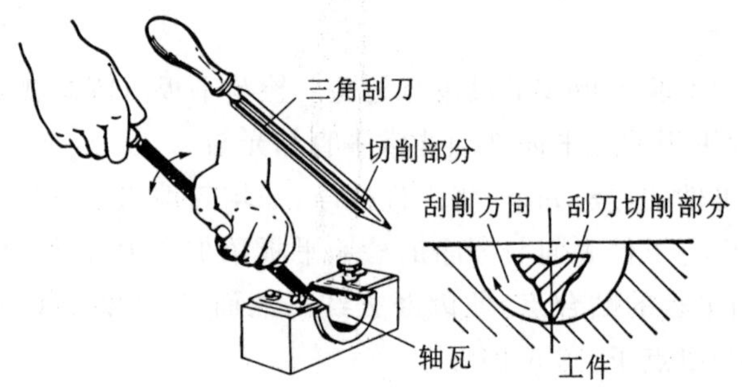

图 5-167　用三角刮刀刮削轴瓦

四、钳工操作实例

1. 管材锯割操作

1)拟定加工零件规格,参考图 5-168。

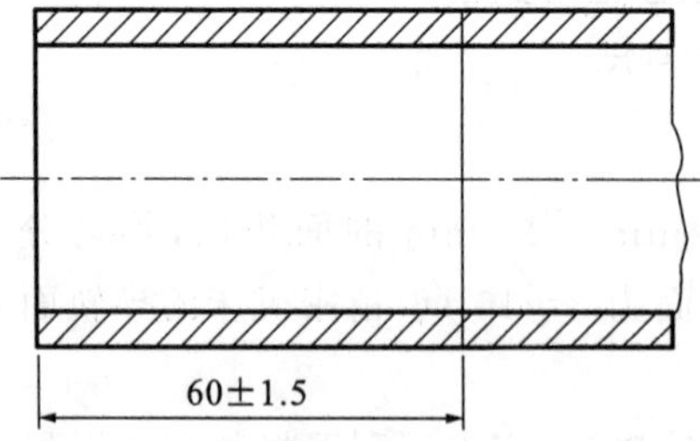

图 5-168　拟定管材锯割加工零件规格(单位:mm)

2)设备和工具:工作台、台虎钳、手锯等。

3)零件材料:管材 0.5 英寸或 0.75 英寸。

4)拟定加工时间:80 min。

5)操作具体步骤与评估要点,参见表 5-10。

表 5-10　管材锯割操作步骤及评估要点

序号	项目	内容与要求
1	安全操作	1. 安全措施 2. 正确操作与变速
2	锯割准备	1. 锯条选择及装夹 2. 按图纸落料 3. 工件装夹
3	锯割质量	1. 锯割断面平整 2. 尺寸公差(60±1.5) mm 3. 修整毛刺

2. 钻孔操作

1)拟定钻孔零件规格,参考图 5-169。

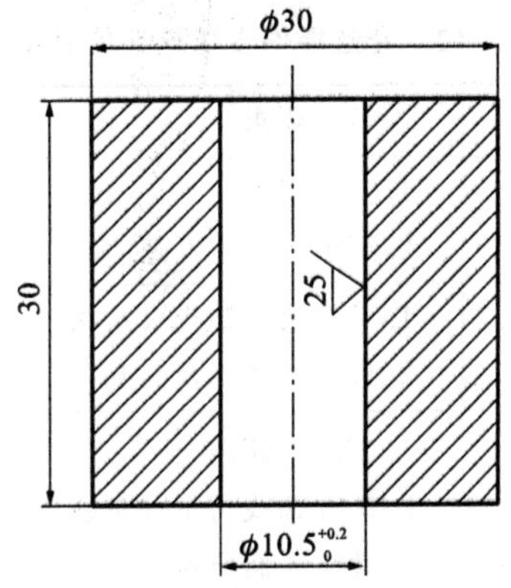

图 5-169　拟定钻孔加工零件规格(单位:mm)

2)设备和工具:车床、工作台、台虎钳、手锯、台钻、钻头等。

3)零件材料:铸铁或碳钢。

4)拟定加工时间:80 min。

5)操作具体步骤与评估要点,参见表 5-11。

表 5-11　钻孔操作步骤及评估要点

序号	项目	内容与要求
1	安全操作	1. 安全措施 2. 正确操作与变速
2	钻削准备	1. 中心十字线及孔径划线 2. 工件装夹 3. 钻头选择及装夹 4. 切削用量
3	钻削质量	1. 孔的中心线与孔的端面垂直 2. 孔表面粗糙度 Ra 25 μm 3. 孔径的尺寸误差 φ(10.5+0.2) mm

3. 套丝操作

1)拟定加工零件规格,参考图 5-170。

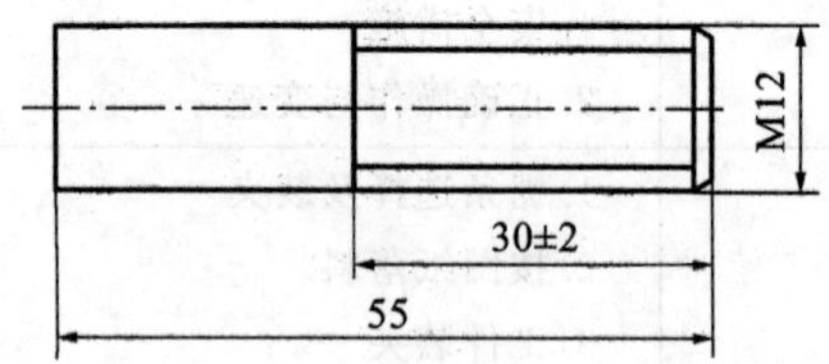

图 5-170　拟定套丝加工零件规格(单位:mm)

2)设备和工具:工作台、台虎钳、板牙等。

3)零件材料:碳钢。

4)拟定加工时间:80 min。

5)操作具体步骤与评估要点,参见表 5-12。

表 5-12　套丝操作步骤与评估要点

序号	项目	内容与要求
1	安全操作	1. 安全措施 2. 正确操作与变速
2	套丝准备	1. 工件尺寸检查及装夹 2. 板牙的选择及装夹
3	套丝质量	1. 润滑油使用 2. 螺纹轴线与工件轴线重合 3. 螺纹表面质量 4. 长度误差(30±2) mm

第四节　车、钳、焊综合工艺

一、利用车工和钳工工艺加工螺栓和螺母操作

1)拟定加工零件规格,参考图 5-171。

2)设备和工具:车床及刀具、工作台、台虎钳、锉、锯、丝攻等。

3)零件材料:低碳钢。

4)拟定加工时间:270 min。

5)车工操作具体步骤与评估要点:

(1) 外圆 ϕ24 mm;

(2) 外圆 ϕ16 mm(－0.2;＋0.1);

(3) 螺纹外圆;

(4)M16-6h;

(5)Ra＝6.3 μm;

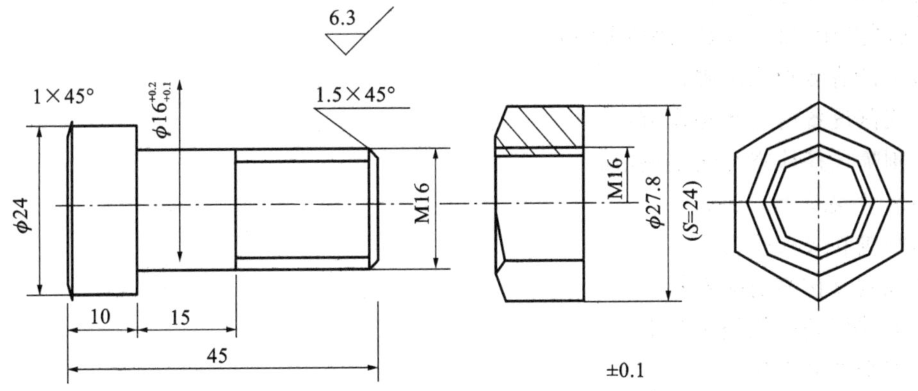

图 5-171　拟定螺栓和螺母加工零件规格(单位:mm)

(6)平面;

(7)长度(10±0.1) mm;

(8)总长(45±0.3) mm;

(9)倒角;

(10)安全文明生产。

6)钳工操作具体步骤与评估要点:

(1)平面度 0.2 mm;

(2) (24±0.2) mm;

(3)平行度 0.2 mm;

(4) 120°±15°;

(5) Ra=3.2 μm;

(6) 攻丝 M16;

(7)安全文明生产。

二、利用车、钳、焊工艺加工一只法兰盘

1)拟定加工零件规格,参考图 5-172。

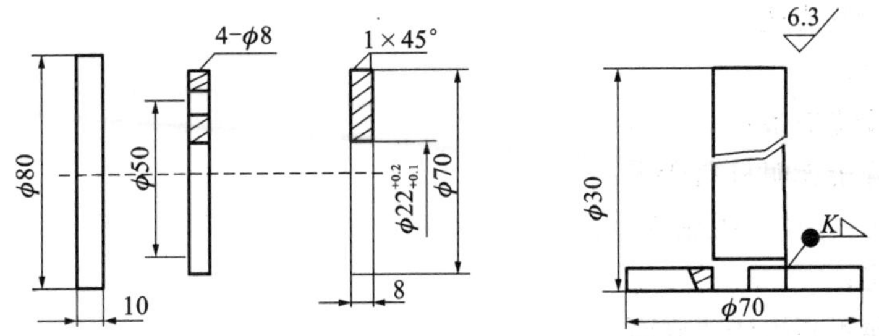

图 5-172　拟定法兰盘加工零件规格(单位:mm)

2)设备和工具:车床及刀具、工作台、台虎钳、台钻、割炬、电焊机、锉、锯等。

3)零件材料:低碳钢。

4)拟定加工时间:360 min。

5)气割操作具体步骤与评估要点:

(1)工件清洁划线正确;

(2)气割设备的安装和调节;

(3)割嘴选择检查与火焰调节;

(4)尺寸误差±5 mm;

(5)割缝和底板垂直;

(6)气割氧化物清除容易;

(7)割件切割后能轻敲落下;

(8)安全文明操作。

6)车工操作具体步骤与评估要点:

(1) 外圆 $\phi(70\pm0.1)$ mm;

(2) $\phi70$ 外圆 $Ra=6.3$ μm;

(3)内孔 $\phi22^{+0.2}$ mm;

(4)$\phi22$ mm 内孔表面 $Ra=6.3$ μm;

(5)长度(8 ± 0.1) mm;

(6)两端平面平行度公差±0.2;

(7)端面表面粗糙度 $Ra=6.31$ μm;

(8)倒角 $2\times45°$;

(9)安全文明生产。

7)钳工操作具体步骤与评估要点:

(1)平面划线 $\phi(52\pm0.2)$ mm;

(2)钻孔 $\phi(8\pm0.2)$ mm;

(3)相邻孔距(35.4 ± 0.3) mm;

(4)孔距(50.0 ± 0.3) mm;

(5)$Ra=6.3$ μm;

(6)安全文明生产。

8)焊工操作具体步骤与评估要点:

(1)坯料检查及清理;

(2)焊接规范;

(3)定位及设施准备;

(4)法兰与管子无明显角变形;

(5)焊缝均匀一致,无明显单边;

(6)焊缝收尾;

(7)敷焊金属不超出法兰底面;

(8)无气孔、咬边、夹渣、未焊透、裂纹等焊接缺陷;

(9)安全文明生产。

三、利用车、钳、焊工艺加工一只对接套

1)拟定加工零件规格,参考图 5-173。

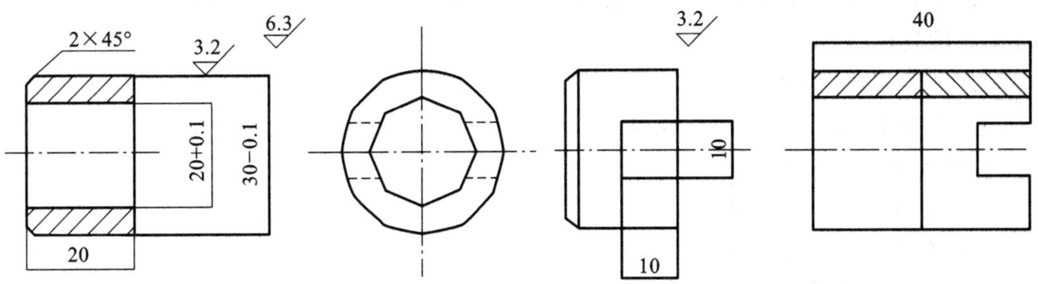

图 5-173 拟定对接套加工零件规格(单位:mm)

2)设备和工具:车床及刀具、工作台、台钳、台钻、割炬、电焊机、锉、锯等。
3)零件材料:低碳钢。
4)拟定加工时间:360 min。
5)车工操作具体步骤与评估要点:
(1)外圆 ϕ(30－0.1) mm;
(2)外圆表面粗糙度 Ra＝3.2 μm;
(3)内孔 ϕ(20＋0.1) mm;
(4)长度(20±0.2) mm;
(5)内孔表面粗糙度 Ra＝6.3 μm;
(6)倒角 2×45°;
(7)安全文明生产。
6)钳工操作具体步骤与评估要点:
(1)槽宽(10±0.2) mm;
(2)平行度±0.2 mm;
(3)槽深(10±0.2) mm;
(4)Ra＝3.2 μm;
(5)对称度 0.2 mm;
(6) 安全文明生产。
7)焊工操作具体步骤与评估要点:
(1)焊件清洁;
(2)气焊设备的安装和调节;
(3)火焰调节;
(4)敷焊金属与母材结合良好;
(5)敷焊金属与母材过渡自然;
(6)管材内壁无较大焊瘤;
(7)无气孔、咬边等焊接缺陷 ;
(8)安全文明生产。

四、利用车钳焊工艺加工一只管路接头

1)拟定加工零件规格,参考图 5-174。

2)设备和工具:车床及刀具、工作台、台虎钳、台钻、割炬、电焊机、锉、锯等。

3)零件材料:低碳钢。

4)拟定加工时间:360 min。

5)车工操作具体步骤与评估要点:

(1)外圆 $\phi(24\pm0.1)$ mm;

(2)外圆 $\phi(18\pm0.1)$ mm;

(3)斜角 $45°\pm0.5°$;

(4)圆锥表面粗糙度 $Ra=1.6$ μm;

(5)内孔 $\phi(8\pm0.1)$ mm;

(6)长度(42 ± 0.5) mm;

(7)内孔 $\phi(12\pm0.2)$ mm;

(8)$\phi24$ mm 两端倒角 30°;

(9)安全文明生产。

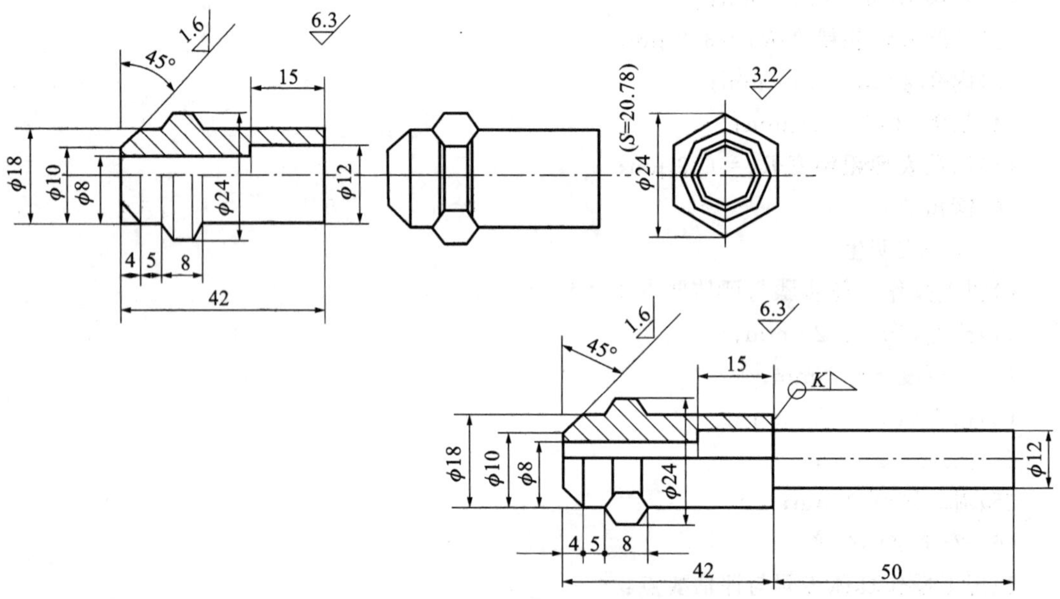

图 5-174　拟定管路接头加工零件规格(单位:mm)

6)钳工操作具体步骤与评估要点:

(1)平面度 0.2 mm;

(2)(20.8 ± 0.2) mm;

(3)平行度 0.2 mm;

(4)$120°\pm5°$;

(5)$Ra=3.2$ μm;

(6)安全文明生产。

7)焊工操作具体步骤与评估要点：

(1)坯料检查及清理；

(2)焊接规范；

(3)焊接定位及设施准备；

(4)焊接件无严重变形；

(5)焊缝宽度均匀；

(6)焊缝高低均匀适合；

(7)无气孔、咬边等焊接缺陷；

(8)安全文明生产。

第六章　机舱资源管理实训

扫码查看本章内容